本书是对中国信访工作发展历史的研究成果，
由江苏省淮安市信访局支持出版

中国信访通史

（先秦至民国时期）

刁杰成 著

人民出版社

策划编辑：孙兴民

责任编辑：孙　逸　罗　玄

封面设计：汪　阳

图书在版编目（CIP）数据

中国信访通史（先秦至民国时期）／刁杰成著 . — 北京：人民出版社，2024.5

ISBN 978 - 7 - 01 - 026266 - 6

I. ①中…　II. ①刁…　III. ①信访工作 – 历史 – 中国　IV. ① D632.8

中国国家版本馆 CIP 数据核字（2024）第 015329 号

中国信访通史

ZHONGGUO XINFANG TONGSHI

（先秦至民国时期）

刁杰成　著

人民出版社 出版发行

（100706　北京市东城区隆福寺街 99 号）

保定市北方胶印有限公司印刷　新华书店经销

2024 年 5 月第 1 版　2024 年 5 月北京第 1 次印刷

开本：710 毫米 ×1000 毫米 1/16　印张：22　插页：1

字数：372 千字

ISBN 978 - 7 - 01 - 026266 - 6　定价：98.00 元

邮购地址 100706　北京市东城区隆福寺街 99 号

人民东方图书销售中心　电话（010）65250042　65289539

　　"必须重视人民的通信，要给人民来信以恰当的处理，满足群众的正当要求，要把这件事看成是共产党和人民政府加强和人民联系的一种方法，不要采取掉以轻心置之不理的官僚主义的态度。如果人民来信很多，本人处理困难，应设立适当人数的专门机关或专门的人，处理这些信件。如果来信不多，本人或秘书能够处理，则不要另设专人。下面是专门处理人民给我来信的秘书室关于处理今年头三个月信件工作的报告，发给你们参考，我认为这个报告的观点是正确的。"

毛泽东

一九五一年五月十六日

"古者天子听朝，公卿正谏，博士诵诗，瞽箴师诵，庶人传语，史书其过，宰彻其膳，犹以为未足也，故尧置敢谏之鼓，舜立诽谤之木，汤有司直之人，武有戒慎之鼗，过若豪厘，而既已备之也。夫圣人之于善也，无小而不举；其于过也，无微而不改。"

——《淮南子·主术训》

目　录

前　言

"信访工作就是民情工作，信访史也就是民情史，也就是广大人民的参政议政史。"

——习仲勋

这部贯穿上下几千年的《中国信访通史》（以下简称《信访通史》）是我的师长刁杰成先生继他撰写的《人民信访史略》《周恩来与信访工作》两部信访专著之后的又一力作。用"史"的形式全面系统地向读者展示介绍中国的群众信访活动和由此产生的信访工作、信访制度及其发展脉络，是先生的一大贡献，他也因此成为这一领域第一个敢为人先的开拓者和引领者。令人痛惋的是，先生未及亲撰前言，未及亲见书稿面世，竟赍志以殁。受先生夫人田兰桥大姐的委托，我不揆庸浅写了这个前言。先生儒雅高洁，文章宏阔思远，我只能据先师生前所述，结合自己的信访工作实践谈点对《信访通史》的读后感，权作导读。容或有所不当，敬请批评指正，唯望不失先生原旨。

一、《中国信访通史》问世的意义

关于这部以反映古代社会信访活动为主的古近代信访通史，先生生前曾经谦虚地同我一起探讨过。说实话，当时对这部史书能否问世，我曾心存疑虑。因为在浩瀚的历史文献中，与信访有关的史料记载毕竟廖若晨星——为中国封建传统社会上层建筑服务的史官们，有多少会关注以下层"吏民士庶"为主角的信访活动呢？但是，当我拿到即将付梓的《中国信访通史》书稿一气读完后，不由得拍案叫好。先生机敏地抓住隐藏于古代典章制度中的各历史时期的信访制度建设这条主线，翻阅书海，探赜索隐，将散落于各类历史文献中的民众信访活动和统治者的信访工作活动串联起来，重点突出古代社会"君、民"的信访互动关系，"天子"对民众信访活动的立场、采取的措施、制定的相关法规、制度等，加上对典型信访案例、典型人物介绍，以实证和批判的叙史观和简明生动的文学语言，揭示了古近代统治阶级为缓和阶级矛盾和社会矛盾，调整统治阶级内部矛盾，巩固统治基础而逐步建立的信访制度的演变发展过程，从而成就了这部《中国信访通史》，也成就了它的历史意义和史学地位：《中国信访通史》和之前已出版的《人民信访史略》构成了姊妹篇关系，前者叙史年代上始先秦下讫中华民国；后者始于中华人民共和国成立至改革开放初期。二史璧合正是一部完整的贯通古今的中国信访制度史，它同《中国军制史》《中国官制史》等政书一样，同属于中国制度专史，隶属于中国政治史。同时，这部通史是中国历史上第一部关于中国信访制度的史书，填补了中国政治史的空白，其意义无疑是重大的。

作为社会科学，中国信访史是界于历史学、政治学和信访学之间的一门边缘学科，至今仍然是一片有待开垦的处女地。毛主席说过："指导一个伟大的革命运动的政党，如果没有革命理论，没有历史知识，没有对于实际运动的深刻了解，要取得胜利是不可能的。"从这个意义上讲，《中国信访通史》的问世无疑具有重要的现实指导性；同时，如何进一步深入研究和完善中国信访制度史，使之服务于国家制度建设和社会发展，是史学界的一项重要任务。

二、关于信访制度

《中国信访通史》是一部以古近代信访制度建设为骨干的阐述信访活动与信访工作关系的政书通史，所以有必要先探讨信访制度的涵义，进而探究古近代信访工作信访制度的情况。国家信访局2019年出版的《中国信访制度研究》一书，对信访制度的概念阐述如下："信访制度，是对信访活动和信访工作的一系例制度安排，包括调整信访活动和信访工作的法律、法规和规范的总和以及相关的组织体系、工作制度基本程序。信访做为一项独立的制度，具有相对稳定的模式、独立的定位和独特功能。"这一概念包括了以下内容：1. 它是对民众"信访活动"和官方"信访工作"互动关系所作的一系例制度安排；2. 它是调整这一关系的法律、法规和规范的总和；3. 它是信访工作组织体系、工作制度基本程序；4. 它具有独立定位和独特功能。

那么，古近代信访是否具备了这一最高层级的信访制度进而形成一个有机的信访工作体系呢？我以为这正是史学界需要近一步探讨的问题，也是这部通史留给后人的重要的历史课题。必须承认，囿于历史的局限性和有关史料本身的匮乏，以及挖掘整理工作的局限性，使得现阶段还无法就一个朝代备述完整而系统的信访制度情况。但是，正是通史作者通过艰巨浩繁的工作，拾零撷碎，化零为整，将不同朝代信访工作的指导思想、机构人员设置、法规制度安排、工作运作机制等有机的整合在一起，最终使我们看到了一幅完整的以信访制度为核心骨干的古近代信访工作体系全图。

通过这幅全图，至少可以肯定：古近代信访工作虽然没有从"行政司法合一制度"中独立出来，但在古近代历史中，信访活动和信访工作是客观存在的事实。在历史的长河中，在人类自身解决社会矛盾和阶级矛盾过程中，信访活动发挥了独特的、重要的、不可或缺的作用是不容怀疑的。所以正如习仲勋老前辈所言，信访史说到底"就是民情史，也就是广大人民的参政议政史。"信访活动推动社会进步的积极作用是必须肯定的。

综上所述，古近代信访制度是客观存在的，但也不可能等同于现代信访制度，就如同现代信访制度不可能等同于未来信访制度一样。

为了更深层次地了解古近代信访工作和信访制度建设，有必要对古今信访的异同做一点粗浅的分析，在此略陈拙见，仅供参考。马克思主义的国家观认为，在不同历史时期，不同社会经济背景下，各自不同的国家政府职能在其范围、内容和行使方式等方面，都有其特定的内容。其职能分工也有其特定的规定性。这些机构和部门按照政府在特定历史条件下的特定职能分工，相互协调和有机统一，构成了政府的总的职能。从上述表述和通史展示的内容看，古今信访祛除其阶级属性不同外，第一个差异，也是最大的差异是，古近代信访工作都没有被作为"特定职能"从政府总的职能中分工出来，没有形成实际独立的信访工作体系。正是基于这个原因，尽管古近代信访活动和信访工作是客观存在的事实，是私有制和社会分工的必然产物，但历代史书都绝少记载与信访有关的情况，以至限制了我们对古近代信访活动认识研究的视野。第二个差异是，古代信访工作与司法工作是一体的，施行"行政司法合一"制度。在古代虽然有诣阙上书（信）制度和赴阙陈情（访）制度的概念，但更多地是将司法诉讼和信访诉求混为一谈，统称为"讼""词讼""辞讼"等。这也是古代信访没有作为"特定职能"被分工出来的主要原因之一。第三个差异是，在古代信访工作制度中，官员的言谏制度发挥着独特的重要的作用，即东汉班固所说的"抒下情而通讽谕，宣上德而尽忠孝"的"士传民语"的桥梁作用。官员们通过谏言，可以针对社会问题提出防治对策，直接参与国家决策和政策的制定。

古今信访的共同点在哪里呢？从这部通史中可以看出，最大的共同点是民众信访活动反映的信访问题类别和基本形式亘古不变，如老户访、越级访、集体访、进京告御状等，至今犹存。第二个共同点是在工作层级上分为以基层为主的地方政府的信访工作和中央政府的信访工作。第三个共同点是"君、民"的信访互动关系。用古代的话说，就是"听狱讼，求民情"，"听下民纳于上，受上言宣于下"，"上以风化下，下以风刺上"。用今天的话说，就是通过信访渠道建立公民参政议政制度和信访建议征集制度，参与国家决策，对政府及其工作人员实施信访监督等。当然，这是两种性质截然不同的信访互动关系。

三、《中国信访通史》的要点

这部通史虽然内容丰博，叙史久远，但思路缜密，重点突出。我读后冒昧疏理出几个要点，以供参考。

（一）古代帝王与信访。古代帝王历来分为两类，一类是开明的有开拓进取精神的有为者，一类是沉缅于酒色的昏庸无能之辈。当然，二者相互转化的也不乏其人。历史反复证明，凡是关心百姓饥苦，重视吏民信访，重视社会舆情，欢迎臣民进谏的帝王，国家治理就会政通人和，繁荣昌盛。这类帝王一般出现在开国阶段或"中兴"时期。如通史列举的大禹"以五声听狱讼、求民情"；齐威王纳谏兴国；汉高祖刘邦建立宫阙上书制度；汉宣帝令吏民得奏封事（密封的奏章）；魏明帝"容受直言"，月览吏民来信数十百封，"意无厌倦"；隋文帝杨坚经济上推行均田制，颁布租调徭役令，政治上废除六官体制，创建了后世一直延用的以三省六部制为核心的中央政府新体制，将"内史纳言"也列为宰相（内史即中书令，纳言即门下省侍中）；唐高祖李渊让利于民，继续推行均田制，轻徭薄赋，重视民情；李世民真正作到了"从谏如流"，制定了完整的进谏制度，打造了"贞观之治"；唐高宗李治写出历史上第一篇关于信访问题的分析文章《申理冤屈制》，指出"下人上诉，在屈必申"。认为造成民众信访的根本原因是官吏腐败和乡邑豪强盘剥欺凌百姓所致。并对处理百姓信访不负责任的官僚作风，造成百姓"经历台省，往来州县，动淹年岁"常年"在京诉讼"的问题痛加敕责。这些利民政策本质上是为了巩固统治阶级家天下而设定的。

反观那些蔑视百姓利益、轻视吏民诉求、拒绝臣民进谏的昏君无不落得可悲的下场。周厉王止谤引发国人起义，秦二世偏信赵高"而殆社稷"，隋炀帝自称"我性不喜谏"，结果也是"二世而亡"。

就信访工作处置程序而言，古代帝王是重大信访案件的最终决断者。

（二）政府组织机构与信访。从运作机制分工层面看，古代信访工作由两部分构成，一是以基层为主的地方政府信访工作，二是中央政府的信访工作。1. 基层信访工作。《隋书》记载，隋代对乡里制度改革中，苏威奏请五百家为乡，置乡政一人，"使治民、简辞讼"。《唐六典》记载，县令之职"皆掌导扬风化，……审察冤屈，躬亲狱讼，务知百姓之疾苦"。同隋朝的"使治民、简词讼"一样，无非是为了加强对黎民百姓的统治管理，缓和官僚地主集团与广大农民阶级之间的阶级矛盾，巩固从中央到地方的君主专制政权。2. 中央信访工作。从通史中可以看到，古代中央信访工作由以下构成：（1）办公场所。通史介绍的信访办公场所名称众多，黄帝时设立明台（明堂），尧时之衢室，夏之世室，殷之重室，周之明堂等，并重点介绍了明堂的政务功能和政治功能。魏晋南北朝时期设立了公车府，到唐朝时发展为国家最高权力机构——中书门下政事堂。1979 年版《辞海》解释说："政事堂，唐宋时宰相的总办公处。唐初始有此名，设在门下省，后迁到中书省。"门下省长官隋称纳言，唐初因之，武德四年改为侍中，龙朔二年改为东台左相，咸亨元年复称为侍中，光宅元年改为纳言，神龙元年复称侍中。唐朝明确门下省负责"听天下冤滞而申理之"，可见唐朝政事堂的工作职能职责分工中有信访工作内容。信访最高办事场所是"天子议事"的朝堂，如武则天将铜匦"列于朝堂"。地方各级政府处理信访的官署统称为"衙"。（2）官员配置。自先秦至明清，历时久远，各朝官制都有变更，加之信访工作本系秘书工作，工作人员多为兼职，故很难备述。如果简单归纳的话，古代信访官员可分为纳言与谏官。《尚书》《史记》都记载，舜任用"龙"为纳言，秦设纳言，汉时叫大鸿胪，隋唐恢复为纳言。唐《贞观政要》说："中书、门下之职，即纳言也。"《周礼》记载的周朝"天地春夏秋冬"，六官的副手（秘书）都承担信访工作，西周保氏"掌谏王恶"，春秋战国设大谏，秦设谏议大夫、给事中，汉武帝设司直、司隶校尉主察举百官犯法者，汉成帝设民曹尚书主吏民上书事，东汉设侍中、中常侍，晋武帝初设谏大夫，隋唐延用左谏议大夫，武周皇帝增左右补缺、拾遗等。唐朝的最高监察机关御史台负责监督大理寺和刑部的司法审判活动，受理行政诉讼案件。明清时期的监察御史巡按工作中也兼有信访和谏言的任务。《明史》记载，监察御史"巡按则代天子巡狩……凡政事得失，军民利病，皆得直言不避"。通史中提到的信访官员还有采风采诗官、徇铎官、大行人、小行人、调人、御仆、御庶子等等。从通史中可以看出，古籍对古代中央信访工作机构设置、人员配置描述较完备的莫过于唐史。据《旧唐书》《唐六典》记载隋唐处理信访工作的最高行政机关是门下省。门下省侍中（纳言）二人"掌出纳帝命"，左谏议大夫四人"掌谏谕得失"。武后垂拱二年，铸铜匦四，涂以方色，列于朝堂以受四方之书：青匦曰"延恩"，在东，告养人劝农之事者投之；丹匦曰"招谏"，在南，论时政得失者投之；白匦曰"申冤"，在西，陈抑屈者投之；黑匦曰"通玄"在北，告天文、秘谋者投之。以谏议大夫、补阙、拾遗知匦事；御史中丞、侍御史一人为理匦使（又改为献纳使），后改为给事中、中书舍人为理匦使，后又改为御史中丞为理匦使，谏议大夫一人为知匦使。设给事中四人，与御史、中书舍人"听天下冤滞而申理之"。这些记载可以使我们较为清晰地了解古代信访工作及其制度。（3）国家最高行政机关统领全国信访工作。从通史中可以看到，国家最高权力机关如隋唐的三省六部、监察机关、司法机关都有专人负责信访工作，并建立了合议办公制度。唐初尚书仆射"比闻听受词讼，日不暇给"。隋唐具体明确信访工作由门下省及其下属官员负责。唐朝已建立并按照逐级上访、分级受理、归口办案原则和工作流程开展各级信访工作。中央定期委派御史"代天子巡狩"各级政府工作包括查访信访冤滞案件（见李治《申理冤屈制》），发布有关法令等，都能看到中央政府对信访工作全面实施管理的概况。

（三）古代与信访有关的法规、制度。通史叙述的制度大致有：官员采诗、采风制度，言谏制度，诣阙上书赴阙陈情制度，天子巡守制度，逐级上访制度，直诉制度，分级处理归口办案制度，调解制度，监察巡视制度等。史书记载的专察不法高官和强宗豪吏的汉六条、隋六条、唐六条法令，都与信访民情有关。古代各朝各代就信访行为和信访工作制定了一些相应的法规和政策。如西周初期制定了处理民众事务的制度；规定处理重大案件，参加审案的人员、结案时间；设立信访调解制度。汉孝文帝通过亲审信访案件下诏废除肉刑，废除诽谤、妖言和连坐罪，废除"触讳"罪。宋代县级司法工作颇有建树。一是州县遇民讼结绝必给"断由"，否则不受理。如原官司不肯出断由，准许民户径诣上陈诉，上司不得以无断由而不受理。二是要求词诉当日结绝，若事须追证者，县不得超过五日，州郡十日，无故违限者，听越诉。三是在刑事审判中，县尉许检验，不许推鞫，至于复验，乃于邻县差官。临刑而诉冤者，令无干碍的明官吏复推。四是州县独立审判，不得听候指挥，要依法断遣，不得观望。古代信访制度最有建树的是唐朝。《唐律·斗讼》在"越诉"条中规定"凡诸辞讼，皆从下始，从下至上"，对逐级上访作出了法律规定。从《唐律》逐级上访的规定、唐铜匦分类接收吏民投书等史料记载可以推定，唐朝已建立了逐级上访制度和分级处理、归口办案的工作机制。唐朝对合理的"直诉"作出制度规定，包括邀车驾（拦轿喊冤）、挝登闻鼓、立肺石、上表、投匦状。唐朝除御史台和言谏制度外还设立了巡察地方州县制度，"置十道按察使，分察天下"。继唐之后，宋元明清各朝都以法律形式对逐级上访、"越诉京师"（也叫"京控"）、集体上访作出严格规定，原则上禁止越级上访、进京上访和集体上访。

（四）古代"信访媒介"。因受困于交通不便，阻碍了下情上达和上情下达；同时为了防止不法官员从中作梗制造壅蔽，前贤们设置了多达几十种的信访媒介。其中最有名的是《淮南子·主术训》的记载："古者天子听朝，公卿正谏，博士诵诗，瞽箴师诵，庶人传语，史书其过，宰彻其膳，犹以为不足也。故尧置敢谏之鼓，舜立诽谤之木，汤有司直之人，武王立戒慎之鼗，过若毫厘，而既已备之也。"《周礼·秋官·大司寇》说，"以肺石远（达）穷民，凡远近茕独老幼之欲有复于上，而其长弗达者，立于肺石，三日，士听其辞，以告于上"。肺石一直延用到唐朝。《周礼·秋官·小司寇》说，"以五声听狱讼，求民情"。五声分别是钟、鼓、磬、铎、鼗。其中鼓又发展为路鼓，"以待达穷者与遽令"。秦汉时演变成"登闻鼓"让臣民击鼓鸣冤，被一直延用到近代。汉魏晋南北朝在公车府置诽谤函和肺石函供吏民上访。这两种函类似现代的意见箱，是战国时"蔽竹"的延续，等同于汉代的"缿筒"，后又发展为初具信访问题分类功能的唐代"铜匦"。

（五）古代信访工作体系建设。从《中国信访通史》提供的上述史料可以看到，古代信访工作伴随时代的变迁、朝代的更迭、经济社会的发展、政治制度的改革，经历了从萌芽到创建到成熟的发展过程，到唐代已臻成熟：建立了从纵向到横向的信访工作组织网络，建立了中央合议办公制度，建立了科学的逐级上访、分级处理、归口办案的工作运行机制，建立了对信访工作监察巡视及错案追究制度，针对上访行为和政府信访工作制定了具体的法规制度和规则等等，形成了较为完备的工作体系。

（六）古代知识分子"士"与信访。从通史中可以看到，古代知识分子士（包括士大夫）也是"民"的组成部分，在古代信访"君、民"互动中表现的十分活跃，而且往往扮演"士传民语"的重要桥梁作用。古代文人治国为历朝历代统治者所认同，选贤任能是统治者的首选工作。自隋废除为巩固士族特权的"九品中正"选官制度，开创科举制度后，知识分子的地位和作用更加突显。通史所述的士阶层的信访活动内容有：1.出谋划策。包括先秦的四岳六官、春秋战国时期的谋士、改革变法者、纵横家等的参政活动；2.陈述困境，请求举荐，包括游说之士、著名诗人通过献计、献诗求仕的活动，如先秦时期的宁戚写《饭牛歌》求仕，被齐桓公所用；3.太学生集体上访、举人公车上书；4.直接受理处理信访案件的官员、言官谏官的政务活动等。

（七）壅蔽与言谏制度。《管子·任法》说，"夫私者，壅蔽失位之道也"。贞观二年，太宗问魏征说："何谓明君暗君？"征曰："君之所以明者，兼听也；其所以暗者，偏信也。《诗》云：'先民有言，询于刍荛。'昔唐、虞之理，辟四门，明四目，达四聪，是以圣无不照，故共、鲧之徒，不能塞也。靖言庸回，不能惑也。"他列举了秦二世、梁武帝、隋炀帝偏听偏信导致亡国的教训后说，"是故人君兼听纳下，则臣贵不得壅蔽，而下情必得上通也"。太宗很赞赏魏征的意见。历朝历代君王都忌惮被臣贵所蒙蔽，所以基本都建立了言官谏官制度。但在执行中也有明存实亡或用于监督宰相百官的，宋朝建立的台谏之制就是监察宰相百官的，结果导致谏垣与相府之间的水火对立之势。古代谏官所以与信访工作有关，是因为他们可以直言上书，替民申冤，为民请命，并及时提出针对性的建议。如汉哀帝时的龚胜"居谏官，数上书求见，言百姓贫，盗贼多，吏不良，风俗薄……刑罚泰深，赋敛泰重，宜以检约先下"。

以上介绍的的不是中国古代信访制度，只是我结合自己多年信访工作体会主观地对通史的"要点"作出的表层归纳与简单复述，所以不可能反映出《中国信访通史》的建立在政治、经济、社会、人文大背景下的古代信访活动的整体面貌，以及它的丰富内容和内涵。只有读完这部通史，人们才会了解什么是信访，进而领悟信访的本质和特征，它的政治功能和社会功能。限于学识水平，谬误难免，欢迎专家和读者批评指正，不胜感激！

先师以一己之力完成了这部《中国信访通史》，用心血和汗水为我们留下了这笔宝贵的知识和精神财富，他也因此而实现了自己的理想和人生价值！

赵卫延谨识

2023 年立秋于秦皇岛

绪　论

一

信访，作为专有名词，现代才有；信访，作为政务工作，则已有五千多年的历史。

本书写的是作为政务工作的"信访"。

据《淮南子·主术训》介绍："古者天子听朝，公卿正谏，博士诵诗，瞽箴师诵，庶人传语，史书其过，宰彻其膳，犹以为未足也，故尧置敢谏之鼓，舜立诽谤之木，汤有司直之人，武王立戒慎之鼗，过若毫厘，而既已备之也，夫圣人之于善也，无小而不举；其于过也，无微而不改。"《淮南子》的这段话揭示了信访工作的真正起源，早于现在人们的认知。现在大家的认知是敢谏鼓、诽谤木、进善旌等，算作"信访"工作的起点和源头。但我们有理由说，信访工作的诞生，应早于此。

"天子"设置敢谏鼓等的根本原因，是弥补官方信息之不足，具体地说，"古者天子听朝"，靠的是信息，但深感朝堂之上大臣们提供的信息不足，即"未足"；为了弥补"未足"，在朝堂之外设置了诽谤木、进善旌、敢谏鼓等，吸取民间信息。这就确认了设置敢谏鼓的原因，是吸取民间信息，也确认了民间信息的重要作用。圣明的"天子"不会因为善事小而不举办，也不会因为过错细微而不改正，所以，千古以来一直受到人们的敬重。

顺着这个思路，寻找朝堂之外设置敢谏鼓等的过程。

在敢谏鼓等设置之前，已有民众找"天子"提意见，反映问题，"天子"在处理这些问题时，得益于这些民间信息。这不是推测，在《尚书》《史记》《吕氏春秋》《淮南子》等书中均记载尧、舜、禹等接待布衣来访人的事例，以

1

及他们表达民间信息对他们决策的重要作用，写得很具体。对于这些，为什么《淮南子》的作者没有写？因为作者立足于歌颂"天子"，将敢谏鼓等的设置作为"天子"德政来歌颂，无须写别的。

从有民众上访，到诽谤木、敢谏鼓、进善旌等正式设置之前这段时间，我们称之为设置诽谤木等的"孕育"期。"孕育"期才是信访工作的酝酿和起源。这样，信访工作的历史将向前延伸若干年。探明这一点是本书对信访工作历史研究的贡献！

诽谤木、敢谏鼓、进善旌等的作用，是民间信息向上反映的载体，通过这些载体，民众的意见可以上达天子。所以，我们称之为信访媒介，功能与现在的信访工作类似。

这里讲的"天子"应该包括先贤们。后来，"天子"的称谓演变成国王、皇帝等，总之，是执政者、掌权的，或称当政者。

信访媒介是发展的、动态的，不同朝代，有不同形式和名称。不同朝代信访媒介之间又有着千丝万缕的联系。后一个朝代的信访媒介，有前一个朝代信访媒介的元素，就这样一代一代地演变和传承。所以，信访媒介之间是有"血缘"关系的，因此，得以延续和传承五千多年而不间断。

在历史长河中，先贤们先后设立的信访媒介很多，在古代常被提及的主要有：明堂、进善旌、诽谤木、敢谏鼓、五音听治（政）、衢室、总街之庭、灵台、司直、肺石、路鼓、蔽竹、鼗箫、铜匦、登闻鼓院、谏院等等；近代的有：函、意见箱、电报、电话、意见簿、传真等，现代的有网络信访等，已初步做到足不出户可以进行信访活动。总揽古今信访媒介，不仅数量大、名称多，而且变化快、超出人们想象，虽然变化多，但宗旨没变，其民情的载体和传输功能不变，古今概不能外。这种功能，是所有信访媒介共同的、内在的联系，是传承联系。

上述所说的信访媒介的称谓，有的是工具名称，有的是机构名称。

信访媒介的继承不是"死"的、机械的照搬照套，而是适时发展、变化与更新。

比如，进善旌，就是一面旗子。这面旗子插到哪里，哪里就是民众口头发表意见的地方。设想一下，插旗的地方，如果盖起了房子或原来就有房子，应该是在屋里谈问题，这就类似于现在的人民来访接待室；进善旌这面旗子是标志，如同现在接待室门前挂出的"××人民来访接待室"的牌子。这就是今天意义上的接待室的画面。

诽谤木，初设时，是一根落地的木头柱子，让民众在上面写、画自己的意见，如同现在书面意见，这就是写上访信的雏形。持这种观点的，早在1400多年前就有。如，唐初的魏征（徵）就曾说过，上疏这件事，是诽谤木的遗风。说明写人民来信是从诽谤木发展而来的。

在诽谤木上写、画意见，需要文字，即使是象形文字，也是文字的初始状态。说明文字一出现。就被用来进行信访活动。

诽谤木初设时的目的，就是为了民众上书，后来又增加了三个功能：一是路标，指示行路的方向；二是艺术品，如天安门前的花（华）表；三是置"函"，类似于后来的意见箱，是吸取民众意见用的。意见箱与上书的目的是一致的，传递民情，具有信访功能。由此可见，信访工作是诽谤木之嫡传，是正宗的，其他两种，即路标、花（华）表是派生出来用作他途的。

当时，"诽谤"是褒义的："忠谏者，谓之诽谤。"

敢谏鼓的使用有其特殊性，表明事急、重要，且直接对准"天子"，有谏诤的作用。到周朝，发展成为"路鼓"，配有专人"以序"值守，即二十四小时排班轮值，接待击鼓的"穷民"。此时，出现了专职接待来访人的官员，即御仆、御庶子，连同他们的直接领导太（大）仆。这是信访工作进步的表现。

衢室，史书说是唐尧征徇（询）民众意见之所。

……

综上所述，现代使用的信访媒介，绝大部分能从古代信访媒介中找到他们的影子和因素，表明他们之间是一脉相承的继承关系。

既然信访媒介都是向上传递民间信息的，为什么要设置那么多种呢？只要仔细分析每个信访媒介功能的细节，就知道分设是必要的，这也正是先贤们高明之处，是智慧和匠心的表现。

比如，进善旌与敢谏鼓同样是为来访人设置的，挝敢谏鼓的表明事情重大，直接对"天子"进谏，不同意"天子"的意见，要有一定的胆识，不怕得罪"天子"和受罚。进善旌则不是这样，上访形式缓和，适用于一般群众。诽谤木则是进言用的，专门为上书设置的，使用这种设置的人，要有一定的文化和使用工具。衢室，是征询民众意见的场所，是"天子"主动召集民众开会听意见的地方。还有微服私访等形式，现在偶尔使用。所以，我们说，每一种信访媒介都有自己的特殊性和特定用途，是别的形式所不能代替的，必须分设。

"天子"和先贤们在设置信访媒介的同时，也配备一定数量的工作人员，或是专管，或是兼管信访工作。

首先、配备领导这项工作的负责人。如，舜设置了"纳言"职官，用现在的话说就是主管信访工作的领导。舜在任命"龙"为"纳言"时有特别交待，要求"龙"忠实地向下传达他的命令，如实地向他报告百姓的要求和意见；无论是上传还是下达，都必须是真实可靠、可信。

"纳言"的"纳"字含有"接受"与"致送"的两层意思，所以，"纳言"是喉舌之官。按照他的职能，用现代的称谓，或可叫"信访部长"，或可叫"办公厅主任"。

"纳言"是舜时的一个官职，只有一位，当时还有遒人、行人、采诗官等，人数众多，是深入百姓中搜集民众意见的；西周的御仆、御庶子、太（大）仆等，是坐在"机关"，接待来访人的；东周增设官派百姓，深入民间搜集民众的意见；唐朝规定，京城五品以上官员包括宰相，都要轮流到中书内省接待上访人，中书内省对这些官员进行排班，二十四小时值日，也就是说，1400年前，我国就曾实行过领导干部接待来访人制度。之后，各个朝代都有自己的办法，也都是根据本朝信访发展的趋势确定的，名称各不相同。

以"信"和"访"的称谓为例，都有自身发展的轨迹。初期，诽谤木，具有上书的作用，类似于写信，可称为"信"；继之，又称"信"为"逆"；之后，称谓就更多，如上封事、封章、密疏、投书、讼、诉、陈、奏、发、进言、言事、动本等；"匿名信"，称"飞书"，一直到汉朝，还有叫"飞书"的；"上访"，尤其是到京上访，称为诣阙陈情、京控、叩阍等。中华民国时期，称来信为控函、来函、来件等；解放后，才先后出现来信、上访、来访、信访工作等称谓，20世纪60年代前后，才有"信访"称谓。可见，"信访"这个词出现的时间非常晚。这就出现一个问题：同一件事物，不同时期称谓不同，造成了认识上的混乱；前、后期，相距年代久远，更容易产生错觉。

新中国成立前，表述信访工作的词很多，就是没有"信访"这个词，因此，有人错觉，认为古代没有信访工作。真实情况是，古时，有信有访，作为政务工作的"信访"，已存在五千多年了，只是没有"信访"这个词。

我们写五千年信访史，遇到古、今那么多称谓，且有很大的差异，怎么办？

在五千多年的历史长河中，信访媒介的称谓屡屡更新，名称众多不统一，差异大，显得很乱，如果写哪一个朝代的信访就用这个朝代的称谓，则更乱，读者容易摸不着头脑，产生杂乱感。写信访史，必须理顺称谓的"多且乱"的问题，有一个统一的称谓，贯穿五千年信访史。这个称谓必须是现在人认可的、常用的，因此，只能用新中国成立以来的称谓，统一称信、访和信访工作等。这样，遇到新中国成立之前的称谓怎么办？归纳起来，有以下三种情况。

第一种情况，已经"死了"的称谓，现代人不清楚其含义，不用这种谓称。遇到这种名称，用现代人的称谓代替，略加注释。如"逆"注明"信"，"飞书"注明"匿名信"等，都用这种办法处理。

第二种情况，现代人已经不用或很少用，但能理解其含义的称谓。如，上书、进言、请愿、诣阙陈情、京控、控函等，保留不变，必要时作点注释说明。属于这类的名称最多。这一原则确定后，可以解决大部分称谓问题。

第三种情况，个别晦涩难懂的名字，能避免则避免，无法避免、必须出现的，可在其前边或后边，用现代人的说法表述，将原称谓插入其中，使读者明白是什么意思，不会产生费解和歧义。如，肺石、诽谤木、灵台、路鼓、五音听治、蔽竹、鼗箪等。

这三种情况，如果掌握和处理好，在称谓问题上，不会有"拦路虎"，也不会因没有"信访"称谓而产生历史上有无信访工作的怀疑。

由于信访史前后跨度大，对已经不用的、早期设置的信访媒介，是否存在，有人怀疑。对这个问题，我们进行了必要的考证，在取得证据之后，我们才写入。这是其他书中所没有的。这些考证是有益的，也应该是精彩的。

另外，本书系统地介绍中华民国时期来信、来访情况，制定与信访有关的规定、手续制度，以及来信的登记、签发与有关单位配合办理情况等。这些也是过去其他著作中所不曾有过的。

五千年办理信访工作的基本规律，古、今相通。我们试图将五千年民众的信访活动、信访媒介的传递作用和当政者的处理，二者融为一个整体，交织在一起进行研究和书写，取名《中国信访通史》。力求准确地、系统地阐述信访的起源、发展及其在历史上的作用，用较为简单的方式表述复杂的演变关系与过程。

目前，对这一领域的研究，还处于起步阶段，就全国而言，开展还不普遍。本书就是要填补这一空白：寻找信访工作五千年的光辉历程，寻找先贤们办理信访的足迹，寻回并给予民众信访活动应有的历史地位。

二

写中国五千年信访通史，有三个问题需要明确：一是本着什么原则去写；二是民众的信访与当政者处理信访的关系如何安排；三是五千年信访史，本着突出重点，掌握主要脉络的原则去书写。

第一，关于用什么态度和原则研究和书写信访史。我们努力按照东汉哲学家王充在《论衡·谢短篇》中所说原则去做。

王充在评论"儒生"和"文史"各有长、短时说：夫知古不知今，谓之陆沉……夫知今不知古，谓之盲瞽。陆沉，亦叫落尘，意思是说，只知古而不知今的人，是愚蠢的；盲瞽，是指知今不知古的人，是庸人，割裂历史、孤立地看待事物，看不清事物发展和继承的内在关系。只有贯通古、今，掌握事情的全貌，才能正确地把握研究方向和前景。治学的人只有了解古、今两方面的情况，才能做到今以古鉴，古为今用，才能明晓事理，学以致用。

我们力求遵循王充讲的原则，既要写清楚古代的信访情况，更要观照今天的信访情况，古今兼顾地来阐述信访史。

第二，民众信访之后，进入处理阶段，处理问题是领导者的事，与信访人无关。写信访办理情况，主要是写帝王与先贤们或相关领导的信访活动，揭示帝王和先贤们处理的指导思想、政策依据及在历史上的影响。

书写当政者处理信访问题时，也要有选择、通盘考虑，前一朝代已用过的案例，后边尽量不要再用类似案例，要多样性，尽量从当时的重大历史背景及政策方面找出本质的原因。

信访史古代部分，所用古文，语言结构、词句等，与现在不同。遇到这种情况，在书写时，尽量保持原样，不作修饰，难懂的、需要注释的，或需译成现代语言的，都要贴切，切不可出现想当然的不合理的推测和硬性表述，以免造成硬伤；尤其是不要以现在人的理解，强加于古人。

对于民众的信访活动表述要准确，不能加入倾向性书写和个人的感情色彩，对信访媒介作用的表述要恰如其分，不能夸大，也不能缩小。信访媒介的主要功能在于输送民众的意见，又能将当政者的意见传达给民众，在民众与当政者中间架起了沟通的桥梁，起到下情上达、上传下达的作用。

第三,五千年的历史怎么写,我们的原则是"拾遗补缺""突出重点",这些,对今天也具有一定的借鉴作用,也可展望未来。不能是为了写史而写史,也不能写成信访案例的汇集,进行考证是非常必要的,但切忌繁琐考证与重复叙述,达到使读者读了能对古代信访工作梗概和脉络清楚即可,不必细究。

有人会问,这样写,不突出民众的信访活动还叫信访史?这个问题是应该说清楚的。

首先,需要弄清楚信访史重点写么。

信访史,当然首先要写民众来信来访,他们是信访的源头,是先导与原动力,没有他们的发起,就没有信访工作。但是,民众进行信访活动之后的事,他们就左右不了了,基本上全部是当政者和各级官员们的事了。在整个信访流程中,办理部分占的位置和分量非常大,是信访史的主要组成部分。所以,我们的定位是:民众的信访活动,是个"引子",引出了当政者和官员们多变的办理方法,这才是重点着墨之处。

其次,在写作过程中,不可避免要使用信访案例,如何选择,是有考究的;例子用多用少也要斟酌,如果用多,突出信访,搞不好就成了信访案例汇集,如用得太少,没有实例,便会缺少真实性;历史上,许多案例在情节上非常相似,处理不好,又变成了同类案例的重复。为避免这两种情况,选择不同类型的案例,且案例不能雷同,以显示民众信访活动的多样性。可见,民众的信访重要,但只能占信访史的一小部分,不能成为信访史的主题。重点放在当政者及其官员的处理方面,则情况不一样,可以看到当时的政治、政策和制度等方面的特点和变化,是很有历史价值的内容。要把民众信访与官方处理两者结合起来写,安排恰到好处,则更有意思。

三

信访问题的"不变"与"万变"。

新中国成立之前,信访工作有两条规律:一是内容"不变",或是变化很小;二是处理办法"万变"。

所谓"不变",是指来信来访内容,在几个主要方面,始终不变,或是变化不大。如,反映政府与官员们欺压百姓、官官相护、剥削百姓、欺男霸女、处理问题不公等；知识分子多关注政事，针砭时弊等。

上述内容，在许多古籍中能找到案例，但都不系统。所幸的是唐高宗李治颁布的《申理冤屈制》，为我们留下了弥足珍贵的资料，专门介绍当时信访内容、各级官员处理不公、造成重复信访原因等等，是当时信访工作的全面总结与概述，描写具体、生动、形象。

《申理冤屈制》开宗明义地指出："下人上诉，在屈必申。"下人是指百姓，有冤屈就要上诉，这是必然的、合理的，虽未说凡是申诉都有理，但起码肯定有理的就要申诉，应该得到支持。

《申理冤屈制》文字比较长，记录了当时民众信访活动的部分内容。它认为，造成民众进京上访、重复上访和久拖不决的根源，在于各级官员，对百姓的申诉采取推、拖不作处理的作风造成的。

《申理冤屈制》中描述的情况，与各个朝代的情况大同小异。这种情况，我们称之为"不变"，或是变化很小。

《申理冤屈制》中对信访的描述，有初步分类的雏形，与近、现代信访分类非常相似。

需要说明的是，我们这里所谈的都是信访整体和普遍性的情况，不包括每个朝代出现的个别、特殊的信访案例，因为他们不具代表性，改变不了整体的内容和趋势。这部分可以忽略不计。

所谓"万变"，是指各级官员对民众反映问题的处理，变化多端。能使处理方式产生变数的因素很多：表现之一是王朝政令更迭快，一个王朝一个令；同一个王朝，政令也有不同，甚至一个帝王一个令。对同类事情，出现不同的处理结果，或相互矛盾的结果。如对待来访人的态度差距很大。明朝，开始允许百姓越诉上访，中期以后，对民众越级上诉，如果有理，不惩罚，没理要惩罚，不久又规定，凡是越级上访，有理无理都惩罚，一律发配边疆。

影响、左右信访案件处理的因素还有："皇权""相权"之争，出现君臣关系之变，政治斗争形势之变，经办单位（人）为达到某种政治目的，为打击政治对手，利用案件处理机会勾心斗角……所有这些都存在变数。任何一个"变"，都能导致"临门一脚"改变处理结果。实际变的因素比这种情况要多得多，复杂得多。正因为如此，信访案件的结局，难以预测，具有不确定性，就会出现丰富多彩之变。我们称之为"万变"。透过这些变化，可以看出各阶层、各类人等的表演，形式多样。

之所以会这样，关键是没有一定政策标准，人治代替政策，人为的因素很多，是多变的根本原因。纵观五千年信访史，有两条规律：一是每个朝代之初期，都重视信访工作，之后，往往一代不如一代；二是每个朝代的兴衰与重视信访工作成正比，重视了就兴盛，不重视就开始衰败。这两条成为不变的规律。

所以，我们以"不变"的信访内容，观察"万变"的处理方法。

纵观五千年当政者处理信访案件情况，可以看出历史上各方面的变革，是研究的重点。

每个帝王都有自己的想法，且想法都不一样。历史上有多少个帝王，就有多少个想法，想法成堆，内容丰富多彩，再加上众多先贤们的智慧，集中在一起，可以说是想法众多，处理方法众多。这些都是"宝"，是帝王和先贤们智慧的结晶，是很有价值的。

在写作中，突出各个朝代的变化，使我们思路开阔，新鲜内容不断涌来。这样，才能将变化多端的五千多年信访发展史写活、写生动，写出信访通史的大千世界！

四

信访工作是历史悠久的政务工作，且有自身的特点，与其他的政务工作有所不同。

(一) 长期性和阶段性

所谓长期性，就是长时期存在，且不间断，一直延续下来。信访工作就是这样，从人类社会有类似于"国家"的组织形式，就有信访工作，五千多年，没有中断过，即使改朝换代，信访工作还有。

所谓阶段性，是指事物发展进程中划分的段落。阶段的划分比较复杂，有的阶段很长，如社会发展的阶段划分，有的很短，如社会进程中某事件、现象的划分。所以阶段划分，长、短不一。阶段性的划分，有时和特殊性相联，阶段性的信访工作，是整体信访工作中的一个组成部分。

特点是：

1.只要人类社会活动不停止，信访工作就不会停止，可以说，信访工作出现后就与人共存，信访工作，属于解决人的问题的行为科学，不会停止。所不同的，只是信访数量时多、时少，表现方式，有时激烈，有时和缓，不会没有，一直按照自身的规律延伸和发展，成为延续时间最长的政务工作之一；

2.信访工作与人类需求相伴相生。人类的需要，包括对自然的需要，对社会的需要，物质需要和精神需要，是贯穿整个社会，有始无终。对待这些，认识有差异的，这就是矛盾，矛盾无事不在、无时不在，表现为永远的、长期的。如，个人的要求，与集体、国家的需要有时是有差异、有矛盾的，不时在信访方面表现出来；

3.信访工作与人的认识发展相适应。人们认识社会、认识自然也是长期的，因而，决定信访活动是长期性，而不是临时的、突击的工作。

总之，人与自然，人与人，个人与国家之间，新事物与旧事物之间等，在很多问题的认识上，是有差异与矛盾的。由于信访渠道反映问题最便捷，为大众乐于使用，必然要从信访渠道反映出来，这就是信访工作长期性所在。

实践经验证明，既要研究信访的整体情况，更要研究不同阶段的特殊情况，还要搞清整体和特殊两者的关系，要研究其发生的时代背景，做好预测和预防，早做准备。

这就是长期性与阶段性的关系。

(二) 普遍性和特殊性

就信访内容而言，几个主要方面内容每个朝代都有，具有面宽量大等共同属性，对于这些内容，我们称之为普遍性。有些内容在特殊阶段或特殊背景下才有，离开这些特定条件，不复存在或是一过度性的，或是不同于同类的事物。我们称之为特殊性。

信访的内容和信息，无论是从普遍性还是从特殊性中取得，就其来源，与其他部门相比，有其特殊方式：

1.信访部门的民情，是群众自发的、主动送上门来的，多是民众亲身感受、真实意愿的表达，具有真实可靠性，资源丰富，是珍贵的第一手信息资源，且源源不断输送到高层；

2.信访部门的信息，具有及时性；

3.信访部门的信息是社会动态的"晴雨表"；

4.信访信息具有波动性。

信访部门的信息，总的趋势是平稳的，但也受各种政治、军事、经济、自然灾害、人事等方面变化的影响，随时都会出现意外情况和波动，即使是短暂的、突发性的，也有别于正常情况。如果出现了特殊的信访信息，则可能是新事物的先兆，或是突发事件的苗头。从新情况中获得新信息、掌握新动向，可以及时解决许多苗头性问题。

（三）规律性与复杂性

规律性，是指事物之间的内在的必然联系。这种联系不断重复出现，在一定条件下经常起作用，并且决定着事物必然向着某种趋向发展。规律是客观存在的，不以人们的意志为转移，但人们能够通过实践认识它、利用它。这是一种法则。

具体到信访工作，也符合这个法则。例如，来信来访数字，从表面上看，时多时少，好似无序，没有什么规律，尤其是决定权在写信或来访人。但经验告诉我们，信访数量的变化，在无序中，也有其一定基本规律。

根据实践经验，可以看出信访数量的变化受两方面因素影响：

一是固定不变的因素。如季节变化、农忙农闲、农村的风俗习惯、过年过节等，直接影响信访数量。例如年节前后至春耕前，信访数量增多，到农忙时，数量减少，且内容多与农业生产有直接关系。掌握了这些规律可以进行预测，早做准备。

二是随时可变的因素。如政治事变、自然灾害等突发事件，会影响信访数量变化，虽然不能精准预测具体数量和内容变化情况，但可以看出走向，可作预案，掌握发展趋势。

同时也要看到其复杂性，这决定于民情的宽广性、差异性、复杂性。具体表现在两个方面：

一是信访内容是社会的缩影，复杂多样。大到天文地理、国计民生，小到邻里打架、婆媳不和、公事私事，每一个角落发生的事，都可能成为信访内容。

二是处理方法的复杂多样。表现为不同类型的问题，有不同的处理方法，即使同一类型问题，由于时间、背景和发生地点不同，处理方法也不同。决定处理方法的差异性的因素很多很复杂。

当然，影响信访数量和内容变化的因素还有其他一些，就不再一一作介绍。

（四）局部性与全面性

局部性与全面性是相对的，只看到事物的局部，而看不到全部，是单方面的。如，片面之词、片面观点等。

单件来信和个别人来访，能够谈清楚一件完整事件的不多，普遍存在着片面和不准确，只能谈自己接触的一"点"，单凭"点"是看不出问题的全貌，但对有价值的"点"不能放弃，这是信访工作需面对和必须解决的现实问题。经验告诉我们，研究"点"是非常重要的问题，关键是进行综合研究，就是将反映同类问题信件集中。第一步是分析"点"的分布范围有多大，即多少地方发生这类问题，占来信总数的比例，有可能将"点"变成"面"。第二步是找出每个"点"是从什么角度反映问题、侧重面是什么，集中起来，分析其本质问题，避免片面性。第三步进行全面、系统综合分析，找出问题的本质，写成的综合材料才全面。这样才能处理好个别与一般、点与面、局部性与全面性、现象与本质的关系。

（五）公开性与保密性

信访的内容绝大部分都是民众的问题，但其中也有部分保密问题，自古以来都如此。如，不少朝代都有上封事规定，吏、民奏事，可以直达御前，最高统治者可以直接阅看来自下层的密信。历史上，信访泄密事件不少，都造成了恶劣后果。如，明朝内阁大学士严嵩勾结主管吏民上书工作的通政使赵文华，事先窃知奏章内容，操纵国事达二十多年，以至于到明神宗万历九年，关掉了通政使司。

中华民国对信访内容也分为绝密、秘密和机密，不准无关人员接触。

新中国成立以后，亦如此，保密问题是信访部门经常强调的重要工作原则。

（六）时效性

时效性表现在两个方面：一是反映的问题有时效性，就是紧急性，许多事情，发生后不久就能得到反映；二是处理的及时性。如天灾、人祸、突发事件等，涉及人的生命财产安全问题，必须迅速上报及时处理。

五

任何朝代，信访机构的宗旨都是为政权服务，为执政者服务的，只是有的公开宣称，有的不提，好似"无形"，实际都不违背这个宗旨，如果背离这个宗旨，当政者是永远不会让它存在。

自古以来，民众信访不全是要求解决个人困难问题，还有许多信息和建议。信访人都是来自各行各业，提供的信息实在、具体、量大，具有信息来得快、新鲜内容多、苗头和敏感信息尤其丰富等特点，信访信息是资源丰富、不可多得的信息宝库。

由于信访工作有其自身的特点，在政务工作中表现出特殊的作用。

（一）拾遗补阙作用

自古以来，治理国家依靠信息。信息来源主要是官方渠道，有许多信息是官方渠道反映不上来或不能及时反映上来的，此时，信访渠道能迅速弥补官方信息之不足。

另外，信访内容有些是超前的，在萌芽状态时就有反映。这些新信息是制定政策的重要依据和参考资料。

信访具有反馈作用，即检验已颁布的政策、规定、法令等是否符合民意，及时反馈。

（二）沟通、桥梁作用

信访是执政者实现下情上达和上情下达的一个重要渠道，从中可以知道人民群众的思想感情、喜怒哀乐以及支持什么、反对什么的鲜明态度；相关部门也是重要的宣传阵地，及时向民众宣传政策。这种桥梁和纽带作用，是不可替代的。

（三）加强监督作用

自古以来，当权者都利用上书言事制约各级官吏，比如，在古代通过上封事制约官僚体系。在近现代，通过处理请愿问题发现官吏不法行为等；在当代，通过信访反对官僚主义和一切为政不良行为。

（四）化解矛盾、促进安定的作用

在古代，凡是重视信访工作的时期，都相对政治清明，社会较为安定。我们国家现在是安定的，这是社会的主流，应当充分肯定。但是，毋庸讳言，也还存在许多不尽如人意的地方，甚至还有不安定的因素。诸如，全局与局部利益的矛盾、新旧体制的矛盾、官员与民众的矛盾、不断出现的新问题与传统思想的矛盾等。这些矛盾还处于初始阶段，信访部门就能及时反映给政府（朝廷）或相关官员，为解决这些矛盾，提供重要信息和第一手材料，便于提前做疏导工作，变不安定因素为积极因素，稳定社会秩序，推动社会的发展。

（五）"耳目""助手"作用

众所周知，信访内容是社会的缩影，从中可以发现社会的动态、动向。信访工作是社会动态的晴雨表，是执政者观察社会矛盾的耳目，发挥着处理民间问题的参谋助手作用。

在古代，君王设立掌管上书言事等机构，就是通下情，洞察万象，达到掌控全局目的的。现在也一样。信访工作要为中心工作服务、为群众服务、为领导服务。实践证明，这是正确的工作方针。但这里有一个如何服务和服务好的问题。经验告诉我们，为中心工作服务是为领导服务的一个组成部分，为群众服务和为领导服务是一致的，归根到底是为人民服务。

（六）促进法制作用

起初，信访纳入"天子"命令中，有文字历史以后，信访逐渐被纳入法律规定中。《周礼》就有不少有关信访工作的规定。

魏国的魏文侯时期，国相李悝将"蔽竹"经验，写入了他的《法经》，成为法律公布于世，可惜，这本书已散佚，但其中好多观点，被后人所引用。以后历朝历代的法律、皇帝诏令都有信访方面的规范。

信访与法既然是一对孪生兄弟，往往先有"事"，即案件，后才依据"事"制定法，这是历史常识和规律。后来的历史事实也说明了这个规律。许多朝代，依据案例制定法律，比如，宋朝，由于太学生上书抨击政府，就制定了《太学自讼斋法》，予以规制。《上书不实法》是官、民都适用的。也就是说，许多法律都与信访工作有一定的亲缘关系。

我们现在制定政策和法规，也符合这一法则。许多政策的制定，先有群众来信来访提出问题，后才制定法规和政策。许多政策颁布不久，又制定补充规定，也是在执行中，百姓又提出修改意见，所以，又作出一些补充规定。这种做法，也符合先案例后有法的规律。

六

继承与创新，是推动信访工作前进的动力。

五千年信访工作是个整体，每一个朝代，或长或短，都是其中的一部分。任何部分，都是在继承前朝信访媒介的基础上，创立本朝的信访媒介，又对后一个朝代产生影响。这种传承关系是维系五千年信访工作"不断线"的主要元素。信访工作，就是这样，一代一代继承、创新、发展，连绵不断地出现新的信访媒介和工作方法。如果将五千年信访历史进行系统分析、比较，明显有三个不同的阶段，即前期（先秦时期）、中期（秦至中华民国）和后期（新中国）；如果将三个时期进行比较，会发现许多有趣的事情，尤其是前期和后期比较，差异更是惊人。

先比较前期和后期，可以得出这样的结论：

一是前期信访工作是"低端"运转，发展到现在，已融入新科技的操作阶段，新科技使民众逐步实现足不出户即可进行信访；

二是信访媒介前期简单，后期多种多样；

三是信访工作机构，前期较为单一，后期发展到从中央到地方，各级部门均设立，自成体系；

四是信访工作人员，前期人数较少，代管、兼管较为常见，后期专职信访工作者人数较多，组成一支庞大的信访工作队伍；

五是处理手续，前期较为简单，后期日益制度化、规范化、科学化。

这样比较，发现前、后期的差距有如此之悬殊，凸显中期这个过渡阶段，不仅时间长，也有重大的变革，还有许多待解的谜团，这也是信访史中迷人之处，需要阐述清楚。

中期发生哪些值得介绍的事情？

中期设置信访媒介的目的较前期发生变化：一是设置信访媒介的目的不完全一致。前期的目的，主要是为了称霸，统一其他国家，为了强国、吸取民情和招揽人才，使国家昌盛。中期则不同，朝代各异，但往往是统一的国家，主要安定民心，维持统治。二是信访媒介种类多，继承与发展痕迹明显。中期，每个朝代，包括偏安一方的小朝廷，都有自己的信访媒介，这些媒介明显都有前朝信访媒介的烙印和对后　个朝代的影响。所以，中期信访媒介的种类特别多。每一个朝代信访媒介都有自己的特点，继承但不照搬。如，尧、舜、禹时设置"诽谤木"发展成后来的"敢谏鼓"，以及种种上书形式，到中期照样存在，同时又新设立甄制、登闻鼓（检）院、通政使司等建制。各个朝代自己制定的信访媒介，种类就更多。这就给中期各个朝代以更大的空间和有利条件，能够创造出更多的新的方法。

中期另一个特点，对信访媒介的理论探讨，很有特色，写出了一些有一定分量的文章。这件事，唐朝最突出，参加信访媒介理论探索的有皇帝、宰相、大臣，著名文人，也有布衣。总之，参与的人面广，探讨的问题多，几乎将历史上有名的信访媒介，都阐述一遍，有些还作了考证，包括信访媒介产生的背景、历史作用等，文章的要点明确，往往在副标题中点出主题，简单明了，击中要害，切中时弊。

中期在办理信访问题上，许多开明的先贤，为民众，宁可被罢官，触犯刑律，甚至献出生命，也要维护民众的利益。反过来，民众们为拥护、支持"清官"们的正义行为，也挺身而起，与各种恶势力作斗争，且取得了胜利。种种事实说明，正义是推动信访工作前进的精神源泉。

下面，介绍中期各朝代制定信访工作的办法，有些办法对现在信访工作还有影响。

（一）信访工作制度的确立

1.登记制度的形成和种类

对来信来访进行登记，是进步的表现，是正规化的第一步。这一步，是经过实践逐步建立的。从史料看，中、后期建立的登记种类有：登记簿、摘由笺、登记卡等。

先秦时期，对来信来访是否有登记，目前尚不清。进入中期以后，尤其是唐宋以后，许多朝代都明确规定，对来信要进行登记，延续至今，没有停止过，长达1400多年。

如，南宋宁宗嘉定五年八月（公元1212年），"命左右司置进状籍，察前断之冤抑者罪之"，明朝通政使司的做法，"于底簿内誊写诉告缘由，资状奏闻"。上述所说的"进状籍""底簿"都是登记簿的不同名称和种类，记载来信来访人地址和内容，要求有详有略。

如，中华民国行政院对民众来信，分别不同情况，或使用登记簿，或使用摘由笺，或根据需要，一件来信，同时使用登记簿、摘由笺两种形式。摘由笺，行政院的教育部、社会部等通用，但项目种类略有不同。摘由笺，由单张纸做成的登记表，内容有来信人姓名、身份、地址、类别、内容和领导批办等情况。

2."日录目以进"

宋朝每天都有不需要上报或来不及上报皇帝的"亭奏"事，皇帝要求，凡是"亭奏"的事，单列目录上报，其中包括民众来信。

3.节写副本与来信摘录

唐宋以来，对民众反映重要问题，各个朝代如何办理，有所不同。总的办法是摘其要点，上报皇帝。

这种对原信节录的呈文，唐朝称摘录，宋、明、清或称节录，或称节写，或称状子，现在称之为摘报，即摘原信的要点上报。

明朝有时称为"节写副本"，这种称谓更为确切，副本不是原件，也称为二本。

清初，因两个受理民众来信单位上报皇帝的摘要内容有矛盾，康熙命令机构改革。当时，受理民众来信：一是都察院所属登闻鼓（院），一是通政使司。两个单位同时摘要上报康熙的"状子"经常有矛盾，纷争不断，引起康熙不满，对涉事的两个机构进行"变革"：将登闻鼓院划归于通政使司。此后，由通政使司一家写"状子"上报。这里所称的"状子"就是来信摘录，或称节录。

4.上访称谓之演变与继承

在汉代有"遮道"一说，之后，更有诣阙陈情之事，既有个人，更有众人。中华民国时称之为"请愿"。

5.建立逐级检查工作的制度

比较正规的是明朝，规定从布政司开始，向下检查，一级查一级，一直查到"里甲"。具体查法是：布政司检查"府"；"府查州"；"州临县"；"县察里甲"。都是对照《到任须知》的条款检查。

当时检查的标准是上下各级职责分清，民众之事，无论大小，都要有组织处理，有官员负责。这样，朝廷政务不会紊乱，国家就不会到处有冤民。达到这样的标准，"本府州县官方乃是清"。如若有听不到的事情，有看不到的地方，精神有所不至，还遗下奸恶的人，应该清理府州县的官员。同时，考察官员是勤勉还是懒惰，还要辩别其是否廉政、有无办事能力。

检查的内容包括信访，列为检查范围，一并处理。如，规定要检查"民冤事枉"，包括民众的申诉内容，"一体纠治"，就是一并处理。

（二）"归口""分级"办理、逐级上访

统揽"归口""分级"办理和逐级上访的办理法则形成，已有几千年的历史。各朝代制定办理法则亦不相同。大体有以下几种：按案发地离京城距离远近，规定结案时间长短；按问题的性质，规定受理部门；规定中央与地方受理范围；可以越诉的信访案件种类；等等。

我们介绍其中几种情况，可以看出他们之间的不同之处。

1. 唐朝规定分工原则

部门之间分工，唐朝有谒者台、御史台和司隶台。三台都受理信访，但各有侧重：谒者台，掌管申奏冤枉等事，御史台掌纠察中央百官，司隶台监察京畿和郡县地方官员。

已到京城的来访人，分工受理：凡立于肺石下的，由左监门卫入内奏报；凡击鼓的，由右监门卫入奏；凡有状词的，由御史受状代奏。

实际上，这里所说的"立于肺石下"和"击鼓"的两种是指来访，"状词"是指来信之类。

投入铜匦中的信件，分工处理：一类大事情，报告皇帝，二类次等的，请中书门下处理，三类是小事情，由各司自己办理。

2. 宋朝明确地方和中央受理民众信访范围

如，南宋孝宗即位后，公元1162年，允许中外士庶直言极谏，在首都（行在）的投诣登闻检院和鼓院；外地的，在当地州军投诉，由他们实封送到首都，皇帝审阅。

宋朝刑法规定：武臣申诉冤屈，到中枢密院（军事主管机关），文臣、吏民案件，归中书省办理。

宋朝设谏院，受理"民众信访"。

3. 明、清的分工

一般民事纠纷，由地方政府处理，听断结案，不准越级上诉；重大事情，由巡抚和巡按办理；已到京城上诉的由通政使司受理。

（三）联合办案与下乡办案的雏形

这里讲的联合办案是官方组织实施的，下乡办案，是"清官"个人行为。如明朝，对一些复杂、重要的案件，实行"联合办案"，由几个部门共同办理。据《明史·职官志四》介绍，一些大事，由刑部、大理寺、都察院和吏、户、礼、兵、工部尚书以及通政使共同审理。明宣宗宣德三年，决定对民众建言章疏，也要几方面负责官员开会讨论，会议决定后报告给皇帝，不要违背这个原则。实际上，这一原则在唐、宋时期，已出现雏形。

下乡办案的典型代表就是明朝的海瑞。

海瑞任南京吏部右侍郎时，发《禁革积弊告示》着手整顿吏治，反映了人民的愿望。民众可以拦路喊冤就是在这个告示中提出的。

（四）几类信、访的特殊处理

每个朝代，在信访中，都有几类特殊内容或涉及特殊内容的信访问题，帝王们作出了特殊的规定，对这类信访问题，规定处理原则。

1.奴告主一律处死

历史上，很早就有奴隶告主人的事件，开始的时候，帝王也曾对主人进行治罪，或发配边疆，或充军，或抄家等。后来，发现多为错案，于是就采取措施。如，唐朝、宋朝陆续作出规定：奴告主一律处死。唐太宗说，大臣谋反非一人，难道只有奴隶知道？

宋朝曾实行奴婢告主人，反坐罪，甚至对奴婢要罪加一等惩处。

之后，历朝多沿用这些办法。

2.匿名信的处理

匿名信。我国出现写匿名信的历史很长，时称匿名信为"飞书"，有时也称之为"无名文状"，汉朝在宫廷中盛行。

唐朝匿名信，来源有四个渠道：第一种是投入铜匦的；第二种是寄来的；第三种是送到光顺门的；第四种是向朝廷之侧，投书于地，隐其姓名。

据古籍介绍，匿名信多为诬告，有的是编造不实之词，出现诬告风，陷害他人，假造事端，扰乱社会秩序，造成人心不安。唐朝信访中已经出现两种不正常的苗头：一是变更姓名，重复信访，就是已处理过的信访案件，有一部分信访人更改姓名后又信访；二是出现个别来访人闹事的苗头，到了唐高宗李治的时候，已相当严重。唐宜宗颁布《焚埋匿名文状诏》说，匿名信越来越多，危害严重，以后，对匿名信一律就地"焚毁埋藏"，不需要上报。

宋朝规定：凡匿名信诬告他人的，都要受到法律的追究，规定有投匿名信诬告他人罪。

明、清时期这类现象更为明显。

3.诽谤、妖言和连坐之罪

许多朝代，根据信访中的实际情况，先后制定了诽谤、妖言和连坐之罪。这些罪名，秦朝就有，秦朝法律正式规定有诽谤罪，所以，秦朝废除诽谤木，汉朝法律中也有这三种罪。到汉文帝时，深感这些规定会导致吏民不敢讲话、不敢进谏言事，因而会失掉民心，正式决定废除这些罪，并规定如果有官员不执行这个规定的要罢官，今后不得治理民事。

从这之后，有的朝代废除这些罪名，有的还在实行，或执行其中部分罪名。

诬告、妖言，在古代时期，多表现为官宦之间互相攻击，汉朝以后有愈演愈烈之势，范围扩大。

唐、宋时期有造祆（妖）、书祆（妖）言罪，对写这类信的人要进行严厉惩罚。

明、清时期，诬告、妖言已发展到平民百姓中，民众来信有诬告内容，定为诬告罪，有的要定为反坐罪，凡是煽惑民众上访的要治罪。清朝规定，煽惑民众上访，定为讹言妖术煽惑平民罪，为首者要辑获正法，诱陷愚民越诉者，加等反坐。

4. 越诉罪

所谓越诉罪，就是越级上诉的有罪，这条规定，反复比较大，不仅不同朝代规定不一样，就是同一个朝代，不同时期，也有不同规定，有时允许越诉，有时限制越诉，有时不准越诉。

唐朝以后各个朝代都有这类规定。宋朝有一段时间规定，如果有人越级上诉要惩罚，如果有官员受理越级人的上诉，官员和越诉人，各杖四十。

明初，允许越诉，后因查证落实，多所不实，朱元璋规定，不许越诉，后来又觉得这样做不行，制定了有几种情况可以越诉，即有条件越诉。明朝中期以后规定，越诉反映问题属实的，对越诉人，不予惩治，不实的要惩治。明朝后期规定，不论属实与否，一律严惩；清朝，绝对扼杀越级上访，一律惩治，如发配充军。

5. "触讳"罪

所谓"触讳"罪，就是民众上书中触犯了忌讳，忌讳有哪些？圣人和帝王的名、号、字等，不能乱写。如果民众上书中涉及这些，必须按规定作技术处理，如果不作处理或处理不当，都是"触讳"，要治罪。百姓记不得那么多忌讳，常受罚，苦不堪言。

制定这种罪的，历史较久，危害大。汉朝汉宣帝同情民众，废除触讳的规定。公元260年，魏元帝景元元年又恢复，并一直沿用下来。

6. 民告官

在旧社会，民告官的不多，支持者更少。但历史上，确有帝王支持民告官的。如，西周设立肺腑石，作用是"以肺石达穷民"，如果民众有冤屈，地方官员不做处理，民可站在肺石下，告地方官，由周天子惩罚他们，实际就是民告官。最严厉的是明朝朱元璋，他规定，地方官员不为民办事、欺压百姓、贪官污吏，允许民众擒拿这些官员"赴京"治罪。

（五）正义与邪恶争夺之地

从古至今，信访部门就是正义与邪恶争夺之地，参与争夺的除各个政治派别势力（集团），还有帝王、大臣和各级官员，都欲掌握信访处置权，因为掌握了信访信息和信息处置，就可以打击政敌，以达到控制朝政的目的。

被称为清水衙门的信访部门，确实不掌握钱、财、物和人事权，为何倍受各方如此重视？只有一个答案，信访部门有一个特殊的"信息权"。这个"信息权"是"通天"的，即直通皇帝和其他高层领导人那里，这是别的部门所没有的。掌握这个权的人，为达到自己的目的，可以根据需要，对信访信息作些"润色"。

五千多年来，每个朝代都自然而然地"授予"信访部门这个"通天权""话语权""信息权"。掌握了这些"权"的部门和个人，就可以通天，就可以控制重要的政务信息，影响乃至控制朝政，甚至可以"发号施令"。

历史上，武则天就是如此，把持铜匦不放；朱元璋更是控制主管信访工作的通政使司不放，这样，大权不会旁落。

行贿接待人员办私事，历史上早已存在。如唐朝，"五品以上官员轮流询访"，是唐太宗的开明之举，在历史上，一直受到称颂，但随着统治阶级日益腐败，这一制度后来也蒙上一层灰尘。"询访索贿"已现苗头。唐朝以后，这股不正之风，一直延续至现在，时隐时现，没有断过。有些古籍上有描述，是社会现实的反映。

信访中的不正之风，在不同时代，有不同表现，但无论花样怎么翻新，离不开"权"和"利"，古今概不能外。

研究中国五千年的信访史，正如习仲勋同志讲："信访史也就是民情史，也就是广大人民的参政议政史。"

第一章　先秦时期信访工作

据史学家们的研究和考证，先秦时期的历史，大体经历了三个不同的发展阶段：一是原始民主时期，原始社会的前期已不可考，到了中、晚期，即原始军事民主时期，大体是在禹及禹之前，有些文献记载了关于这段历史事件的传说；二是奴隶社会时期，即夏、商和西周初期，商为鼎盛时期；三是封建领主制时期，大体从西周到秦始皇统一中国。秦统一后，我们国家进入了长达二千多年的封建地主制社会。

史学家们对上述历史阶段的划分，意见尚不一致。本书是按照这三个阶段介绍先秦时期信访工作的。

先秦时期信访工作，是今天信访工作的源头，是信访史的重要组成部分。

第一节　原始民主时期

为了有利于介绍原始民主时期的信访和信访工作，有必要先介绍这个时期的民主政治和组织形式，以及与信访工作的关系。

一、原始民主时期的民主形式与机构设置

（一）原始民主时期，大致是在氏族社会的中、晚期

氏族社会亦称氏族公社，是以血缘关系为纽带的最基本的社会组织形式。此时，尚没有"国家"的概念，只有部落和部落联盟。部落联盟的权力机构，是部落联盟会议，由部落酋长们组成，史称"四岳"。这种组织，既是生产组织，也是宗教和军事组织；氏族社会内部的事务是民主的、公开的。此时，氏族社会的每个成员都处于平等地位，氏族社会的部落和部落联盟的重大事务，如战争、生产、迁徙、首领易人、分配、祭祀等，或由氏族全体成员讨论决

定，或由酋长会议决定。氏族社会的每一个成年的成员，对这些都有发言权、表决权，以及对氏族首领们的监督权，即使是部落联盟的首领，也得听从大家的意见，不能违背部落联盟的决定，自行其事。

史前部落联盟时期，部落联盟权力是"四岳会议"，其最大的作用，在于推选部落联盟领导人，标准是"选贤与能"。

据《礼记·礼运篇》记载，原始社会的用人，包括选用氏族首领、酋长等的标准和条件，是"天下为公，选贤与能"。

"天下为公"完整的说法是"大道之行也，天下为公"，包含两层意思：一是天下是公共的，要把天下传给贤者；二是要求首领和酋长们以"天下"的利益为已任，将部落、部落联盟的事情摆在第一位。"选贤与能"中的"贤"是办事公道，主持正义，通情达理，有德有才，有声望，受到人们的尊重；"能"包括才干、能力、技巧和办法，善于管理。这种用人的标准，是全体部落成员确定的，首领、酋长，是否符合这个标准，要经过氏族成员们认可，这充分体现了当时民主的真谛。

"选贤与能"的"贤""能"之间的"与"字，在这里通"举"，即推荐。

为了听到更多的民众意见，在"四岳"会议之外，采取许多办法，征求和吸纳氏族成员们的意见。下边将要介绍会议之外的几种征求民众意见的办法，是诸多办法中的一部分，让"下位者"（即民众）随时有平等进言的机会。在这些办法中，许多属于信访活动范围的形式。

（二）管理机构设置、官员配备与信访工作

社会的发展，必然有许多公共事务，即"政务"，需要有部门负责，有人办理，从事这方面的管理工作，即使是"义务性"的，也必须具备。社会组织机构和办事人员，就这样应运而生。

初期，部落联盟设置的机构很简约，一个部门，或许只有担任这个职务的一个人负责，没有属员，也没有真正的办事机构和名称，就是这一摊事情，由你去做，更没有"中央"和"地方"之别，没有垂直领导关系，等等。

传说，中国的文字是苍颉创造的，有了文字，比结绳记事方便、先进。这种文字，就是符号，就是象形文字，文字就这样应运而生。应该说，文字是全体吏民们在社会实践中，共同创造出来的，经苍颉等人完善与归纳，形成早期的文字。文字的出现是社会发展、文明进步的表现。同样，社会管理机构的出现，和文字的出现一样，是社会需求而产生，社会进步的标志。当时，苍颉的职务是史官，具有记录部落联盟内部事务的职能。据此，合理推度，当时的史官兼有记事和向首领反映民情与向下传达首领们指示的任务，其中有些属于信访范畴的内容。

据《史记》等记载，黄帝时设立了史官，仓颉、沮诵居其职，负责记录部落联盟的重大事情，包括黄帝的言论，以及对一些问题和事情的处理意见。可见这个时候的史官兼任秘书性质的工作。

到了尧的兄长挚任部落首领的时候，开始了"置官分职"，设五官管理"政务"。五官：即春官、夏官、秋官、冬官、中官。尧时官职增多：司徒（舜为之），司典民政；司马（契为之），司典军政；司空（禹为之），司典经济；后稷（弃为之），司典家业；乐政（夔为之），司典教育；秩宗（伯夷为之），司典宗教；士（皋陶为之），司典司法；共工（奚促为之），司典公务；虞（益为之），司典森林渔教。舜继任后，有12官之设：天子（舜为之）统领天下；百揆（禹为之），协助天子总理庶政；士（皋陶为之），负责民刑；……；纳言，龙为之，负责出纳帝言。上述人员共22人，另设州牧12人及其他属员若干人。《尚书·周书·周官》中记载："唐虞稽古，建官惟百，内有百揆四岳，外有州、牧、侯伯。"可以证明尧、舜时期的"置官分职"的大概情况，已由粗分工，到较为细化。随着社会的发展，逐渐出现了"国家"的雏形。

上述职官中，有的是直接、有的是间接管理信访工作的。

如，"百揆"是"总理庶政"的。百揆类似于后世的宰相。刘昭注《古史考》称，"舜居百揆，总领百事"，当然，其中也包括信访工作。"士"是司典司法的，也有办理民事之内容。据《史记·夏本纪》称，"皋陶作士以理民"。皋陶自己也说，"士"的工作"在知人，在安民"。据《尚书》解释，这里的"人"与"民"是对举的，"人"指的是官吏，"民"指的是民众。可见，皋陶"理民"的目的在"安民"，就是调解、理顺民众的事情、纠纷。这些工作类似于信访工作。

（三）"信访工作"起源之初探——"信访媒介"诞生

据《淮南子·主术训》记载："古者天子听朝，公卿正谏，博士诵诗，瞽箴师诵，庶人传语，史书其过，宰彻其膳，犹以为未足也，故尧置敢谏之鼓，舜立诽谤之木，汤有司直之人，武王立戒慎之鼗，过若毫厘，而既已备之也。"

这段文字写清楚四个问题：

第一个问题，"古者天子听朝"，朝堂上有哪六种渠道提供信息：一是公卿们的正直规谏；二是博士们向天子诵唱民间流传对朝政过失批评的诗歌；三是乐官们（瞽）将各地搜集来的民歌，配上音乐，演奏给天子听，使其知道自己和各地官员们的过失，进行规戒；四是庶人传语，即将百姓中流传的对朝政的批评，传达给天子；五是史官们，指出并记载天子的过失；六是宰彻其膳，即对天子饮食起居有无违规，进行规谏。这些，我们称之为官方信息。

第二个问题，官方信息之不足。"天子"对"朝堂"上官方信息感到不满足，认为无民间信息是个缺陷。"犹以为未足也"，具有启下作用，为弥补"未足"和缺陷，设置了敢谏鼓等，让民众发表意见，汇集后送"天子"。这样，民间信息和官方信息同样重要，都是办理政务信息。汇集民间信息载体，就是现在的信访工作，我们称之为信访媒介。

第三个问题，信访工作的源头。现在人们认知的信访工作源头，是从诽谤木、敢谏鼓等设置时算起，为信访工作的源头，这是不准确的。诽谤木、敢谏鼓等的出现，已能为尧等汇集民间信息，但不是源头。真正源头应该是在正式设置诽谤木之前的酝酿阶段，我们称为"孕育"期。为什么《淮南子》的作者没有写酝酿过程中的情况？合理的推断，作者立足于歌颂"天子"，将设置信访媒介作为"天子"的功德来歌颂，只需要写清楚这些就行了，别的就不需要写。但是，从别的古书中能找到一些佐证。如在《尚书》《史记》《吕氏春秋》《淮南子》中均有记载，在设置信访媒介的前后，"天子"与百姓之间确有信访互动。如，《尚书·虞书·大禹谟》说，"禹拜昌言曰：'俞！'"是说禹拜谢提意见的人。这里的"昌"即美，昌言即美言。《吕氏春秋》说："昔者禹一沐而三捉发，一食而三起，以礼有道之士，通乎己之不足也。"也是说，"天子"从与民众的信访互动中，得到了好处，弥补"通乎己之不足也"。

"天子"在与百姓互动的"信访活动"过程中，得到了益处，是他们考虑设置汇集民间信息的思想基础。这些思想基础肯定发生在信访媒介正式设置之前。可以说，这段时间，是酝酿设置信访媒介的"孕育"期。"孕育"期才是信访工作的真正起源，这是不争的事实。这样，信访史起源，将要提前若干年。

第四个问题，"天子"是完美之人，能做到"过若毫厘，而既已备之"，从信访媒介中得到信息，就是很小的错误也能发现，不会因为过错小而不改正，也不会因为善事小而不举办。因此，几千年来，一直受人敬重。

（四）中国首位"信访部长"——龙

有了吸取民众意见的进善旌、诽谤木、敢谏鼓等，就得设置管理人，于是就设立"纳言"官职，是直接管理民众意见的首长。第一位任"纳言"的是"龙"。有关龙任"纳言"之职，在《尚书》和《史记》等书都有记载。舜在任命龙担任纳言的时候，特别作了交待："龙，朕畏忌谗说殄伪，振惊朕众，命汝为纳言，夙夜出入朕命，惟信。"[1]

意思是说：龙，我特别讨厌那种说坏话和阳奉阴违、说假话的人，因为这种人常常以一些不正确的言论，扰乱我的民众，使他们受惊，影响正常生活。任命你为纳言，早早晚晚，代我发布命令，向我回报下面的意见和情况，都必须准确、忠诚、实在、可靠。

对"谗说殄伪，振惊朕众"，《史记·五帝本纪》"集解"中，引用了郑玄的解释说，"所谓色取仁而行违，是惊动我之众臣，使之疑惑"。"伪"：言畏恶利口谗说之人，兼殄绝奸伪人党，恐其惊动我众，使龙遏绝之，出入其命惟信实也。

纳言的"纳"字，含有"接受"与"致送"的两层意思。

关于纳言，汉时的经济学家孔安国作这样的注释："纳言，喉舌之官也。听下言纳于上，受上言宣于下，必信也。"说明纳言：一是听取下边的意见，如实报告给"上（即部落联盟首领，下同）"；二是接受"上"的指示，忠实向"下（基层官吏和百姓，下同）"传达、宣传；三是报告"下言"或宣传"上令"，都必须是准确、忠实、可靠、可信，并保证上下畅通，不能"梗阻"。这就是纳言的工作范畴和性质，其中的"下言"，就是民众的意见，属于信访

《史记》中记载：舜让"龙"担任纳言

---

[1] 《史记·五帝本纪》，《二十五史》百衲本，浙江古籍出版社1998年版。

范畴。

纳言的确实地位和身份。《史记》引郑玄的话，纳言"如今尚书，管王喉舌也"。当时的"尚书"，一说是类似于现在的中央部长，一说是在皇帝左右的处理文书的官员，"管王喉舌"，代表首领发声。舜在任命龙为纳言，是和其他中央部门的官员一起任命的，所以我们说，龙为纳言，是我国首任的"信访部长"，是我国历史上最早见诸文字记载的主管信访工作的"高级（部长）官员"，是舜身边的重要官员。

《史记·武帝本纪》说，"龙主宾客，远人至"。这个任务，类似于周朝的大行人、小行人的工作，是负责接待诸侯国的国王和使臣的工作，相当于现在的"外事工作"；向诸侯国的国王和使臣们，传达"天子"的政令，并听取他们的反映和意见；接待四方贤士。

由此看来，西周的大行人、小行人之官，应是由纳言衍生出来的。

纳言这一官职名称延续了几千年，只是有时叫纳言，有时叫别的名称。秦朝没有纳言，汉时，曾叫大鸿胪，王莽时又改叫纳言，后来，曾改称侍中，到了隋代，为了避隋文帝之父杨忠的"忠"字，取消了侍中的称谓，恢复了纳言，杨达曾任此职。唐朝设有纳言，刘文静、狄仁杰、武承嗣先后任此职。这两个朝代的中书省与门下省共掌机要，共议国是，负责审查诏令，签署章奏事项，有封驳之权。其长官或称侍中、或称左相、或称黄门监，因时而异，其性质与纳言相同。所以，在唐《贞观政要》中说，"中书、门下之职，即纳言也"。可见，纳言的地位很重要，历史长、变化多，但其工作性质、内容没有变。

"纳言"类似于"信访部长"，亦相似于"办公厅主任"。总之，龙是舜领导下宣传"上"的旨意、汇集民众意见的，是主管信访工作的主要负责人，这是肯定的。

二、朝堂之外吸取民情的几种办法

朝堂之外设置的敢谏鼓等，汇集民众意见，并上送给"天子"。这就是我国最早见之于文字记载的信访工作。

为什么先贤们要设立这些信访媒介？就是要先贤们对民众意见重要性有所认识。他们将民众的意见，定为安邦治国的需要，即政务工作，具有非常重要的地位。如，《诗经》也曾说，"先民有言，询于刍荛"。就是说，圣贤之人，也得听山野之人的意见。这里的刍荛即割草打柴的人，后来多指草野鄙陋之人，即最低层的民众。

唐《贞观政要·论君道》记载，贞观二年，唐太宗与魏征对话中，魏征说："君之所以明者，兼听也；其所以暗者，偏信也。《诗》云：'先民有言，询于刍荛。'昔唐、虞之理，辟四门，明四目，达四聪。是以圣无不照，故共、鲧之徒，不能塞也。"是说唐、虞敞开大门，听取四方的意见，包括山野之人的意见，才能立于不败之地，共工、四凶等坏人，才不能得逞。所以说，能这样做的就是明君，就是这个道理。

果真有诽谤木之类的设置？查阅了其他古书中也都有记载。如：

《汉书·文帝纪》："古之治天下，朝有进善之旌，诽谤之木，所以通治道而来谏者也。"

《大戴礼记·保傅》："于是有进善之旌，有诽谤之木，有敢谏之鼓。"

《路史》："禹……立谏幡，陈建鼓。"

《吕氏春秋·自知》："尧有欲谏之鼓，舜有诽谤之木，汤有司过之士，武王有戒慎之鞀。"

《后汉书·杨震传》："臣闻尧舜之世，谏鼓谤木，立之于朝。"

《邓析子·转辞》："尧置敢谏之鼓，舜立诽谤之木，汤有司直之人，武有戒慎之铭。"

《吕氏春秋·不苟论》："尧有欲谏之鼓，舜有诽谤之木，汤有司过之士，武王有戒慎之鼗，犹恐不能自知，今贤非尧舜汤武也，而有掩蔽之道，奚由自知哉！"

《魏书·高祖纪》（上）："是以谏鼓置于尧世，谤木立于舜庭，用能耳目四达，庶类咸熙。"

……

综合以上所述，在一段时间，朝堂之外有以下几种汲取民情的设置：明堂、进善旌、诽谤木、敢谏鼓、五音听治、衢室、总街之庭、司过之人、灵台、戒慎之鼗，以及微服私访等。

这些设置的作用：是提意见的通道，民众可通过这些通道"来谏""贤者"投奔来；民众的意见，能使先贤们耳聪目明，知四方之事，清楚"是非""庶类咸熙"，才不受"掩蔽"。

这几种吸取民情的形式，在现代信访工作中都能见到他们的影子。所以说，先秦时期的信访工作，是现在信访工作的源头、雏形。

（一）进善旌

进善旌，就是一面旗子，插到哪里，哪里就是听取民众意见的地方，类似于今天"××接待室"的牌子。

从酋长的角度来讲，进善旌是听取民众意见的一种形式和方法；从吏民们的角度来讲，是他们口头发表意见的场所，是参政的一种渠道；从现在的角度来看，是人民来访接待室的"萌芽"。

进善旌是尧、舜时创立的，设置于他们办理公务的衙门前，或明堂前，或交通要道，有利于吏民们找的地方。吏民们立于其下，口头发表意见、申诉问题或提出建议，评点朝政之得失和功过是非。这些立于进善旌下，发表意见的吏民们，就是今天意义上的来访人。

关于进善旌形状之演变、放置的位置与作用，古书中有记载。《史记·孝文本纪》引用应劭的解释："旌，幡也，尧设之五达之道，令民进善也。"如淳说："欲有进善者，立于旌下言之。"这些都说明进善旌就是一面旗子，设之于朝和"五达之道"，只要有"上访"人立于进善旌下，就会有官方人士出来听取他们的意见。听意见的官员，或许是尧，或许是其他官员。这些人员类似于今天的接待干部。这种形式，是我国吏民们上访的萌芽。

后来，尤其是唐代，许多有识之士写文章，阐述进善旌的作用、伟大意义和历史功绩。《全唐文》中收录较多。这些文章的副标题都是进善旌"设之通衢，俾人进善"，即设置在方便百姓找的地方，供基层的劳动人民上访用的。

所以说，进善旌是现在人民来访接待室的前身。

（二）诽谤木

诽谤木是酋长们实行民主、汲取民情的又一种形式，是让吏民们在上面写、画自己要反映的事和意见，这是写上访信的源头。

下面的古籍写得比较清楚：

《吕览·自知》中说："书其过失以表木也。"

《淮南子·主术训》："书其善否于华表木也。"

由此看来，诽谤木是让先民们发表"书面"意见用的。

唐初政治家魏征对诽谤木作用和发展说得很实际，《旧唐书》中记载魏征的原话："古者立诽谤之木，欲闻已过，今之封事，谤木之流也。"就是说，上疏这件事，是从诽谤木发展而来的。后来，各个朝代衍生出上书、投书、奏章、上表、上章、上疏、进言、言事、陈情、诣阙陈情等。所以说，诽谤木是我国写上访信的源头。

诽谤，在当时的解释和真实含义，与现在相反："忠谏者，谓之诽谤"①。是说，进忠言谓之诽谤，是褒义的。诽谤木的重点是突出进忠言。

关于诽谤木的形状，《史记》引用了服虔的话，"尧作之，桥梁交午柱头"。应劭说，"桥梁边板"。韦昭说，"虑政有阙失，使书于木，此尧时然也，后代因以为饰。今宫外桥梁头四植木是也"。郑玄说，"一纵一横为午，谓以木贯表柱四出，即今之华表"。《中华古今注》中，在"诽谤木"条下，有这样的说明，"今之华表木也。以横木交柱头，状如华也。形如桔槔，……"。桔槔是井上一种汲水的工具，在井旁树上或架子上用绳子挂一杠杆，一端系水桶，一端坠个大石块，一起一落，汲水可以省力。

从古人的论述看，初始，"诽谤木"就是一根适用的、朴素的、普通的、落地的大木柱子，后来，"以横木交柱头，状如华也"，成为十字架形状。再后来，为了好看和威武，把诽谤木做成高大的柱子，并在上面刻着精美的龙和流云等纹饰，成为装饰品、艺术品，称为华表柱，进而发展成帝王权威的象征。像北京天安门前的华表，成为精美的艺术品。

诽谤木发展成为艺术品后，放置的位置也在发生变化。如，放置在城门口，皇帝死了，也要在其陵寝的门口放置，发展到最后，随意放置。唐朝大诗人白居易《望江州》就曾这样描述，"江回望见双华表，知是浔阳西郭门"；清人郑板桥的诗中有"丰碑是处成荒冢，华表千寻卧碧苔"。另一种说法，因诽谤木系舜受命而立的，舜名重华，所以，称华表木，或表木，后人为纪念舜而改称的。

诽谤木又向另一个方向发展，成为指路的路标。《中华古今注》对"诽谤木"的注释说，"大路交衢悉施焉。……以表识衢路"。是诽谤木发展成为路标的佐证。

诽谤木设置不久，置有"函"。函发展成意见箱，都是信访的工具。

至此，我们说，信访、华表、路标与诽谤木是有"血缘"关系的，"同宗同源"，其中，华表、路标是衍生之物，具有另一种作用，只有信访，继承了初设诽谤木之本意，供民众上书用。用今天的话来讲，信访是正宗地继承了诽

---

① 《大戴礼记·保傅》。

谤木的宗旨，是嫡传。

在前面的引文中说，"书其过失以表木"。这种"书其过"的办法，需要有文字的。当时有"文字"吗？范文澜在《中国通史》中作了肯定的回答："仓颉造文字"，"文字的发明是人类社会由野蛮时代转移到文明时代的一个重要标志，城子崖遗址发现了文字，虽然还不能肯定它是夏朝文字，按照殷墟文字已经达到的程度，上推夏朝已有原始的文字，似乎也是有理由的"。仓颉是黄帝时人，从这个历史情况来看，在"诽谤木"上写、画意见的形式是可信的。所以，我们说，"文字"一出现，就已经被用来进行信访活动。

秦始皇统一中国后，诽谤木曾被禁止，因为秦朝的法律中有一条"诽谤罪"，将吏民们的进忠言定为诽谤，加以惩治，因此，秦朝取消了诽谤木。汉代，又恢复了这一制度。之后，诽谤木又演变成不同的形式和名称，许多王朝还成立了相应的专门机构管理。

（三）敢谏鼓

敢谏鼓也是让吏民们发表意见的工具，设置在方便百姓找的地方。敢谏鼓这种形式，与前面两种情况不同，突出"谏""敢""急"。

敢谏鼓乃谏者击之以闻。"谏"是对"上"的，谈的问题重大，有不同意见进谏，或谏净；"敢"，说明击鼓之人有勇气，有胆略，敢于抗争，即使惊动"圣驾"要被治罪，也在所不惜；"急"，表示事情重大、重要，时间紧迫。应该说，敢谏鼓主要是用于对部落联盟首领、酋长的决策，如战争、迁居等，提出不同意见。正如《荀子·臣道》中讲，大臣进言言事："君有过谋、过事，将危国家、殒社稷之惧也，……。"《吕氏春秋·自知》说："欲谏者击其鼓也。"唐朝白居易在《敢谏鼓赋》中说："未若备察朝阙，发挥廷净。"可见，击敢谏鼓之人，都是对帝王的决定进行抗争的，语言激烈，进善旌用语则比较缓和。

关于敢谏鼓的历史作用，许多有识之士，在不同时期，尤其唐朝，进行了总结，都提到了安邦治国的高度来阐述。

敢谏鼓这种形式，经过多次变动，一直流传下来，到清朝叫登闻鼓，归通政使司管理。到光绪二十八年（公元 1902 年），通政使司被废除，登闻鼓也就没有了，这一点象征性的下情上达的渠道，相传五千年也就寿终正寝了，彻底退出了历史舞台，从中国的历史上永远消失了。

综上所述，设置"旌""谤木""鼓"的目的，虽然各有侧重，但基本是一致，相辅相成的。白居易说得非常明白，敢谏鼓"将善旌而并建，与诽木而俱陈"。唐朝柳道伦在《进善旌赋》中说，"类谏鼓所陈，同谤木之设"。道出了"旌""谤木"和"鼓"三者的并存关系。

进善旌，是提供口头反映问题的场所，"令民进善也"；诽谤木，是书面发表意见；敢谏鼓，多用于重大事件的谏净。三者形成不同层面的吏民们进言言事的整体。

（四）"五音听治"

五音听治，是首领们一种特殊的听政方式，与别的形式不同。

《淮南子·氾论训》中说："禹之时，以五音听治，悬钟鼓磬铎，置鼗，以待四方之士，为号曰：'教寡人以道者击鼓，谕寡人以义者击钟，告寡人以事者振铎，语寡人以忧者击磬，有狱讼者摇鼗。'"另外，《全上古三代文》中也有同样的记载："夏禹之治天下也，以五声听，门悬钟鼓铎磬而置鞀，以待四海之士，为铭于簨虡。"其铭云："教寡人以道者击鼓，教寡人为义者击钟，教寡人以事者振铎，语寡人以忧者击磬，语寡人以狱讼者挥鞀。"

钟、鼓、磬、铎、鼗五种乐器，发出的声音是不同的，在听治方面，被分别赋予了表达"道""义""事""忧"和"狱讼"等方面的特定含义，首领们、接待人员和上访人都能分辩清楚五种声音，并确认某一种声音与某一类事情的相联。从另一个角度来讲，也是对来信来访分类统计的雏形。

《周礼》记载，周朝设有"鼓人"的官员，具体工作是："鼓人：掌教六鼓、四金之音声，以节声乐，以和军旅，以正田役。教为鼓而办（辨）其声用。"意思是说，周朝鼓人是教人们识别不同的鼓声、金声。《周礼·秋官·小司寇》："以五声听狱讼，求民情。"可见，五音听治，也有汇集民情的任务。

汉代王充在《论衡·顺鼓篇》中说，"事大而急者用钟鼓，小而缓者用铃铙"。意思是说，用不同的乐器发出不同的声音，能够表达事情的大、小和缓、急，证明不同钟鼓声音反映不同事情的作用，确实存在。

在这里，特别强调的是"听狱讼"和"求民情"，两者有质的不同，"听狱讼"属于司法范畴，"求民情"属于信访范畴，都集中在五音听治中，所以，出现了信访事件与狱讼案件有时交叉情况。

五音求民情，是信访工作的一种特殊的形式。

（五）设立衢室

衢室是帝王听政的地方。《管子·桓公问》："黄帝立明台之议者，上观于贤也；尧有衢室之问者，下听于人也；……汤有总街之庭，以观人诽也；武王有灵台之复，而贤者进也。"《三国志·魏书·文帝纪》云："轩辕有明台之议，放勋（即尧）有衢室之问，皆所以广询于下也。"江淹《萧太尉上便宜表》："太祖文皇帝恭己明台之上，听政衢室之下，九官咸静，万绩惟凝。"由此可见，黄帝时设立明台（也称明堂），尧时设立衢室，夏之世室，殷之重屋，周之明堂，包括总街之庭、灵台以及司直等，属于同一类性质的设置。其作用：一是首领们施政和听政的地方，听取"贤人"和民众的意见；二是招揽人才、选用人才的地方；三是天子接见功臣的地方。如，古乐府《木兰诗》中有"回来见天子，天子坐明堂"。讲的是巾帼英雄花木兰回朝面见天子，天子坐在明堂见她的。

《辞海》在"衢室"条目注释：相传唐尧征询民意的处所。

衢室是四周无壁的大殿。明堂、衢室的形状，在《史记·孝武本纪》中，记载了黄帝时明堂图，"明堂图中有一殿，四面无壁，以茅盖，通水，圜宫垣为复道，上有楼，从西南入，命曰昆仑，天子从之入，以拜祠上帝焉"。《淮南子·主术训》说，"明堂之制，有盖而无四方；风雨不能袭，寒暑不能伤"。

尧时设有衢室。衢，四通八达的意思，衢室，顾名思义，应当是面向四方，四方都敞开，敞亮、出入方便的大殿，或许就是个大亭子，"四面无壁，以茅盖"，设置在通达的地方。

吏民们对明堂、衢室、灵台的态度如何，是表明人心向背、政权能否巩固的重要标志。《诗经·灵台》说，周文王建灵台时，庶民们踊跃参加，很快就建成，文王与民同乐，贤者都来归顺、效力。吏民们对衢室、灵台的态度，成为检验政权是否得民心的一把尺子。

衢室是个守法度的地方。《淮南子·时则训》中记载："明堂之制，静而法准，动而法绳，春治以规，秋治以矩，冬治以权，夏治以衡，是故燥湿寒暑以节至，甘雨膏露以时降。"《淮南子·主术训》对上述说法作了诠释："衡之于左右，无私轻重，故可以为平；绳之于内外，无私曲直，故可以为正。人主之于用法，无私好憎，故可以为命。"说的是，明堂、衢室是个守法度、按章办事、秉公执法的地方。

明堂对后世的影响较大。唐朝，许多人写有《明堂议》。如，魏征、孔颖达、李白、颜师古等，清人惠栋编写的《明堂大道录》，专门介绍明堂等的发展和作用。

唐尧、虞舜、夏禹一直按照明堂、衢室的规矩办事，在人们心中留下了很深的影响，几千年来，一直被称赞，是有道理的。

从上述情况来看，明堂、衢室具有信访工作的职能，与其他的信访形式一起，构成了信访工作的整体。

实际上，"衢室"也就是接待室、会议室、议事厅、听取民众意见的地方。

（六）微服私访

"考察"与微服私访，是了解情况的两种工作方法，一直沿用至今。

尧执政时，经常外出"考察"，有时是微服私访。据文献记载，尧、舜在"广开视听，求贤人以自辅，……恭己无为"后，为了直接了解社情民意，经常微服私访，以体察民情。外出考察时候，路上遇到百姓，就了解民情，征求民众对政治、生活的意见，用以考虑自己政策是否得民心。《列子·仲尼》记载："尧乃微服游于康衢。"据《尔雅》说："四达谓之衢，五达谓之康。"意思是说，尧经常"微服"到四面八方去考察民情，了解民众的实际情况和官吏们的政绩。

由于尧推行的民主制度深得民心，人民作了一首《康衢谣》的民歌，歌颂他："立我臣民，莫匪尔极。不识不知，顺帝之则。"意思是说：(尧)您让我们人民都有饭吃，没有一个人不把您当着标准；我们什么也不用费心，只要跟着您走就行了。

一次，舜在与皋陶、禹、益等讨论政务，谈论到谁善于听取民众意见时，舜说："稽于众，舍己从人，不虐无告，不废困穷，惟帝时克。"意思是说，考虑和尊敬众人的意见时能够放弃自己不正确的想法，采纳别人好的意见，不虐待无依无靠和穷困的人，只有尧才能做到。

相传禹做首领的时候，听到民众意见后，拜谢提意见的人。

如《尚书·虞书·大禹谟》记载，"禹拜昌言曰：'俞！'"孔安国的解释是："昌，当也。以益（人名，大臣）言为当，故拜受而然之。"引申为直言无所隐讳，深受欢迎，所以，禹拜谢提意见的人。

这件事对后世影响很大。如，《贞观政要》中记载，唐太宗李世民说，"忠贞之臣，非不欲竭诚。竭诚者，乃是极难。所以禹拜昌言，岂不为此也"。可见，对大禹拜谢提意见的人，唐太宗李世民非常推崇。

总之，在氏族社会民主时期，上述这几种形式，是我国早期的吏民信访活动和信访工作的原始形态，其中有些方法对后来的影响较大。正如《贞观政要》中说："正色直言，虚心受纳，不简鄙讷，无弃刍荛，帝尧之求谏也。"说的是，什么人的意见都听，只要有道理，同样采纳，只有尧才能做到。

第二节　奴隶社会时期

相传，舜传位于禹，禹传位于儿子启，建立了夏朝，标志着国家诞生，禅让制结束，世袭制开始，进入了"家天下"，实行君主制。

夏朝是中国历史上第一个奴隶制国家政权。

商汤以武力，从夏桀手中夺取了政权，建立了商朝，成为我国历史上第一个以武力夺取政权的王朝。之后，周武王又以武力从殷纣王手中夺取政权，取代了商，建立了周朝。周王朝的前期称为西周，后期称为东周。东周前期又称为春秋，后期称为战国。

据史料记载，夏的最高统治者称"后"。"后"，如同商朝的"王"，所以夏王朝称"夏后氏"。夏仍有部落，商王朝分封诸侯国，取代了原始部落，传说，西周初期还有71个诸侯国。

商取代夏后，奴隶制进入了鼎盛时期，周取代商，奴隶制开始衰落。周朝实行井田制和什一税，农民有相当的自由，我们国家逐渐步入了封建领主制社会。

奴隶社会，不仅国王是世袭的，各级官员也是世袭的，这样，在用人方面，就出现了任人唯亲，用人的范围非常狭窄，取消了有才有德的庶人参与国家管理的机会。到了西周时期，这些世袭的官员思想越来越僵化，只知道法律条款，这些条款是否合适现实，从不研究。只按条款办事，给劳动人民带来很大的痛苦。

进入奴隶社会，民众的信访活动由少变多，形式也从简单到多样，出现了集体上访，信访媒介称谓也就越来越多，多达几十种。

正因为有这么多的信访媒介，其中没有"信"和"访"以及"信访"等近代人所熟知的名称，从古代起，包括中华民国时期，都如此。于是，有人产生了古代是否有信访的疑问，产生这种怀疑也是属于正常的现象。但五千年来，先人们一直在处理民众来信和上访，这也是事实。所以，我们说，解放前没有"信访"的名称，而有作为政务工作的"信访"也属事实。

如果说，原始民主时期的信访工作，缺少具体信访案例，进入奴隶社会，情形就不一样了。奴隶社会的前期与中期的信访工作，历史文献记载的不多，到了奴隶社会后期情况则不同。根据《周礼》记载，我们认为，西周初期是奴隶社会信访工作的"黄金"时期，特点是：制定了处理民众事务的制度；规定处理重大案件，参加审案的人员和结案时间；所有法典都要向民众公布；制定有利于民众信访活动的新形式和办法；有专、兼职官员办理信访工作，专职接待干部；官员们分工细，涉及面广，规定哪一类问题，由哪方面官员处理，等等。尤为突出的是，西周出现了做群众工作，化解矛盾的做法，以减少上访人。

西周，国家机构比较健全，有六个部门，每个部门的工作范围和分工比较明确；各部门办理信访工作的内容清楚。其中，有部分信访案件，与秋官大司寇办理的诉讼案件有交叉。再者，大司寇制定的办法、制度、原则等等，有的也适用于信访案件，故把适用于信访工作的规定，也列入信访工作规定范畴，进行介绍。

一、阶级矛盾上升与信访事件

阶级矛盾上升后，各阶层、阶级人士都要在这个政治舞台上表演，于是，出现许多写信和上访人，各自表述自己的治国主张。此时，已有文字记载，有个人上访与集体上访的信访活动。

（一）个人上访活动

有些古籍记载这一时期，知识分子或写信或上访，向国王宣传自己的政治主张；国王对这些知识分子的主张，采取为我所用的态度，有利于自己的予以支持，否则，不予理睬。这就是国王处理信访问题的根本原则。

商汤初期的伊尹就是这样。伊尹，名阿衡，是个布衣之士，为了接近成汤，进言治国之道而费尽了心机，在无其他理由的情况下，做了成汤妻子有莘氏的厨师，即家奴，以调味的道理，引申到治国的道理，说服了成汤，得到了信任。

伊尹这个活动过程，类似于现在的上访活动。

姜太公吕望，字子牙，早年贫穷，曾在商都朝歌（今河南淇县）宰牛卖肉，虽有才华，然而怀才不遇。为了实现自己的政治抱负，先去纣王那里"上访"游说，宣传自己的政治主张，为纣王服务，后发现纣王无道，遂离去，又游说其他诸侯国的国王，都没有被取信。听说西伯侯求贤，西去归周。他的政治主张，得到西伯侯的赏识，受到了重用。在西伯侯被囚禁羑里的时候，他与散宜生、闳夭一起，将美女进献于商纣王，赎回西伯侯。西伯侯回国后，重用吕尚。吕尚助周灭殷，立下汗马功劳，封于齐国，成了齐国的始祖；官至太师，又称师尚父。

伊尹、姜太公实际是游说之士的先驱。所以说，东周时期盛行的游说之士，在奴隶社会时期已经出现了，只是人数少而已。

（二）集体上访活动

在奴隶社会中，有个人上访，也有集体上访，反映出奴隶主贵族与奴隶之间的矛盾、统治集团内部的矛盾都非常尖锐。

有些古籍记载这一时期民众集体上访事件，本书选择其中三例进行介绍。

第一次，发生在成汤伐夏桀行动之前。

夏王朝的末代国王夏桀无道，成汤要去讨伐夏桀，吏民们有怨言，纷纷找成汤，表示不愿意出征。于是，成汤在都城亳召集吏民开会，在会上，成汤说："格女众庶，来，女悉听朕言。匪台小子敢行举乱，有夏多罪，予维闻女众言，夏氏有罪。予畏上帝，不敢不正。今夏多罪，天命殛之。今女有众，女曰：'我君不恤我众，舍我穑事而割政'。女其曰：'有罪，其奈何'？夏王率止众力，率夺夏国。有众率怠不和，曰：'是日何时丧？予与女皆亡'！夏德若兹，今朕必往。尔尚及予一人致天之罚，予其大理女。女毋不信，朕不食言。女不从誓言，予则帑僇女，无有攸赦。"①

成汤的讲话中，许多是转述吏民们上访反映的意见。

一是这次集体上访之前，就有许多吏民们，先后有人找成汤上访，表示反对讨伐夏桀。如成汤在讲话中说："予维闻女众言，夏氏有罪。"就是责问成汤，夏有什么罪，为什么要讨伐？

二是集体上访的吏民人数众多。成汤在会上还多次使用"众庶""众言""有众"，都用"众"，说明找他上访的吏民人数众多。成汤把他们召集起来，动员他们"罢访"，随他征讨，并采取了恩威并重的办法：如果去伐夏桀，有赏；不去，要受惩罚，变作奴隶，绝不赦免。

三是集体上访的理由。成汤的讲话，转述民众集体上访中，提出的理由：第一是君王不怜悯我们众人，丢下农事不管，只顾政权。如，吏民们责问成汤："我君不恤我众，舍我穑事而割政"。还说，误了农时，没有收成怎么办？还对成汤讨伐夏桀的决定正确性提出了质疑。如，吏民们说，夏桀"有罪，其

① 《史记·殷本纪》。

奈何"？责问成汤，夏桀有什么问题？针对这个责问，成汤说，夏桀不得民心，民众被他剥削得无法生存，怨声载道。这时，成汤引用了伊尹告诉他的夏朝的民歌："'是日何时丧？予与女皆亡'！夏德若兹，今朕必往。"译成现代的说法是：夏的民众宁愿与夏桀一起死，也不愿意夏王的存在。接着成汤说，是上天要我讨伐夏桀，是解救夏民的。结果，成汤说服了民众，伐夏桀成功。

在成汤的讲话中，有几个字和词要解释一下：格，来；女，即汝，你、你们的意思；台、朕都是我的意思。

关于"我君不恤我众，舍我穑事而割政"，汉朝孔安国解释说，夺民农功，而为割剥之政。

关于"夏王率止众力，率夺夏国"，孔安国解释说，桀之君臣相率遏止众力，使不得事农，相率割剥夏之邑居。

关于"有众率怠不和"，马融解释说，众民相率怠惰，不和同。

总的来讲，夏桀将夏的民众剥削到难以生存，众民怠惰，不支持他，必须讨伐。

这就是史书上有记载以来第一次有关集体上访的情况。

还有一次集体上访，发生在盘庚迁都时。

大约在公元前1300年前后，成汤第十世孙盘庚即位，都城已在河北，为了避免水患，复兴殷商，盘庚想要把国都迁到殷（今河南安阳附近），但遭到了官吏和庶民们的强烈反对：殷民咨胥皆怨，不欲徙，纷纷找盘庚反映。

如，《尚书·商书·盘庚上》记载："民不适有居，率吁众戚出，出矢言曰：……王命众，悉至于庭……"。说明民众为什么上访和上访时的激烈场面，"出矢言"。

盘庚在动员吏民们迁都时，演讲辞中有些比喻很生动，他说："若火之燎于原，不可向迩，其犹可扑灭？"是说，像野火燃烧草原，使人不敢走近，怎么还能扑灭？用以告诫吏民不要反对迁都，以免自取其咎。盘庚又说："人惟求旧，器非求旧，惟新。"是说，任用人才多是选取旧的好，使用器具则是选用新的，弃旧都，迁新都就是这个道理。经过动员，臣民们同意迁都，治亳，行汤之政，然后百姓安宁，殷道复兴。诸侯来朝，以其尊成汤之德也。

另一次集体上访，涉及西周国人会议与国人起义（暴动）。西周有"贵族议事会"与"国人会议"。"贵族议事会"，是由部落联盟酋长议事会演变而来的；"国人会议"，则是由氏族社会成员会议发展而来的。西周初期，国王经常在"外朝"（王宫有五门，皋门之内、库门之外的地方叫外朝）召开民众会议，商讨民事与国家大事，征求民众的意见。这个会议就是"国人会议"。

什么叫"国人"？西周的国人是指居住在王城（国都）内和六乡的贵族与士农工商等。如贾公彦疏，"国人者，谓住在国城之内，即六乡之民也"；居住在田野小邑，叫野人。范文澜在《中国通史》中说，"农夫住在田野小邑，称为野人，工商业者住在大邑，称为国人"；《辞海》也是这种解释。

西周时期的国人会议的会址在外朝，参加人数众多，多达万人之众。会议讨论的问题重要。如《周礼·地官·大司徒》中所言，"若国有大故，则致万民于王门"，进行讨论。大故，即指"询国危""询国迁""询立君"等。来这里参加会议的有周天子和群臣、群吏和民众等方面人士。

到了周厉王的时候，他不听国人的意见，导致了国人起义，被推翻。范文澜在《中国通史》中说："百工和商人为反抗过度勒索而起义，只要厉王逃走，不回来报复，也就满意了。"这就是当时工商界和市民们的局限性，叫作赶走国王而不灭国。

周厉王多行暴虐，民众提意见，他不听，国家重臣召公进谏："民不堪命矣"，他也不听。周厉王大怒，使用卫国有巫术的人来监视百姓，进行告密，只要有人敢提意见，抓着就杀头，这样，就没有人敢提意见了，亲人道路相遇，只能是目光相视，不敢讲话，诸侯们也就不来周朝进贡了，不把周王当成共主。周厉王非常高兴，告诉召公说，百姓不敢提意见了。召公再次进行苦谏说，你这是自己蒙蔽了眼睛，"防民之口，甚于防川。川壅而溃，伤人必多，民亦如之"。[1] 周厉王不听，继续欺压民众，不让民众讲话，激怒了民众，只过了三年，出现了声势浩大的国人起义，把他赶下台，流放于彘，死于彘。

国人这次行动，是周厉王不听民众意见造成的，史称国人暴动，也叫国人起义。结果是"周统治力削弱了，对起义的百工商贾自然要有些让步，对田野间农夫的管理，也不能不有些松弛"[2]。实际是先有百工和商人反映问题，不被采纳，才起义的，和前两次的集体上访的情况和结果是不一样的。这次是官逼民反，也是新兴地主阶级势力的一次大展示，成功地将最大的奴隶主贵族推翻！

---

① 《史纪·周本纪》。
② 范文澜：《中国通史》。

二、几种吸取民情的措施

夏、商和西周，除继续实行诽谤木、进善旌、敢谏鼓等信访媒介外，为了适应新形势发展的需要，为了汲取民情，大力发展如下几种媒介。

（一）遒人、采诗官、行人与木铎

遒人、采诗官、行人存在的历史都很长，作用是下情上达和上情下传。

1. 历史悠久的遒人

我们前面介绍了纳言，与纳言同时代的有遒人。纳言、遒人都是宣言官，或曰宣令官。如孔安国说，"遒人，宣令之官"。纳言是天子身边的大臣，只有一个，遒人则比较多，是最早深入基层宣传"天子"政令和汇集民情的官员。《三国志·蜀志·郤正传》中有："譬遒人之有采于市闾"。关于遒人产生的年代，西汉刘歆在《与扬雄书》中说，"诏问三代、周、秦轩车使者、遒人使者，以岁八月巡路"。这里所说的三代，是概指周代之前的唐、虞、夏、商。可见，遒人出现于夏、商之前。此时还很盛行。

2. 采诗的行人

《汉书·食货志》中有"行人振木铎徇于路以采诗，献之太师"的记载。这里出现了行人，任务是采诗。

遒人、行人两者是什么关系？杜预说，"遒人，行人之官也。……徇于路，求歌谣之言"。看来两者是一回事。《辞海》行人：官名；使者的通称。《管子·侈靡》："行人可不有私。"尹知章注："行人，使人也。"行人延续至清朝。由此看来，行人的工作除与遒人相同外，还具有外事工作的作用。

先秦时期，行人向三个不同方向发展。一是部分行人发展成为使者，出使诸侯国，或参与接待诸侯国国王和他们的使者。《周礼》记载，行人为秋官大司寇之属官，分为大行人和小行人，大行人掌天子与诸侯之间交往的重大礼仪，接待诸侯，小行人掌接待诸侯国之使者等宾客，位次于大行人。当时，行人已成为一支非常庞大的外事工作队伍。当时，许多诸侯国都设置有行人府，负责接待自荐的四方有识之士和上访人。二是大部分行人发展为非常活跃的游说之士。三是少数行人发展成为掌握国家实权的重臣。

如，《论语》记载：子曰："为命，裨谌草创之，世叔讨论之，行人子羽修饰之，东里子产润色之。"就是说，郑国颁布的命令，总是由裨谌起草，世叔提意见，"行人子羽修饰之"，东里子产作最后修改定稿。这里的裨谌、世叔是郑国的大夫；行人子羽，是郑国大夫公孙挥的字；子产，郑国宰相，东里是他居住的地方。此时，行人已参与诸侯国王制定政策，权力已很大。再如，《史记·吴太伯世家第一》："王阖庐元年，举伍子胥为行人而与谋国事。"不久，伍子胥与吴王将兵伐楚。此时的行人，已参与国家大事的决策。

3.古采诗官

《汉书·艺文志》中记载："哀乐之心感而歌咏之声发，诵其言谓之诗，咏其声谓之歌。故古有采诗之官，王者所以观风俗，知得失，自考政也。"这里又出现了采诗官的称谓。采诗官，顾名思义是采集民歌的官员，采诗，谓采取怨刺之诗也。

从上述情况看，遒人、行人、采诗官三者工作性质非常相似，都是宣传政令、搜集民歌的民情。这三种人的存在，贯穿整个先秦时期，这种媒介使用的时间非常长。

有些称谓的确切含义，古人也不是很清楚。如《孔疏》中说："遒人，不知其意。盖训遒为聚，聚人而令之，故以为名也。"说白了，古人也是根据他们行为和工作性质推度出来的称谓，当时，可能不一定有确切的称呼。

我们认为，称谓不重要，重要的是工作内容、性质与作用是相同的。所以，把他们作为一个整体、同一类官员来对待，都是官派人员，听取吏民们意见的。

后来，采诗的队伍又有发展和扩大，出现了官派百姓执行采诗任务。

如东汉何休说，在当时，"男年六十、女年五十无子者，官衣食之，使之民间求诗。乡移于邑，邑移于国，国以闻于天子。故王者不出牖户，尽知天下所苦，不下堂而知四方"。[1]百姓参与采集民歌，应该是更有生机，更富有感情色彩，更能反映百姓的疾苦和诉求。因为这些人都是百姓。

采诗官在先秦时期一直很活跃，周朝出于政治的需要，实行了采诗观政的办法，扩大了诗歌在政治上的地位，但秦始皇统一中国后，取消采诗官，一直到唐朝都没有恢复。

唐朝白居易对采诗官的发展进行了总结，写了一首《采诗官》，副标题是：鉴前王乱亡之由也。副标题表明了作者写这首诗的目的，有感于民歌与王朝存亡之关系非常密切而写的。白居易说，周代采诗最兴盛，到了秦代及以后，结束了采诗制度。

---

① ［东汉］何休：《春秋公羊传》（十三经注疏本《春秋公羊传注疏》卷十六）。

《采诗官》："采诗官，采诗听歌导人言；言者无罪闻者诫，下流上通上下泰。周灭秦兴至隋氏，十代采诗官不置。郊庙登歌赞君美，乐府艳词悦君意；若求兴谕规刺言，万句千章无一字。不是章句无规刺，渐及朝廷绝讽议。诤臣杜口为冗员，谏鼓高悬作虚器。一人负扆常端默，百辟入门两自媚。夕郎所贺皆德音，春官每奏唯祥瑞。君之堂兮千里远，君之门兮九重閟。君耳唯闻堂上言，君眼不见门前事。贪吏害民无所忌，奸臣蔽君无所畏。君不见，厉王胡亥之末年，群臣有利君无利。君兮君兮愿听此：欲开壅蔽达人情，先向歌诗求讽刺！"

白居易说，秦至唐，有十个朝代（即秦、汉、魏、晋、宋、齐、梁、陈、隋至唐）没有设置采诗官了，带来了一系列的危害：贪吏害民无所忌，奸臣蔽君无所畏。最后直接危及了帝王的皇位，白居易以周厉王和秦二世胡亥为例，说明这个观点。最后，他衷心地希望和奉劝君主，要做一个贤达的君王，就应重设采诗官："君兮君兮愿听此：欲开壅蔽达人情，先向歌诗求讽刺。"

没有采诗官，所造成的危害，白居易在《读张籍古乐府》中，用这样的几句诗表达："时无采诗官，委弃如泥尘。恐君百岁后，灭没人不闻。""巧言构人罪，至死人不疑"。可见，没有采诗官的作用，各种违法事情均可能发生，将危害国家。

总览遒人、行人、采诗官和官派百姓的工作任务，主要有两个方面：

一是深入民间宣传"天子"的政令，做到上情下达。

首先是向民众宣传，应当遵守法纪。"遒人以木铎徇于路，官师相规，工执艺事以谏，其或不恭，邦有常刑"。[1] 要遵守法度，遵守规定，如果要有人不忠于职守，国家按照常规进行惩罚。总之，告诉人们，应该做什么，不应该做什么，所有人都应该明白这些，不能有违规的行为，各有职责。

二是搜集民歌、社情民意及潜在的信访因素，转报天子，做到下情上达。

西汉刘歆在《与扬雄书》中说："遒人使者，以岁八月巡路，求代语、童谣、歌戏，欲得其最目。"《汉书·食货志》中说，"春秋之月，群居者将散，行人振木铎徇于路以采诗，献之太师，比其音律，以闻于天子。故曰：王者不窥牖户而知天下"。就是采集的民歌，通过一定的途径、加工，配上音乐，唱给天子听，使天子知道各地政绩好坏，用以治理国家。

---

[1] 《尚书·夏书·胤征》。

4.多功能的木铎

遒人、行人和采诗官徇于路，手中都持有木铎。

关于铎，典籍中有比较明确的解释。铎，古乐器，即大铃的一种。郑玄的注释：铎有两种，即金铃与木铃。两者的区别在于铃的"舌"。金铃的"舌"是金属做的，木铃的"舌"是木头做的。两者的用途不相同："文事奋木铎，武事奋金铎。"就是说，金铎是用于战争的、军事的；木铎，用于实施行政教化的。孔安国说："木铎，金铃木舌，所以振文教。"杜预说，"木铎，木舌金铃也。徇于路，求歌谣之言"《尚书·虞夏书·胤征》关于遒人的注释说，《周礼·天官，小宰》"徇以木铎"：古者将有新令，必奋木铎以警众，使明听也。

《尚书·夏书》、许慎的《说文解字·丌部》，对木铎的解释，基本相同。徇，音训，通巡，巡行。

综上所述，木铎的作用多样。一是用以振鸣惊众，召集和命令民众围过来，听取天子的训令。这时的木铎，起到信号作用。"以木铎记诗言"是木铎的第二个作用，即在上面记录采集到的诗歌。这时的木铎起到"纸"的作用。

西周时，木铎的作用又有发展：

一是成为"六卿"副手们手中的工具，有传递命令的作用。他们每年正月摇动木铎，召集本部门的所属官员，到王宫观看悬法象魏，并宣布要执行的纪律。此时，木铎成为"副部级干部"召集部下，宣布号令。

二是延伸为权力的代名词。《论语》中有这样一段记载：孔子到一个叫"仪"的地方，当地的封人（地方上的主管官员），见了孔子后，对孔子的学生说，"天下之无道也久矣，天将以夫子为木铎"。意思是说，天下人没有规矩，即不符合奴隶主的道德规范，已经很长时间了，上天将授予孔子大任，要掌握大权。木铎又成了"权柄"的代名词。

三是成为警戒的工具。《周礼·天官·宫正》中说，每年春秋，宫正（官名）在宫中摇动木铎，提醒宫中上下人等严防火灾。木铎又起到了警戒的作用。为什么要在每年春、秋，提醒宫中上下人等严防火灾呢？据郑玄说，"火星以春出，以秋入，因天时而以戒"。此时，木铎有向打更用的木梆方向发展的趋势。

综上所述，木铎先后有五种作用，有的超出信访范围。

木铎对后世影响较大，备受后人的推崇。如，唐朝宰相王起写的《振木铎赋》，副标题是"以'孟春之月，遒人徇路'为韵"，文章说：国家敷文教，布时令。爰振铎于九衢，将采诗於万姓；将托音於下人；令出不返，知遒人之是司；道之将行，幸夫子之可喻。之后，许多名人都写文章歌颂木铎。

合上这些古籍，将时空倒回几千年，闭目静思上述情况。在我们眼前会出现这样一幅画面：每年仲春、仲秋，或群居结束，根据天子的旨意，有一类人，或叫遒人，或叫行人，或叫采诗官，或是官派百姓，他们手中拿着木铎，或走在田间小路，或巡于通衢大道，或进入每一个部落，每一个村落，只要有人群的地方，他们都忠于职守地到达，摇晃着木铎，向围笼过来的民众，忠实地宣讲天子的法令，要民众们注意些什么，地方官员应该做些什么，同时，记录当地民众的歌谣。

到了周朝，每年正月，在国都，天子的门口，站在高处的一位高官，手中摇着木铎，让到场的官员安静，要大家观看和学习天子的法令，执行法令，还要接受吏民们的询问……

（二）采风观政

古人称民歌为风，因而，称搜集民歌为采风。

自从人类有社会活动，就有思想交流，先民们在劳动中创造了民歌，用这种文学形式，将劳动中和社会上发生的事情，编成歌谣，四处传唱，表达他们的感受、爱憎、愿望和情感。《汉书·礼乐志》中说，祭后土于汾阴，泽中方丘也。乃立乐府，采诗夜诵。师古曰：采诗，依古遒人徇路，采取百姓讴谣，以知政效得失也。夜诵者，其言辞或秘不可宣露，故于夜中歌诵也。又说，采诗，采取怨刺之诗也。对诗歌的形成、来源说得比较清楚"百姓讴谣"，作用是"以知政效得失"。

《汉书·艺文志》："诗言志，歌永言"，在心为志，发言为诗。《毛诗序》说，"上以风化下，下以风刺上，主文而谲谏，言之者无罪，闻之者足以戒，故曰风"。《商君书·画策第十八》中所说，"所谓明者，……是以人主处匡床之上，听丝竹之声，而天下治"。《汉书·食货志》中说，"王者不窥牖户而知天下"。《汉书·艺文志》中说，"故古有采诗之官，王者所以观风俗，知得失，自考政也"。就是说，"上"从这些诗歌中，可以对照，"考政"自己，改正错误，包括治理国家方面的。这就是"风"的作用。吕不韦在《吕氏春秋》中将诗、风、志、德的关系交待得比较明白："凡音者，产乎人心者也。感于心则荡乎音，音成于外而化乎内，是故闻其声而知其风，察其风而知其志，观其志而知其德。盛衰、贤不肖、君子小人皆形于乐，不可隐匿，故曰：乐之为观也，深矣。"

从上述的论述来看，说明诗歌确实是人们心声的反映。诗歌可以深度透视社会，透视每一个角落，透视每个人的心灵，任何事、任何人，都无法隐匿，上自天子下到百姓，无一例外。《论语》中说得具体："子曰：'小子何莫学夫诗？诗，可以兴，可以观，可以群，可以怨。迩之事父，远之事君，多识于鸟兽草木之名。'"关于诗的兴、观、群、怨……现代学者罗根泽在《先秦散文选》序中说：兴，是指感发人的意志；观，是指观风俗的盛衰，知政治之得失；群，是说群居互相切磋；怨，是说诗歌可以讽刺政事；迩，是指近的意思。诗歌的作用是婉转的，用来讽刺劝戒，可以收到"言之者无罪，闻之者足戒"的效果，用在事父、事君上面最为适宜。是规劝、规勉形式，民众喜欢用这种形式，统治者也乐于接受这种形式。

采风在夏之前就有，采诗官等就是做这类事情的。周朝建立后，因袭先祖之制，继承了采集民歌的古制，设立了采诗官，到王畿和诸侯国去搜集民歌，形成了采风观政的治国方略，较之其他朝代更加重视和盛行，后人称之为"采诗观政"，是周朝治理政治的一大特色。

民歌中有关信访内容的不少，利用民歌处理重大政治问题，古已有之。

例如《诗经·行露》，就属这类。

"谁谓雀无角？何以穿我屋？谁谓女无家？何以速我狱？虽速我狱，室家不足！"（速：招致。不足：指理由或条件不充足。）

"谁谓鼠无牙？何以穿我墉？谁谓女无家？何以速我讼？虽速我讼，亦不女从！"（墉：墙；不女从：即不从汝。）

这首诗写的是一位女子以严辞拒绝了某男子逼她为妾的事，诗歌最后一句是"不女从"，即"不从女"，女即汝，表明强暴之男没有达到目的。如何能有这样好的结果？诗中没有说，但在另一本书，即《毛诗序》中找到了答案。《毛诗序》说，由于"召伯听讼"，"强暴之男不能侵陵贞女"。

"强暴之男"提出的无理要求之后，一定是这位女子或其家人找到了召伯上访，反映这件事。"召伯听讼"后，进行了干预和制止。现在，回过来再看《行露》，是一件完整的上访案件：某男子逼某女为妾，某女不从，到召伯处上访，召伯听讼，进行干预和制止，某男没有达到目的。

"召伯听讼"中的召伯，是周文王之庶子，周初政治家。

《史记》记载："召公之治西方，甚得兆民和。召公巡行乡邑，有棠树，决狱政事其下，自侯伯至庶人各得其所，无失职者。召公卒，而民人思召公之政，怀棠树不敢伐，歌咏之，作《甘棠》之诗。"

由于召公在甘棠树下为百姓主持公道，他去世后，人民为了尊重和怀念他，除了作《甘棠》诗怀念外，对这棵甘棠也爱护备至，"勿剪勿伐"，不能有任何损伤。时至今天，仍然崇敬这位先贤，在北京市通州区"大运河国家公园"内还有召公在甘棠树下断案的雕塑。

《毛诗序》是研究《诗经》的专著，称《诗经》为"谏书"。

类似这样情况，诗歌中不少，只写出原因或结果，中间的过程没有，需要从别的书中进行考证，才能确认其是否属于信访案件。再如，成汤伐夏桀，也是民歌起作用。我们前面介绍，成汤动员商的民众征伐夏桀，用的是夏朝民众中流传的对夏桀不满的民歌："是日何时丧？予与女皆亡"。要了解这首民歌的含义和来历，需要从头说起。

伊尹五次离开成汤到夏桀那里，又都回来。他发现夏桀虐政淫荒，百姓和大臣们不敢讲真话，出现了全国性的"众庶泯泯，皆有远志"的局面。伊尹这个结论，是从夏朝的两首民歌中得出的。一是："乐兮乐兮，四牡跷兮，六辔沃兮，去不善而从善，何不乐兮。"翻译成白话是：高兴呀高兴，四匹大公马拉着车子，肥壮的大马驾着车子向前奔驰，离开无道的暴君，去到有德操的明君那里去，有什么不高兴的呢？二是："江水沛沛兮，舟楫败兮。我王废兮，趣归薄兮，薄亦大兮。"这首诗里的两个"薄"字是借用字，都是指的"亳"，即商的所在地，实际是指的商，"趣"就是"去"，愿意到成汤那里。伊尹将这两首民歌告诉了夏桀。夏桀听后，哈哈大笑说，"这是一种妖言"。还说，"天之有日，犹吾之有民。日有亡哉，日亡吾亦亡矣"。这话的意思是，天上有太阳，就像我拥有民众一样，是永远的，只有"日"（太阳）亡，我夏桀才会亡。所以，民众和奴隶们针对夏桀这种狂妄态度，编出了一首民歌："是日何时丧？予与女皆亡。"意思是，日（指夏桀）你何时灭亡，我们宁愿和你一起死亡，也不愿你存在。伊尹返回亳后，将这个情况告诉了成汤。成汤认为讨伐夏桀的条件已经成熟，在动员民众的大会上，成汤引用这首民歌，指出，夏桀已经耗尽了夏国的民力，民众对他怠慢不恭，已不能维持统治。这首民歌具有极强的号召力。

这就是民（诗）歌的作用，所以，周有采诗观政的办法。

（三）路鼓——"信访媒介"又添新形式

敢谏鼓到了西周，演变成为"路鼓"，放置于大寝之门外，并设置了专职官员管理。

《周礼·夏官·太仆》等典籍中说：周王朝"建路鼓于大寝之门外，而掌其政，以待达穷者与遽令。闻鼓声，则速逆御仆与御庶子"。

这是说，西周的路鼓设置在周王大寝门外，是专门让穷人反映问题用的，即"达穷者"。只要鼓声一响，在路鼓旁值守的御仆、御庶子，就走上前去，接待击鼓之人，听取他们的意见。击鼓的穷人，就是上访人；御仆和御庶子就是接待员。"闻鼓声，则速逆御仆与御庶子"的人，是指的是太（大）仆，御仆和御庶子的上级领导，听到鼓声后，急速到御仆和御庶子那里去，听取汇报穷人反映的内容。然后，大（太）仆将穷人的意见禀告天子，听取周天子的处理意见。大（太）仆是夏官，主管信访工作的领导，御仆和御庶子是专职接待官员。

另外，还规定，"以序守路鼓"。意思是说，按照顺序派员轮流值班、守卫路鼓。应该说，已是非常正规。大寝门，即路寝门，周朝王宫的内门。路鼓就设置在这里。说明，路鼓就设置在周天子的身边。文中的"达穷者"，有时候写"穷民"，都是指有冤无处申诉的平民百姓。

（四）嘉石与肺石

《周礼》说，周朝在外朝门设置嘉石与肺石，具有一定的信访功能。

周朝的王宫有五门，从外向内顺序是：一曰皋门，二曰库门，三曰雉门，四曰应门，五曰路门。其中，皋门是外门，路门是内门，中间的库门、雉门、应门叫中门。外朝，是指皋门之内、库门之外的中间地方，嘉石与肺石就设置在这里。

嘉石，是一块有纹理的巨石，放在外朝门的左边，是惩罚、教育有错误的百姓用的。

在《周礼·秋官·大司寇》中是这样说的，"以嘉石平罢民，凡万民之有罪过而未丽于法，而害于州里者，桎梏而坐诸嘉石，役诸司空"。文中的"罢民"是指不务正业者，"丽"犹言触犯法律。这种做法是一种辅助的教育手段。

肺石，又叫肺腑石，是一块赤色的形状像心的石头，取人声发于肺之意，将其悬于外朝门右边，让畿内外之老幼穷苦百姓申冤，接受鳏寡孤独而又求告无门的平民上访，告当地不负责任的长官。这件事，由朝士（官名）负责执行。所以，我们说，肺石具有反对官僚主义和民告官的双重作用，是信访活动一种工具。

在《周礼·秋官·大司寇》中是这样说的，"大司寇以肺石达穷民。凡远近茕独老幼之欲有复于上而其长弗达者，立于肺石三日，士听其辞，以告于上而罪其长"。是说，民众有冤屈，需要地方负责官员处理而不处理，亦不报告给"上"（即周天子）的，民众可以立于肺石下三天，由"仕"出来接待，将内容报告周天子，让处理当地长官。需要立于肺石下三日才有人接待，这本身又是官僚。

之后，各个朝代都有肺石的设置。如，北宋沈括在《梦溪笔谈》中记载其所见："长安唐故宫阙前，有唐肺石尚在。其制如佛寺所击响石而甚大，可长八九尺，形如垂肺，亦有款志，但漶剥不可读。按《秋官大司寇》：'以肺石达穷民。'原其义，乃伸冤者击之，立其下，然后士听其辞，如今之挝登闻鼓也。所以肺形者，便于垂。又肺主声，声所以达其冤也。"

据《现代汉语词典》对"漶"的解释，见"漫漶"。"漫漶"解释为：文字、图画等因磨损或浸水受潮而模糊不清，即字迹漫漶。

沈括是北宋大家，直接见到唐朝肺石。对肺石形状和作用的描写，与古书正好印证。他说，伸冤者击肺腑石，类似"今之挝登闻鼓"，表明肺腑石、登闻鼓都存在，两者关系更为密切。有些古书记载，肺石，是由一块红色的石头制成的。如，《周礼》中关于"肺石"条目，吕友仁、李正辉注泽："放在外朝门外右边的一块赤色石头。"关于肺石的形状，沈括所描写的那样，如"垂肺"。唐朝肺石是否是红的，沈括没有说。唐肺石所放的位置在宫阙，这符合古书中记述的宫阙上书。

沈括《梦溪笔谈》

从沈括的描述中说明：唐朝的肺石由周朝的肺石发展来的，作用相同，由上访人击打、申冤，表明他们之间的继承关系；击肺石与挝登闻鼓具有相同的功能，都是以"声达其冤"，说明两者的关系密切；放置的位置相同，都置于宫阙，与周朝相同。

沈括的记录，没有讲唐朝的肺石是自己制造的还是继承前朝的物品。从《梦溪笔谈》中所说看，唐肺石款志"漶剥不可读",表明唐肺石年代已久。我们有这样的推测:唐朝是公元618年建立的,亡于公元907年。北宋沈括,生于公元1031年,卒于1095年,《梦溪笔谈》成书于他的晚年。以沈括1095年去世向前推算,距唐建国不足500年,距唐亡,只有180多年,且肺石在唐亡前,是精心保管、坚硬之物,如此短的时间,款志腐蚀到不可读的程度。我们合理地怀疑唐朝的"肺石",有可能是继承、使用前朝之遗物。

(五)建立调解制度,设立调解官员

西周对民间矛盾、民事问题,有自己完善的调解办法。平时,在矛盾出现之前,官员们注意宣传和发现问题,做化解工作;矛盾发生了,在形成信访活动时,要积极处理,调解矛盾;调解不成才进行制裁。

《周礼·地官·司徒》记载,地官的属官中有叫"调人"的,是专门从事调解民事纠纷的,掌管调查"万民"互相结仇的事情,并予以调解处理。

调解原则是,非故意杀人的,则与乡里之民共同调解。首先断其是非,而后释其仇怨。因过失杀伤他人和鸟兽者,是这样处理:属于杀父之仇,如果受害一方不肯释怨,可让杀人者躲避到海外;属于杀害亲兄弟之仇,如果受害一方不肯释怨,可让杀人者躲避到千里之外;属于杀害从父、从弟之仇,如果受害一方不肯释怨,可让杀人者躲避到另外一个国家。杀害国君之仇,比照杀父之仇处理;杀害老师与杀害顶头上司之仇,比照杀害亲兄弟之仇处理;杀害羁旅主人与杀害朋友之仇,比照杀害从父、从兄弟之仇处理。经过调解而杀人者坚持不愿躲避,这就构成了抗命之罪,在这种情况下,调人把象征可以除害的"瑞节"交给报仇之人,让他把杀人者捕送到官府,由官府来治罪。凡杀了人,又担心被害人的家属报仇,因而又杀死被害人的子弟,这种情况,调人不得调解,而应通告天下,杀人者无论逃到哪个诸侯国,人人都可以抓住并且杀死他。凡杀人而有一定道理者,则下令被杀者家属不许报仇,硬要报仇则处以死罪。凡双方吵架、斗殴之事,也要首先予以调解;如果调解不成,就将双方的姓名、事情的本末记录下来;有先行动手报复者,则予以批评或者体罚。

"司市""司暴"掌管、调解市场上发生矛盾。司市处理大的事情和纠纷,司暴掌管市场禁令。矛盾双方的当事人,或找到他们,或他们发现的,都要按管理市场秩序的规定在基层处理。

上述内容,在《周礼》中是这样写的:"质人掌城市之货贿、人民、牛马、兵器、车辇、珍异。凡卖债者质剂焉,大市以质,小市以剂。掌稽市之书契,同其度量，壹其淳制，巡而考之，犯禁者，举而罚之。凡治质剂者，国中一旬，郊二旬，野三旬，都三月，邦国期。期内听，期外不听。"邦国期的"期"是指一年。

意思是说，各地发生的案件，以离国都远近为标准，规定处理期限长短。"期内听，期外不听"，即在规定的期限内申诉的，可以受理复查，过了申诉期不受理。

"司救"负责对万民之中犯有邪恶、过失的人施行责罚，平时则运用礼法教育以防止他们为非作歹。凡犯有邪恶的百姓，批评三次还不改正，就要对其进行体罚；体罚三次还不改正，就要送他到朝士那里，让他脱冠去饰，背着一块木板，上面写着他的具体邪恶，让他跪在外朝门左的嘉石前面，在大庭广众之下丢人，然后还要罚他在"司空"服一定时间的劳役。凡犯有过失的百姓，批评三次还不改正，就要对其进行体罚；体罚三次还不改正，那就要罚他白天从事劳役，夜晚则锁到监狱里面。

上述的许多内容和做法，都与信访工作的关系较为密切。

三、机构设置与信访案件的办理

阶级社会的国家机构，孕育于原始社会后期，虽说没有正规的"国家机构"名称，但已有"职官"和简单、原始的管理机制，以及工作原则。

进入奴隶社会时期，国家机构的设置，已逐步完善，各个办事机构已有办事人员。

据田兆阳《中国古代行政史略》中说，夏王朝设有"六卿""三正"协助夏王治理国家。有关"六卿""三正"的具体内容和职责范围，目前尚不清楚。有些书籍说，六卿，就是天、地、春、夏、秋、冬，天官总管百官。三正，是夏代中央行政管理机构：一是掌管农业和畜牧业的"牧正"；二是掌管车辆制造的"车正"；三是掌管王族后勤供给的"庖正"。

商王朝机构设置，较夏代完备，分"内服"和"外服"。据《中国国家机构史》介绍，"内服"是中央一级机构，可分为八类：宫廷事务管理机构，田猎、武事机构，宗教事务管理机构，宗族事务管理机构，机械制造事务管理机构，经济管理机构，另有两类与本书将要写的内容有一定关系，即文书事务管理机构和庶民事务管理机构。这些机构只是按业务分的，没有正式名称。"外服"主要指王畿以外的地方，如诸侯国之辖地。

西周初，在周天子之下设辅弼之官，有公、卿，公在卿之上。公，有三公，即太师、太傅、太保（另一说是司马、司徒、司空），此类职官多因人而设。卿，有六卿，即天、地、春、夏、秋、冬六官的长官。六卿的工作内容比夏商要正规，代表奴隶社会晚期和封建领主制初期发展的高峰。

（一）六官的分工与信访工作

据《周礼》记载，周朝的六官和六官之长是：天官之长曰大宰（亦叫大冢宰）；地官之长曰大司徒；春官之长曰大宗伯；夏官之长曰大司马；秋官之长曰大司寇；冬官之长曰大司空。六官之间的分工、工作范围，都有涉及信访的内容，即管理百姓事务，且明确有专门官员管理，只是有的是专职的，有的是兼职的。

天官大宰掌管治典，即掌握治理政务方面的法典，是用来统治天下各国，治理百官。即《周礼》所说的，"以经邦国，以治官府，以纪万民"，其中的"以纪万民"，就是管理百姓之事，"以经邦国"中的"邦"是指王城，"邦国"则是指诸侯国（下同）。

地官大司徒掌管教典是关于教化方面的种种法典，用来安定天下各国，教训百官。即《周礼》所说的，"以安邦国，以教官府，以扰万民"，其中的"以扰万民"，就是驯顺百姓。

春官大宗伯掌管礼典，即有关五礼（即吉礼、凶礼、宾礼、军礼、嘉礼）方面的种种法典，用来协和天下各国，统驭百官，敦睦百姓。即《周礼》所说的，"以和邦国，以统百官，以谐万民"，其中的"以谐万民"，就是敦睦百姓。

夏官大司马掌管政典，是以军事力量安定天下和平均赋税的法典，用来平服天下各国，使百官恪尽职守。即《周礼》所说的，"以平邦国，以正百官，以均万民"，其中的"以均万民"，就是百姓赋税公平合理，"均"字，在这里，是治理的意思。

秋官大司寇掌管刑典，即有关刑法方面的法典，用来禁止天下各国犯上作乱，惩罚恶吏。即《周礼》所说的，"以诘邦国，以刑百官，以纠万民"，其中的"以纠万民"，就是纠察百姓，"以诘邦国"中的"诘"字，是禁止的意思。

冬官大司空掌管事典，是为国家营造都邑、城郭、宗庙、宫室，以及车服器械的种种法典，用来富强天下各国，使百官都能建功立业。即《周礼》所说的，"以富邦国，以任百官，以生万民"，其中的"以生万民"，就是百姓安居乐业。

可见，上述六官的职责完全不同，每官涉及的民众工作中，有许多涉及信访范围内的事情，各官管理的范围亦不相同。这种情况是夏、商时期所没有的。

（二）六官的信访干部配备和职能

从夏朝开始，官员增多。据杜佑的《通典·职官典》记载，夏朝有官员120人，商朝有240人，周朝在中央的官员1643人。

西周六卿的属官中，都配有从事信访工作的官员。

天官大宰的助手宰夫，是天官的第三把手，负责转呈百姓上书事宜，即转呈"万民之逆"。逆，是对百姓向朝廷上书的称谓，相当于现在的人民来信。也就是说，宰夫接受百姓上书，并负责向周天子递送，以及传达天子批示情况。所以，宰夫是继纳言之后，又一个处理信访工作的"高级官员"。

地官大司徒的助手乡师，是地官的第三把手，按惯例，每个月都在人们平时聚集的地方（市朝）摇动木铎，提醒人们要记住法令。地官属官"保氏掌谏王恶，而养国子以道"，掌管谏诤天子之过失，使之弃恶从善。"司谏掌纠万民之德而劝之朋友，……巡问而观察之"。他们还有到民间巡问和体察万民的任务，并且劝解庶民中间的矛盾，使他们成为朋友。

春官大宗伯的属官"御史掌邦国都鄙及万民之治令，以赞冢宰"。也就是说，御史的职责是掌管天子治理邦国、都鄙（或曰都家。都鄙：指位于王畿之内的公卿大夫之采邑以及王子弟的食邑。下同。）以及万民的法令，以赞助冢宰提醒周天子。属官瞽蒙，讽诵诗以刺君过，这些诗中许多是采诗官、遒人转呈上来的。

夏官大司马的属官大（太）仆及其从者御仆、御庶子等，是专门接待到"路鼓"上访的吏民，只要有穷人击"路鼓"，御仆和御庶子就去接待，听取他们的反映，将内容报告大（太）仆，由大（太）仆报告周天子。大（太）仆是接待官员御仆和御庶子的直接领导，即夏官信访工作的负责人。

秋官大司寇的助手小司寇"掌外朝之政，以致万民而询焉。一曰询国危，二曰询国迁，三曰询立君"。外朝是开国人会议的地方，是天子、三公、群臣（群臣：指的是孤、卿、大夫、士在朝的官员）、群吏（群吏：指的是乡遂、都鄙、公邑之类的地方官员）和民众等聚集议事的地方，每次议事，小司寇逐次征求上述人员的意见，报告给周天子。其中包括外敌入侵（即询国危）、迁都（即询国迁）、君王废立（即询立君）。在这些意见中，民众的意见占有重要的分量。小司寇还以五种刑罚来审理民众的案子，即"以五刑听万民之狱讼，附于刑，用情讯之"。大司寇的属官师士、乡士、遂士、县士、方士、朝士、司刺等官的工作中，都有与信访内容有关的工作，但各官管理范围是不一样的。如，师士，不但要手摇木铎在外朝遍告民众五种禁令，而且将禁令写在木板上，悬挂到城门、里门上。朝士，掌管外朝的有关规矩，并掌管肺石和嘉石。司刺，掌管三刺、三宥、三赦的法令，其中所谓三刺就是征求万民对这类案件的意见。这些案件，既有司法部门的狱诉案件，也有民事方面的信访案件，交织在一起。这种情况，从五音听治的时候，就已出现。

属官大行人和小行人是做接待工作的。接待的范围，包括吏民上访和自我推荐的贤良之士。

冬官大司空的属员中有匠人，是修建明堂等。明堂，天子听民众意见的地方，是群众集会的地方，等等。

（三）办理信访案件的原则

西周时期，处理民众案件的原则是以教育和调解为主，以感召为辅，同时，伴以在处理上留有余地和就轻不就重的处理原则。这些原则，不是专门规定的，而是在介绍有关官员的任务时表述出来的。

本着上述精神，审理民事案件包括信访案件是慎重的，不仅仅是要搞清楚事实，还要防止诬陷。规定：百姓因小事而上访打官司，为防止诬陷，让双方当事人都到场，各自先向法庭交纳一束箭（可能是100支箭），表明自己是有理的一方，然后才开始审理。百姓因大事而上访打官司，为防止诬陷，就不仅要让双方当事人都到场，而且要让双方写出诉状具结，并向法庭交纳三十斤"金"作为保证金，为了慎重其事，法庭还要给双方三天时间认真考虑，然后才开始审理。

小司寇以五声听狱讼求民情的办法：一曰辞听，二曰色听，三曰气听，四曰耳听，五曰目听。用"五听"判断当事人所讲的是否属实。

（四）重大信访案件的结案方法与时间

从《周礼》介绍的情况来看，周朝六官（卿）中，除秋官外的五官（部）：天官、地官、春官、夏官、冬官的信访案件中，有一部分与秋官处理的司法案件相关联。周朝规定，一般的民众狱诉案件，由当地的主管官员及时处理，重大案件，包括重要民众（信访）申诉案件，则需上报秋官大司寇组织会审结案。秋官大司寇会审时，百姓参与，万民（庶民、百姓）的意见与"群臣""群吏"的意见同样重要，均报告周天子。秋官自己受理的案件中，也有属于信访内容的（如，"以纠万民"，就是纠察百姓），按同样原则处理。

处理案件的原则，是根据案发地离京城远近，决定结案时间的长短。案件发生在王城的，由乡士办理，重要案件，上报大司寇，期限为十天，由大司寇在外朝会审。会审时，周天子参加，坐北面南；三公、州长和百姓在南边，面向北，三公在前面，州长和百姓在后面；群臣在东边，面向西；群吏在西边，面向东。上述人员到场后进行会办，当场结案。案件发生在六遂的，由遂士办理，大案上报大司寇，期限为二十天，大司寇在外朝主持，上述几类人员进行会办，当场结案。案件发生在"野"的，由县士办理，上报大司寇的要案，期限为三十天，由大司寇在外朝，用同样的办法，会办结案。在"都"发生的案件，由方士办理，上报大司寇的要案，期限为三个月，由大司寇主持，用同样的办法，在外朝会办结案。案件发生在诸侯国的，由朝士办理，上报大司寇的要案，期限为一年，由大司寇在外朝，用同样的办法，由同样的人参加会办，当场结案。还规定，在结案期内允许当事人翻供，有翻供就要受理，过期翻供的不受理。

上述情况，在《周礼·秋官司寇·朝士》中都有详细的描述。

《周礼》说，"国大询于众庶"。所谓"国大"就是"询国危""询国迁""询立君"，都要听取百姓的意见，是"国人会议"征求意见。

"质人"处理手持质剂（凭证）前来上访申诉问题的人，视其居住地之远近而规定不同的有效期：王城之内，十天；远郊，二十天；邦甸、家稍，三十天；邦县、邦都，三个月；王畿外的诸侯国，一年。有效期内申诉受理，期外则不受理。

第三节　封建领主制时期

"井田制"与分封制、宗法制是西周时期的根本制度。

西周之初，实行"井田制"。当时，社会基本矛盾是领主和奴隶、农奴之间的矛盾。农奴与奴隶不同，农奴有自己的家庭、生产工具等，只是无偿地为封建领主耕种"公田"，而奴隶们则没有这些条件。

从社会发展来看，要长久在农业中维持奴隶制，是有困难的，奴隶制扼杀了奴隶的生产兴趣，管松则怠工，管严则叛逃。

奴隶制向封建领主制过渡和演变，最根本的条件是耕者的地位变化了。奴隶制时，耕者无人身自由，无私有财产，进入封建领主制，变为主人出生产资源，耕者出劳力，共同分享成果，耕者有了私蓄，有相当程度的人身自由。因此，封建领主制必然要代替了奴隶制，这是社会发展的必然规律。

西周末年，城市中已出现了工商阶层，即新兴力量。这种新兴力量是不可侮的。然而，周厉王藐视这股力量，最终落得被赶下台，死于流放地。西周灭亡，公元前770年，周平王建立了东周。东周时期，周朝王室衰微，这个名义上的共主，已名存实亡，既无能力也无威信管理诸侯国。

东周时，诸侯国林立、争霸，你争我伐，你死我亡，强权政治，战争不断，周朝赖以生存的分封制和宗法制逐渐瓦解。与此同时，产生了一批特殊的信访队伍，即纵横家，纷纷行走天下。直到秦始皇统一中国后，进入了封建地主制社会，这种争夺的局面才结束。

在这数百多年中，意识形态变化非常大，出现了百家争鸣的局面，直接对旧制度产生冲击。

首先冲击、打破的是世袭制。打破的是君主和各级官员的世袭制，废除了人才世袭制，实行以荐举、游说、招贤为特征的官僚制。这种办法，促进了有识之士走信访这条道路，争取进入仕途。如，改变世袭的用人思想《管子·立政》云，"君所审者三，一曰德不当其位，二曰功不当其禄，三曰能不当其官"。是说，这个时候，君主对人才主要负责审查三个方面情况：一有道德的人，应该安排到一定的位置上；二有功劳的人，应该得到一定的俸禄；三有能力的人，应该给他一定的官位。突破了过去世袭制的约束，为出身基层的人才进入仕途打开了禁区的大门，道路畅通。在推荐人才方面的例子不少，有名的有鲍叔牙向齐桓公推荐管仲，公孙枝向秦穆公推荐百里奚，百里奚又推荐蹇叔等。这样做，促使执政者有新的气象，开明的执政者对过去的做法进行了改良。如，郑国执政子产，在用人的思想上，就反映新兴地主阶级为官之道的改革倾向，从思想上否定奴隶主贵族世卿制度。

其次，表现在守旧法还是立新规方面，斗争也很激烈。封建领主制确立后，法律、制度等掌握在大小封建领主阶级的手里，这些人拘泥于旧法，固步不前，墨守成规，"循法则度量刑辟图籍"，"不知其义，谨守其所，慎不敢

55

损益也"①。代表新兴地主阶级的法家等，坚决反对旧领主贵族们，阻挠社会发展，破坏国家和人民的利益。在这阶级地位的转换中，斗争是尖锐的。无论是意识形态，还是斗争形式，都与过去有所不同。

一、在变法中涉及信访工作的几个例子

（一）敢于冲击旧制度的游说之士商鞅与更法

奴隶主贵族与新兴地主阶级进行了激烈的斗争，最突出的事例，表现在"更法"问题上。

游说之士、纵横家是由行人发展而来的，历史早有定论。他们的身份就是百姓、知识分子，游说国王，实际就是来访，向国王献计献策。此时的商鞅，就是上访人，他到秦国上访，想帮助秦孝公恢复强秦的地位，实行更法，得到了秦孝公的支持。在即将实行更法之时，出现了一场激烈的较量。

商鞅，卫国人，又称为公孙鞅或卫鞅，"少好刑名之学"，成年后先入魏，没有被重用，后入秦，任左庶长。因变法有功被封于商，史称商鞅。

商鞅更法初期，遇到了来自奴隶主贵族的反对，更法一度难以进行，能否更法，在关键时刻，由秦孝公主持会议，新兴地主阶级的代表商鞅，与奴隶主贵族代表人物甘龙、杜挚三人进行了面对面的、激烈的辩论。结果，秦王支持了商鞅变法，奴隶主贵族失败了。

商鞅变法的主要内容是：重农抑商，奖励耕织与垦荒，生产多的可免徭役；废除贵族世袭特权，制定按军功大小给予爵位等级的制度；采用李悝的《法经》，作为法律，推行连坐法；废除井田制，准许土地买卖；创立按丁男征赋办法；颁布法定的度量衡器，统一度量衡制。

在更法进行过程中，同样，遭到了奴隶主贵族顽固派的反对，"千数"奴隶主贵族从外地到国都来上访，指责和反对更法，曰："不便"。尤其是以太子为首的一帮奴隶主贵族，公开反对。商鞅对这些人进行严厉制裁，太子不能惩罚，太子的老师受到了惩处。

在我国历史上，有文字记载以来，第一次出现了奴隶主贵族及其支持者的上访，且数量众多，达"千数"。

商鞅为了表达变法的决心，在变法令下达之前，怕百姓不相信（"恐民之不信"），于是，将三丈长一根木头，立于国都的南门，遍告民众：有能移到北

---

① 《荀子·荣辱》。

门者，"予十金"。百姓奇怪，都不敢移。商鞅又说，能移到北门者，"予五十金"。有一人将木头移到北门。果然给予五十金。乃下变法令。这件事，表达了商鞅变法的决心、信心和诚信，在取信于人民后，才颁发变法令。

新令"行之十年，秦民大悦。道不拾遗，山无盗贼，加给人足。民敢于公战，怯于私斗，乡邑大治。秦民初言令不便者，有来言令便者"。新法使秦国富强，又出现了贵族及其支持者到国都来上访，说新法好。

但是，秦孝公死后，秦惠文王借口"民曰不便"，车裂了商鞅。商鞅之死，是封建地主制在变革中付出的血的代价，是奴隶主贵族的一次反攻。

商鞅是游说之士中的杰出代表，为了变法，献出了生命！商鞅被杀，但秦仍继续实行商鞅的变法措施。秦王朝统一大业的基础，实际在商鞅时期就奠定了。

（二）文化知识向新兴地主阶级转移

西周后期，奴隶主贵族开始没落，分化出来的奴隶主贵族和奴隶主贵族中世代世袭的专业人士，先后失去了原有的地位。这两种人，为了生存到处上访游说，无所得，最后不得不转向非奴隶主贵族阶级，即新兴地主阶级，同时也带来了文化。

一是没落的奴隶主贵族，转向了工、农、士、商，带来了文化。

要了解这一情况，先要了解周朝的建侯卫和君统、宗统问题。

周朝是分封诸侯国，并以诸侯国护卫周王朝，扩大了周的统治区域，巩固政权，控制时局，叫建侯卫。初时，处于内外交困的情况下，实行这一办法，起到了稳定政局的作用。

西周初期，那些邦国之君，对于周天子是臣，对于邦国内的卿、大夫，他们又是君；卿、大夫对自己领土内的士也是君。这就是君统。

宗统即宗法制、宗法论，是中国古代维护贵族世袭统治的一种制度，由父系家长制演变而成，到周代逐渐完备。

随着阶级斗争残酷进行，君统、宗统逐渐削弱和消亡。周朝初期有71个诸侯国，到战国时期，只有"七雄"，其余大多被吞并，这就改变了过去的君统和宗统的关系。如，大的诸侯国兼并小国，被征服的小国，对于大国来说，没有过去的宗法血缘关系，大国不能用宗法制度要求这些新的臣民向他们履行宗法的义务，他们也没有保护这些新的臣民的责任，完全是一种新的关系。君统关系也随着这种关系的改变而改变。在这种情况下，许多君、卿、大夫，离开了原来的国家，到了别的国家。

这些转移了的奴隶主贵族为了生存，只有转向新兴地主阶级，自然也就带来了文化。如孔子，就属这一类人。孔子的祖先在宋国，世为大夫，即奴隶主贵族，后到了鲁国，其父虽然做过小官，但无宗法关系，败落了。所以，孔子自称"少也贱"（见《论语》）。孔子是最先向非奴隶主贵族传播文化的没落奴隶主贵族。他提出"有教无类"，只要"自行束修以上"（束修：即干肉），即交了学费的，就不问阶级出身，可以入学，学习文化知识。"吾未尝无诲焉"（见《论语》），意思是：我从来没有不教诲的。相传，他有弟子三千、七十二贤。不论孔子政治主张怎样，将文化带给了工、农、士、商，客观上，为新兴地主阶级增添了战斗力，带来了一些新的思维，是对社会的贡献。

二是畴人子弟。畴人子弟的职业是父传子，且世世相传。如，天文、历法等。到周厉王、周幽王的时候，周室微，陪臣执政，史不记时，君不告朔。畴人子弟失去了职业，从奴隶主贵族中淘汰出来，投向劳动人民，带来了文化。

家业世代相传，称之为"畴"，分化出来的子弟，称为"畴人子弟"。如淳曰：家业世世相传为畴，各从其父学。

"史不记时，君不告朔"中的告朔，是古代的一种制度，即天子每年秋冬之际，把第二年的历书颁发给诸侯，诸侯把历书放在祖庙里，并按照历书规定每月初一来到祖庙，杀一只羊祭庙，表示每月听政的开始，这种做法叫做"告朔"。当时，鲁君已不亲自来告朔。所以，子贡主张去掉饩（音戏）羊，即取消祭祀用的活羊。过去周天子要求天文、历法等专业人士按时报告自然的变化，现在都不需要了，即"史不记时，君不告朔"。这样，畴人和他们的子弟就失业了，也就失去了贵族的地位，为了生存，他们只好转向新兴地主阶级。

畴人子弟分散很广，或在诸夏，或在夷狄。

三是在教育方面，打破了"学在官府"，私学逐渐兴起，文化的传播转向基层百姓，这些都是过去所没有的。

新兴地主阶级掌握了文化知识后如虎添翼，以文化作为向奴隶主贵族斗争的武器。如，散文等，被用来批判奴隶主贵族，提高了斗争水平和质量。许多纵横家、游说之士写出了高质量的上访信、文章，《战国策》等书中汇集不少。

（三）新思维和百家争鸣

新兴地主阶级掌握了文化，又掌握了先进的思想，对奴隶主贵族的僵化思想和旧的规定、制度、法律，进行了有力的批判，在批判中产生了一些新的观点，促进了思想的进一步解放与发展，出现了百家争鸣的局面。

新思维的出现，反过来，又促成了纵横家、游说之士等的大量出现。他们的活动形式和内容，与现在信访活动无差别，所以，从广义上来讲，这些人都是来信来访人。

《汉书·艺文志》对各流派的形成、发展和继承关系作了精辟的阐述：道家者流，盖出于古之史官。历记成败存亡祸福古今之道；法家者流，盖出于理官；名家者流，盖出于礼官；墨家者流，盖出于清庙之守，茅屋采椽；纵横家者流，出于行人之官；小说家者流，盖出于稗官，街谈巷语，道听途说者之所造也。

这些流派，从不同的角度对旧观点进行批判，提出了新的政治主张。为自己的主张到处游说，进行推销，这就是信访人。

他们提出新思维、新观点很多，介绍以下几个内容：

一是批判奴隶主贵族旧的用人观点，提出了"王者不却众庶，故能明其德"的新思维。奴隶主贵族用人制度是世袭的，墨守成规。针对这些，纵横家提出了"简而庸"和"王者不却众庶"。要求国王在用人方面，不要论其出身，即使是贫穷，是奴隶，只要有才能，只要有治国策略，能使国家富强就行。"不却众庶"是开放的人才观，有利于挖掘基层的人才。"泰山不让土壤，故能成其大；河海不择细流，故能就其深"。是说在用人上"扬长避短"，汇集人才。

二是在人民与君主的关系上，民众摆在第一位。先提出"维君子命，媚于庶人"。是说，上听天子的，下听庶民的，两者同样重要，不可偏废。进而又说，"民为贵，社稷次之，君为轻"。人民高于君主。因此，许多游说之士见了诸侯时，往往是从分析民情入手，进一步指出，"窃钩者诛，窃国者为诸侯；诸侯之门，而仁义存焉"。直指君主，不听民众的，就是最大的窃国者。

三是明确提出，无道的昏君，人民可以推翻他们。提出了"天下无道，庶人谤之"。所谓"大卜"无道，就是君上无"道"，百姓可以批评，直到推翻。"礼乐征伐自天子出"的局面，已不复存在，天下共主的周王朝，已徒有其名。

四是人民可以自由选择君主，而不是相反。"良禽择木而居，贤臣择主而事"，在当时很流行。是说，民众可以选择诸侯，有权择主而事，不必专为某一个诸侯服务。

这些新思维，都是为彻底推翻奴隶主贵族、封建领主制作了舆论准备工作。

（四）殷鉴

"殷鉴"是对殷人灭夏的历史事件高度概括、提炼提出的历史观，殷人灭夏，殷人的子孙应该以夏亡为鉴戒。对当时现实有借鉴作用，且有普遍的借鉴意义，也是纵横家经常借以与诸侯们谈论的问题。

提出"殷鉴"的是《诗经·大雅·荡》，全句为"殷鉴不远，在夏后之世"。意思是说：殷鉴，殷朝人的一面镜子，是非常有价值的历史观。《毛诗序》云："《荡》，召穆公伤周室大坏也。厉王无道，天下荡然无纲纪文章，故作是诗也。"从《毛诗序》来看，这个观点，应包括周朝。周朝应从夏桀和殷纣王灭亡中汲取教训。这种借鉴历史的做法，是进步的，是对诸侯国王们的警告。作者或许就是游说之士。

殷鉴，虽不是直接谈信访问题，但与信访工作有诸多关联，许多游说之士，用这个观点来说服国王，要接受这个历史教训，才能治国长久。殷鉴，成为游说之士游说国王主要观点之一。

《诗经·大雅·荡》的作者，是一位难得的历史学家，或许就是游说之士。他眼见周厉王的统治偏离了正道，忧心忡忡，告诫周天子莫蹈商纣王的覆辙。殷鉴的诞生，是先民们对历史深刻认识的结晶。

二、诸侯们欢迎策士

游说之士的最大目的，是求富贵；诸侯们最大的愿望，是求称霸。求富贵，需要君主支持；求称霸，需要游说之士、纵横家扶持。以利益为基础，双方互为需要，一拍即合。所以，纵横家之盛行，君主是推手，就这样，促使特殊上访群——游说之士大量发展，"纷纭遍于天下"。一旦上访（游说）成功，也就一步登天，成为一人之下，万人之上的显耀人物；双方意见不合，立即分手，各走各的路。

例如，《史记·平原君虞卿列传》记载："虞卿者，游说之士也。蹑蹻（蹻：草履）檐簦（簦：长柄笠）说赵孝成王。一见，赐黄金百镒，白璧一双；再见，为赵上卿，故号为虞卿。"再如，著名的纵横家苏秦见秦王，献上强秦之计，没有被采纳，只好立即离开，游说六个诸侯国成功，成为六个诸侯国的丞相。

（一）行人府、养士、家臣与新人才观

西周初，有行人之职官，是做外事工作和招揽四方之士，到东周时，许多诸侯们设置行人府，任务也是招贤纳士。

当时，除诸侯国招贤，有声望的贵族也竞相养士。如，赵有平原君、齐有孟尝君、楚有春申君、魏有信陵君，尊贤爱士，史称"四君子"，吕不韦也养了一大批的士。据《资治通鉴》卷三称，"平原君好士，食客尝数千人"。魏公子无忌仁而下士，致食客三千。

诸侯们养士有一个深层次的原因，就是建立家臣。战国继承了春秋传统，用家臣管理国家。这种官僚制，不同于世卿制。两者的差别，在于家臣多出于庶人，可以随时更换的。

家臣，也称"食客""门客"，其中不少是游说之士，实际上这些人是"智囊团"，出主意、提建议的。庶民士人要想成为诸侯、卿大夫的门客也必须通过书信或走访形式实现。

"毛遂自荐"就是其中一例。

毛遂，是平原君门下食客，自荐使楚，说服楚王与赵王联合，在关键的时候，起到了重要的作用，免除了赵国的危机。赵王遂以毛遂为上客。

再如，公元前258年，秦围赵，隐士曰侯嬴献一计，果起作用。公子窃得兵权救赵，大破秦军。

战国时期，有的出身贫穷人士，"发乎陇亩"而成为"布衣丞相"，流传"宰相必起于州部，猛将必发于卒伍"。

（二）意见箱——"蔽竹"

战国时期，有一种意见箱，或称为举报箱，是竹子做的，叫"蔽竹"。

"蔽竹"是一节圆形竹筒，长尺余，上方有一寸八见方的小口，以便检举揭发人将写的揭发材料塞入筒内。这就是当时的意见箱。

公元前403年，魏国国君魏文侯，任用李悝为相。为了稳定社会秩序，李悝帮助魏文侯建立了举奸揭凶的举报制度，于僻巷设立蔽竹，并通告百姓：举者安而实的又（有）奖。意思是说，官方保护举报人的安全，检查落实后确认为事实的，要奖励举报人。李悝任国相不久，从蔽竹中得到了一条举报信息：漳河百姓常死丁巫神之于，如不及早破除，将成为国害。李悝调查后，果见大批百姓逃离家园，以避鬼魔降临，保全性命。于是，李悝亲率垦荒大军去漳河一带开荒驱鬼，以除掉巫神巫婆，并号召百姓归园，还特地制定了一条新律：凡种田好，粮食打得多的离家归园者，不但有奖，还把其中是奴隶身份者改为自由民。这一政策实行后，漳河附近迷信鬼神的陋习消失，粮食增产，百姓安定，奴隶变成自由农。为了进一步巩固政权，李悝又进一步扩大，强调要及时揭发内奸、盗贼、杀人犯等严重犯罪现象。

2500 年前，李悝将他创造的蔽竹（即信访工作）经验，编入《法经》（此书已佚散）。可见，有时信访与法律是分不开的，是一对孪生兄弟。

李悝为了进一步实行变法，巩固变法成果，汇集各国刑典，著成《法经》一书，通过魏文侯予以公布，使之成为法律，以法律的形式肯定和保护变法，固定封建法权。《法经》的编订，是李悝在法律制度方面作出的重大贡献。

（三）齐威王奖赏进谏

当时，诸侯国君主很注意听取策士们的建议，有的开明君主还能举一反三。齐威王高价收买意见就是一例。

《战国策·齐策一》记载，谋士邹忌去见齐威王，说，今齐地方千里，百二十城，宫妇左右莫不私王，朝廷之臣莫不畏王，四境之内莫不有求于王。由此观之，王之蔽甚矣！

齐威王听了后，立即醒悟，邹忌是在进谏，说他受人蒙蔽，当即说："好意见！"立即下命令："全国君臣吏民，能面刺寡人之过者，受上赏；上书谏寡人者，受中赏；能谤讥于市朝，闻寡人之耳者，受下赏。"

令初下的时候，群臣进谏的非常多，门庭若市。数月之后，偶尔有进谏的。一年后，虽有人想进谏，但已没有什么意见可提了。燕、赵、韩、魏听到这个信息后，皆到齐朝拜。此所谓战胜于朝廷。

齐威王问淳于髡："我的嗜好和古代圣明的君主是否一样呢？"淳于髡坦率地回答他说："古代圣明君主所好有四，您的所好只有三。古代圣明的君主好美女、名马和佳肴，您也好；可是古代圣明君主好贤德人才，您独不好。"齐威王辩解地说："如今是因为没有贤德人士，所以不好。"淳于髡用事实进行反驳说："古代美女有西施、毛嫱，佳肴有龙肝、豹胆，名马有飞兔、绿耳，如今这些都没有了，但是您的后宫、厨房和厩舍不都是很齐全吗？您如果以为现在没有贤德人士可求，那么您能见到古代的贤德人士吗？"[①]

这就是齐威王高价收买意见效果，及其前后的情况。

游说之士的进言，也是有风险的，必须是看准事实，把握住君主的要害和心态，一举中的，才能收到预期的效果，否则，后果也不堪设想。秦始皇长大后，知其母与嫪毐私通，夷嫪毐三族，迁其母于雍萯阳宫，杀其二子，并下令：敢以太后事谏者，戮而杀之，断其四肢，积于阙下。齐客茅焦上谒请

---

① 《魏郑公谏录》卷三。

谏。秦始皇的使臣告茅焦，已有 27 人被断四肢。茅焦说，愿做第 28 个。使臣进去报告秦王。与茅焦同来的人"尽负其衣物而逃"。秦王听了很生气，认为茅焦是故意来触犯他的，让人用锅来煮茅焦。秦王手按剑而坐，"口正味出"。茅焦慢慢走到跟前，参见后说："臣闻有生者不讳死，有国者不讳亡。讳死者不可以得生，讳亡者不可以得存。死生存亡，圣主所欲急闻也，陛下欲闻之乎！"秦王曰："何谓也？"茅焦说："陛下有狂悖之行，不自知邪？车裂假父，囊扑二弟，迁母于雍，残戮谏士；桀、纣之行不至于是矣！今天下闻之，尽瓦解，无向秦者，臣窃为陛下危之！臣言已矣！"说毕，乃解衣伏质（铁椹）。秦王听了上访人茅焦的一番呈辞，下殿扶起，说：先生起就衣，今愿受事。封茅焦为上卿之爵，秦王自驾车迎太后归咸阳，母子和好如初。

上访人茅焦分析了前 27 人进谏不成，遭杀身的原因，都没有抓住秦始皇的要害：政治上、名誉上的得失和影响，关系国家的强大、长久。所以，茅焦说，"今天下闻之，尽瓦解，无向秦者，臣窃为陛下危之"，就是说，如不能接回你的母亲，就得不到国人的同情，失去天下人的心，也就不能称霸天下。这话打动了秦始皇，称霸天下之事，大于母亲之事。所以，接回母亲，母子和好如初，为天下之故。

由此看来，进谏是一门技术，掌握要害的茅焦一举成功，封为上卿，之前的 27 人，没有掌握秦王的"命门"，被断四肢。

三、特殊上访群——纵横家

（一）纵横家的风格、作用及局限性

我们称纵横家为特殊的上访群，是因为他们人数多，且活跃，上访活动的内容和形式单一，为富贵而奔波。

上访群的纵横家，成分比较复杂，有行人出身的，有自荐的四方之士。《汉书》记载，孟轲云：圣王不作，诸侯放恣，处士横议。师古曰：处士，谓不官于朝而居家者也。这两段话，说明许多处士、游说之士出身不同，且在基层。

就整体而言，游说之士的发展可分为两个阶段：前期主要是批判封建领主制的僵化思想、制度和法律等，以商鞅为代表；后期主要是围绕着连横或合纵问题，进行无休止的争论，以苏秦、张仪等为代表。《资治通鉴》介绍，当时，比较有名的纵横家人数不少，除张仪与苏秦外，还有魏人公孙衍，号曰犀首，其余有苏代、苏厉、周最、楼缓。《资治通鉴》用"纷纭遍于天下"来形容这类人员之多；务以辩诈相高，不可胜纪，以谈说显名；纵横之术游诸侯，致位富贵，天下争慕效之。

纵横家，又称为衡人。衡，在当时读音就是横。我国称东西为横，南北为纵。秦地形东西横长，故称为衡，即横。所以，衍生出横代表秦。其他六国，土地南北相连，故称为纵。合称为合纵连横，简称纵横。

游说之士张仪，上访秦国成功，做了秦国的丞相，对六国采取了"令破其从（纵）而连秦之衡（横）"，就是说，要六国服从秦，故说"成其衡道"，谓之连横。游说之士苏秦成为六国的丞相，要六个弱国联合抗强秦，这就是合纵。因此，围绕着是连横事秦，还是合纵抗秦的问题，进行了长期的争论。对这种局面，韩非说，"横者，事一强以攻众弱也"，"纵者，合众弱以攻一强也"。

游说之士在历史上最大的贡献，就是继承了行人言语辞令和严格礼仪，形成了一个独特的文风，如散文。

游说之士无论是上访见君主，还写建议信，用语上都是敷张扬厉，宣染适宜，富有感染力，但又注意切合实际和自己的行为，要适度，合于行人的礼仪。这种用语考究，礼仪严格，形成了一个特殊的文风和行为。他们东奔西跑，经多见广，吸收了各地的丰富知识和生动语言，巧譬善喻、敷张扬厉的风格，使文章具有极大的说服力和感动力。其他各流派的文采多样的言论文章，也给纵横家许多启迪和帮助。所以，纵横家向国王提出的方案和方法，非常明确，也异常简单，不是合纵抗秦就是连横事秦，异于其他各学派。

说起来简单，具体对各国的君王将相来说，无论是合纵或是连横，都有很大的顾虑。国君左右摇摆，给纵横家带来了很大的活动空间，所以，我们说，纵横家能长期存在，与国君的态度不无关系。

游说之士批判封建领主制思想僵化，刻（克）守旧法，无异于《刻舟求剑》。这个故事广为人知，现录于后。

> 楚人有涉江者，其剑自舟中坠于水，遽契其舟。曰："是吾剑之所从坠。"舟止，从其所契者入水求之。舟已行矣，而剑不行。求剑若此，不亦惑乎？以此故法为其国与此同。时已徙矣，而法不徙。以此为治，岂不难哉！

这种运用寓言故事来说理的方法，在《战国策》和先秦诸子的文章中很多，不但话说得深刻、动听，而且富于幽默感和哲理性。《刻舟求剑》这篇寓言尖锐地批判了奴隶主贵族抱残守缺、死守没落的僵化思想不放。

《荆人涉滩》则是批判奴隶主贵族不能随着形势的变化而变化，必然有亡国的危险。

> 荆人欲袭宋，使人先表澭水。澭水暴益，荆人弗知，循表而夜涉，溺死者千有余人，军惊而坏都舍。向其先表之时可导也，今水已变而益多矣，荆人尚犹循表而导之，此其所以败也。今世之主，法先王之法也，有似于此。其时已与先王之法亏矣，而曰"此先王之法也"而法之以为治，岂不悲哉？故治国无法则乱，守法而弗变则悖，悖乱不可以持国。世易时移，变法宜矣。

荆人想袭击宋国，派人先测量要过的澭水深度。测量后，河水暴涨，荆人弗知，当夜仍涉水过河，溺死千余人。这件事说明，时间、条件变了，政策、法律如不作相应的变更，将要吃败仗，国家将大乱。所以，提醒、告诫统治者，"世易时移，变法宜矣"。

《鹬蚌相争》说明六国要团结起来，对付强秦，写得生动、形象，寓于说理。

赵国将伐燕国，苏秦之弟苏代，为了救燕，上访赵国，见赵惠文王，借用民间流传的寓言《鹬蚌相争》的故事，说明燕、赵相持的祸害，从而阻止了赵伐燕。

> 赵且伐燕。苏代为燕谓惠王曰："今者臣来，过易水，蚌方出曝，而鹬啄其肉，蚌合而箝其啄。鹬曰：'今日不雨，明日不雨，即有死蚌。'蚌亦谓鹬曰：'今日不出，明日不出，即有死鹬！'两者不肯相让舍，渔者得而并禽之。今赵且伐燕，燕赵久相支，以弊大众，臣恐强秦之为渔夫也。故愿王之熟计也！"惠王曰："善。"乃止。

这个故事，要六国内部不要自相残杀，要团结一致对付强秦，不能做亲者痛、仇者快的事情。

游说之士对文体与语言的发展，作出了一定的贡献，对后世的影响较大。他们的语言比较考究、精练和严谨，生动的比喻，对后来有积极影响，必须予以肯定。处士横议，诸子争鸣，催促着文化、文学，特别是便于表达思想的散文，飞跃地发展，写出了许多有血有肉有筋有骨的优良、优美的传记文学，运用了现实主义的夸饰手法，以丰富生动的语言，描绘了史实发展和人物性格，使读者百读不厌。《战国策》里边所收的大都是策士言词，其辞夸张而扬厉，直接引导着"文集""辞章"的兴起，有些文章达到相当精练完美的高度。

王充的《论衡·对作篇》中说，"上书奏记，陈列便宜，皆欲辅政。今作书者，犹上书奏记，说发胸臆，文成手中，其实一也。夫上书谓之奏，奏记转易其名谓之书"，"夫作书者，上书奏记之文也"。将《战国策》等书中的文章与游说之士的上书关系交待得比较清楚，可以说，《战国策》是游说之士向诸侯上书的文集。

正如罗根泽在《先秦散文选》中所说的，战国这一"百家争鸣"的绚烂时代，不只相反相生地产生了丰富的学术思想，也相生相长地产生了丰富的文章文艺。就文章形式来说，由简单的提纲，发展成为有骨有肉的优美传记。由简单考语，发展成为洋洋洒洒的理论文；又由单篇的理论文，发展成为有组织的整部著作。就方法技巧来说，由考语式的孤立论点，发展成为"言之有物，言之有序"的逻辑性很强的长篇大论；同时又不满足于只是逻辑的说理，又借助人物言行，借助故事寓言，用来一方面证明抽象理论，一方面塑造具体典型。这就使他们的理论文，在逻辑性以外，又增加了形象性。

游说之士致命的弱点，为了富贵，耍权术，无是非标准，朝秦暮楚。

苏秦、张仪，都师从鬼谷子，学习"纵横之术"，学成后，苏秦先到秦国游说秦王，"以兼天下之术，秦王不用其言"，乃去，跑到秦国的对立面去，游说六国成功，使六国联合抗秦，他做了六国的丞相，对付秦国；然后，又用语言和行动刺激他的同学张仪，将张仪推向秦国，与自己对立，还暗中资助张仪。据传说，这些事情，张仪本人并不知道。张仪游说秦国成功，做了秦国的丞相，然后，去瓦解合纵联盟。双方展开了长期的争论与战争。可以说，苏秦，以诡秘的手法，操纵整个合纵和连横之争。

纵横家的整个争论中，飞箝捭阖、反复无常，为了高官厚禄，全然不顾生灵涂炭，家破人亡。正如《资治通鉴》评论这些人，"务以辩诈相高，不可胜纪"，《汉书》说他们，不事工商农，"释本而事口舌"。无怪乎秦国群臣都说张仪，"无信，左右卖国以取容"。而张仪又说苏秦，"萤惑诸侯，以是为非，以非为是"。可见，当时已有人认识到他们的欺诈和诡诈。对于他们的行为，进行了批判。

总的来讲，纵横家的活动，推动了社会的发展，尤其在文学方面的贡献较大；但以个人富贵为目的，没有是非标准，变化无常的态度，应当受到彻底批判。

（二）上访信的杰作——李斯的千古名篇《谏逐客书》

游说之士写上访信的人很多，其中杰出代表要数李斯。他的《谏逐客书》，成为传颂千古的名著，千古名篇，在中国信访史上，应占有一定的地位。

公元前237年，即秦始皇亲政的第二年，在秦国发生了一起"逐客"的风波。

事情的起因是，韩国的著名水利专家郑国游说秦国，建议修建一条长300多里的引水渠，发展农业，但其真正的目的是通过修渠消耗秦国的国力，阻止秦国东进伐韩。计谋败露后，秦国的大臣们向秦王建议，诸侯国人来事秦者，大抵为其主游说于秦耳，请一概逐客。秦始皇下了一道"逐客"令，将所有在秦国的各诸侯国的人，包括李斯，都被"逐"。

李斯本是楚国上蔡人，秦始皇的客卿。"逐客"令下达后，李斯在即将离境时，给秦始皇写了一封上访信——《谏逐客书》。该书开门见山地指出，"逐客"的做法是错误的，"臣闻吏议逐客，窃以为过矣"，接着，列举了秦穆公求士，得由余、百里奚、蹇叔、丕豹、公孙支，他们为秦兼并了二十个小国，这些人都不是秦国人，使秦称霸西戎；秦孝公用商鞅之法，移风易俗，民以殷盛，国以富强，百姓乐用，诸侯亲服，获楚魏之师举地千里，至今至强；秦惠王用张仪之计，散六国之众，使之西面事秦；昭王得范雎，杜私门蚕食诸侯，使成帝业。"由此观之，客何负于秦哉！"如果这四位国王都却客而弗纳，秦能富强？今天，不问是非曲直，非秦者去，为客者逐，后果是严重的，"今逐

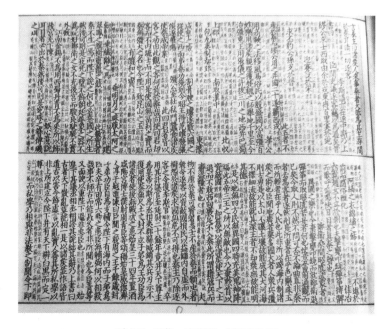

《史记》记载，李斯的《谏逐客书》

客以资敌国，损民以益仇，内自虚而外树怨于诸侯，求国无危，不可得也"。①
秦始皇深受感动，立即废除"逐客"令，追回李斯，委以重任，实行改革，遂
使秦国强大。

《谏逐客书》按今天的标准，是一封名副其实的民众建议信，李斯在写这
封信的时候，在秦国已无任何政治地位，就是一个"外国人"。这位政治家的
敏锐嗅觉，发现了秦始皇的错误，写了一封说理很强的来信，秦始皇收回了决
定，重视了外来的人才，重用了李斯等人。秦始皇用李斯计，"数年之中，率
兼天下"，统一了六国。

李斯上书中谈到的百里奚等，也是游说之士。

秦统一中国后，游说之士出身的李斯，当了秦国的丞相，上书秦始皇说，
建议禁止游说之士活动，被采纳，遭到诸生的反对，秦始皇采取了严厉的手
段，"焚书坑儒"，还制定了"诽谤罪"，人民不敢进谏。后，李斯被秦二世
杀害。

---

① 李斯：《谏逐客书》，《二十五史》百衲本，浙江古籍出版社1998年版。

第二章　秦、汉、三国至南北朝时期信访工作

公元前221年，秦始皇统一中国，建立了强大、统一的封建帝国——秦国，实行中央集权和郡、县制，被称为安宁之术，取代了建侯卫；封建地主制完全确立，封建领主制退出了历史舞台；我国进入了长达二千多年的封建地主制和皇帝制。直到1911年，孙中山领导的辛亥革命，才结束了封建地主制和皇帝制。

第一节　秦、汉至南北朝时期的社会状况

秦朝处于历史大变革的转折点，这个转折点来之不易，为了维护和发展封建地主制，实行中央集权。

一、秦兴于变革，亡于暴政

（一）实行郡县制，巩固中央集权

秦朝统一全国，作出了历史性的贡献，在全国广置郡、县，彻底废除了分封制。秦朝实行中央集权，郡、县首长均由中央任命，国家发俸禄，其职责"皆掌治民，显善劝义，禁奸罚恶，理讼平贼，恤民时务，秋冬集课，上计于所属郡国"。

首先，实行郡、县制，中央统一管理后，立即制定了《为吏之道》，其中有必须遵守的"五善"和必须防止的"五失"，用以约束各级官员。其次，政策由中央统一制定，也便于官吏和民众共同遵守和检查，如果官吏不执行，民众上访、上书揭发问题，有政策依据，可以告官吏。再次，地方郡级机关实行三权分立：郡守治民，郡尉典兵，郡监御史掌监督。这样，上下垂直成系统，便于中央直接统辖，利于防止割据分裂局面的出现，县由郡统辖。

（二）实行统一的规章制度，适应大一统

诸侯国独立的时候，各项制度、政策、法规等均不同。秦始皇统一六国，将各诸侯国之间的差异统一起来。在全国实行车同轨、书同文等，大大地方便了吏民，这些有利于国家的统一和强大。

（三）秦始皇将称"王"改为称皇帝

秦始皇说："今名号不更，无以称成功，传后世。"他认为自己功比三皇、五帝。国家的最高统治者称"皇帝"，他用"始皇"，目的是从他开始，他的皇位，一代、二代、三代，一直传下去，直到万世。具有讽刺意味的是皇位只传到二世，就被推翻，但皇帝这一称谓，则沿用到1911年才成为历史。规定"朕"（我）字，只有皇帝才能使用，其他人不得使用。

（四）秦朝暴政

秦朝建国之初，民众从混战中摆脱出来，生活初步安定，生产有所发展。但好景不长，秦始皇实行了独裁统治，施行暴政，对民众进行了严厉的控制和镇压，禁止言论自由，民众发表的不同意见，定为诽谤，按诽谤罪条款惩罚，实行连坐罪，士民不敢提意见，诽谤木也被取消。"秦俗多忌讳之禁，忠言未卒于口而身为戮没矣。故使天下之士，倾耳而听，重足而立，钳口而不言。是以三主失道，而忠臣不谏，智士不谋也，天下已乱，奸不上闻，岂不哀哉！"①可以说，秦朝是严刑峻法，律条繁苛，造成了一系列骇人听闻的事件。焚书坑儒，乱杀无辜，造阿房宫，丧失民心，耗尽民力，民众处于水深火热之中，纷纷起义。在这种情况下，秦王朝的政权顷刻间，就被刘邦的汉王朝所取代。

二、汉兴于节俭，亡于腐败

汉承秦制，继承和巩固封建地主制社会。

经过秦代十五年的严酷统治和八年战乱，刘邦建立汉朝时，面临着一个凋敝残败的局面，全国人口大约减少三分之二，饿殍载道，百业俱废，经济萧条，一片荒凉。天子找不到一样颜色的马拉车，将、相只能乘牛车上、下朝。

针对这种情况，西汉初年，采取了与民休养生息的政策。具体办法有以下几个方面。

---

① 司马迁：《史记·秦始皇本纪》。

（一）汉高祖刘邦采取措施尽快恢复社会秩序

为生产的恢复提供了保证和前提条件；号召在战乱中流亡山泽的人民和秦朝的官吏们，回归故乡本土；民众归乡务农，减轻田赋，原秦朝的官吏"复故爵田宅"，免其罪责，发给一定的土地；对因生活困难而自卖为奴婢的人们，恢复庶民身份；农民可以按人力多少开垦荒地，对新开垦的田地给予头几年完全免赋的优待；特别是实行了按粮食产量"十五而税一"的田赋征收制度，调动了农民从事生产的积极性；继续实行压抑商贾的政策。最后，采取了复员军队的政策，从军队归田者，很快就成为中小地主或自耕农。他们不仅成为恢复农业生产的一支重要力量，也是汉代进行统治的阶级基础。

（二）汉文帝把重农抑商作为基本国策

汉文帝说，"农，天下之大本也"，"道农之路，在于务农"，他还亲自下田耕作，给各级官员作出榜样，人民受到很大鼓舞。他还下诏"弛山泽之禁"，属于国家所有的山林川泽，允许农民开荒耕种。鼓励富人高价购买农民的粮食，增加了农民的收入，做到"损有余补不足"。继续减轻农民负担，实行轻徭薄赋，降低田租税率，由汉初十五税一降到三十税一。到国家有了一定的积累时，长达12年免除田税。打击豪强和不法商人对农民的盘剥。农民有了足够的生产时间，农产品日益增多。[1]

提倡节俭，严禁浪费。汉文帝、景帝生活俭朴，注意开支。汉文帝在位20多年，宫室园林，车马侍从，均无增加。作为一个皇帝，经常穿较粗糙的衣服，夫人宫女也不准穿拖地长衣。帷帐不准用贵重的丝织品，以免带来奢侈豪华的风气。文帝提倡节葬，下遗诏在他百年之后，治丧期不准影响人民的正常生产生活，不准用贵重的东西陪葬。文景时期不接纳地方送来的礼品，并下令各级官吏"务省徭费以便民"。认为，社会财富占有的悬殊，是社会不安定的最大隐患，对于奢侈的贵族以及私自铸钱的诸侯，严惩不贷。

（三）汉文帝、景帝广泛听取不同意见，要求臣民直言进谏

汉文帝认为，百官出现了错误，皇帝脱不了干系，这种宽大的胸怀，开明的政治思想给汉王朝带来新鲜空气。汉景帝十分重视思想文化教育，学术上允许百家争鸣，他深爱贤士，常把学术有成的人召进宫里讲学。文景时期官学、私学都有很大的发展。

---

[1]　黄进、姚文娟主编：《名君诏批九十九篇》，华艺出版社1992年版。

经过一段时间，全国呈现出一派富强的景象。

（四）苛政之患

汉武帝对外连年用兵，老百姓的负担过重，发生了多起农民起义，出现了严重的社会危机。好在刘彻能认识到自己的失误，晚年，下了《轮台罪己诏》，停止用兵，重视经济，改善人民生活，缓和了社会矛盾，没有发生天下大乱。所以，司马光说他"有亡秦之失而免亡秦之祸"。东汉光武帝刘秀，采取了减轻人民负担的政策，先后9次下令释放奴婢并禁止残害奴婢，释放罪犯为庶民；减轻租税徭役，发放赈济，兴修水利；精兵简政，巩固了中央集权的政治体制。

但是，到了昏庸无道的汉桓帝、汉灵帝时期，在宦官的挟持下，先后于公元166年和167年发动了两次"党锢之祸"，杀害了社会名流李膺、范滂等100余人，禁锢600—700人，太学生被捕1000余人，凡属上述人员五服内之亲属以及门生故吏，有官职的人全部免官禁锢，民怨沸腾，社会矛盾进一步激化。

（五）地方豪强之乱

贵族、地主、大商人，横行乡里，兼并掠夺农民的土地，随着经济的恢复与发展，地主豪强势力日强，变本加利地压迫、剥削人民，而且手段不断翻新，阶级矛盾非常突出。异姓"王"相继造反，刘姓诸"王"相继作乱，地方官吏的败坏，中央不予惩办，任其发展。这几股势力日益增长，是压在百姓头上的大山，致使人心不稳，对汉王朝政权，构成了极大的威胁。

汉朝中期以后，税收名目繁多：田租、更赋、算赋、口赋、徭役、算车船、税民资、关税、市租、牲畜税、专卖收入，还有卖官鬻爵与赎罪等。

这些都是汉亡的原因。所以，汉兴于节俭、亡于腐败。

三、三国至南北朝政局混乱

汉亡后，政权一分为三，即魏、蜀、吴三国。曹魏政权统治北方，注意农业和经济恢复，打破世族门第观念，用人唯才，曹操的《唯才是举》三令最为典型，曹魏统治地区呈现出勃勃生机。刘备的蜀汉政权，以复兴汉朝为目的，彝陵之战被"火烧连营"而衰。东吴孙权靠大地主维持的政权，压迫百姓。如，吴主孙皓的爱姬遣人至市夺民物，司市中郎将陈声素将夺民物之人，绳之以法。姬诉于吴主，吴主怒，假他事，杀了陈。

梁武帝萧衍、北魏孝文帝拓跋宏，在信访工作方面亦有值得称颂的内容。

第二节 信访活动的形式、内容与数量

秦、汉至南北朝，国家的形势，由混乱到安定，再从安定到混乱，且战乱时间长，百姓生活不得安定。在这种情况下，百姓的信访内容与活动形式，有其特殊方式。

一、吏民们信访活动的内容、形式与案例

（一）农民集体拦刘邦的去路告御状

西汉政权建立不久，土地兼并突出，农民与官僚地主争夺土地所有权成为焦点，全国许多地方都发生这类事件。农民斗不过官僚和地主相勾结的反动势力，只好把希望寄托在大地主头子——皇帝的身上。于是，就出现了农民们拦汉高祖去路告御状，结果，皇帝也同样不予解决。

汉初，高祖刘邦消灭了黥布叛乱回归途中，出现了大批农民冒死拦住道路喊冤，集体上访，并上书（即送上访信）："言相国强贱买民田宅数千人。"① 刘邦回到国都后，相国萧何去谒见。刘邦笑曰："今相国乃利民！"并将民众的上书，皆给了萧何，说："君自谢民。"不久，相国萧何为民请命说：长安地狭，上林中多空地，弃，愿令民得入田，毋收稿谓兽食。汉高祖听后大怒曰："相国多受贾人财物，为请吾苑！"于是，将萧何关进大牢治罪。

这两件事，反映的是一个中心，即土地问题。前一个问题，农民要求归还土地。没有触犯汉高祖的利益，只是让萧何"自谢民"。后一个问题，萧何为关中百姓请命，触犯了汉高祖的利益，将萧何关进监狱。后，汉高祖与萧何见面，解释说，相国为民请愿，我不许，我成为夏桀、纣王一样的君主，而相国成为贤相；我故意拘囚相国，欲让百姓知道我的过错。农民争取土地所有权的问题没有解决，却成为刘邦自我表扬而收场。

《史记》在记述这两件事之时，还说了个前因：汉高祖时，相国功高，又得关中民心。有人建议萧何说，高祖决定一些事情，都要问你如何办，是怕你在关中的威望和影响，你为何不多买田地，贱价租赁，剥夺商贾，自我损坏名义，使高祖安心呢？萧何从其计，"贱价租赁，剥夺商贾"，于是，就出现了

---

① 《汉书·萧何传》。

关中民众状告萧何。萧何成为被告后，汉高祖非常高兴。原来，统治者内部是在用心机，勾心斗角，不惜损害人民的根本利益，剥夺了他们的土地。

农民集体上访，拦皇帝的去路告状，在我国信访史上是第一次记载。之后，百姓告御状的事例就多了。

《后汉书·儒林列传》讲了一个邀车驾信访案例。邀车驾就是拦皇帝的车子，上诉申冤。这件事是儒生杨政冒险采取邀车驾方式为其老师范升鸣冤。

杨政，字子行，师从范升，范升因为"出妻"（休妻）事，被下狱。杨政肉祖，以箭穿耳，抱范升幼子，潜伏道旁，候车驾，"持章叩头大言"曰：范升三娶，唯有一子，今适三岁，……御林军怕惊动圣驾，用箭射他，不离去，用戟叉，胸部受伤，还不退去，言词悲泣。汉明帝深受感动，同意赦免范升。

南朝梁的开国皇帝梁武帝萧衍当政的时候，对皇亲贵戚、朝臣特别优待，该罚的不罚，造成他们为非作歹的事情有增无减。对百姓，不该罚的也要罚，且株连治罪，连老人和小孩子都不能幸免，引起了民怨。秣陵县有一老人趁皇帝郊祭的机会，拦住了梁武帝的车驾，说：陛下的法律，对老百姓很严厉，对权贵很宽容，这不是长治久安的办法。如果能把这种做法颠倒过来，那真是天下老百姓的大幸。梁武帝接受这位老人的意见，下令免除了逃亡者和获罪者的家属年老者和小人的拘役，但对皇亲国戚依然故我。

（二）揭发官宦、豪强欺压百姓

官吏和恶霸勾结，残酷剥削百姓，搞得民不聊生，而且官员们都有后台，有保护伞，不被治罪。

公元前 127 年，燕王定国与父康王姬奸，生子男一人。夺弟妻为姬，与子女三人奸，定国有所欲诛杀臣肥如令郢人。郢人等告定国，定国使谒者以他法劾捕格杀郢人以灭口。

北地郡一个名叫浩商的豪强，把义渠县县令的老婆、孩子等 6 口人杀了，躲进了长安，逍遥法外。吏民反映强烈，直接给皇帝上书，汉成帝下诏，丞相、御史多次派人搜捕，都扑了空。过了很久，才把浩商一伙犯罪分子逮捕归案。

在民众的强烈要求下，汉成帝对长安恶霸进行了一次严厉打击。

京城多权贵，一些高官子弟纠集社会上恶势力，为非作歹。到了傍晚，成群结伙，奔驰于大街小巷，百姓有的被抢劫，有的被打杀，有的被奸淫。长安府门前，上访百姓天天报警，鼓声不绝。这些流氓团伙都有后台，当地官员都无可奈何，百姓人心惶惶，直接上书汉成帝。汉成帝派尹赏担任长安县令，并授权说，只要能彻底扭转长安的社会秩序，可以不请示，相机行事。

尹赏一上任，召集僚属开会，研究对策，认为，只有进行严厉打击，才能打垮流氓团伙的嚣张气焰，制止歹徒们无法无天的犯罪行为。尹赏采取了果断措施。修复了长安的各个监牢，在监牢附近挖了几个大坑，深两丈，长宽各十丈，坑的四壁均用砖头砌好，坑顶用麻石封死，只留一个洞口，刚好一次只能下去一个人。称之为"虎穴"。接着，发动当地乡吏、亭长、里正、父老等人，检举揭发流氓团伙成员，打架斗殴的、行凶杀人的、抢劫财物的、奸淫妇女的、私藏兵器的等犯罪分子，都列入"严打"之列。几天之内，便有上千人被检举。随后，集合万余差吏，一夜之间，把这些人一网打尽，关进监牢。接着，逐个进行审查，落实证据。尹赏亲自审阅案卷，逐个审问罪犯，凡罪行较轻又确有悔改表现者，从轻发落；凡罪大恶极民愤极大的，不管是什么达官贵人的子弟，一经宣判马上关进"虎穴"饿死，待关满一百人后，就把"虎穴"的入口堵死。几个"虎穴"都关满了犯人，封了十几天后，把洞口打开，将尸体抬出来，百日之后，才允许死者家属改葬。经过这次"严打"，长安社会秩序有了根本的好转，坏人不敢捣乱，人民也安居乐业了，甚至外地的一些流窜犯，慑于尹赏的声威和严厉，也不敢经过长安县①。

公元 62 年 11 月，东汉孝明皇帝时期，安丰戴侯窦融的长子娶内黄公主为妻，矫称阴太后诟意，令六安侯刘盱休妻，将自己的女儿嫁给刘盱。刘盱妻子的家人上书皇帝，告发此事。皇帝对当事人都作了处理。

济东王彭离骄悍，喜好杀人取货。已知道的就有百余人被杀，国人都知道，不敢走夜路。被杀者的儿子上书有关部门管员，请求诛灭。武帝不忍杀了他，废为平民。杀了百余人的罪犯，也没有抵命。皇亲国戚的作恶，多有帝王在包庇。

（二）民众上书捐资助边

卜式上书捐款助边的事情是这样的，汉武帝即位后，匈奴经常侵犯边界，武帝对匈奴进行了几十年的战争，人民负担加重。为了保证战争的需要，汉武帝对富商大贾进行索取。在国内大兴土木，"文景之治"积累下来的资财，被他搞得财政匮乏。为此，汉武帝采取了各种经济政策来聚敛财富，企图渡过难

---

① 　摘自《法制日报》1997 年。

关。在这种情况下，公元前119年，河南百姓卜式数次上书表示，愿将家财的一半捐出，献给国家，帮助边关。

汉武帝派使臣问卜式："欲为官乎？"（想当官吗）

式说："自小牧羊，不习仕宦，不愿也。"

使者问："家岂有冤，欲言事乎？"

式说："臣生与人无争，邑人贫者贷之，不善者教之，所居人皆从式，式何故见冤于人！无所欲言也。"

使者曰："苟如此，子何欲而然？"

式曰："天子诛匈奴，愚以为贤者宜死节于边，有财者宜输委，如此而匈奴可灭也。"

当时，汉武帝想让卜式当官，将这种想法告诉丞相，丞相认为，卜式这种做法不合人情，是"不轨之臣"，而作罢。后来，粮库空，贫民大徙，无以尽赡，富豪们都在收藏自己钱财，而卜式持钱二十万给河南太守，以给徙民，助贫民者。汉武帝"由是贤之，欲尊显以风百姓，乃召拜式为中郎，爵左庶长，赐田十顷，布告天下，使民知之"。实际上，汉武帝布告全国的目的，是想让民众都向卜式学习，捐赠钱物，但百姓不理，收效甚微（"百姓终莫分财佐县官"）。卜式不愿做官，汉武帝让他去上林苑养羊。"岁余，羊肥息。"得到汉武帝称许，卜式说，不仅养羊，治民也是这个道理。后来，卜式做了齐王太傅等官职，终因朴实忠谏而被罢官。最后，寿终正寝。

到了唐朝的时候，白居易在谏书中，还称许卜式和他的事迹。可见这件事，对后世的影响是比较大和深远的。

（四）太学生上书救"清官"

汉桓帝时，皇甫规持有公文凭证，督办一些事情，向皇帝举奏，得罪了人。不久，因平羌有功，皇帝任命他为议郎，论功当封，而中常侍（宦官）徐璜、左悺想从中取得好处，数次派人去索贿，皇甫规始终不答应。徐璜等忿怒，以前事陷害，被下狱。诸公及太学生张凤等三百余人诣阙上书为他辩护，皇甫规被赦。后任弘农太守，封寿成亭侯。在信访史上，第一次出现太学生集体诣阙上书。之后，尤其是宋朝，太学生诣阙上书，更为频繁，人数更多。

不久，太学生刘陶等人多次上疏陈事，切中时弊。其中有一上疏开篇就说："陛下目不视鸣条之事，耳不闻檀车之声。"鸣条之事，是指商汤战胜夏桀于鸣条之野；檀车之声，是指周朝战胜殷纣王的历史故事。刘陶引用这两件事，是指夏桀、商纣贵为天子，得罪了天，得罪了人民，分别被商汤、周武王打败。刘陶等在另一篇上疏中，提出当今之忧，不在于货，在乎民饥。

朱穆为官正直，敢于作为。任冀州刺史时，有三个冀州宦官要见他，他不见。有个叫赵忠的宦官的父亲死了，赵忠违制使用了只有皇帝才能用的葬品。朱穆硬是开棺检验，取出葬品，搜捕了赵忠一家。皇帝听说，大怒，下诏把朱穆打入廷尉牢狱。太学生刘陶等数千人诣阙上疏，为朱穆辩护。皇帝看了辩护的奏章，赦免了朱穆。

汝南太守欧阳氏因贪污被下狱，太学生千余人以欧阳氏政绩卓著，而守阙向天子求情。

太学生的上书爱恨分明，敢恨敢爱，直指高官。

（五）建议信增多

汉代秦后，形势宽松，民众信访活动多，内容丰富，尤其建议信多有价值，其中许多被帝王采纳，为安定百姓、经济建设起到了很好的作用。

公元前 129 年，临淄人主父偃、严安，无终人徐乐皆上书言事，引起了皇帝的重视，许多意见被采纳。

《资治通鉴》是这样写的：主父偃上访齐、燕、赵等地的当权者，没有得到重用，因为家贫，又受到诸游说之士排斥，就直接到天子脚下"上书阙下"，早上上书，晚上就被召见。所谈的九个问题，有八个被作为律令颁布执行。另一事，是谏汉武帝伐匈奴，认为国虽大，好战必亡；天下虽太平，忘战必危。徐乐上书以秦末陈涉起义为例说，陈涉不是豪门贵族，何以"偏袒大呼，天下风从"？是因为皇帝不体谅下情，不知道民众的怨怒，民众已起来反抗，皇帝不知道善政。然后进一步阐述各自的主张。汉武帝召见了他们，并说相见恨晚，将他们都封为郎中。

汉文帝时，贾谊二十多岁，很有眼光，他已看到天下将要大乱，数次上书，内容是讲汉初的中国地理环境与政治、军事的关系，指出汉文帝的几个政策有问题，提出了建议。汉文帝很赏识他。当时被称为"哭时事"。汉武帝时的王匡，多次上书，指出汉武帝的缺点和不是，要求这样也要改那样也要改，很受重视。这就是有名的王匡上书。

历史上，给帝王上书最长的当属汉武帝时，齐人有东方生名朔，以好古传书，爱经术，多所传观外家之语。朔初入长安，至公车上书，凡用三千奏牍。

公车令合两人共持举其书，僅然能胜之。人主从上方读之，止，辄乙其处，读之二月乃尽。诏拜以为郎，常在侧侍中。

上述所有写建议信的人，都出身低微，上书内容，多联系民情，谈国家的政策和前程问题。这是当时建议信的一大特点。

同时，汉时匿名信即"飞书"增多。

周朝称匿名信为飞书，延续至汉，仍称飞书。汉朝写飞书的人，比周朝多，写飞书人的身份不一样，其中，以官宦人家写的较多，多是互相揭发。皇室成员写的匿名信，一是互相攻讦，目的是打击政治对手；二是争宠，或是杀伤对手，保全自己，或得利，或得宠。

（六）申诉不成而起义

汉朝的时候，百姓忍受官府和豪强的剥削，生活难以维持，到官府申诉，官府又不为他们作主，在走投无路的情况下，也只有起义。

据《资治通鉴》21卷记载，汉武帝是严法治理百姓，且喜欢用酷吏，而郡、国二千石官员大抵多酷暴，吏民不知不觉就犯法；百姓被逼无奈，只有起义，东方盗贼滋起，大群至数千人，攻城邑，取库兵，释死罪，缚辱郡太守、都尉，杀二千石，小群以百数掠卤乡里者，不可胜数，道路不通。可见当时，起义的农民人数多，次数多，遭到了汉政权的严厉镇压。

下面这个例子，可以看出农民起义的原因。据《后汉书·刘玄刘盆子列传》记载：王莽末年，南方饥馑，人庶群入野泽，掘凫茈（指荸荠）而食之，更相侵夺。新市人王匡、王凤为平理净讼，即到官府上访，地方官吏没有为他们解决问题，遂推为渠帅（首领），聚众数百人。于是，亡命山林的马武、王常、成丹等前往跟随，共攻离乡聚藏于绿林中，数月间至七八千人。形成一支影响较大的农民起义队伍。这是因为诉讼，地方官不作处理，而造成的起义。

二、民众信访活动人数众多

解放前，无论哪个朝代，都没有信访总数的统计，只是在介绍单个信访案件时，才介绍涉及的人数和信访数量，且不精确，秦汉至南北朝也如此。下面几个信访案例中，有具体信访数量，可以说明汉朝信访数量是很大的。

如，前面讲的高祖刘邦消灭了黥布回归途中，农民冒死拦住道路喊冤，"民道遮行，上书言相国强贱买民田宅数千人"。这其中有两个概数：一是上书人"民道遮行"，把道路挡住，说明上访人数多；二是受相国侵害的百姓多，

"数千人"。

西汉末年，王莽曾经弹劾过骄傲奢侈的定陵侯淳于长，淳于长被处死，因此，地主阶级中要求对外戚和宠臣限制兼并土地和奴隶数量的人，把王莽看成是政治上的靠山。在王莽政治上受到外戚和宠臣排挤的时候，纷纷上书，为其申辩。比如，王莽受排挤回到封地三年，"吏民上书冤讼莽者百数"①。元始二年（公元2年），发生旱蝗灾害，农民四处流亡，王莽上书，表示愿意出钱百万，献田三十顷付大司农救济贫民。因此，不仅被王莽收买的部分官僚、贵族和儒生替王莽歌功颂德，制造舆论，就连一些平民也对王莽产生了不切实际的幻想，把他看成是关心人民疾苦的仁慈人物。当王莽不愿意接受皇帝赐给他的田地时，要求王莽接受赏赐、回朝执政的上书，前后多达四十八万七千五百七十二人②。元始四年（公元4年），有八千多平民上书，说王莽功比成汤时的伊尹、周朝的周公旦，要求为其加官，位列上公，给他加上宰衡的官号。宰衡就是阿衡与太宰合一，位高权重。还请加封王莽的两个儿子。

开始，王莽生活恭敬俭朴，官阶职位越高，越尊贵，态度作风越谦恭，在社会上赢得了许多赞誉，由于政敌的排挤，被罢官，回到封地，闭门谢客不出，次子王获杀死奴仆，王莽叫他自杀。王莽想将自己的女儿嫁给平帝当皇后，又假说自己德薄，"不宜与众女并采"。诸生郎吏等守阙上书者"日千余人"③，都说王莽好。太后只好立王莽之女为皇后。

围绕王莽一个人，吏民上书、上访数量之大，持续时间之长，是少见的。

其他有关信访人数的记载还有不少。如京兆尹赵广汉犯法，应当处斩，吏民守阙号泣者数万人。

朱博为刺史，外出考察时，"吏民数百人遮道自言"，要求朱博主持公道，为民申冤。④

汝南人守欧阳氏因贪污被下狱，太学生千余人为其守阙向天子求情。

东汉桓帝建和元年（公元147年），梁冀诬陷太尉李固下狱。李固的学生王调等几十人上书为李辩解。

---

① 《资治通鉴》三十五卷。

② 《汉书·王莽传》

③ 《汉书·王莽传》。

④ 《汉书·朱博传》。

前面已介绍过的为皇甫规案，太学生张凤等三百余人上书；冀州刺使朱穆受冤下狱，太学书生刘陶等数千人诣阙上书。

这些都是个案中的信访数字，足以说明汉朝时信访数量大。

第三节　受理信访工作的机构、处理办法与保密制度

秦汉至南北朝时期，除秦朝时期不用诽谤木外，其他各朝，都使用进善旌、诽谤木、敢谏鼓、肺石等信访媒介，还配有纳言、行人等官员。此时信访的特点是：一是创造新的利于吸收民情的方法；二是学生集体上书次数多、人数多；三是设置处理信访工作的专门机构。

一、具有新意的处理信访的机构与办法

（一）公车与公车上书

公车有两种解释，一种是说官车，如"巾车掌公车之政令"。郑玄对此作注："公，犹官也。"① 二是官署名，"举贤良方正各一人，遣诣公车。"② 这里的公车，显然是官署的简称。

我们这里讲的公车，或曰公车署、公车府，始设于秦朝建国的第二年，是卫尉的下属单位，其负责人叫公车司马令，汉也设有公车，工作性质与秦朝相同。

综合史书所述，公车有以下几个作用：

一是治安功能。公车令掌殿司马门的执法工作和宫中巡察工作。如，《汉书·百官公卿表》颜师古注："《汉官仪》云：公车司马掌殿司马门，夜徼（徼：巡察）宫中。"也就是说，公车令是掌管司马门的进出和宫中的治安工作。如，张释之曾为公车令，勇于坚持制度。有一次，太子与梁王到司马门不下车，张释之不让他们走，他们就无法进入殿门，还向皇帝弹劾他们犯了不敬之罪。簿太后听说后过问，汉文帝免冠谢罪，说自己教子不严。太后于是派使臣下诏赦免他们，太子和梁王才得以进殿门。张释之由于维护国家的尊严，得到重用，官至廷尉。

---

① 《周礼·春官·巾车》。

② 《后汉书·光武帝纪》。

二是受理信访功能。公车司马令有接受吏民们上书和招揽人才的职责。"公车司马令一人……掌宫南阙门，凡吏民上章，四方贡献及征诣公车者。"① 可见，公车司马令（丞）是汉朝掌管信访工作的主要人员，即"掌尚书所不理，有枉冤，经判奏闻"。"……天下上事及阙下，凡所征召皆总领之。"② 天下"上事"，是指吏民上书，"阙下"就是诣阙上访，"征召"指招揽四方人才。这几种工作是公车令掌管的。

到公车上书的人不少，朝廷由公车征召的异能之士数量比较多。如，武帝时，布衣东方朔初入长安，至公车上书，共用三千奏牍，三个月才读完，是历史上最长的上书。这个例子，说明公车是接受吏民上书的。武帝初即位，征天下举方正贤良文学才力之士，待以不次之位。四方之士多上书言得失，自衒鬻者（自我夸耀以求功名）以千数。王莽取代汉后，曾下旨：希望有意献策的天下异能之士，皆诣公车，前后收到"千数"。汉武帝和王莽都从公车署招揽人才"千数"，王莽在位时间不长，即吸收人才达"千数"，可见公车自荐的人才不少。

如果出现天灾，皇帝还会临时发诏书，让天下异能之士到公车上书，献计献策，又招一批人。如，孝章帝就下诏，要求公卿以下，举直言极谏，遣诣公车，他将亲览问焉。

三是在公车府旁，置诽谤木、肺石与函等信访媒介。汉、魏、晋和南北朝，在公车府旁都置诽谤木、肺石与函，供吏民上书用，进一步强化了公车署信访媒介的职能。有的朝代还规定，只供百姓进言言事和申诉冤屈，当官的不可以用。如，南朝梁武帝萧衍夺得政权后，目睹宋、齐两朝皆因内乱而国祚短促的事实，力图调和统治阶层内部矛盾，缓和阶级矛盾。他在即位伊始，下诏："于公车府谤木、肺石傍各置一函，若肉食莫言，山阿欲有横议，投谤木函。……夫大政侵小，豪门陵贱，四民已穷，九重莫达，若欲自申，并可投肺石函。"③ 这里所说的"肉食"，指的是当官的；"山阿"指的是贫苦百姓。百姓申诉不同问题，可投入不同的信访媒介中。如，谤木函、肺石函。

从上述的表述来看，"谤木函"和"肺石函"在作用上是有所区别的：对

---

① 《后汉书·百官志二》。

② 《汉官仪》。

③ 姚思廉：《梁书·武帝纪中》，中华书局 2000 年版。

朝政的意见，即横议，欲陈请议的，可直接投书于"谤木函"，规定，这种函，只能是百姓用，当官的不能用；有功劳才器冤沉莫达的，功臣才士欲伸屈抑的，若受官吏豪强欺辱压迫而无处申诉的，可直接投书于"肺石函"，申诉冤情。

谤木函、肺石函是战国时"蔽竹"的延续，与汉时的"鈲箭"同类，是唐朝铜匦的前身。从史书的记载来看，谤木函、肺石函确实起到一定的作用。如，《资治通鉴》记载，江州刺史陈伯之，为官清廉，但不识字。一日，他的同乡褚緭不得志投在他的门下，不料褚不思报恩，反"乘（陈）伯之愚暗，恣为奸利"。有人匿名上书梁武帝揭发褚的"恣为奸利"之事，将信投入肺石函。梁武帝获知此事后，立即令陈伯之调查处理，果然属实，严惩了褚緭。

梁武帝重视公车为民解冤的作风，影响其他一些官员，做官清廉，受到好评。据《南史》记载，永嘉太守范述曾、新安太守任昉两太守都贴出"告示"，让有问题不得解决者去他们那里上访，会得到公正处理。他们能这样做，显然受肺石函等解决民冤的做法影响。由于封建统治阶级的孽根性，不可能从根本上体恤民情。就连梁武帝后来也承认："治道不明，政用多僻，……肺石空陈，悬钟徒设。"结果，梁武帝开创的帝业，又亡在自己手中。但不能因此而否定他在信访工作上的贡献。

王莽代汉后，改公车司马曰王路四门，在王路门设进善之旌、诽谤之木、敢谏之鼓，由"谏大夫四人常坐王路门受言事者"。和以前相比，将公车列为谏议系统，由谏议大夫专管，应该说是一种改革，有一定的进步意义；四位谏议大夫成为专职办理信访工作的官员。

汉代规定，以公家车马递送应试举人，因此，又以"公车"为应试举人代称，亦成为知识分子的代名词。知识分子上书言事，被称为公车上书，一直延续至清朝末年康有为等上书。公车府，对上书上访待诏人员，给予基本生活费用。如，汉武帝时，待诏上书人，"一囊粟，钱二百四十"[1]。

（二）登闻鼓与挝登闻鼓

登闻鼓，古时统治者在朝堂外悬鼓，让臣民击鼓上闻，以申冤，抑或陈谏议，称为"登闻鼓"，是寿命比较长的信访媒介。

---

[1] 《汉书·东方朔传》。

实际上，登闻鼓是由原始社会的敢谏鼓、夏禹时代的"挥鼗"①、周朝时的路鼓发展而来的，到公元三世纪，魏文帝曹丕，始设登闻鼓院，登闻鼓是其简称，悬于阙左。取名登闻，意思是民众们有谏议或冤情要诉，受到压制，可以径去阙前击登闻鼓，使"上（皇帝）"闻。

秦汉以降，登闻鼓作为信访工作媒介的有以下两方面。

一是申诉冤情。登闻鼓受理吏民们上访、上书，有冤事可击鼓鸣冤。如有人击鼓，值班官员就要听取申诉，记录击鼓原因，也就上访反映的问题，上报皇帝。"阙左悬登闻鼓，人有穷冤，则挝鼓，公车上奏其表"，"阙左悬登闻鼓以达冤人"②，"听挝登闻鼓，有司录状奏之"③。挝登闻鼓的"挝"字，是击打、敲的意思，挝登闻鼓，即击打登闻鼓，有的朝代，称挝登闻鼓，为伐登闻鼓，意思相同。

《资治通鉴》记载这样一件事：公元503年，冯翊是吉翂的父亲，为原乡令，为奸吏所诬，关进监狱，罪当死。当时，吉翂只有十五岁，他不顾一切，挝登闻鼓，乞代父命，并把申诉书投肺石函中。起初，梁武帝"圣听"后，以其年龄太小，疑背后有人在教唆，使廷尉严加诱胁，取其款实。吉翂以理据争，申诉其父被人诬陷，还表示如不公正处理，还会到处申冤，变成鬼也要申诉。审理人见吉翂少年有志，以实告，梁武帝下令复查，果然有冤，当即释放吉翂的父亲，官复原职，并追究奸吏之责。

二是乞求皇恩。犯法人的亲属，挝登闻鼓，乞求皇上法外开恩，对犯法人免于处罚，或减轻处分，有的帝王也确实答应要求。当时有个叫邵广的人，偷了官府的东西，被判死刑。他的两个儿子"挝登闻鼓乞恩"，请皇帝允许他们做奴隶，代父亲赎罪。皇帝同意，于是小偷改判五年，小偷之子做了奴隶。但是，登闻鼓不是可以随便敲的，敲不好也可能要出问题的。《晋书·武帝纪》记载："始皇五年六月，西平人曲路伐登闻鼓，言多妖谤。"意思是说，伐登闻鼓人（即来访人）曲路向皇帝的进言多是"妖谤"，有关官员奏请将曲路处死。晋武帝还算开明，说，"朕之过也"，舍之不问。

登闻鼓之设，延续到清朝。

---

① 《通志》上说，禹时"有讼狱者挥鼗"。

② 《魏书·刑罚志》。

③ 《文献通考·刑考》。

（三）宫阙与宫阙上书

宫阙，古代帝王所居住的宫门外上方有两阙，以两个阙代表宫殿，故称宫殿为"宫阙"。宫阙上书，是民众到皇城申诉冤情，或议论国是，或自我推荐，叫宫阙上书，又叫守阙上书，诣阙上书等，有时泛指到京城信访活动，也叫宫阙上书。如，汉高祖刘邦下诏，命各级官署大门必须各置一鼓一钟，并规定钟鼓一响，官员必上堂，允许百姓"诣阙上书"。

宫阙上书，可以是集体的，也可以是个人的。

集体上访的，如东汉桓帝建和元年（公元147年），梁冀诬陷太尉李固，下狱。李的学生王调等几十人上书为李辩解。李被杀害后，其弟子郭亮诣阙上书，要求收尸，未被获准，临哭不去。

个人诣阙上书的更多，有些名人通过上书受到了重用。如，东方朔、朱买臣等都曾诣阙上书。据《汉书》说，朱买臣，家贫，好读书，不治产业，卖柴为生，后数岁，朱买臣至长安，诣阙上书，书久不报，待诏公车。严助贵幸，荐朱买臣，得到了皇帝的重用。

从上述情况看，诣阙上书的人，既有申诉个人问题，也有自我推荐。帝王通过这条渠道，起到了了解民间疾苦，和招揽人才的作用。

下面一例，是特殊的诣阙上书。始元五年（公元前82年），有一男子乘黄犊车，打黄旗子，到北阙上访，说自己是卫太子，吏民聚观者数万人。公车府报告皇帝，汉昭帝诏大臣暗中辩认。这里讲的卫太子是指刘据，是汉武帝与皇后卫子夫所生长子，立为太子。晚年汉武帝昏庸，相信巫蛊之术，害了太子与卫子夫。最终查实，诣北阙的男子，属欺骗，被腰斩。

看来，诣阙上书人中，亦混有假冒人员。

（四）意见箱——缿筩

战国时，李悝为魏国相，设置意见箱，一直延续下来，到汉朝也设置意见箱叫缿筩。据《辞海》解释，缿筩，又叫扑满，是钱筒。《说文·缶口部》："缿，受钱器也。古以瓦，今以竹。"古时接受告密文件的器具，状如瓶，为小孔，可入而不可出。《汉书·赵广汉传》："又教吏为缿筩，及得投书，削其主名。"《现代汉语词典》缿（銗），古代储钱或投受函件的器物，入口小，像扑满，有的像竹筒。《资治通鉴》注释：缿，如瓶，可投书；筩，竹筒，如今官受密事筩也。师古曰：缿若今盛钱臧瓶，为小孔，可入而不可出。或缿，或筩，皆为此制，而用受书，令投于其中。上述几种解释，基本意思是一致的。"筩"字，系"筒"字的异体字。

蔽竹、缿筩形状相似，都是竹子做成的，作用也相同，只是叫法不同。可见他们有传承关系。缿筩，汉朝设置于民间，在民众中，受到欢迎，当时，在搜集情报、民情、社会动态和打击坏人方面，确实起到了其他方面所不能起的作用。

公元前71年，赵广汉任颖川太守，设置缿筩，受吏民投书，做了京兆尹后，仍然设缿筩。《汉书·赵广汉传》中有记载，赵广汉广置缿筩，受吏民投书，从中得到了大量信息，发挥了巨大威力，对坏人坏事是一种极大的震慑。从缿筩中得到信息，确实、可靠、准确，抓捕了一些坏人。这些人只好伏罪、认罪。史料中记载说，长安少年数人会穷里空舍，谋共劫人；坐语未讫，赵广汉使吏捕治，具服。当时的评价是："其发奸擿伏如神"。这里用"神"来形容赵广汉意见箱的作用和动作之快。

有了这样广置于民间的信息渠道，再加上赵广汉为政清正廉洁，殷勤甚备，事推功善，归之于下，行之发于至诚，吏咸愿为用，僵仆无所避，受到了吏民称赞。就连匈奴来降者也说，在匈奴中皆知道赵广汉的为人。

王温舒也曾设置缿筩。王温舒"至于中尉则心开。素习关中俗，知豪恶吏，豪恶吏尽复为用。吏苛察淫恶少年，投缿购告言奸"[1]。可见，当时设置缿筩的做法是很普遍的，对稳定社会治安起到了良好的作用。

二、处理信访工作的几个特殊机构

在秦至南北朝几个朝代中，在中央机关中，有些机构与信访有关。

司直：武帝元狩五年初置"司直"，"掌佐丞相，举不法"[2]。内容含有受理举报不法行为，与信访工作有一定关系。后魏至唐沿用这个办法，唐代在太子属官中置司直，相当于朝廷的侍御史。

司徒：《后汉书·百官志》中记载，"司徒公一人，本注曰掌人民事，凡教民、孝悌、逊顺、谦俭、养生送死之事，则议其制，建其度。凡四方民事功课岁尽，则凑其殿"。司徒是直接办理信访工作的。

司隶校尉：据记载，"持节，掌察举百官以下及京师近郡犯法者，……主察举百官犯法者"。"持节"即持有公文之类的文书，"察举"百官犯法者，其

---

[1]　《汉书·酷吏传》。

[2]　《汉书·百官公卿表》。

中有吏民之检举内容。

民曹尚书：民曹尚书主吏民上书事，左右丞各一人，掌录文书期会，左丞主吏民章报。尚书这一职称在秦朝就有，"秦时，少府遣吏四人在殿中，主发书，故谓之尚书"。①"主发书"就是拆文件，其中包括民众上信，称为"尚书"。西汉成帝于少府置尚书五人，其中民曹尚书主吏民上书事。《晋书·职官志》中记载，晋朝："民曹主吏民上书事。"

谏大夫：谏大夫是郎中令的属官，掌宫殿掖门户，郎中令后更名为光禄勋。武帝元狩五年初，置谏大夫。王莽当政的时候，将公车府改为王路门，谏大夫四人常坐王路门，"受言事者"，即受理民众上访事宜。成了专职管理吏民上书事的官员。

上述人员，有的是专职办理信访工作的，有的是兼职的。此外，地方设刺史、里魁、督邮等，有的是负责纠察本州民事的官员，有的也是管监理民事等。

三、从帝王对民曹尚书态度的转变，看帝王对信访重视情况的变化

在办理民众上书方面，有一定规矩。其中最突出的是帝王对民曹尚书态度的变化，反映出帝王对信访信息重要性认识的变化，这种变化与权力之争分不开。

民曹尚书是帝王身边负责办理吏民上书事项的官员。开始规定，民曹尚书只是"通章奏而已"。是说，只负责上送章奏、上书事项；后来，允许"拆阅章奏"，即可以先看章奏内容；进而允许"裁决章奏"，即允许处理章奏，并决定是否需要上送皇帝。这是重大的变化。再后来，又规定，向皇帝的章奏、上书，要有副本，副本先送给民曹尚书，他们认为内容不合适，可以不上送。如，"诸上书者皆为二封，署其一曰副，领尚书者先发副封，所言不善，屏去不奏"②。民曹尚书的权力可谓极大，成了吏民与皇帝中间的一道屏障的奇怪现象，最容易出现梗阻，下情不能直达皇帝。

不久，皇帝和大臣们也发现了这个问题，为了防止新任尚书壅蔽，采取措施。如，汉宣帝先除去上书的副封；然后，不让民曹尚书主管吏民上书事。又如，东汉光武帝时，规定民曹不再主管吏民上书事。此一变化，表面看是皇帝

---

① 杜佑：《通典》卷二十二，中华书局 1988 年版，第 587 页。
② （汉）班固撰，江建忠标点：《汉书》，上海古籍出版社 2003 年版。

对大臣的不信任，深层次的原因，涉及君、臣争夺吏民上书中的信息资源。来访人晋见皇帝也是如此，不允许民曹尚书过问。如，汉宣帝"令吏民得奏封事，不关尚书，群臣进见独往来"。改变了尚书奏事的惯例；实现了吏民、群臣进见皇帝"独往来"。减少中间环节，加强了保密。

汉宣帝地节二年（公元前68年）亲政后，诏令"群臣得奏封事，以知下情，五日一听事"。五日一听事，是君、臣对面议事，不经过尚书。

王莽规定："吏民上封事书，宦官左右开发，尚书不得知。"《资治通鉴》对这件事作如下说明：旧上封事者，先由尚书，乃奏御；王莽恐尚书壅蔽，令宦官左右发其封，自省之。就是说，王莽怕尚书们蒙蔽他，凡吏民上封事，都不经过尚书，宦官拆封，王莽自省之。

从上述情况分析，开始，民曹尚书对吏民上书只有接收和上送权，后来，权力越来越大，达到顶峰的时候，代替皇帝处理。之后，君臣都认为这样不妥，作了限制，直到不让民曹尚书管理这一工作。从放权到收权，个中的原因，是皇帝与大臣都想掌握民情，争夺信息资源，最后又变成皇帝"自省"上书；消除吏民与帝王之间的这一屏障，目的是防止"壅蔽"，有保密作用。客观上，保护上书人免受打击报复。

延康元年（公元220年），魏文帝曹丕诏令："百官有司，其务以职尽规谏，将率陈军法，朝士明制度，牧守申政事，缙绅考六艺，吾将兼览焉。"明确提出，希望百官进谏，他将亲自览阅。魏明帝即位后，"容受直言，听受吏民士庶上书，一月之中至数十百封，虽文辞鄙陋，犹览省究竟，意无厌倦"。魏明帝一个月阅读吏民来信"数十百封"，虽"文辞鄙陋"，亦不"厌倦"。

晋武帝司马炎，让谏官专门掌握上书。泰始元年（公元265年）十二月，下诏"开直言之路，置谏官以掌之"。

北魏的时候，太武帝拓跋焘设置了掌管文书、奏章等事务的尚书令。但规定，吏民得奏封事，不关尚书，群臣进见独往来，不关尚书事。由此看来，魏时吏民上书、君臣进见，不经过尚书，尚书不得阻拦，不得过问。

上面各个朝代皇帝对民曹尚书态度的变化，说明民情的重要性受到帝王们重视。

第四节　依据信访信息修订政策

帝王对百姓的压迫、剥削和酷刑，民众苦不堪言，纷纷上书申诉和反抗。有的帝王也考虑和采纳民众的意见，对某些规定进行修改，这些虽然是修修补补的办法，但也是可贵的，缓解了百姓的某些痛苦，是好事。

一、采用信访信息修订政策

这些做法，近似于现在依据一件或多件人民来信提供的信息，制定或修改某项政策。

（一）缇萦上书救父，废除肉刑

汉孝文帝时，齐太仓令淳于意（德）①，有罪当刑，将要押解长安。淳于意无男孩，有女五人。行将会逮时，淳于意骂其女说：生你们不如生男，有紧急的事，帮不了忙。其小女缇萦暗自伤泣，随其父到长安，并上书孝文帝曰："妾父为吏，齐中皆称其廉平，今坐法当刑。妾伤夫死者不可复生，刑者不可复属，虽复欲改过自新，其道无由也。妾愿没入为官婢，赎父刑罪，使得自新。"②

这封上书写得有声有色，有感情有说理，很生动。

孝文帝御览后，深受感动，怜悲其意，同情缇萦的孝心，乃下诏。指出应该废除肉刑，用别的惩罚去代替，犯人服一定刑期，即可以免除犯人身份，成为平民。此外，应规定犯罪人罪行的轻重，只要服刑不潜逃，到一定年数就释放他。将此作为法令，颁发执行。被称之为"缇萦上书救父，废除肉刑"。

孝文帝废除肉刑的诏书下达后，丞相张苍和御使大夫冯敬制定法律条文，原来应判处髡刑（髡：是去其发）的，改为罚作城旦和城旦舂；原来应判处黥髡刑的，改作钳（钳：以铁束其颈）为城旦、钳为城旦舂；原来应判处劓刑的，改为笞三百；原来应判处斩左脚的，改为笞五百；原来判处斩右脚以及杀人之后先去官府自首的，官吏因受贿、枉法、监守自盗等罪名已被处置，但后来又犯了应判处笞刑的，全都改为公开斩首。罪犯已被判处为城旦、城旦舂的，各

---

① （汉）王充：《论衡》中说，《史记》作淳于意，实系淳于德，《史记》误。

② （汉）班固撰，江建忠标点：《汉书》，上海古籍出版社 2003 年版。

自服刑到一定年数后赦免。

史书对孝文帝这种做法，评价不高，说是外有轻刑之名，内实杀人；犯人多数还是死亡。公元前157年，景帝又下诏曰：减笞打三百的改打二百，打二百的改打一百，即使如此，对百姓也是相当苛刻的。

"缇萦救父"的故事，在历史上广为流传。帝王根据罪人之女的来信，废除酷刑，作为一个封建帝王能这样做，也是非常不容易的。

在孝文帝、景帝之后，许多帝王都想恢复肉刑。如，汉献帝时，曹操当政，要恢复肉刑，因战争没有结束而作罢。之后，曹操的儿子建立曹魏政权，魏明帝要恢复肉刑，同样原因，也没有实行。就是说，帝王残酷对待民众之心不死。

《史记》中记载，缇萦上书和汉文帝的批示

（二）废除诽谤、妖言和连坐之罪

汉朝的法律有诽谤、妖言和连坐之罪，许多人写信上访，反映此种做法损害民众进言事，孝文帝也深感这些规定会导致吏民不敢讲话、不敢进谏言事，因而会失掉民心，决定废除。孝文帝说：古时候贤良的君主，为了治理天下，设立了进善之旌、诽谤之木，欢迎吏民们进谏言事。所以，许多人进谏言，提出好的建议，上情下达，下情上达，信息畅通，将国家治理得很通达。而我们法律上规定，给提意见的人，戴上诽谤、散布妖言的罪名，我这个皇帝无法知道自己的过失，又如何能使远方的贤良之士归附于我呢？应当立即废除。

孝文帝还认为，民众相结祝诅"上"而后谩，官吏以为这是大逆不道，是诽谤。这是民众愚昧无知，只好被处治。从现在开始，如果有违反这个规定的，去官，不得治理民事。

这是孝文帝有感于民众的意见，而制定的政策。

（三）"触讳"罪的废与立

古时民众上书，书写的文字、内容、形式等方面，都容易触犯历代帝王、圣人的忌讳。一旦触犯了，就是犯罪，受到严厉的惩罚和制裁，百姓苦不堪言。汉宣帝了解这个情况后，说：过去天子很多，名字很难记住，百姓容易触犯忌讳而犯罪，我很同情他们，决定废除"触讳"罪。这道命令发下之前，犯触讳罪的人，一律赦免，今后也不能因此事治罪。

那时，上书中有许多讲究，如，书写形式、用字等，遇有圣人、帝王的名、号、字等，有些地方，需要缺笔、阙字、空字，连每行抬头等都有规矩，不能乱写。违背了，也要受到治罪。

魏元帝景元元年（公元 260 年）十一月，曾发布如下规定，允许吏民上书，但要求"奏事、上书、文书及吏民皆不得触王讳"。曹魏的规定，是对历史的倒退，又多了一条束缚民众手脚的绳索。

也就是说，"触讳"罪，汉朝被废，三国时，魏元帝又恢复。

二、加强吏治和招贤纳士

当时，一些帝王对民众所受的迫害，也认识到问题的严重，想改变这种现状，求得社会秩序稳定。采取以下三方面措施：

（一）整治官吏

秦朝统一六国后，即制定了《为吏之道》。《为吏之道》，作为考核官吏的法律，有"五善""五失"的考核法。

1975 年在湖北云梦出土秦简《为吏之道》，应该说是我国古代第一部官吏法或官吏守则。规范官吏行为的原则要求："凡为吏之道，必精洁正直，谨慎坚固，审悉毋私，微密纠察，安静毋苛，审当赏罚。"为了贯彻这些原则，《为吏之道》具体提出了官吏必须遵守的"五善"和必须防止的"五失"。

"五善"是良吏的标准：一曰忠信敬上；二曰清廉毋谤；三曰举事审当；四曰喜为善行；五曰恭敬多让。

"五失"是恶吏的过失：一曰夸以迣（lì）；二曰贵以泰；三曰擅制割；四曰犯上弗知害；五曰贱士而贵贝货。其中，如果官员看不起、慢怠、贬低读书人等，也是一失，这就意味着对读书人（知识分子）的意见建议要倾听。

这"五善""五失"既是官吏考核的内容，也是奖惩的依据。《为吏之道》规定，凡做到"五善"而没有一失者，"必有大赏"，即加爵迁官。官吏如有一失，就要被减爵。如果有"犯上"一失，就会被处以死刑。奖励的主要方式有：

加爵、升官、赐金、赏物等。惩罚的主要方式有：减爵、降职、罢官、处死。

秦朝明确了县令、县长及其工作人员的责任：郡以下为县，其主管官，由中央任命，户口在一万户以上的县，其主官称之为县令，不足一万户的，其主官称为县长。县令（县长）就是主管全县的民政、诉讼、财政、教育和治安等政务，"百里长吏，亲民之要"，号称"亲民之官"。县令（县长）的佐官为县丞和县尉，"丞署文书，典知仓狱。尉主盗贼，凡有贼发，主名不立，则推索行寻，案察奸宄，以起端绪"。乡有三老、有秩、啬夫、游徼，职务官民相兼，分掌教化、听讼、收赋税和捕盗贼。

秦朝《为吏之道》规定官吏管理民间之事，其中包括办理信访。到了汉代，制定了问事六条，主要是针对高官的，即二千石以上官员。汉武帝为了加强中央对地方监督，将全国划为 13 个州，直接派官员掌管。《汉书·百官公卿表》注引《汉官典职仪》载"六条诏书"云：刺史督察郡国皆以"六条"问事，每州一人，曰刺使，给予一定权力。

"六条"问事标准是：

第一，强宗豪右，田宅逾制，以强凌弱，以众暴寡；

第二，二千石不奉诏书、遵承典制，倍公向私，旁诏守利，侵渔百姓，聚敛为奸；

第三，二千石不恤疑狱，风厉杀人，怒则任刑，喜则任赏，烦扰苛暴，剥戮黎元，为百姓所疾，山崩石裂，妖祥讹言；

第四，二千石选置不平，苟阿所爱，蔽贤宠顽；

第五，二千石子弟收恃怙荣势，请托所监；

第六，二千石违公下比，阿附豪强，通行货赂，割损正令。

依照这"六条"问事标准，刺使监察的对象，只能是二千石的官员，即郡守之类高官：一是违法贪赃；二是残害百姓；三是任人唯亲；四是放纵子弟；五是勾结豪强。如果不是二千石官员的，不得调查处理，否则，视为越权。

公元前 142 年，汉景帝颁布《令二千石修职诏》，针对社会上的铺张浪费、为官经商、以权谋私等不良现象，不打击就会导致府库空虚和官吏腐败，实际是整顿吏治的诏书。因此，汉景帝刘启要求二千石以上的官员必须查处自己所辖人员的违法乱纪行为，丞相负责查处二千石以上官员的失职行为。基层设督邮。督邮也是监察官员，他监察的是下级官员，但无处置权，只能报上级决定。所以说，督邮也只能是有"分明善恶"之责，而无"奖善惩恶"之权。

汉宣帝诏：基层官员不廉平，渔肉人民，"吏不廉平，则治道衰，今小吏皆勤事，而奉禄薄，欲其毋侵渔（渔：夺）百姓，难矣。其益吏百石以下奉十五"。下级官员不廉平是因为奉禄薄，意欲解决这个问题。

刺史督察郡国皆以"六条"问事为标准。到东汉，刺史督察之责又扩大到"黄绶"（秩百石），就是说县以下的命官统统都归入其督察范围。刺史的监察已超出"六条"范围，刺史由监察官逐渐向行政官转化。

"六条"问事标准中，许多条款包含吏民信访举报内容，所以，"六条"问事标准，适用于信访举报工作。整治吏治，作为治理国家之根本而提出来的，在一定程度上体现为民的思想，防范官吏侵民，也减少吏民的信访活动。

（二）举贤良方正与直谏之士

帝王们出于治理国家的目的，注意选用人才，即贤良方正之士。贤良方正之士往往与直谏联系在一起，希望这些人能够敢于直谏，甚至是谏诤之士，指出决策的错误，为治国献良策。有些开明的帝王还宣称，意见提错了，也不为过。

秦朝重用李斯等人，天下统一，汉朝也重用了一批干才。据《中国古代行政史略》介绍，求贤良方正之士，是汉代察举的重要科目，《两汉会要·选举·贤良方正》中记载，两汉诸帝发布举贤良方正诏令共三十三次之多，其中十九次把举贤良方正与直言极谏相提并论。

汉朝重视人才，是有其特殊背景的。汉高祖刘邦在打天下的时候，用过不少人才，得到天下以后，一些武官，相继作乱，弄得刘邦手忙脚乱。只有文官始终忠于他。刘邦深深感到，打天下与坐天下不是一回事，使用的人才也应有所区别和选择，于是开始看重有德行的读书人，一心想从他们当中找到一批能够帮助刘家坐天下的人才，心情非常迫切。所以，汉朝建国不久（前196年），就下达了《求贤诏》，要求地方官吏推荐"贤士大夫"，还说，各级官吏中，有人知道贤人，隐瞒不报的，一旦发现，立即免官。将这一精神诏令全国。

汉文帝在听不到不同意见时，则诏告天下，要求举贤良方正能直言极谏者，以匡其过。公元前162年春为解决百姓的粮食问题，孝文帝下了一道《议佐百姓诏》，要求群臣出主意想办法，减免田租、田赋，兴修水利，加速发展农业。这些有益于人民的措施，是基于他对全国民情的深入了解。

特别值得一提的是汉武帝，用非常手段，招揽人才。规定了察举的期限、人数和对象，采取了"且进贤者受上赏，蔽贤蒙显戮"的措施。他的《求茂材异等诏》，与汉高祖的人才观是不相同的，即偏重"才"，而非汉高祖偏重"德"。这种人才观念，是与当时国内比较安定，而对外军事、政治事务较多的历史背景下作出的决策。汉武帝诏书中，特别强调了对非常之才的驾驭术问题，即使用问题。在《求茂材异等诏》中说："盖有非常之功，必待非常之人。故马或奔踶而致千里，士或有负俗之累而立功名。夫泛驾之马，跅弛之士，亦在御之而已。其令州郡察吏民有茂材异等可为将相及使绝国者。"希望从吏民中选出优秀人才，担任将军、丞相，或出使遥远的国家和地区。

据《资治通鉴》记载，汉武帝招选天下文学材智之士，待以不次之位。投奔他的人才"千数"，先后得到了庄助、吾丘寿王、司马相如等人。

东汉时，光武帝刘秀、东汉章帝都颁诏，求贤良方正，经过策试，优异者往往被授为谏官。特别强调谏官上书言事，指出帝王的过失，不存在"陷讳"。

汉朝的选官制度有上书得官等杂途。这些仕途，在整个封建社会，不同时期，都不同程度地存在着。

（三）下诏求民情

秦汉以降，帝王下诏书求民情现象很普遍，几乎每个帝王都这样做。但求民情的形式和原因各不相同，且往往与天灾人祸联系在一起。有天灾人祸，帝王们自责，说自己德薄，是上天惩罚，使百姓受罪，求大臣、吏民进谏、出主意、解决民众的困难；求民情的态度也不相同，有的帝王们承诺，意见对与错都没关系，不打击报复；吏民们的上书，帝王将亲览，择优使用。这些诏书，都是帝王们主动颁发的，表现出他们的诚意和真心，向民众征求治国办法。如，汉文帝对数年歉收，表示深感忧虑，于公元前162年，颁布了《议佐百姓诏》，想解决歉收后百姓困难，用什么办法，拿不准，要求臣民们都来出主意想办法，并表示，如有言论不当，不追究责任，体现了汉文帝的一片忧国忧民之心。根据民众的意见，他兴修水利，加速发展农业生产，厉行节约，反对铺张浪费，减轻刑罚，取消连坐罪和肉刑等。由此，汉朝逐渐趋向安定，并一度呈现出富庶兴旺景象。到汉景帝刘启的后期，国库里的钱堆积如山，串钱的绳子都烂断了；粮仓满了，粮食堆放露天，不少霉变了。史称"文景之治"。

汉光武帝《地震诏》是自责、抚民诏书。东汉，对符瑞灾异现象最为敏感，对地震这种重大自然灾害更是恐惧万分，认为是上天对当朝天子的惩诫。一旦发生地震，史家必书，朝廷必究，对老百姓也要表示一些同情并给予一定帮助，以便安抚人心，顺乎天意。他们始终没有摆脱董仲舒"天人感应"论的影响。实际上，整个汉朝都受董仲舒"天人感应"的影响，一有自然灾害就说是上天的惩罚。

北魏孝文帝是比较关心人民疾苦的，几次下求民情诏，并经常到民间进行调查和访问。《令官民各上便宜诏》就是其中的一件。诏书命令臣下及百姓上书直言极谏，提供治国之策，以达到国家大治的目的。要求臣民们都要毫无保留地提出自己的意见，但要避免繁冗华丽的辞藻，道理要质朴、简约，他将亲自阅批。最后，特别强调："言者无罪，闻者足戒。"

不过，帝王颁发的诏书也有成为空文的。如，孙权为缓和东吴赋役繁重和粮食歉收，所激化的阶级矛盾，于赤乌三年（公元 240 年）春颁布《令民举官吏扰民者诏》。诏曰："盖君非民不立，民非谷不生。顷者以来，民多征役，岁又水旱，年谷有损，而吏或不良，侵夺民时，以致饥困。自今以来，督军郡守，其谨察非法，当农桑时，以役事扰民者，举正以闻。"要求各地军政长官，查办非法占用老百姓时间的事件，不准在农忙季节以徭役事务干扰老百姓的生产活动，如有违反者，要举报治罪。但这类让步尚未兑现，新的负担又加在了老百姓身上。如，以防备盗贼为名，孙权又下诏让各郡县整治城廓、修建谯楼，开挖堑壕沟渠。《令民举官吏扰民者诏》成了一纸空话，更谈不上对违反诏书的官员治罪了。

第三章 隋、唐和五代十国时期信访工作

隋、唐、五代十国时期的信访工作，以唐朝为主进行介绍。唐代存在的时间长，在办理信访工作方法方面又有创新，制定新的信访媒介，对信访理论和总结前人的经验进行了研究，写出了不少有一定理论水平文章，这是其他朝代所没有的。

第一节　时代背景

隋、唐、五代十国，与秦、汉、三国、南北朝时期的历史发展极为相似，都是在一片混乱中，先由一个王朝统一了全国，结束了混乱，但不久，又因自身的原因，被另一个更为强大的帝国所代替，并维持了较长时间的统治，出现了繁荣的局面。然后，又衰落，分裂为若干个独立的政权。

一、隋朝"兴于俭，亡于役"

公元 580 年，北周宣帝死，年仅 8 岁的宇文阐继位，为静帝。此时，杨坚以周宣帝皇后之父入宫辅政。杨坚在平定地方叛乱和诛杀周室诸王之后，取代了周，建立了隋朝，称隋文帝。

隋文帝开始生活俭朴，关心民众的生产和生活，重视民情。在《隋书》中，对隋文帝作了比较客观的评述："乘舆四出，路逢上表者，则驻马亲自临问。或潜遣行人采听风俗，吏治得失，人间疾苦，无不留意。尝遇关中饥，遣左右视百姓所食。有得豆屑杂糠而奏之者，上流涕以示群臣，深自咎责，为之撤膳不御酒肉者殆将一蘽。及东拜太山（泰山），关中户口就食洛阳者，道路相属，上励斥侯，不得辄有驱逼，男女参侧于仗卫之间。逢扶老携幼者，辄引

马避之，慰勉而去，至艰险之处，见负担者，遽令左右扶助之。"①

这段文字中，对隋文帝的为人作客观的描述，对其关心信访工作也有生动的描述：路逢上表者（即送上访信的人），则驻马亲自临问；或派出行人等官员，深入民间，了解实际情况，解民之忧。隋文帝曾下令：百姓有冤上诉，经各级政府仍得不到公平的解决，可以"诣阙申诉"，就是说，可以越级到京城上访。

在政务方面，隋文帝勤勤恳恳，但长期不相信群臣，每事皆自决断，未能尽合于理。后来，隋文帝在生活上、思想上，发生了变化，营建仁寿宫，相当奢费，累死上万名丁夫。公元604年，隋文帝病死，太子杨广登基，为隋炀帝。

隋炀帝骄奢淫欲，是有名的暴君。有两件事，可以说明，唐朝《贞观政要》记载：隋朝曾发生一桩盗窃案，隋炀帝下令追捕窃贼。追捕官于士澄只要怀疑谁像贼就严加拷打，含冤认罪者达两千多人，隋炀帝不察实情命同一天斩首。大理寺属官张元济感到奇怪，试询案情，发现在发生窃案的当天，从另一个监狱出来的六七个人，也被迫承认参与此次盗窃。张元济认真地追究询问，查清两千多人中只有九个人在盗窃案发生的那天行踪不清。但熟悉的官吏，知道其中有四人根本不是贼。负责行刑的官署因隋炀帝已经下令处决，就不再以实情上奏，结果，在同一天，全部杀掉。

再如，法律作出荒唐的规定：盗一钱以上皆弃市（即杀头），或三人共盗一瓜，事发即死。造成百姓不满，都早宿晚起，天下懔懔。

隋炀帝几乎每年都征发重役，营东都、开运河、修长城等，造成了"天下死于役"之惨象；每年都要远出巡游，大肆营造离宫，惊扰地方，严重干扰和破坏了社会生产；生性骄纵自是，"性不喜人谏"；官逼民反，许多人参加起义。据邓之诚的《中华二千年史》介绍，有一百三十多起农民起义，而隋炀帝不知。因为隋炀帝随时会杀死向他反映情况的人，没人敢向他进言。

公元617年11月，太原留守李渊率子李世民等参加义军，夺取政权，建立唐。李渊世称唐高祖。

二、唐朝"兴于纳谏，亡于方镇"

（一）唐初重民利民

李渊、李世民，接受了隋亡的教训，在经济上，实行了利民政策，在治国

---

① 《隋书》。

方略上，实行了较为开明的政治，轻徭薄赋、疏缓刑罚的政策。促进了社会经济的稳定和发展，推行均田制、租庸调法，注意农民问题，重视农业生产，主张休养生息，不夺农时，劝课农桑。从贞观到开元的一百几十年间，经济出现了繁荣昌盛的局面，农业、商业和手工业发达，市民阶层成长，城市繁荣，更主要的是有强大的国力，强烈的民族自信心和乐观、积极向上的精神，充满各个领域。

重视民情。如，李渊在武德二年曾说，"国将兴必赏谏臣，国将亡必杀谏臣，故谏而受赏者兴之祥也，谏而被杀者衰之兆也"。李世民的民本思想，是在隋末农民起义中看到人民的力量而形成的。他有一篇《民可畏论》，是这一思想的具体体现。

（二）李世民善于纳谏

唐太宗李世民，从谏如流，虚己纳谏，善于听取不同意见。魏征前后陈谏二百余事，提出"兼听则明，偏信则暗"，都被唐太宗接受。《贞观政要》对唐太宗纳谏，有一段生动、全面、总结性的描述：唐太宗之求谏，可谓切矣，而其纳谏，亦可以为难矣。非惟能容人之谏，而又导人使之谏；非惟不怒人之谏，又赏人而使之谏。故一时之臣，非特大臣能谏，小臣如皇甫德参无不谏也；非特内臣能谏，外臣如李大亮无不谏也；非特文臣能谏，武臣如尉迟敬德亦无不谏也；非特廷臣能谏，宫妾如充容徐惠亦无不谏也。贤臣而能谏，固也，佞臣如裴矩亦谏焉。中国之臣能谏，固也，夷狄之臣如契苾何力亦谏焉。盖自三代而下，求谏之诚，纳谏之美，未能或之先也。观其贞观之初，自以威容俨肃，故尝假人以颜色，深鉴炀帝灭亡，故尝求人使谏诤。夫能鉴隋之亡，则内有乐谏之实，假人以色，则外无拒谏之容，故能化及一时，大小咸谏，虽古昔谤木谏旌之盛，无以加焉。盖由初年二者实有以感召之也。史臣置此于求谏之首，其有深意哉！

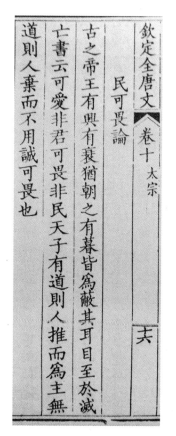

《全唐文》中记载唐太宗的《民可畏论》

唐太宗对纳谏有自己独到的体会："以铜为镜，可以正衣冠；以古为镜，可以知兴替；以人为镜，可以明得失。"一直为后人所传颂。

唐朝尊重民情，大都与信访工作有关。先后颁布了不少求贤诏书。如，李渊《令陈直言诏》，李世民《求直言手诏》，武则天《搜访贤良诏》《求访贤良诏》，李亨《求言诏》，等等。唐高宗李治，更是总结和颁布有关信访工作的指令，对各级信访工作、到京城的来访人如何处理，作出了明确、具体的规定。

唐太宗善用人、会用人。在他的统治集团的核心中，有善谋的房玄龄，善断的杜如晦，直谏的魏征，知人的王珪，精于军事的李靖等人。他非常重视发挥每一个人的作用和群体的作用。

（三）李世民通过谏仪制度限制皇权和相权

唐太宗认识到减少决策失误，臣民的谏言是必不可少的，制定了一套完备的谏议制度，支持谏官们大胆进谏，作出三条规定：

1. 对皇权的限制。决定，凡谕旨诏令，包括皇帝的手谕，必须经门下省审核、议定、副署，加盖"中书门下之印"，才具有法律效力，否则，视为无效。门下省大多数官员都以献纳谏正为其权责，实行这个办法的目的是减少皇帝决策失误。

2. 对相权之限制。唐太宗对宰相、大臣们权力也有限制的办法。宰相入内研究、讨论国家大事，必须有谏官一同随入，让谏官事先参与政务，对谏官的意见，要虚心听取、认真采纳。唐太宗说："自是宰相入内平章国计，必使谏官随入，预闻政事，有所开说，必虚己纳之。"[1]

3. 要求官员们要做到：只能受谏才能谏人。唐太宗认为，大臣们也须受人谏语，若不能受谏，如何能谏人？自己不能受人直言进谏，而指望他直言于主，不亦难乎！唐太宗讲了进谏与受谏的关系，很有见解，也比较深刻。

在唐太宗开明政治制度的影响下，直至中唐，历代帝王一直重视纳谏。

（四）安史之乱、方镇割据与唐朝衰亡

唐玄宗李隆基，登基初始尚能节俭、毁乘舆服。从开元末年起，唐玄宗思想逐渐发生变化，开始深居宫中，怠问政事，官吏贪渎，政治腐败，对周边各民族，热衷于开边，终于，在天宝十四年（公元755年）酿成了安史之乱。之

---

[1] 《贞观政要·求谏》。

后，唐朝经济等全面走下坡路，政治由盛到衰，晚唐时期，政治极为腐败。大权掌握在宦官手中，有些皇帝的废立，也取决于宦官。方镇势力逐渐强大，不听中央的。这时，唐朝中央只掌握长安附近地区，其他地方都由方镇割据，地方长官的废立，自行决定后，朝廷只好承认，党朋盛行，大权旁落，被地方势力方镇朱温所灭。所以说，唐朝"亡于方镇"。

三、五代十国"国祚短暂，大权旁落"

唐亡后，又出现一次分裂、混乱的局面，进入五代十国时期，各王国、藩镇之间的征战不断，民众饱受战争之苦，长达半个多世纪。各国政权，并不掌握在君主手中，而是在军阀手中，军事机关枢密院等机构成为国家机器运转的轴心。

这种局面，影响信访工作。在信访工作上，虽无建树，但前人的有效办法还是继续实行。如，后唐明宗李嗣源时期，出现"陈状诉屈人"，多次上诉，州府查证，诉屈人又不到场，无法了结。对此，李嗣源颁发了《论诉人不许淹滞敕》，对信访工作作出两项决定：一是限制无理重复进京上访，经过州府"断遣后抑屈"，而到首都陈状，本人不到现场，可以不再通知州府复查，即可"据状施行"；二是没有经过州府论诉，蓦然越级来首都陈状的，即须将陈状人留下，以便据事理诘勘，由有关地方处理后"申奏"。

谤木、上封事、直言极谏之类，都有设置。如后梁太祖朱温允许吏民上书言事；再如铜匦等，后唐、后晋、后周等都在使用，并配备主管官员，允许吏民投匦申冤；个别政权，鼓励告讦，相互揭发，以达到操控局面的目的；后周太祖郭威规定逐级上访，郭威死后，内侄柴荣继位，称世宗，有"抱屈人"带着鼓到皇宫敲鼓喊冤，"遂令东西都各置登闻鼓"，且非常重视纳谏。

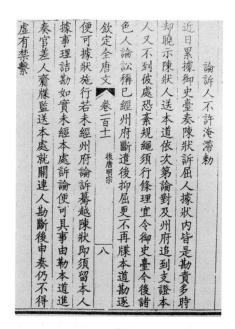

唐明宗李嗣源《论诉人不许淹滞敕》《全唐文》卷111

第二节　民众信访内容与处理原则

唐朝建国于公元 618 年，中华五千多年文明史，至唐朝已过去三千五百年。统览这三千五百年间，吏民们上书、上访不少，究其内容，可分成两个方面：一方面是各朝各代均没有大的变化，几个基本内容，构成五千多年信访内容的主轴线；另一方面是每个朝代出现的特殊信访案例。这两方面，在史书中均有案例，构成信访工作的多采画面，但都不系统，有一件例外，就是唐朝高宗李治颁布的《申理冤屈制》。

一、唐高宗李治《申理冤屈制》，总结唐朝初年以来民众信访情况与今后如何办理

唐高宗李治颁布的《申理冤屈制》中阐述当时信访的内容，详细介绍了唐朝前期，信访的主要内容和处理办法，可以说是谈古代信访内容的代表作，较全面，有信访内容分类，说明造成信访的原因。也可以看出李治对信访工作的支持态度。作为一个帝王能做到这样已是不错。

唐高宗《申理冤屈制》：

门下：大帝降鉴，无幽不烛，下人上诉，在屈必申。将使处岩廊者，户牖绝千里之蔽；仰亿兆者，门庭无九重之隔。故尧推心以抚俗，业济天下；汤克己以察冤，惠孚海内。

朕祗膺宝历，寅奉璇图，常居安以戒危，每在得而思失。虑一夫之不获，忧万方之有罪，以为承平既久，区宇至旷，州邑相望，众庶殷阜。事繁则诈起，法弊则奸生。念兹冤滞，深怀恻隐。是以频发诏书，庶几息讼，比命申理，未副朕怀。百姓虽事披论，官司不能正断。及于三司陈诉，不为究寻，向省告言，又却付州县。至有财物相侵，婚田交争，或为判官受嘱，有理者不申；或以按主取钱，合得者被夺；或积嫌累载，横诬非罪；或肆怨一朝，枉加杀害；或频经行阵，竟无优赏；或不当矢石，便获勋庸，改换文簿，更相替夺；或于所部，凭倩织作，少付丝麻，多收绢布；或营造器物，耕事田畴，役即伍功，雇无半直。又境内市买，无所畏惮虚立贱价，抑取贵物，实贪利以侵人，乃据估以防罪；或进退丁户等色，多有请求；或解补省佐之流，专纳贿赂；或征科赋役，差点兵防，无钱则贫弱先行，有货则富强获免。亦有乡邑豪强，容其造请；或酒食交往，或妻子去还，假托威恩，公行侵暴。凡如此事，固非一绪。经历台省，往来州县，动淹年岁，曾无与夺，欲使元元，何所控告？

见在京诉讼人，宜令朝散大夫守御史中丞崔谧、朝散大夫守给事中刘景先、朝请郎守中书舍人裴敬彝等，于南牙门下外省共理冤屈，属户所有诉讼，随状为其勘当。有理者速即奏闻，无理亦示语发遣。其有虚相构架，浪扰官方，若经处分，喧诉不绝者，宜即科决，使知惩厉。仍限今年十二月内使了。其在外州县，所有诉说冤滞文案，见未断绝者，并令当处速为，尽理勘断，务使甘伏，勿使淹滞。若处断不平，所司纠察得实者，所由官人，随即科附。可布告遐迩，使知朕意，主者施行。①

《申理冤屈制》有以下几方面观点：

（一）民众有冤屈肯定要上诉

《申理冤屈制》开头说："下人上诉，在屈必申。"下人是指百姓，有冤屈就要上诉，这是必然的、合理的，虽未说，凡是申诉都有理，但起码是肯定有理的就要申诉，应该得到支持。

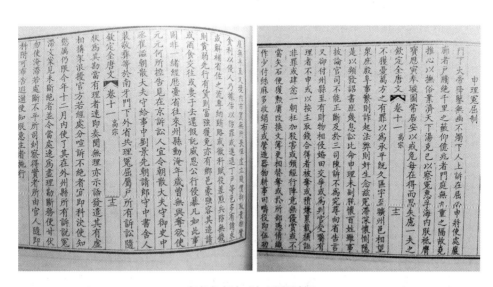

唐高宗李治《申理冤屈制》

---

① 《钦定唐全文》卷十一，中华书局 1983 年版。

（二）总述百姓申诉的内容

从《申理冤屈制》中介绍的内容看，几乎包括当时社会上形形色色欺压百姓的各种现象，写的全面、逼真，用现代人的话来说：有官吏们的不良现象，侵害民众的利益，恶霸横行乡里，主管官员受了人情，断事不公，百姓遭到诬陷，被冤枉杀害；有债务问题，买卖不公，贿赂，等等。还揭示出：审理官员接受嘱托（有势力的人打招呼），不公平处理，造成有理者得不到申张；或者断事不公，百姓应该得到的钱而得不到，或分额很少；或者捏造事实，横诬非罪；或任意残杀或迫害平民，枉加杀害；赏罚不公，对作战中冲锋陷阵之人，竟无优赏，没有战功的人获勋庸，改换记录文簿，套取功名利禄；在自己管理范围内，请人代替自己做事，或少付丝麻，或多收绢布；营造器物，从事耕事田畴的，役即伍功，雇无半直，剥削农民工人，或"雇无半直"。在市场上"无所畏惮"，压低价钱，"取贵物"，实贪利以侵人，等等。

（三）民众的申诉使帝王知下情、与民无"隔膜"

李治高度肯定写信上访，他说，民众的申诉，使他们这些身居深宫的人能知道千里之外政治上的弊端，与亿万民众，虽然相距很远，天地之别，但能够紧密相连，没有障碍，没有隔膜。

（四）民众信访增多是各级官员不负责任造成的

李治认为，"事繁则诈起，法弊则奸生"。是说，事情多了，官员们就生出不轨之事，法律受到蒙弊，不畅通，奸诈的事情就要发生。具体表现为：（1）各级官吏对百姓反映的问题不作公正处理，使百姓的冤屈不得解决。即"百姓虽事披论，官司不能正断"。（2）百姓的问题在地方得不到解决，到京城，中央"三司"对于来京城上诉人员，不查明缘由，不追究基层处理正确与否，一层一层向下推，一直推到县。就是《申理冤屈制》中说的，百姓的事在地方不能"正断"，"及于三司陈诉，不为究寻，向省告言，又却付州县"。（3）有些信访案件长期不得解决，拖延年余没有处理，造成多次往来于京城。

关于"三司"，唐朝有两个：一是"三司受事"；一是"三司推事"。"三司受事"由中书、门下、御史台三个机关组成，是常设的上诉审核机构，组成人员：中书省中书舍人、门下省给事中、御史台侍御史；其日常司法审判行为名曰"三司理事"。"三司推事"由大理寺、刑部、御史台组成，接受差遣推鞠大案的临时组织。《申理冤屈制》中讲的"三司"指的是"三司受事"。

（五）指定专人办理

李治很关心冤滞案件，"念兹冤滞，载怀悱恻。是以频发诏书，庶几息讼，比命申理，未副朕怀"。这是李治对官吏们作出批评：多次发诏书，长期上访人的问题还不解决，没有将其关怀付诸落实。

这一诏书提出的是重复来京城上访现象，在武则天时就有。如，侍御史徐有功上疏，分析造成重复来京城上访的原因时说：各级政府和各部门不认真审理到省上访者，省又推诿给州县，互相推诿（拖曳来去）。造成百姓问题长期不得解决。

二、受理信访工作的部门及分工

中唐以前的皇帝，大多阅读民众上书。如，唐太宗、武则天、唐高宗、唐德宗等，有的直接批示处理意见，许多大臣在处理民众来信，接待民众上访。

三台分工：唐朝有谒者台、御史台和司隶台，合称三台，都受理信访工作，但各有侧重：谒者台，掌管申奏冤枉等事，"掌受诏劳问，出使慰抚，持节察授，及受冤枉而申奏之"；御史台掌纠察中央百官；司隶台监察京畿和郡县地方官员。

信访人已到京城上访的，处理上也有分工：凡立于肺石下的，由左监门卫入内奏报；凡击鼓的，由右监门卫入奏；凡有状词的，由御史受状代奏。

清理积案的规定：李治在《申理冤屈制》中提出清理积案的规定：(1) 对已经到京的来访人，由三司处理。三司，即中书、门下、御使台。具体是，朝散大夫守御史中丞崔谧、朝散大夫守给事中刘景先、朝请郎守中书舍人裴敬彝等，于南牙门下外省共理冤屈，属户所有诉讼，随状为其勘当。处理方法是，有理者速即奏闻，无理亦示语发遣。其有虚相构架，浪扰官方，若经处分，喧诉不绝者，宜即科决，使知惩厉。用现在的话来说，对所有来访人的问题，要全部审理，有理的要上奏，无理的要进行批评，谎报情况的，要进行严厉惩罚，即"科决"。限当年十二月内处理完毕。(2) 要求州县清理积案，所有诉说冤滞文案，现在未断绝者，并令当处速为，尽理勘断，务使甘伏，勿使淹滞。意思是州县对于长期上访人员，还没有结案的，要从速处理，务使他们"甘伏"，不要拖成老案、难案。(3) 对处断不平，"所司纠察得实者，所由官人，随即科附"。就是说，处理不公的，要对经办人员进行惩罚。最后还要求，将此制布告遐迩，使知朕意，主者施行。

唐朝制定了吏民上书格式和称谓。《唐会要》记载："凡下之通于上，其制有六：一曰奏抄，二曰奏弹，三曰露布，四曰议，五曰表，六曰状。"这里的"下"，包括吏民，向上反映情况。其中"议"，用以论事说理或陈述意见。如：奏议、驳相。"表"，古代章奏的一种。如，贺表、谢表等。"状"，多指陈述、记叙、申诉或褒奖的文辞、证件。如传状、诉状等。吏民上书的格式和称谓，是官方制定，不能乱。

三、分级、分类处理信访问题的雏形

唐朝已经有了逐级上访与分级处理的雏形。这些雏形不是在一个文件中完整、正式提出的，而是遇到类似问题，有针对性作出的。我们将其集中起来分析。

（一）逐级上访雏形

唐朝初期，没有明确要求来访人需要逐级上访，就是说，不排斥越级上访。以到京城投匦上访为例，李治认为，是各级政府不作处理，或处理不公造成的。后来对这个问题才作出规定，来访反映的问题，要分级、按部门处理。如，大历（唐代宗年号）十四年规定：亡官失职，婚田两竞，追理财物等，并合先本司（即基层），本司不理，然后省司，省司不理，然后三司，三司不理，然后合报投匦进状。从上述规定来看，属于婚田两竞、追理财物等问题，要经县、州、省逐级上访，不受理者，可到（中央）三司上诉，三司不受理，才可以投匦上诉。逐级上访路线规定很明确。就是说，所有程序走完，都不受理，才能投匦。

但有三种情况可以例外：（1）进状人未经三司处理，又不是冤屈，不可以"进状"，即不可以投匦。原文是这样说的：如进状人未经三司处理，及事非冤屈，辄妄来进状者，不在进限。（2）如果有急事需要报告皇帝的不在此限。原文是说：如有急切须上闻，不在此限。（3）如有"妄"（即非分的）进状的不受理。原文是这样说的，其妄进状者，请并状牒送本司及台府处理。即由有关部门惩处。

（二）投匦反映的问题，按情节轻重、大小，分别报请处理

即使投匦，也要分清情况，按事情的大小，责成有关单位办理，不是事无巨细都由匦使办理。如，经唐穆宗批准的李渤《处理投匦人奏》中提出的办法是："进状人论事，大者请分析闻奏，次者请申中书门下，小者请各牒诸司。"是将民众投匦反映的问题分为三类：一类是大事情，报告皇帝；二类是次等的，请中书门下处理；三类是小事情，由各司自己办理。如果"诸司若处理不当，

复来投匦，即请具事縣闻奏"。① 如果上
述单位处理不当复来投匦的，要弄清情
况，奏明皇帝，如"有欺枉"行为，罪
加一等。

（三）对重复越级上访人的处理

唐高宗《申理冤屈制》中表明，无
论是京城还是地方州县，都有重复上访、
久拖不决的信访案例，如现代人所说的
"上访老户"。已到京城的，李治安排三
司处理，在地方州县的，地方政府"速
为"，即速办，不能再拖延。

对于改变姓名，重复投匦的，以干
扰公务罪处理。已经发现处理过的投匦
者，改变姓名，复又投匦，且"近日颇
甚"。对于这类人，大中（唐宣宗年号）
四年七月敕：以干扰公务罪处理；命令知
匦使和阁门使，自今以后，如果发现这

李渤《处理投匦人奏》

类人，不得收状，更不能上送。如有人违背这一规定进状的，必重罚。

（四）对来访人中出现的行凶、闹事之徒的处理

对于这个问题，宝应元年（762年）六月敕，"今缘匦院无械系之具，忽
虑凶暴之徒，难以理制，请勒安福门司领付金吾仗留身"。也就是说，出现这
类事情，"请勒安福门司领付金吾仗留身"，就是将他们留下处置。

（五）办理信件的时限和手续

唐朝办理公文包括民众的来信，有时间限制，如果延误，超出规定的时
间，要受到惩罚。据《唐会要》记载，应送诸司文状，旧例经一宿即出，如
经三日不出，请本司更修单状重奏。又三日不出，即请本司长官面奏，取进
止。其内状到，各令本司两日内具省案及宣黄，送到中书，依前件所定限
勘，会宣下，即事免稽滞。《唐律·职制律》对完成办理公文的时间也有限
制。如果在办理和运送等方面，延误公事、公文、奏章、封事，包括民众的

---

① 《全唐文》卷七百一十二。

上书等，都要受到处罚。如果出现错字、犯讳和应回复而未回复的、应上报而未报的或逾期的也要受到惩罚，该请示而不请示的，轻则杖责，重则徒刑。

四、对三类信件的特殊办理原则

（一）匿名信付之一炬

唐朝吏民上书中有一部分是匿名的。这些匿名信有四个渠道上送朝廷（中央）：一是投入铜匦（即铜匦中发现）的；二是寄来的；三是送到光顺门的；四是向朝廷之侧，投书于地，隐其姓名。

匿名信中有一部分内容有问题，危害大，其中有的是诬告，有的是编造不实之词，陷害他人，有的是假造事端，扰乱社会秩序，造成人心不安。到了唐高宗李治的时候，已相当严重。为了纠正这个问题，唐高宗颁发了《禁酷刑及匿名书诏》。在诏书中，提出："自今以后，……其匿名书，亦宜准律处分。庶使泣辜之情远覃于四海；恤刑之旨，长垂于万叶。"[1]李治明确：匿名书多为"诬人之罪"，按照国家法律规定，"亦宜准律处分"，即要受到应有的惩处。到了唐宣宗的时候，命令焚烧匿名信。他下了《焚埋匿名文状诏》说，"比来多有无良之徒，妄于街衢投置无名文状，及箭上并旗幡上，肆为

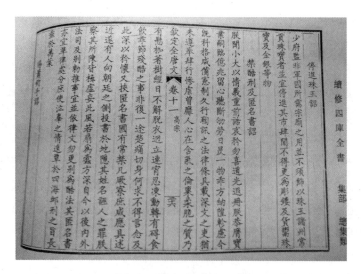

唐高宗《禁酷刑及匿名书诏》

---

① 《全唐文》卷十一。

奸言，欲以惑听。自今已后，如有此色，……所在地界，于当处焚毁埋藏，不要闻奏。"意思是说，对匿名信一律"焚毁埋藏"，不要上报。

（二）奴告主一律处死

奴仆告主人，在初唐就有，唐太宗作了规定："比有奴告其主谋逆，此极弊法，特须禁断。假令有谋反者，必不独成，自有他人论之，岂藉其奴告也。"①自今以后，奴告主者皆不受，尽令斩决。由是，贱不得干贵，下不得陵上，教化之本既正，悖乱之渐不生。但此类事屡禁不止，时有发生，且有漫延之势，有些主人因此受到了惩罚。如建中三年正月，郭子仪婿太仆卿赵纵为家奴当千所告，下御史劾治，贬循州司马，而留家奴当千于内侍省。针对这些事实，宰相张镒刚直上疏论之，唐德宗深纳之，批准将家奴当千杖杀之。张镒命令，召郭子仪家僮数百人，以死奴示之。

对于奴告主这类问题，唐德宗建中元年诏曰："准

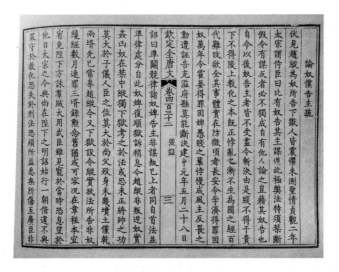

唐宣宗《焚埋匿名文状诏》

张镒《论奴仆告主疏》

① 《全唐文》卷四百三十二，张镒《论奴仆告主疏》中转引。

张嘉贞《奏宥反坐罪》
《全唐文》卷 299

斗竞律，诸奴婢告主，非谋叛已上者，同自首法，并准律处分。"唐宪宗元和七年初，王稷家奴告王稷调换父王锷遗表，隐没所进钱物，即令"中使"检责其家财。宰臣裴度奏曰："王锷亡殁之后，其家进献已多。今因奴上告，又命检责其家，臣恐天下将帅闻之，必有以家为计者。"于是，唐宪宗才决定："王稷家告事奴，付京兆府决一顿处死。"

（三）废除反坐罪

唐朝有反坐罪，当时一些有识之士，要求废除，认为反坐罪与古风相悖，影响吏民进言。认为，天子听政，各种意见都要听，然后斟酌焉。为鼓励人民进言，要求规定：言者无罪，闻者足以为戒。当时，张嘉贞上一奏折《奏宥反坐罪》说：昔者天子听政于上，瞍赋矇诵，百工谏，庶人谤；而后天子斟酌焉。今反坐此，是塞言者之路，天下之事，无由上达。特望免此罪，以广谤诵之道。这条意见，受到帝王们的重视，批准准予废除反坐罪。

第三节　几种特殊信访案例

唐朝吏民来信来访的几个主要内容，和前几个朝代相似，现选择几类比较特殊的信访案例，进行介绍。

一、优伶之鸣与优伶之死

优伶，是古代对以乐舞戏谑为业的艺人的统称。多是来自社会的最低层、民间艺术人才，或民间艺人，且各有特长。由于职业的关系，他们走南闯北，经多见广，对社会的黑暗，人民的苦难，非常清楚。优伶们有一个特点，具有一定的正义感，用自己的艺术特长，为百姓伸张正义，对社会的黑暗、对现实的不满，在表演、说唱中，表达出来，爱憎分明。

乐工罗程也是优伶，擅长弹琵琶，唐武宗时得到宠幸（武宗素晓音律，尤有宠）。罗程以"睚眦"（即举目相斥）杀人，被关在京城大牢。诸乐工欲为他向皇帝求情，在唐宣宗临幸后苑奏乐时，设虚坐，置琵琶，为罗程下跪，哭泣。宣宗问他们哭泣原因，乐工们回答说：罗程负陛下，罪该万死，但我们怜惜他有天下绝艺，不能再为陛下演奏奉宴游矣！宣宗说，你们所惜的是罗程才艺，我所惜者高祖、太宗法度。而后将乐工们全都杖杀。

二、吏民请禁断佛教，解散僧侣

佛教自东汉初传入我国，在东晋、十六国、南北朝的动荡不安、割据混战的环境中，获得迅速的发展。佛教盛行，对生产破坏很大，对国家的统一极为不利。所以，在我国历史上，曾有三次大规模的禁断佛教运动，对巩固国家政权、恢复生产、减轻人民的负担，起到了促进作用。这三次禁断佛教，都是吏民上书建议成行的。

唐中宗时，韦皇后等纳贿卖官，盛造佛寺，纵情奢侈。到唐宣宗时，佛教盛行，危害百姓与国家政权。

唐宣宗时，进士孙樵上书说：百姓男耕女织，不自温饱，而群僧安坐华屋，美衣精馔，率以十户不能养一僧。唐武宗愤其如此，让十七万僧人还俗，使一百七十万户农家得到"苏息"。孙樵说，陛下（唐宣宗）即位以来，修复废寺，天下斧斤之声至今不绝，度僧几复其旧矣。陛下纵不能如武宗除积弊，奈何兴之于已废乎！[①]于是，中书门下奏请皇帝，唐宣宗批准了这件奏章，在全国范围禁断佛教，在一定程度上扭转形势。

在这之前，还有两次禁佛，都是吏民上书建议的。

魏太武帝拓跋焘采纳了官员崔浩的建议，果断禁佛教，是历史上第一次。

魏太武帝时，佛寺占有大量土地、而不向国家缴租纳税，同时又与国家争

唐武宗《毁佛寺勒僧尼还俗制》

[①] 唐武宗：《毁佛寺勒僧尼还俗制》。

夺劳动力，拓跋焘曾几次下令毁佛。太平真君七年，全部诛除天下沙门，毁诸经像，并下诏：以后，有侍奉胡神及造佛像者诛杀全家。这次毁佛是历史上有名的"三武之厄"之一。增加了劳动力，把佛寺所占土地分给贫民耕种，也缓和了土地紧张的矛盾。

北周武帝宇文邕听从还俗僧卫元嵩和道士张宾的建议，禁断佛、道二教，为了统一北方，增强国力，向寺院索取土地和人力。这是中国历史上第二次禁佛事。

"三武之厄"是指北魏太武帝灭佛、北周武帝灭佛、唐武宗灭佛，称为"三武灭佛"；如果加上后周世宗灭佛，称为"三武一宗"。

三、宫市之害与白居易《卖炭翁》

安史之乱后，唐王朝开始走下坡路，无论是经济、政治还是国防，都如此，尤其是官员腐败，伤害民众，最为突出。对于这种伤民的事情，民众与谏官纷纷进谏，其中，有些触及皇家利益的，皇帝拒谏。如，宫市、五坊小儿、京市、互市、和市、交易之事等，被称为"政事为人患者，如宫市、五坊小儿之类"①。

宫市，由来已久，根据《辞海》的解释：一是中国皇室在宫中所设市肆，始于东汉灵帝，唐景龙三年（公元709年），中宗和韦后"幸玄武门，观宫女拔河，为宫市以嬉"；二是唐德宗时（780—804）派宦官在长安购买民间货物，称"宫市"。我们在这里介绍的是后一种宫市，是对民众危害最大的宫市。

《资治通鉴》讲，唐德宗贞元年间开设的、由宦官主持购买民间货物的宫市，以宫中所需之名强买。在采买过程中，他们或不给钱，或随意给价、抑买、克扣价格，就将百姓的东西拿走。这种做法，实际是公开掠夺人民财产。贞元年间，最为严重，老百姓苦不能言。他们见这些人来了，都关门上锁，赶紧逃避，闹得百姓不得安宁。正如韩愈所说的："名为宫市，而实夺之。"

韩愈写了一篇《宫市》就是谈这个问题。《宫市》："旧事，宫中有要市外物，令官吏主之，与人为市，随给其直。贞元末，以宦者为使，抑买人物，稍不如本估。末年不复行文书，置白望数百人于两市，并要闹坊，阅人所卖物，但称'宫市'，即敛手付与，真伪不复可辨，无敢问所从来，及论价之高下者。率用百钱物，买人直数千钱物，仍索进奉门户并脚价钱。将物诣市，至有空手

① 《资治通鉴》卷二百三十六。

而归者。名为宫市，而实夺之。"①

不仅对民众之物随便给价，在《宫市》里，又提出了民众还要为宫市付两种费用，即要货主将货送进宫，不仅不给脚钱，还让交过门户钱和脚价钱。

《资治通鉴》具体描述了货主要交进奉门户、脚价钱的情况。对货主送货进宫，索进奉门户（送货进宫所经过的门户，货主皆要给费用，汉时称导行费）及脚价钱（谓傋人负荷进奉物入内，货主要送钱，称雇脚费）。致使许多卖货人空手而归，分文不得。商贾有良货，皆深匿之；每敕使出，虽沽浆、卖饼者皆撤业闭门。

韩愈在《宫市》后附有这样一段记载："常有农夫以驴负柴至城卖，遇宦者，称宫市取之，才与绢数尺，又就索门户，仍邀以驴送至内。农夫涕泣以所得绢付之，不肯受，曰：'须汝驴送柴至内。'农夫曰：'我有父母妻子，待此然后食。今以柴与汝，不取直而归汝，尚不肯，我有死而已。'遂殴宦者。街吏擒以闻，诏黜此宦者，而赐农夫绢十匹。然宫市亦不为之改易。谏官御史数奏疏谏，不听。上（指唐顺宗）初登位，禁之。至大赦，又明禁。"

《资治通鉴》等都指出皇帝在处理这件事上，袒护宦者，处理这件事的有关官员是按照宦官的意思向皇帝汇报，因此，受到皇帝"颇嘉纳"的赞许。

谏官御史多次上奏疏谏，皇帝不听。曾任左拾遗的白居易，反对宫市，以卖柴禾农民的典型事例，写了一首著名的诗歌《卖炭翁》，并在篇名下写一副标题为"苦宫市也"。真是一个"苦"字了得。在宫市这件事上，百姓、官员和谏官，先后上书，要求禁止，均未采纳。进谏人有的被罢官，有的被贬谪，有的被流放，宫阙上书的百姓惨遭迫害。如，公元798年，京兆尹吴凑屡言宫市之弊。宦官对皇帝说，京兆尹吴凑屡奏宫市之事，都是右金吾都知赵沇、田秀岩指使，是阴谋。结果，赵沇、田秀岩被流放天德军。803年，监察御史韩愈上书，请罢宫市等，被贬。

最惨的是百姓崔善贞，认为宫市等侵害百姓的利益，诣阙上书，受到残酷的迫害。公元801年，曾为诸道盐铁转运使的李锜，恃此骄纵，无所忌惮，盗取县官财，所部官属无罪受戮者相继。浙江布衣崔善贞诣阙上书，言宫市、进奉及盐铁之弊，因言李锜"以贡献固主恩，以馈遗结权贵"。皇帝览之，不高兴，这里的"主""权贵"，就等于点唐德宗受贿。德宗立即将崔善贞械送李

---

① 《顺宗实录》卷二。

锜。李锜凿坑于道旁，将崔善贞锁械于坑中，生痤之。远近皆闻崔善贞痛苦呻吟声，不寒而栗①。这件事说明，皇帝、官吏相互勾结，报复揭发他们问题的民众，到令人发指的程度。

四、害民的五坊小儿

关于五坊小儿，《资治通鉴》中说，五坊：一曰雕坊，二曰鹘坊，三曰鹞坊，四曰鹰坊，五曰狗坊。小儿者，指为五坊办事的人。唐时，对给（差）役者多呼为小儿。如苑监小儿、飞龙小儿、五坊小儿等等。

五坊属宣徽院管理。当时，设有五坊宫苑使，管理此项事情。这一职务，也有一个演变过程：宫苑旧以一使掌之，自宝应二年后，《资治通鉴》中有这样一段描写：五坊使入隶内宫苑使，后来，又有闲厩使兼宫苑之职焉。还有五坊户，专做这项事情。

五坊小儿所做的事，皆是以皇帝需要的名义进行的，名曰"供奉用"。这些人借口供奉用，欺诈百姓。《资治通鉴》中有这样一段描写："先是，五坊小儿张捕鸟雀于闾里者，皆为暴横以取人钱物，至有张罗网于门不许人出入者，或张井上使不得汲（汲水也）者，近之，辄曰'汝惊供奉鸟雀！'即痛殴之，出钱物求谢，乃去。或相聚饮食于酒食之肆，醉饱而去，卖者或不知，就索其直（即酒饭钱），多被殴詈；或时留蛇一囊为质，曰：'此蛇所以致鸟雀而捕之者，今留付汝，幸善饲之，勿令饥渴。'卖者愧谢求哀，乃携挈而去。上（指顺宗皇帝）在东宫皆知其弊，故即位首禁之。"②实际并没有禁止。韩愈在《五坊小儿》中，对五坊小儿横行乡里、敲诈勒索的无赖行径，绘声绘色，惟妙惟肖："贞元末，五坊小儿张捕鸟雀于闾里，皆为暴横以取钱物。至有张罗网于门，不许人出入者。或有张井上者，使不得汲水，近之，辄曰：'汝惊供奉鸟雀。'痛殴之。出钱物求谢，乃去。或相聚饮食于肆，醉饱而去，卖者或不知，就索其直，多被殴骂。或时留蛇一囊为质，曰：'此蛇所以致鸟雀而捕之者，今留付汝，幸善饲之，勿令饥渴。'卖者愧谢求哀，乃携而去。"这两本书中记载，同一件事，非常一致，可见这件事是真实的。

五坊小儿危害之大，对揭发人残酷迫害的手段，是常人难以想象的。公元825年春，鄠县县令崔发听到外面喧嚣，问什么原因，回答说是："五坊人殴百

①　《资治通鉴》卷二百三十六。
②　《资治通鉴》卷二百三十六。

姓。"崔发大怒，命人将五坊人擒住托入大堂，经审问，得知是宦官。唐敬宗听说，大怒，将崔发抓了起来，关到狱中。是日，崔发与诸囚立金鸡下，忽有品官（即宦官）数十人，执梃乱捶，崔发破面折齿，绝气乃去；过了数刻，崔发复苏，这伙品官，又回来，继续对崔发进行欧打，台吏以席蔽住崔发，才得免。皇帝又命令，再把崔发关在大牢中，却释放了其他囚犯。

对于唐敬宗复系崔发于狱这件事，给事中李渤、谏议大夫张仲方上书言奏，民众也多有奏议，皇帝皆不听。可见，皇帝对中使之偏袒，使其欺行霸市，无怪乎宫市、五坊小儿为害一方，长期不能罢，显然，其后台就是皇帝，危害百姓的祸根也是皇帝。后来，许多大臣讲情，言崔发老母已八十岁，自崔发下狱，已积忧成疾，唐敬宗才同意释放，但崔发之母仍当着中使的面，杖崔发四十下，以示向这群阉人赔罪。

公元805年，王叔文、韦执谊集团，采取措施，罢进奉和宫市，废除五坊小儿。"安史之乱"后，藩镇割据相当严重，节度使职位，往往父子相继，或为部将承袭，到9世纪初叶，藩镇发展到四十几个，形成所谓"自国门以外，皆分裂于方镇"（《新唐书·兵志》）的局面。藩镇间或互相攻战，或联合反唐。唐王朝虽屡图削弱藩镇势力，但收效甚微，人民遭受兵祸，社会生产受到严重破坏。这种情况，一直延续至北宋初，朱元璋解除藩镇兵权，藩镇割据局面始告结束。（藩镇，亦叫方镇；藩，有时也写蕃）。

对于这种政治形势，有识之士，要求进行改革。以寒门出身的王叔文为首，组成一个政治集团，积极进行改革，在唐顺宗的支持下，他们在短短的五六个月内，就迅速地推行了一系列有利于国家和人民的政治改革。禁止"宫市"和"五坊小儿"，取消了巧立名目的额外赋税，豁免了人民历年积欠的各项租税五十余万贯，放还了宫女、女乐九百人，惩办了李实（打死优伶成辅端的凶手）等贪暴大官僚，下诏重新起用被奸臣迫害的陆贽、阳城等人。可以说，是大快人心，但引起了宦官和大官僚的一致恐慌。正在王叔义等准备令收宦官军权的时候，宦官、官僚勾结，串通地方军阀，进行疯狂反扑，拒绝交出兵权。此时，唐顺宗病势越来越沉重，在反动势力的包围、胁迫下，唐顺宗让位给了李纯，即唐宪宗。由于唐宪宗的皇位是在太监和旧官僚的支持下得到的，因而，特别信任太监们，并且立刻对王叔文集团进行迫害。贬王叔文为渝州司户，第二年被赐死；王伾为开州司马，不久，即病死；柳宗元、刘禹锡、韦执谊、韩泰、陈谏、韩晔、凌准、程异均被贬为州司马，史称"八司马事件"。王叔文集团发动的一场轰轰烈烈的政治改革，刚初见成效，就被唐宪宗、太监和旧官僚联合起来扼杀了。

唐宪宗是由宦官扶上台的，不久，又被宦官杀死。

五、太学生诣阙上书与阳城

唐德宗听信了奸臣裴延龄的话，撤掉了宰相陆贽和张滂、李元等人的职务，要任命裴延龄为宰相，谏议大夫阳城表示坚决反对。因此，引出了轰动一时、延续多年、多人被贬谪、影响了几代人的信访大案。

阳城，字亢宗，定州北平人，贫苦出身，初，隐居中条山。唐德宗时由处士被征召为谏议大夫，上任时，并不推辞。未至京师，众人皆想观其风采，并议论说：阳城必定是个谏诤之人，一定会死于职守。

陆贽等被贬，皇帝怒气未解，朝廷内外一片惴恐。阳城听到后挺身而起即率拾遗王仲舒、归登和右补阙熊执易、崔邠等守延英门，上疏论裴延龄奸佞，陆贽等无罪。皇帝大怒，欲定阳城等人罪。经太子等人营救，暂未定其罪。当时，皇帝很快就要任命裴延龄为相。阳城说如果以裴延龄为宰相，阳城会取出白麻① 当庭撕毁恸哭于庭。阳城想把裴延龄的过错罪恶用密奏反映给皇帝，让老朋友的儿子为他缮写奏章，缮写人将内容先告诉了裴延龄。裴延龄抢先上疏皇帝，一一自解。待阳城谏疏送给皇帝，皇帝以为上奏内容为假，不予理睬。

公元795年7月，阳城被调任国子司业。三年后，太学生薛约，因议论阳城谏诤之事，获罪，贬谪连州。当薛约将启程时，阳城送他到郊外。德宗知道后，认为阳城私结朋党，贬为道州刺史。这件事被太学生知道了，太学生何蕃、李傥、王鲁卿、李谭等二百多人，气愤填胸，拥到皇宫门前上访请愿，要求收回成命，在皇宫门前一连好几天，上疏没有送达唐德宗。当时，柳宗元正为集贤殿正字（官名），给太学生们写了一封信，一方面表示对阳城的景慕挽留，同时劝说太学生，阳城（去道州）必定是"宣风一方，覃化一州"，劝太学生让阳城赴任。

柳宗元的《与太学诸生喜诣阙留阳城司业书》，描写太学生集体诣阙上访的热烈场面和声势：千百年不可睹闻，今天听到了也见到了，场面"甚盛"。

阳城很有思想，以"治民如治家"的道理来治理道州。一年，道州歉收，

---

① 白麻：代表职务任命书。《全唐文》卷十三记载：制敕，用白纸，因多有虫蠹，唐高宗时改用黄纸。

赋税不足，观察使数次谴责、责备，阳城就自己考核自己，评语是下下等。唐时对官员考核，下下等是最差的。观察使遣判官督其赋，到了州里，阳城先将自己囚于狱。判官大惊，入狱问候阳城，阳城也不回去。其后，观察使又遣其他判官前来追问阳城，这位判官载妻子中途走了。

柳宗元念及阳城为人耿直，和在太学生中的威望，当别人为阳城立石表彰时，他写了《国子司业阳城遗爱碣（并序）》的文章，对阳城备极称赞。

陕西商县有个驿站，叫阳城驿，与谏议大夫阳城同名。元稹因敬重阳城，写了一首《阳城驿》，借驿站，抒发对阳城的敬意，白居易写了一首《和〈阳城驿〉》，表达了同样的感情和尊敬。后来，有人不希望驿站名与英雄重名，改为富水驿。但杜牧对此则有不同意见，认为保留阳城驿，对统治者有警示作用。他写了一首《商山富水驿》的诗，其中有两句：驿名不合轻移改，留警朝天者惕然。

对于太学生的行动，许多文化名人，如韩愈等，给予了肯定。韩愈还为参加稽首阙下的太学生何蕃传。关于太学生为阳城出任道州的事叫阍，在北宋钱易《南部新书》中也有描述："阳城出道州，太学生二百七十人诣阙乞留，疏不得上。"有这么多的文化名人赞颂太学生稽首阙下，影响几十年的信访案件，在其他朝代是不多见的。

六、农民上访与段太尉

段太尉即段秀实，死后被追授为太尉。作为统治集团一员，得知农民受贪官欺压而找他上访，给予了积极的支持，又因他维护农民利益的判决，使这位上访农民再次受到贪官杖责，于是，义愤填膺，挺身而出，站在农民一边，在险境中，维护了农民的利益。这件事，能够面世，应归功于柳宗元。

柳宗元二十二岁时，他到当时国防边境邠州（今陕西省邠县），探望在军队里工作的叔父。从年老的军士那里得知，段秀实维护农民利益的光辉形象，对他有很大触动，二十年后，还记忆犹新，追写了《段太尉逸事状》。

在《段太尉逸事状》中，记录了段太尉维护上访农民的事迹。段秀实在泾州担任营田副使。泾州大将焦令谌掠夺他人土地，自己强占了几十顷，租给农民，说："到谷子成熟时，一半归我。"这年大旱，田野寸草不生，农民将灾情报告焦令谌。焦令谌说："我只知道收入的数量，不知道旱不旱。"催逼更急，农民自己将要饿死，没有谷子偿还，只得去上访，求告段秀实。段太尉判决书的口气十分温和，派人求见并通知焦令谌。焦令谌大怒，叫来农民，说："我怕姓段的吗？你怎敢去说我的坏话！"把段秀实的判决书铺在农民背上，用粗棍子重打二十下，打得奄奄一息，并把被打的农民扛到太尉府上。太尉大哭道："是我害苦了你！"马上自己动手取水洗去农民身上的血迹，撕下自己的衣服为他包扎伤口，亲自为他敷上良药，早晚先喂农民饭，然后自己才吃。

驻扎在邠州的淮西军主帅尹少荣是个刚直的人，来见焦令谌，大骂道：你还是人吗？泾州赤地千里，百姓将要饿死；而你却一定要得到谷子，又用粗棍子重打无罪的人。段公（即段太尉）是位有仁义讲信用的长者，你却不知敬重。现在段公只有一匹马，贱卖换成谷子交给你，你居然收下，不知羞耻。大凡一个人不顾天灾、冒犯长者、重打无罪的人，又收下仁者的谷子，使主人出门没有马，你将怎样上对天、下对地，难道不感到羞愧吗？焦令谌虽然强横，但听了这番话后，却大为惭愧乃至流汗，不能进食，不消一晚，就自恨而死。

段秀实不仅为上访农民解决问题，还对欺压百姓的军人，进行严惩。段秀实本是泾州刺史，本可以不必管邠州的事。但邠州的军阀势力很大，是郭子仪之子郭晞，为尚书，领行营节度使，驻军邠州，士卒无赖，百姓受害。段秀实主动去见邠宁节度使白孝德，通过对话，知道白孝德不敢过问当地驻军的事，就自愿要到邠州充当都虞候，即军中执法官。到任一个月，驻军十七人，入市取酒，又以刀刺酒翁，坏酿器，酒流沟中。段秀实闻及此事，立刻下命，逮捕了这十七个士兵，依军法处以极刑，悬首在城门口，以示告诫。郭晞军营大噪，战士们都穿上铠甲，准备报仇。白孝德震恐，召段秀实说，怎么办？段秀实说，不妨事。只身来到剑拔弩张、万分紧急的军营。士兵们惊愕不已。段秀实让士兵们告诉郭晞，出来听他讲理由。

郭晞出见，段秀实劝郭晞不要纵容士兵为暴为乱，否则罪及郭晞本人，影响郭子仪。郭晞认可，从此邠州无祸乱。后来朱泚谋反，段秀实不从，怒骂并夺象笏攻击朱泚被杀。

柳宗元得知段秀实逸事时，段秀实已被朱泚杀害十一年，又过了二十年，方写成此文，离段秀实被杀已有三十一年。柳宗元将《段太尉逸事状》寄给史官韩愈，附有《与史官韩愈致段秀实太尉逸事书》，这些文章收录在《全唐文》中。唐朝皇帝根据段秀实的事迹，追授其为太尉。

七、涉及军队的信访

唐德宗贞元八年，在少数地方设置巡院。之后，逐渐发展扩大。初设巡院的目的是针对当时一些豪家、贪吏利用手中之权和国家政策上的漏洞，牟取私利，坑害百姓。当时，在一些地方尤其是边塞、军城（营）钱财空虚，但从账面上，还钱有余、粮食充足，实际不足百分之十，一些不法分子，高价倒卖，从中渔利。巡院的设立，就是为了防腐败，但最终不起作用。如陆贽所说的，"以边储不赡，由措置失当"。

巡院，原为度支使、盐铁使和转运使的下属机构，以管理地方财政为主。安史之乱后，逐渐成为唐后期中央对地方官吏监察的重要力量。但有时巡院的监察职能，多推委下级，最后，造成祸乱。

《旧唐书·陆长源传》记载：军阀陆长源凭手中的权力，盘剥士兵，士兵对他们的"纵恣淫涵"，"众情共怒"。陆长源、孟叔度等人，对士兵正当反映和要求，不予理睬，还扬言要以法律制裁，恰遇使长死，按唐代惯例，应发布给三军做孝服，一开始，陆长源不愿意，士兵再三找陆长源上诉，要求按唐制发布。后虽发给，但按价给实物，而孟叔度抬高盐价，压低布。这样换算，结果，每位士兵只不过得盐三二斤，陆长源、孟叔度等人从中渔利，军情大变，但他们仍采取高压的办法，兵士怨怒滋甚，抓住陆长源、孟叔度等人，将他们切割成肉块，分而食之。

第四节　几种创新的处理信访工作办法

唐朝在处理吏民来信上访有自己独创的办法。本节择几种进行介绍。

一、询访制度——官员接见来访吏民

领导干部轮流到中书内省（又称中书省、紫微省）接待来访吏民，谓之询访。据《贞观政要》记载，贞观初年实行询访制度，比现在实行的领导干部接待来访群众早1400年。

询访，是唐太宗初期实行的办法，即在京五品以上官员，轮流到中书内省值班，接待来访群众，接受民众上书，包括夜间也要有询访官员值守。皇帝随时召见，这些值定官员，"每召见，皆赐座与语，询访外事，务知百姓利害、政教得失焉"；"每召见，皆赐坐与语"，到中书内省值宿的官员，包括宰相。

宋朝人庞元英在《文昌杂录》中记载唐朝宰相询访实例。宋朝时，礼部王员外问，唐宰相宿直（即值，值宿）否？余言：唐制，宰相每日一人宿直（值）。开元二年（即公元714年），姚崇为紫微令（即宰相），年位已高，时

亦违其直（值）次，所由吏数持直（值）簿诣之。姚崇题其簿曰："告直（值）令史，遣去又来，必欲取人，有同司命。老人年事，终不拟当。"这一描写很生动，宰相姚崇年高，多有违例不宿值，诸官指出后，姚崇作了解释，诸官欢笑，不复逼其宿值。不久，停宰相宿值。

从《文昌杂录》介绍的情况看，当时对宿值的规定是很严格的，参加宿值的人要排班轮值；每天参加宿值的人要在"直（值）簿"上签到，这件事，由专门官员"直（值）令史"负责。

据说，询访制度隋朝已有萌芽。隋文帝为了知道民间的事情，最早实行五品以上官员引坐论事，以备他查问民间的情况。唐朝比隋朝要完善、正规，形成为制度，长期执行。

唐朝询访制度有如下特点：

一是五品以上官员，一般为侍郎、郎中以上的要员。他们参与询访，即接待百姓的上访、上书。

二是宿值地址设在中书内省。中央行政机构设置，为三省、六部、二十四司。三省，即中书内省是负责制定政策的机构，秉承帝命，起草诏书，发布敕旨册制，掌军国之政令，佐天子而执大政。询访地点在中书内省，突显通民情对制定政策的重要作用。

三是唐太宗随时约见询访官员，让他们汇报询访中得知的"百姓利害、政教得失"，询访成为皇帝了解民情的一个重要渠道。

为了保证这一措施顺利实施，还采用了其他的辅助办法。如为了进出方便，实行"门籍"，即"通行证"。关于门籍，明朝人于慎行在《谷山笔尘》中有个考证，结论是：门籍之名起于唐（另一说法，汉时已有），其制，记官爵、姓名，一月一换，不调走不收。有门籍者，皆得出入殿廷，直至御前；如无门籍者，如有急事，许门司仗引奏，无得关碍。故贞观以来，君臣士庶，皆得进宫。这样，大大方便了进言陈情的吏民，"群臣士庶，皆得进言"，应该不算夸张。

询访制度，在当时确实起到一定的作用，为吏民澄清冤案和排难，为统治者求言、问贤等，发挥了积极的效应。得益于询访制度的刘仁轨就是一例。

唐人张鷟在《朝野佥载》中说："太学生刘仁范等省试落第，挝鼓申诉：准式卯时付问头，酉时收策，试日晚付问头，不尽经业，更请重试。台付法不。"大意是：太学生刘仁轨（范）等省试因故落第，不服气跑到京城，眼看科举开考期要到，没有办法，最后，来到了中书内省挝登闻鼓上访，把实情对值班官员一讲，询访官员竟然允许刘仁轨等人破格参加考试，遂拔为第一。当时有王充之负责此事。

《全唐文》卷九十七《臣轨序》的注释中说，"轨一作范"。所以说，张鷟文章中说的刘仁范就是刘仁轨，是对的。

刘仁轨，少贫贱好学，以刚正著称。贞观十四年十月，唐太宗将要去栎阳游猎，已做了县丞的刘仁轨认为庄稼还没有收完，不是国君顺应天时进行游猎的时候，专门前往唐太宗临时住处，上表（送上访信）恳切规劝。于是，唐太宗放弃了游猎计划，非常赏识刘仁轨，提升为新安县县令，后任刺史、右相、左仆射。

很有意思的是，太学生时的刘仁轨到中书内省上访，得益于询访制度；后，刘仁轨官至左仆射，又到中书内省宿值，接待来访人。在《隋唐嘉话》中，有讲述刘仁轨值宿的事。

《隋唐嘉话》中说，刘仁轨为左仆射，戴至德为右仆射，人皆多刘而鄙戴。有一老妇陈牒，（戴）至德方欲下笔，老妇问左右曰："此刘仆射、戴仆射？"曰："戴仆射。"老妇急就前曰："此是不解事仆射，却将牒来。"（戴）至德笑令授之。

翻译成现代语言是：一天，右仆射戴至德与左仆射刘仁轨在中书内省值班询访。一老妇来访，递上陈述材料给戴仆射。戴仆射接过材料刚要下笔写批示，老妇问左右身边的人："这是刘仆射、戴仆射？"对曰："戴仆射。"老妇听了，急忙上前说："此是不解决事的仆射。快将材料拿来！"戴至德笑笑，不与之辩解，将材料还给老妇。

这件事，在《唐会要》中也有记载，但在这件事发生前后各有一段文字说明。事情发生前的说明是：上元二年，刘仁轨为左仆射，戴至德为右仆射，每遇伸诉冤滞者，刘仁轨辄美言许之，戴至德即先据理难诘，若有理者，密为奏之。终不露己之断决。由是，时誉归于刘仁轨，找刘仁轨上诉的多。在老妇要去上访材料后面，有如下一段文字：或有问至德不露己断决之事者，至德曰，夫庆赏刑罚，人主之权柄，凡为人臣，岂得与人主争柄哉。这是戴至德询访时的态度和理由。

用现代话来说，刘仁轨与戴至德处理来访人的方法不一样，刘仁轨喜欢对来访人说些好听的话，并有承诺，戴至德则不同，对来访人，先是据理诘问

（盘问），若有道理，密为上奏皇帝，始终不暴露自己已有"断决"。由于这个原因，好的声誉归于刘仁轨，找他上访的人就多。对于这样的事，有人问戴至德为什么，他说，庆、赏、刑、罚，是"人主（皇帝）"之权柄，"人臣"岂得与"人主"争权柄。

两仆射处理方法不同，百姓的评价差异更大。刘仁轨对来访人"美言许之"的态度，或许与其当太学生时到中书内省询访的经历有关。

询访制度，不仅能解决个人问题，还能处理集体上访的问题。据《新唐书·崔仁师传》记载：贞观初年，青州发生逆谋事件，地方州县官吏滥事追捕，犯人个个带上械具，遭到严刑拷打。重刑之下，不少人屈招，致使"浮囚满狱，冤声四野"。后来冤民的家属携子带老，跑到中书内省"集体询访"（即"集体上访"），此时，正遇崔仁师值班询访，崔把这件事汇报给唐太宗后。唐太宗派人仔细审查，果然，大多数屈打成招，只有魁首十余人作乱，其余全部平反昭雪。

到中书内省上访人员中也出现诬告的现象。如，贞观三年，唐太宗任命他政敌的亲信魏征为秘书监，参与朝政。不久，长安县有个叫霍行斌的人，心怀不满，跑到中书内省上书，诬蔑魏征参与谋反。当时负责接待的官员马上向唐太宗禀报。唐太宗暗中派人一查，无此事，识破了此人的诡计，将霍行斌抓起治罪。

"五品以上官员轮流询访"，是唐太宗的开明之举，但随着统治阶级日益腐败，这一制度后来也蒙上一层灰尘。唐人李肇在《唐国史补》中记载，开元年间，有王某鸣冤，遇某御史值班，诉苦之后，王某"许以百缣（一种细绢）为赠"。后来不知什么原因，御史不敢收缣，王某也不再诉冤了。"询访索贿"已现苗头。

在中书内省值宿的官员心情又是如何？大诗人白居易曾到中书内省值宿过，写一首《直中书省》的诗：

> 丝纶阁下文章静，钟鼓楼中刻漏长。
> 独坐黄昏谁是伴，紫薇花对紫薇郎。

这首诗，表达白居易在宿值时，无询访，也无写诏书之事，闲来无事，有"独坐黄昏谁是伴"的心情。诗中的"丝纶阁"，即中书省，既是民众询访之地，也是替皇帝撰拟诏书的地方。因中书省曾改名紫微省，取天文紫微垣为义。"紫薇郎"，是唐代官名，指中书舍人。"薇"一作"微"。

从上述情况看，询访制度有几个特点：（1）宿值询访官员为民解决困难。例如，询访官员王充之让太学生刘仁轨参与考试，值宿官员崔仁师为青州逆谋事件纠错，都是询访官员办理的。（2）来访民众可以选择自己信任的询访官员接待自己，而不是宿值官员自己定的。上访的老妇不要戴仆射接待而要刘仆射接待，能说明这个问题。（3）询访中的大事，都要报告皇帝决定如何处理。（4）询访制度深入民心，每个询访官员包括宰相在内的办事态度，民众都很了解，也都有评论。可以看出，询访制度已深入民众脑海。

由于询访制度是信息窗口，武则天掌权后，为了察知哪些人反对她，尤其是李唐皇室成员的态度，派出心腹之人，长期把持中书内省"询访地"。

询访制度对后世影响较大，在唐太宗死后，人民还怀念他和他的询访制度，能为百姓解决困难，所以，有民众遇到困难不得解决，跑到昭陵（唐太宗陵墓）跪求喊冤，寄托思念。如，唐高宗时，有个兵卒在昭陵转悠，被守陵官、中郎将范怀义捕获，准备以侵扰陵宫罪杀头。不料兵卒跪在昭陵石宫喊冤，原来是将军权善才带兵偷伐昭陵外围陵柏，有的兵卒不愿干跑掉了。奏报唐高宗后，高宗要判权善才死罪，大理丞狄仁杰坚持罪不该死，只判免去官职。

南宋官吏邵博在《邵氏闻见后录》中记载："天下有冤者，许哭诉于太宗昭陵之下。"是说有冤的人，允许到唐太宗陵墓昭陵去哭诉。为什么会有这样一段文字记载，依据是什么，由于缺乏历史资料，无法进一步考究，只能从邵博本人的经历去揣度其真实用场。据史料记载，邵博，洛阳人，绍兴八年（公元 1138 年）被宋高宗许其"能文"，赐同进士出身，以后在果州、眉州任闲散官职。后，程敦厚向成都府转副使吴坰投匿名书，攻邵博过错，被连降三级。邵博愤愤不平，又无力鸣冤，大概是见有冤民哭诉于太宗昭陵，自己也想跑去昭陵哭诉，而记下此事，也未尝不是。当然，宋人有冤去哭诉于昭陵，求助唐朝的皇帝，看上去确是有些滑稽、荒唐，但根本的原因恐怕与唐太宗生前比较开明、重视处理吏民们的冤假错案有关。唐、宋相距年代很近，宋人对唐太宗实行询访制度，为民众平反冤假错案的开明做法不会不知道，尤其是邵博受了诬陷又无处鸣冤，将自己的精神寄托于圣君是可以理解的。博学的邵博当然是明了唐代这段历史的。

后人对询访制度评价是很高的。如，明朝王夫之在《读通鉴论》中评判询访制度时说，"太宗之制，令五品以上更宿内省，以待访问，固善术也"。这个评价是中肯、准确的。这种值宿制度，五代十国时期还在沿用。

二、铜匦——意见箱的另一种形式

武则天时设立铜匦，功能是供吏民们上书。设置铜匦的原因是，平定徐敬业谋反后，武则天"疑天下人多图己，又自以久专国事，且内行不正，知宗室大臣怨望，心不服，欲大诛杀以威之"，"欲周知人间事"。武则天设置铜匦的目的：一是对付反对她的李唐宗室成员和大臣；二是要了解民间的事情。于是，采纳了侍御史鱼承晔之子鱼宝家的建议，于"垂拱二年（686年）三月，初置匦于朝堂，有进书言事者，听投之"①，受四方之书。

唐中宗李显《令官民投匦雪冤制》

铜匦的式样和使用，在《旧唐书》《唐会要》《资治通鉴》《唐六典》中都有记载，且基本一致。

铜匦四枚，共为一室，列于朝堂。东方木位，主春，配仁，色青，仁者以亭育为本，以青匦置于东，有能告养人及劝农之事者投之，铭曰延恩匦；南方火位，主夏，色赤，配信，信者风化之本，以丹匦置于南，有能正谏、论时政得失者投之，铭曰招谏匦；西方金位，主秋，色白，配义，义者以断决为本，以素匦置于西，有欲自陈抑屈者投之，铭曰申冤匦；北方水位，主冬，色玄，配智，智者谋虑之本，以玄匦置于此，能告以谋智者投之，铭曰通玄匦。就是说，铜匦有四个作用，东方是延恩，献赋颂、求仕进者投之；南方是招谏，言朝政得失者投之；西方是申冤，有冤抑者投之；北方是通玄，言天象灾变及军机秘计者投之。

铜匦有两种解释，一种是说在一个房子的四边各放一个铜匦；另一种解释，铜匦是一个整体，中间有隔断，隔成四室，每室涂抹一种颜色。四隔的上方，各有一个窍，以受表疏，可入不可出。这就是一房四室。在铜匦的底部，

---

① 《资治通鉴》卷二百三。

有"置之朝堂，以受天下表疏铭"十一个字款志，是设瓯的宗旨。实际，瓯就是箱子、匣子，类似于后来的意见箱、函。

瓯使院（垂拱元年置）初置有四门，其制稍大，难于往来。后遂小其制度，同为一瓯，依方色辨之。说明，铜瓯初设时体制稍大，难于移动，后来缩小，同为一瓯。关于铜瓯设置的年代，多数是说垂拱二年，少数是说垂拱元年、垂拱三年、垂拱四年。

为了管理铜瓯，武则天特设瓯使院，隶于中书省。瓯使院设置瓯使，或称理瓯事、知瓯使等。是专门办理吏民们投入瓯中的材料和日常管理事务。史书还说，以谏议大夫、补阙、拾遗各一人充任知瓯使。每日所有投书，至暮并即进入；其诣光顺门进状者，阁门使收而进之。

之后，唐朝皇帝对铜瓯都很重视，或发文，或口谕，要有问题不得解决之人可以投瓯。如，唐中宗李显颁发《令官民投瓯雪冤制》的指令，要求百姓中如有冤滞未申，或狱讼失职，或贤才不举，或进献谋猷，可以投瓯申诉。他们申理，能使下情上达，君、民之间沟通无壅隔，使皇帝耳聪目明。其中，涉及的投瓯人既可以是官人，也可以是百姓；既包括士人，也包括庶民，任其投瓯。

唐玄宗李隆基以瓯与鬼同音，改称献纳使，唐肃宗李亨恢复旧称，唐德宗李适以御史中丞为理瓯，谏议大夫管启封箱子，将意见书呈送皇帝。

武则天时，虽设知瓯使，但主要还是武则天亲自掌管，直接受理，铜瓯和诣光顺门之表疏，别人不得过问。如果是外地来京投瓯，无论是什么样的人物，地方官员都要提供交通，提供食宿，以五品官的待遇对待，地方官员不得查知投书内容。到了京城后，武则天都要召见，安排食宿，反映情况属实的，能当官发财，不属实的，也不予追究责任。

最有意思的是，建议设置铜瓯的鱼保家，"未几，其怨家投瓯告保家为敬业作兵器，杀伤官军甚众，遂伏诛"[1]。落得身首分离的下场。

铜瓯设置之初，对投书没有特别的要求和规定。后来规定，投书皆需正、副本。为什么会有这一规定？据《隋唐嘉话》记载，原来有些投瓯者，或不陈事，而谩以嘲戏之言。于是，武则天乃置瓯使先阅其书奏，然后投之，瓯院有司，自此始也。意思是说，投书要有正、副本，副本先送瓯使审阅，内容无

---

[1] 《资治通鉴》卷二百三。

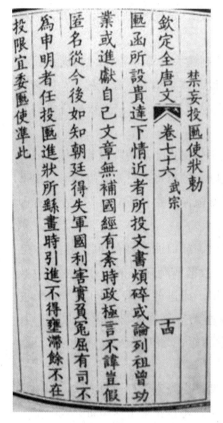

李炎《禁妄投匦使状敕》

问题即可送皇帝。

之后投匦，有时要交副本，有时不要。要副本，防止投匦人的意见被否后，又改动姓名，重复来投匦，或有嘲戏，但要经过匦院官员先行阅读，也带来了"恐不尽言"的后果，即不敢尽情发表意见。

更改姓名重复投匦的现象，在铜匦设置不久就已出现，且一直延续不断。到了唐武宗李炎和唐宣宗李忱的时候更为突出。唐武宗李炎颁布《禁妄投匦使状敕》禁止这种行为，唐宣宗李忱规定：对这类人一定要重罚。要副本，知道进状人姓名、住处及去处，或要召问。到后唐时，这种情况还不断出现。后唐曾任刑部郎中的于遘上书《请禁妄言投匦疏》，就谈这方面的内容。

即便有了副本，也经匦使审阅后不同意投匦，但还有投机分子用其他办法，走别的途径，达到上书的目的。据《资治通鉴》记载：公元811年，太子通事舍人李涉，知道一件违法案件，皇帝杀了涉案的一个人，而将涉案的另一人派（贬）出做淮南监军，表示皇帝对他的恩顾并没有减衰。于是，李涉写了涉及上述内容的上疏投铜匦。知匦使孔戣见其副本，责问后不予受理。但是，李涉行赂光顺门的阁门使，上送皇帝。孔戣知道后，上疏皇帝，说李涉奸险，欺骗皇帝，"请加显戮"。最后，皇帝贬李涉到峡州。

为了管理好铜匦，武则天大量增加管理官员，由于过多过滥，出现了人浮于事，且闹出笑话。《隋唐嘉话》讲，武后（即武则天）初称周，恐下心不安，除正员外，又多置里行（"里行"非正式官员，类似见习）、拾遗、补阙、御史等，至有"车载斗量"之咏。有一则笑话可以证明这个问题：有一天，御史台令史将入台，值里行御史数人聚立门内，令史不下驴，冲过其间。诸里行御史大怒，将杖之。令史说，今天的错误，是由驴造成的，让我先批评他，然后再受罚。里行御史同意。令史谓驴曰："汝技艺可知，精神极钝，何物驴畜，敢于御史里行！"于是，御史们羞而止。

铜匦的作用与局限：

一是受四方之书，包括吏民来信反映的问题。武则天圣谕，"铜匦之设，在求民意畅达于朝廷，正义得张于天下"。之后，唐武宗李炎在颁布的《禁妄投匦使状敕》中说，匦函所设，贵达下情。如知朝廷得失，军国利害，实负冤屈，有司不为申明者，任投匦进状，不得壅滞。

二是招揽人才。武则天以及之后各位皇帝都重视这个功能。如，唐明皇李隆基就颁布了《令考试投匦人敕》，诸投匦献书上策人，其中或有怀才抱器者，不能自达。宜令理匦使料简，随事探赜，仍加考试。如有可采，具状奏闻。①

三是诬告增多。由于武则天不加区别地鼓励进京告密，来者她都接待，安排食宿，地方官护送，造成了严重后果，告密者不可胜数。武则天先后杀死李唐王室成员数百人，杀害了大臣数百家，刺使以下的地方官员，数千人，动辄拘捕、诛族。

一些正直的官员，对这种状况不满的，采取各种办法抵制。如，监察御史严善思，公直敢言。武则天对告密者亦厌烦，命严善思按问，查出了"引虚伏罪者八百五十余人"，并予以平反。这样，原来陷害他人者，罗织罪名，构陷严善思，结果，严善思被流放驩州。武则天也知其冤枉。

当时，告密者用的手法之一是诱人奴婢告其主，以求功赏。如，德妃父、母就是遭家奴诬告。监察御史薛季昶审讯后上奏皇帝，诬陷德妃父、母。结果，薛季昶升官。庞氏当斩，其子庞希城到侍御史徐有功处讼冤，徐有功让所司停刑，上奏论之，以为无罪；薛季昶诬告徐有功阿党恶逆，法司处徐有功罪当绞。徐有功叹曰：我一个人死了，以后其他人就不会死了。吃过饭后，掩扇而寝。有人认为，徐有功内心一定忧惧，偷偷探看，见徐熟睡。武则天召徐有功说，你近来审案为何错误多？徐有功说：审案出错是人臣的小过错；圣人有好生之德。武则天默然。结果，庞氏一家免死，与其三子皆流岭南，其父孝谌贬罗州司马，徐有功亦被除名。

据王晓杰等编著的《解读内乡古衙》中介绍，徐有功敢于严格守法，犯颜

---

① 《全唐文》卷三十四。

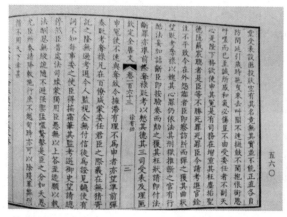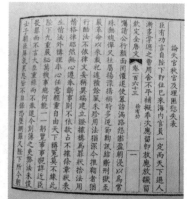

徐有功《论天官秋官及理匦愆失表》《钦定全唐文》卷 163

直谏，平反成百上千冤案，救活人命多达万人以上；公正执法大案六七百件，因此得罪酷吏，频遭弹劾，但始终找不出徐有功徇私枉法的证据。徐有功一生矢志不渝，一心执法守正。因此成为罕见的名留青史的"法官"，被誉为"自古无有"的好官。

本来铜匦可以发挥更大的作用，但由于武则天着眼于政敌，在民众信访方面的作用受到了很大的影响。铜匦之置仅限于宫中，宫外没有，出现了人心不安，大臣们不愿投匦，揭发问题，形同虚设；武则天重用酷吏周兴、来俊臣，杀害了许多大臣；武则天喜怒无常，满朝文武大臣，对她大都守口如瓶。如，徐有功上《论天官秋官及理匦愆失表》①，指出这件事的弊端和对武则天的看法：……近臣畏罪而不言，大臣重禄而不奉，遂令刻薄之吏，弊法未悛。士子朝臣，屏气累息，皆不自保，恐坠网罗。又陛下所令朝堂受表，设匦投状，空有其名，竟无其实，并不能正直。各自防闲，延引岁时，拖曳来去，叫阍不达，挝鼓不闻，抱恨衔恩，吁嗟而已！……今人监视，全无付信，徒为证见。翻使有词不知，每事委之，使臣得摇霜笔。

从徐有功的奏章来看，为信访工作设置的许多办法都已不灵：铜匦空有其名，叫阍不达，挝鼓不闻。

许多流放人员也被诬告，无端杀害，达数千人。武则天在神功元年（公元697年），就铜匦问题，与大臣们进行一次对话，《资治通鉴》中有记载，摘抄

① 《钦定全唐文》卷一百六十三，中华书局 1983 年版。

如下。

武则天对大臣们说：过去，周兴、来俊臣两人掌管刑法，经常用酷刑，太残忍。他们还时常诬陷朝中有叛我者。我使人"就狱引问"，拿到了被审查人承认事实的书面交待材料，我就不以为疑。因此我错杀了不少人。周兴、来俊臣死后，不再听说有人反对我。

夏官侍郎姚元崇（又称姚崇）说，臣以为不然，自垂拱以来，被诬为谋反而惨遭杀戮者，固然是周兴、来俊臣罗织的罪名，许多忠良将惨遭刀祸。你使"近臣问之"，近臣也不能自保，如何敢翻案呢？被诬害的人，若有反复，"惧遭惨毒，不若速死"。现在，虽然周兴、来俊臣被处死，但铜匦空空，无人敢于检举报上，形同虚设，这不能不说圣上之不明。我以全家百口人担保，从现在起，不会再出现谋反者，若有，我甘愿受不告之罪来惩罚。

武则天被姚崇说得无话可答，转而又诡辩地说，以前，宰相也顺成其事，陷我为淫刑之主；刚才，爱卿一席话，正符合我的心意。从表面看，武则天的话是自律，实际上是为自己开脱责任。忠心而大胆的姚崇进行反驳，武则天脸色阴沉，一时无语。

姚崇又进一步说，周兴、来俊臣两个酷吏已被杀，铜匦中得知的周、来罪过甚少，所以微臣建议将铜匦广而用之，由都城而州府，由州府而县，由县而乡里。这样就可以形成一个举报网。圣上如能定期听从下属各级有关铜匦揭发内容的报告，则使天下鬼蜮无法藏匿。

姚崇的建议，无疑是个健全法制的设想，但没有被采纳。后来，姚崇几次鼓动武则天最珍爱的女儿太平公主，向武则天趁机进言，但武则天仍不予理睬。她说，郡州各有各的治安护法之道，我自管以铜匦得宫中密报，足矣。所以，她坚持用铜匦搜集宫中情报，即监视好身边的文武百官；至于地方上的种种不轨行为，她则认为"无妨大局"。

唐朝铜匦是对战国时的蔽竹、汉代的缿筒的继承和发展，梁武帝在谤木、肺石旁，各置一函，横议者投谤木函，求达者投肺石函，这些都是匦的前身。函、匦类似现在的意见箱。

三、拾遗、补阙

拾遗补阙作为词组，早就出现，汉时就有。如，司马迁《报任少卿书》，"次之又不能拾遗补阙，招贤进能"。之后，《魏志》说，"文帝敕侍臣曰：'公卿等宜拾朕之遗，补朕之缺'"。这个词组的内涵，与后来的官名的内涵相近。

拾遗补阙正式作为官名，最早见之于唐朝武则天垂拱元年二月，武则天敕：记言书事，每切于旁求；补阙、拾遗，未宏于注选。……可置左右补阙各二员，从七品；左右拾遗各二人，从八品上。掌供奉讽谏，行列次于左右史之下。①

拾遗、补阙合称为"遗补"；拾遗分为左右拾遗，补阙分为左右补阙；左拾遗、左补阙隶属于门下省，右拾遗、右补阙隶属于中书省。拾遗、补阙的共同任务是"掌供奉讽谏"，"大则廷议，小则上封"。"遗补"都是言官，如果细分，他们还是有一定区别的。据《唐会要》卷五十六说，补阙，"言国家有过阙而补正之，故以名官焉"；拾遗，"言国家有遗事，拾而论之，故以名官焉"。从上述的表述来看，补阙，是对国家"过阙"进行补正，拾遗，是对国家"遗事"，拾而论之。另外，补阙还有举荐人才的责任，"若贤良之遗滞于下，忠孝之不闻于上，则条其事状而荐言之"。

拾遗补阙，在唐代属于公众舆论监督言谏制度的范畴，和御史制度一起，是隋、唐时期监察制度的两大支柱，维护着隋、唐的政权，起到了极其重要的作用。

从历史的角度来看，拾遗补阙是否发挥监察作用，取决于两个条件：一是皇帝重视，做到言者无罪，闻者足戒，这条是关键；二是言官之勇气和素质。

唐太宗李世民总结隋朝短命教训时提出，隋朝之亡在于"上不闻过，下不尽忠"。意思是说，皇帝听不到自己的过错，大臣们又不能尽忠。所以，李世民做了皇帝后，广开直言之路，采取一些措施，鼓励进谏，当时，进谏者多。《贞观政要》中讲，唐太宗即位之初，论谏者步随袂接，表疏之进笥溢几盈。

言谏制度兴盛与衰败，与国家的兴衰是一致的。回顾隋、唐的历史，可以说明这个问题。隋文帝时，很注意听取民众的意见，曾规定，民众的问题在地方上解决不了的，可以诣阙上书，即到京上访，这时隋朝是向上的。隋炀帝"性不喜人谏"，所以，隋朝在他手中很快灭亡。唐朝前期注意公众舆论监督，很快进入盛唐。安史之乱后，谏官的作用与地位都下降，与唐朝政权开始走下坡路是一致的。如，公元807年，唐宪宗说："谏官多谤讪朝政，皆无事实，朕

---

① 《唐会要》卷五十六。

欲谪其尤者一二人以儆其余，如何？"在大臣李绛的力谏下，才停止。公元854年2月，中书、门下奏，拾遗、补阙缺员，请增补。唐宣宗说："谏官要在举职，不必人多。"不予增补。因为谏诤，被贬的谏官不少。如，韩愈、元稹等。更有甚者，被处死。唐僖宗政治腐败，谏官成为政治腐败的障碍。左拾遗侯昌业上谏书："上不亲政事，专务游戏，赏赐无度，田令孜专权无上，天文变异，社稷将危，上疏极谏。"这本来是诚恳而又击中要害的意见，唐僖宗不仅不采纳，反而将他赐死。事情发展到如此地步，离唐朝灭亡也只有五十多年。

唐朝规定了拾遗补阙进谏的范围：（1）对朝廷决定的政策、法令，以及某些重大措施和制度，如认为不妥，有权向皇帝规谏，且力争而不为过。（2）谏官论事，不须宰相先知。从唐太宗到唐肃宗就是这样做的，实际也是对宰相权力的监督。（3）肯定谏官的言谏和封驳的作用，目的是避免错失。

谏官的谏诤权：（1）言谏制度规范化。唐肃宗乾元二年决定，"谏官，十日一上封事"，德宗规定，每月一上封事，内容是指陈时政得失。（2）谏官论事各陈所见，不要连状。唐肃宗、唐武宗就是这样规定的。唐武宗颁发的《除谏官连名奏事敕》规定，"谏官论事，所见不同，连状署名，事同纠率"。[1] 此后，凡论公事各随己见，不得连署姓名。发挥谏官各自的见解。连署，有"纠率"之嫌。（3）朝廷重事，即可连署。必须连状者，共同商量进状，不得辄有代署。（4）谏官所献封事，不限旦晚，任封状进来，门司不得有停滞，如须侧门论事，亦任随状面奏，即便令引对。意思是说，谏官上书，随到随陈送皇帝，如需当面陈奏的，也随时引见。唐代宗永泰元年规定，谏官奏事，不须限官品次第，即不限官职的大小。这样，唐代封驳制度进一步确立，谏官行使谏诤权制度化。

割断宰相与拾遗补阙的"裙带"关系。唐朝对拾遗补阙的任命是严肃的，特别限制"裙带"关系。如父为宰相，子不能为谏官。元和元年九月，唐宪宗李纯以拾遗杜从郁为秘

唐武宗《除谏官联名奏事敕》《钦定全唐文》卷77

---

① 唐武宗：《除谏官连名奏事敕》。《钦定全唐文》卷七十七。

书丞，杜从郁是司徒杜佑之子。补阙拾遗多人上疏：以为宰相之子，不适合做谏诤之官。于是，降为左拾遗。上疏之人又奏说，拾遗与补阙，虽资品不同，皆是谏官，父为宰相，而子为谏官，若政有得失，不可使子论父。于是，又改授其他官职。

唐代重视谏官的质量和配置：

一是提高谏官的质量，科举考试中招收谏科，保证谏官的素质，保证进谏的质量。初唐，曾任右拾遗的陈子昂上奏章，建议科举考试，要招谏科。这一建议被采纳后，一直延续下来。如，开元元年、建中元年、贞元元年九月、贞元四年四月、贞元十年十二月、长庆元年十二月、宝历元年四月、太和二年闰三月等，都招收谏科。培养了一大批高质量的谏官。

二是以小监大，发挥谏诤的优势。拾遗、补阙的责任重大，但品位不高，这是以小谏大的一种办法。当权者为什么要这样做呢？曾任左拾遗的白居易，在一折上疏中，说出了其中的道理："其选甚重，其秩甚卑，所以然者，抑有由也。大凡人之情，位高则惜其位，身重则爱其身。惜位则偷合而不言，爱身则苟容而不谏，此必然之理也。故拾遗之置以卑其秩也，使位未足惜，身未足忧也。所以重其选者使下不忍负心，上不忍负恩也。夫位不足惜，恩不忍负，然后能有阙必规，有违必见，朝廷得失无不察，天下利病无不言，此国朝置拾遗之本意也。"就是说，拾遗、补阙，官位不高，俸禄不厚，丢掉官职并不可惜，所以，他们在进谏时不考虑官位、俸禄，能大胆进言。高官则不一样，位高则惜其位，身重则爱其身，所以，在进谏时，首先考虑官位与厚禄，怕触犯龙鳞，丢掉这些。职位低的"遗补"则不怕，丢掉这些不可惜。如，武则天长安年间，左拾遗孙处元上书言政事得失，不被采纳，即去官还乡。可见，拾遗、补阙，并不惜官位，所以能大胆提出建议，上书直谏，听则继续任职，不听则走人，不足可惜。

谏官在进谏时，是有威力的，很隆重。唐穆宗长庆四年（公元824年），夏绥节度使李佑入为左金吾大将军，进贡好马150匹，皇帝没有接受。侍御史温造认为李佑是违敕进奉，于是，阁内奏弹，请论如法。按当时的规定，被奏弹的人，必须立即退出阁内。李佑出阁后，对人说，紧张得出汗，衣服都湿了。又说，他半夜入蔡州城去捉拿吴元济时，都未紧张害怕过，今日，胆落于温御史的奏弹矣！

另外，谏官可能有专用纸。白居易的《初授拾遗》诗中有这样的说法：

"奉诏登左掖，束带参朝议。……谏纸忽盈箱，对之终自愧。"

四、吏治的六正六邪

唐朝吏治的六正六邪虽然不是直接为信访工作制定，但与信访工作有密切关联，或是适用于信访工作。下面介绍的几项内容，有的见诸法律条款，有的见诸帝王的批示。

在唐代，尤其是盛唐时期，对官吏的考核，是比较严格的，考核的标准叫六正六邪，又叫做"进之以六正，戒之以六邪"。就是说，做到六正的可以升官，即"进"；有六邪的要被罚，即"戒"。

"六正"是指：（1）善于审时度势，事情在萌发时能预见未来的利弊得失，……是圣明的大臣；（2）全心全意，尽职尽忠，能除掉朝政中的弊端，……是良臣；（3）早起晚睡，鞠躬尽瘁，尽职尽责，以利于国君励精图治，……是忠臣；（4）能够清醒地认识到成败，防微杜渐，斩断祸害的根苗，……是明智的大臣；（5）奉公守法，……是有贞操的大臣；（6）对上级不阿谀奉承，敢直谏，……是正直的大臣。

"六邪"是指：（1）高官厚禄，……不称职的官员；（2）一味顺从国君，是谀臣；（3）心怀奸诈，……是奸臣；（4）文过饰非，……是谗臣；（5）专横跋扈，……是贼臣；（6）专搞歪门邪道，给皇上出坏点子，……是亡国之臣。

对官员的监察，汉有监察六条，隋有监察六条，唐有考察"六条"，是对官员的治理标准。汉的监察六条，在上一章中介绍，这里只介绍隋、唐的。

隋监察六条："一察品官以上理政能不；二察官人贪财害政；三察豪强奸猾，侵害下人，及田宅逾制，官司不能禁止者；四察水旱虫灾，不以实言，枉征赋役，及无灾妄蠲免者；五察部内贼盗，不能穷逐，隐而不申者；六察德行孝悌，茂才异行，隐不贡者。"

唐的考察百官"六条"：（1）察官人善恶；（2）察户口流散，籍帐隐没，赋役不均；（3）察农桑不勤，仓库减耗；（4）察妖猾盗贼，不事生业，为私蠹害；（5）察德行孝悌，茂才异等，藏器晦迹，应时用者；（6）察点吏豪宗兼并纵暴，贫弱冤苦，不能自申者。

纵观汉、隋和唐三个六条，我们觉得唐六条考察的范围都要广泛。汉代所察之人，重点是强宗豪右及二千石的高级官员，二千石郡国守相为主，唐则把整肃吏治放考察范围，而不限于"高官"。

考察的具体标准是"四善"和"二十七最"。

"四善"：一曰德义有闻；二曰清慎明著；三曰公平可称；四曰恪勤匪懈。

"二十七最"，是对各类官员提出的具体要求，其中第一最就是拾遗补阙的问题，"献可替否，拾遗补阙，为近侍之最"；第十一最是"承旨敷奏，吐纳明敏，为宣纳之最"；第二十五最是"市廛弗扰，奸滥不行，为市司之最"①。

这些考察内容，有许多与信访工作关系密切。如，考察第一条即是"察官人善恶"，第六条"察点吏豪宗兼并纵暴，贫弱冤苦不能自申者"。"二十七最"中上述引用的几条，也都是与百姓有关、与信访工作密切。

隋、唐时期，为了防止百官与民争利，除俸禄外，还有职分田。职分田，是根据官职的大小，顷亩有增减。

对司法官员，除遵守上述规定外，另有特殊的惩罚规定：监临受贿，盈尺有刑。诸监临之官，受所监临财物者，一尺笞四十。诸监临主司受财而枉法者，一尺杖一百。唐高宗时规定："州胥吏犯赃一匹以上，先决一百，然后准法。"

枉法赃十五匹绞，准格加至二十匹。乃自丧乱已来，廉耻者少，举律行令，诫人远财。国家常切好生，上下颇能知禁，犯既渐寡，法亦宜轻。起今后犯枉法赃者，宜准格文处分。赃轻条内，有以准加减及同字者并倍，累赃并宜准律令格式处分。凡有告事者，除盐曲条流外，宜据轻重，依理施行，不在格赏之限。②

以上是说，对司法官员，法律有规定，如果接受涉案人员的行贿，如丝绸等，达一尺长的，就要惩罚；受所监临财物的，达一尺的笞四十；监临主司受财而枉法者，一尺杖一百；州及其以下的官吏，犯赃一匹以上，先决一百，然后准法。

涉及司法案件的规定，死刑皆"五复奏"，是唐太宗民本思想的体现。防止"庶免冤滥"，减少冤案，也减少民、刑事信访。唐朝在法律上，遵循"德主刑辅"的立法思想。如唐太宗说："古者断狱，必讯于三槐、九棘之官，今三公、九卿，即其职也。自今以后，大辟罪皆令中书、门下四品以

---

① 《新唐书·职官志》。
② 《全唐文》卷一百一十二。

上及尚书九卿议之。如此，庶免冤滥。"唐朝对于死刑，严格控制。据史籍记载，贞观四年，全国处以死刑的罪犯只有 29 人；开元二十五年，也只有 58 人。

上述规定，或直接，或间接影响信访工作。这些规定，如能实施，将减少信访，吏治好了处理信访工作也就公正，按法办事。

第五节　信访理论研究

唐代有一批有识之士，对原始民主时期以来所使用的几种信访活动设置和渠道，从理论上进行了研究，探讨其产生的背景、作用、意义和发展及其影响，写出了一批有分量的理论性文章。

一、白居易力主恢复采诗官

"采诗"作为帝王汲取民情一种形式，从其一出现就受到重视，采诗官是完成这一任务的主要官员之一，从原始民主时期就已存在，诗在政权方面起到很重要的作用，也是作者的态度。所以，白居易写了一首诗，名为《采诗》，副标题"以补察时政"。副标题阐明了采诗的宗旨。白居易还写了一首《采诗官》，副标题是"监前王乱亡之由也"，进一步全面阐述诗歌的重要性。综合起来，讲民歌的发展、历史作用与地位。明确指出，对采诗重视与否，与国家兴亡有非常密切的关系。

白居易说，采诗官在历史上起到了重要作用：（1）是帝王与民众沟通的重要渠道，起到上下通畅的作用，"下流上通上下泰"，即上下通泰，就是国泰民安，是国家安定的基石，诗歌、民情对政治缺失具备修补作用，"政之废者修之，阙者补之"；（2）民歌是民众参政最便捷、行之有效的方式，但从秦朝以下，已有十个朝代（即秦、汉、魏、晋、宋、齐、梁、陈、隋至唐）没有设置采诗官，皇帝不知民间事，形成了皇帝与民众对立，造成严重政局纷乱，这就是王朝"乱亡之由"，也是白居易在诗中表达的中心目的；（3）由于取消采诗官，也就没有民间百姓的呼声，出现了只有歌功颂德、赞美君王言辞，"若求兴谕规刺言，万句千章无一字"的怪现象，朝廷"绝讽议"，谏官们缄口不语，说的都是祥瑞的话，谏鼓之类的言谏工具，成了摆设。君主只能听到朝堂上的好听话，看不到门外边的事，完全闭塞，被官员包围，结果出现了"贪吏

白居易《采诗》、《采诗官》

害民无所忌，奸臣蔽君无所畏"；(4) 听说，现在（唐朝）想采诗官，"今欲立采诗之官，开讽刺之道，察其得失之政，通其上下之情"，君王必须具有"言之者无罪，闻之者足以戒"的品德，遵守"先王立训，唯谏是从"。

唐贞观八年正月二十九日，取消观风使。观风使是"察吏人善恶，观风俗得失"①。许多开明人士对此表示反对，建议恢复。如，白居易的《进士策问五道·第三道》中说："今有司欲请于上，遣观风之使，复采诗之官，俾无远迩，无美刺，日采于下，岁闻于上；以副我一人忧万人之旨。"从这篇散文来看，唐朝有关部门认识到采诗之重要，准备报请皇帝，恢复采诗官或观风使。

二、敢谏之鼓——"圣人来谏诤之道"

论述敢谏鼓作用的人很多，其中不少是名人，如白居易、王起等。做过拾遗的白居易写了《敢谏鼓赋》，副标题是"以'圣人来谏诤之道'为韵"；做过宰相的王起，写了一篇《谏鼓赋》，副标题是"以'圣帝之心，渴于闻过'为韵"。这类文章的特点，都有一个立场鲜明、中心突出的副标题，点出了文章的要旨。

如，白居易《敢谏鼓赋》，副标题是"以'圣人来谏诤之道'为韵"，说

---

① 《全唐文》卷二百四十七。

的是，圣人处世的法则（道），就是要接受吏民们的谏诤，反过来，只有接受吏民的谏诤，才能成为明君。综合这类文章，阐述如下一些观点：

《敢谏鼓赋》是"经邦之柄"，白居易在《敢谏鼓赋》中说，"鼓者工所制，谏者君所命。鼓因谏设，发为治世之音；谏以鼓来，悬作经邦之柄。纳其臣于忠直，致其君于明圣。将使内外必闻，上下交正，于是乎唐尧得以为盛治者也"。是说，敢谏鼓是工匠们奉君主的命令制造的；供吏民们进谏用的；鼓发出的是治世之音，对君主的"过谋""过事"进行谏阻，使首领与吏民上下矫正、沟通，"致其君于明圣"，是"悬作经邦之柄"。白居易感叹地说："至矣哉！"敢谏鼓"用于朝，朝无面从之患；行于国，国无居下之讪"，用于朝堂，能消除忧患，用于治理国家，下面就不会有不满的言论。"坎坎动心，明启沃心之谏"，这是对当政者的警戒！

白居易《敢谏鼓赋》

（一）阐述敢谏鼓与进谏的关系

白居易在《敢谏鼓赋》中一开始就说，敢谏鼓是帝王命令工匠们制造的，是为了让民众谏诤用的，即"鼓因谏设，发为治世之音；谏以鼓来，悬作经邦之柄"。王起说，"先王惧五谏之或替，恐四聪之有蔽。爰立鼓于朝，得为邦之制"，说明鼓因谏而设，鼓发出的是治国之音，防止君王出现"四聪之有蔽"。

（二）鼓和鼓的声音，是信息的重要载体

通过鼓的声音，将吏民们的信息传达给天子。鼓，成了帝王与民众之间不可小视的媒介、桥梁，作用是非常大的："洋洋盈耳，幽赞逆耳之言；坎坎动心，明启沃心之谏。且夫鼓之为用也，或备于乐悬，或施于戎政"。……未若备察朝阙，发挥廷诤。声闻于外，以彰我主圣臣良；道在其中，以表我上忠下敬"，设立谏鼓的意义在于发挥"廷诤"，彰显"主圣臣良""上忠下敬"。

（三）王起《谏鼓赋》认为，圣帝之心，渴于闻过

"防口之政多惭，逆耳之言载渴"，还将敢谏鼓与其他几种形式作比较，"得夫贤，掩善旌之所进；箴于阙，殊谤木之所书"。王起还说，圣贤的君主只有顺从民众的谏净，即"药石必纳，刍荛不遗"[①]，才不会走邪路。王起的另一篇《木从绳赋》的副标题，"以'圣君顺谏，如木从绳'为韵"。副标题就是王起要表达的中心意思，希望"圣君顺谏，如木从绳"。这是一个非常生动、深刻的比喻。

（四）敢谏鼓，能否发挥作用，在于人，不在于物

白居易在《敢谏鼓赋》中说：闻其音，则知有献替之士；聆其响，不独思将帅之臣。嗟乎！舍之则声寝，用之气振。虽声气之在鼓，终用舍之由人。就是说，用好敢谏鼓，上下君民精神都振奋。但归根到底，鼓的作用不在鼓本身，而在于使用鼓的人，即君王。

三、进善旌——"设之通衢，俾人进善"

论述设置进善旌的有陈左流、柳道伦、李逢吉、范传正和陈讽等人。这些人中，有的曾任拾遗、补阙，有的是郎官，他们深知民间的事，深知进善旌的历史和作用，所以，写出来文章，比较切合实际，符合初设置进善旌的本意。这类文章都用一个标题《进善旌赋》，副标题都是"以'设之通衢，俾人进善'为韵"，这些人对进善旌的功能看法是一致的。

在书写这类文章中，陈左流风格比较特殊，它是用第一人称、拟人的口气表述："故邦无道则我斯废，邦有道则我斯设"。意思是说，国家无"道"，我进善旌就被废弃不用，国家有"道"，我进善旌就设置，或曰用我者兴，弃我者亡。可见，进善旌设与废，与国家的兴衰是一致的。"谓善建者手不可拔，岂有力者负之能趋。是知昔之设旌也，其美如彼。今之设旌也，其美如此。君若好善，士皆可俾。士有愿歌乎圣德，庶无惭于末技。"意思是说，前人设立进善旌，是那个时候的美德，今天设进善旌，是今人之美德。如果你好善，"士"皆可以服从你，也愿意歌颂你的"圣德"，平民百姓愿意做任何"低劣"的事。

（一）进善旌置于大道通渠之处

副标题的第一句话"设之通衢"就是这个意思，为的是吏民们发表意见，方便、容易找，设置在交通方便的地方。如，柳道伦在《进善旌赋》中说，

---

① 药石：治病的药物和砭石，泛指药物；用以比喻规劝改过迁善。

《进善旌赋》

"将启纳善之怀于四方之士，乃立进善之旌于五达之衢"，这是让民众进善的。

（二）进善旌是让百姓发表意见用的

副标题的第二句话"俾人进善"，待四方之士进善。"俾人"是指打柴割草的山野之人，是社会基层贫民，就是前面说的"药石必纳，刍荛不遗"。也就是说，不论提意见人的身份如何，只要有意见都听，只要有价值，都要采纳。

（三）进善旌的作用，类似于敢谏鼓、诽谤木

设置进善旌本身就是皇帝将大德播于下，百姓自然会将民间情况反映给帝王，"置之则上德下布，就之则下情上通"，"告善员来，故进而无妄；闻善必纳，信言而有孚"，"欣逢进善之时，庶以善言而进"。所以，柳道伦明确地说，进善旌的作用类似于"谏鼓所陈，同谤木之设"。李逢吉说，"是必随谤木以用舍，与谏鼓为等伦"。还有招贤的作用，"招贤俊之徒"。

（四）阐述设置进善旌的意义

设立进善旌，"大哉求仁，其必有因。懿此标表，本乎咨询"。陈左流认为，进善旌是帝王的耳目，有了它，帝王耳聪目明，"进善为名分，求善为

137

功"，"王者所以开谠谏之路，作耳目之聪"，表明进善旌的伟大作用，"曷若当天下之用，进海内之善。揄扬不倦，道已盛于方今"。范传正说，"为君者莫大乎求贤，审贤者莫先乎进善。不立表以取则，何勖人于自勉"，"招一善而百善知归，纳一人而万人胥悦"，"傥片善可录，至公不疑。愿仁立于旌下，幸因兹而进之"。陈讽则说，"是用去疵厉而达幽仄，和上下而宣德风。邦有道而无隐，善如流而必通。……岂比夫周聆木铎之谣，汉尚石渠之选"。

四、诽谤木——上疏之源

唐人认为，上疏（上书）等，是从诽谤木发展来的。如，魏征就曾明确地说，上疏这件事，是谤木的遗风。《旧唐书》中记载魏征的原话："古者立诽谤之木，欲闻己过，今之封事，谤木之流也。"

诽谤木的设立是让百姓在上面写字或画画，表达自己的意见，就是说，文字或象形文字一出现，就被用作信访工作，这有历史文献可考。

五、木铎——"遒人徇路"

前已经阐述了铎有两种："文事奋木铎，武事奋金铎"。我们这里介绍的铎是木铎，是有关"文事"方面的，唐人论述的也就是这部分。如，宰相王起写了一首《振木铎赋》，副标题是"以'孟春之月，遒人徇路'为韵"。徇于路的"徇"字，就是"巡"，巡行，往来采访、视察的意思。《振木铎赋》中说，"国家敷文教，布时令。爰振铎于九衢，将采诗于万姓"。九是泛指多，衢，指四通八达、纵横交错的道路，九衢泛指走遍全国各地，采集于千家万户。这些行动都离不开木铎的辅助。"上立其典，将兴咏之必闻；下听其音，知从谏而则圣。""因木德之将盛，怀金声而载振。或聆之而胥悦，或抑之而旅进。岂比夫鼓有节而斯通，雷发声而先徇。""在道途而无壅，致朝廷之允厘。""虚其中而不屈，圆其外而合度。可以扬天之声，可以遵王之路。令出不返，知遒人之是司；道之将行，幸夫子之可喻。"这些讲的是铎的作用与威力，"铎之为义也深，铎之为用也固"。

唐时，对所有用于信访工作的设置都进行了论述，阐明他们的伟大历史作用。

第四章 宋、元时期信访工作

宋、元时期的信访工作，各有特色。本章按朝代的先后，先介绍宋，然后介绍元，最后介绍与宋朝先后并存的辽、金和西夏。

第一节 宋朝的时代背景

经历五代十国，到后周时期，郭威做了皇帝为太祖，郭威无子，传位于养子、内侄柴荣。柴荣为世宗，柴荣死后，赵匡胤黄袍加身，取代后周，建立宋，为宋太祖。

一、赵匡胤加强中央集权和皇权

赵匡胤在兵变取得政权后，有两怕：一怕别人仿效他，搞政变；二怕出现唐朝中、晚期的方镇割据。所以，取得政权后，他立即采取措施，对地方势力"夺其权，制其钱谷，收其精兵"，就是将"权、钱、兵"三权收归中央，巩固君权。

赵匡胤注意发展经济，重视农业生产，奖励农桑，以增加赋税收入；兴修水利，整治以汴梁为中心的运河，提高运输能力。到了宋仁宗的时候，经济和科学文化都有所发展。

二、宋朝帝王善于纳谏

能听进批评和建议，可以说是善于纳谏，尤其是尖锐的批评，能听得进去，轻易不杀谏官。

三、注重教育，科技发达

宋朝有京师学，地方学，著名的四大书院。赵匡胤在用人方面强调"不限前资，见任职官"，即不讲究资历、门第，不考虑家庭背景，只要是人才，就可以使用。宋仁宗提出的"以废学为耻，以饰身为贤"的主张，也有一定好的影响，程朱理学影响更为深远。①

四、冗官、冗兵、冗费，且职、责混乱

担任某个职务的人，不能管理这个部门的事，不担任这个职务的人，皇帝特命，来管理这个部门的事。官员们相互牵掣，包括州、县等也如此，官不能专职，文臣代替武官，谏官不任谏。

五、劳役、苛税严重

宋朝在内政方面，实行苛税，农民们的负担相当严重，各种冗费，使国家财政空虚；战争频发，失败就割地、赔款且数额巨大。自然灾害相继发生，也出现了农民的"谷未离场，帛未下机"，就被公私债主拿去。

宋代劳役名目繁多，害民颇深，为民众痛绝。其中衙前役最为害民。熙宁元年，谏院吴充说，今乡役之中，衙前为重，民间规避重役，土地不敢多耕而避户等，骨肉不敢义聚而惮人丁，故近年上户寝少，中下户寝多，役使频仍。

据《宋史》食货志记载，三司使韩绛说："闻京东民有父子二丁将为衙前役者，其父告其子曰'吾当求死，使汝曹免于冻馁'遂自缢而死。又闻江南有人嫁其祖母及与母析居以避役者。"②

六、党派之争，互相挞伐

宋朝有朋党之争、新旧党之争、同党相争、主战派与主和派之争以及台谏之横争，争论的结果，遗误了国家。

这些争论，上至皇帝，下至大臣，都介入，且贯穿了整个宋朝。党争误国，成为宋朝大祸之一。宋朝领导集团分为两派，事无巨细，都争论，没有国家利益，没有是非。如，外敌已入侵且兵临城下，是战是和，两派还在激烈争论。由于宋朝重防内轻防外、重文抑武，在与辽、金和西夏之战争，多以失败告终。

宋朝时消除方镇，加固君权；注重教育，科技发达；冗官冗费，职责混乱；党派互挞，亡于内斗。信访问题多源于此。

---

① 徐松：《宋会要辑稿·帝系》四之六，第101页。
② 《宋史·食货志》卷一百三十。

第二节 百姓、太学生诣阙上书支持主战派，反对投降

由于宋朝领导集团内部矛盾重重，对外软弱，受外族侵扰，对内欺压百姓，实行重税苛政，百姓受到沉重的压迫。军、民、学上书上访不断，最为突出的是太学生诣阙上书不断，内容直指中央政权的核心人物。许多太学生因诣阙上书，被判刑、流放或杀头，结果是越镇压，太学生诣阙上书越是激烈。

一、太学生诣阙上书的主要内容

宋朝太学生诣阙上书，始于 1109 年，一直延续到南宋末年，没有中断过。上书的人数不等，有的是一个人，有的是几十人，有的是几百人，甚至与民众结合，人数更多，多达到数万人，反映的内容，多集中朝政方面。

（一）宋朝的知识分子政策比较宽容

宋朝的知识分子政策，比较开明、宽松，表现在人才的使用方面。宋朝培养人才和使用人才，以及录用官员等方面，是以"才"作为标准，只要是有用的、有才能的就使用。不限个人的资历、资格和家庭出身，打破了门第界限，为基层百姓、下级官员开辟了一条仕途。这是一个不小的进步。具体做法，在科举制度上，采取了"以等布衣之举者"。宋初，"太祖置贤良方正，直言极谏经学优深，可为师法，详闲吏理，达于教化，凡三科，不限前资见任职官，黄衣草泽，悉许应诏对策三千言词理俱优则中选"。其中"不限前资，见任职官"和"以等布衣之举者"，就是要从平民百姓中发现人才。

这里说的"黄衣草泽"，《辞海》等解释：黄衣有两解，一种是说古人蜡祭时所穿的衣服；二种是说道士的衣服。"黄"指幼儿，隋朝指三岁以下，唐朝指初生婴儿。草泽：荒野之地，也喻草野之士、隐士之类人士。黄衣草泽，应该理解为对老幼、朝野之士无欺，一视同仁，只要有才能，都可以重用。

宋仁宗曾颁诏曰："朕开数路以详延天下之士。"还增设贤良方正科，设"沉沦草泽科，茂材异等科，以待布衣之被举者"①。宋朝开这些考试科目，目的是录用来自基层的知识分子。这些人对基层社会了解，对事物敏感，必然给统治集团带来新的思维，发挥作用。试图用这些人对帝王、官吏的越轨行动，

---

① 《宋史》卷一百五十六。

进行制约。

宋朝对知识分子相对宽容，有一件事可以作为佐证。据宋朝叶梦得在《避暑漫抄》中说："艺祖（注：指赵匡胤）受命之三年，密镌一碑，立于太庙寝殿之夹室，谓之誓碑……誓词三行，一云：'柴氏子孙，有罪不得加刑，纵犯谋逆，止于狱内赐尽，不得市曹刑戮，亦不得连坐支属'。一云：'不得杀士大夫及上书言事人'。一云：'子孙有渝此誓者，天必殛之'。""誓碑"是否真实，尚有不同看法，但后来实践证明，宋朝杀知识分子的事比其他朝代少，朝臣对帝王能用激烈言辞争论问题。如，寇准、王安石、包拯和杨亿等，他们与皇帝争论时，经常使用激烈的语言，使皇帝下不了台。"誓碑"中说的"不得杀士大夫及上书言事人"，包括上书的百姓。

（二）揭露在外敌入侵时，帝王软弱无能，大臣屈辱投降

外敌当前，知识分子与民众联合诣阙上书，要求一致对外。

宋之前，民众与知识分子为同一件事上书的情况不多，宋朝出现了大批民众与人数众多的太学生、进士等集体上书，人数多，次数多，声势大，是这个时候出现的上访新特点。

太学生上疏指出，在外敌当前，帝王们摇摆不定，从忍让不抵抗，到支持主和派，与主和派沆瀣一气，压制主战派，最后杀害了主战派将领岳飞，对外族、割地、赔款、求和，丧权辱国，甚至向外族称臣，将好端端的大宋江山葬送。在宋朝建国三百年中，外敌入侵不断，太学生上疏也不断，要求惩办主和派，支持主战派的呼声，此起彼伏，一浪高过一浪。

宋朝太学生诣阙上书，最早可追溯到宋徽宗时期，大观三年（公元1109年），太学生陈朝老上疏，陈述蔡京之恶十四事；十六年后，即宣和七年（公元1125年），太学生陈东七次上疏，力挺使用主战派，要求惩办主和派。

陈东上疏情况。据《宋史》记载，靖康元年二月，皇帝命令都统制姚平仲带兵夜袭金人军营，不克而奔。金人以此为借口，强势进犯，宋朝皇帝罢了主战派李纲以谢金人，还废除皇帝亲征行营司，割地三镇。群情愤激，在民族存亡时刻，太学生陈东率领一批同窗学友，及首都民众数万人伏阙上书，请求复用李纲和种师道，进行抗金，并且矛头直指皇帝宠臣李邦彦。揭发李邦彦等人，嫉妒李纲，恐李纲成功；现在罢免李纲，正好堕入金人之计；认为，蔡京等六人，位货赂公行，党羽满朝。正在太学生与民众情绪激动的时候，李邦彦入朝，被众人围着，数说李邦彦罪过，而且进行责骂。朝臣吴敏出来动员群众

离去，众人不退，遂挝登闻鼓，声势浩大，山呼动地，殿帅王宗濋恐生变，上奏皇帝，从太学生之意见。恰在此时，内侍朱拱之宣李纲后，众人上前，脔而磔之。就是说，将朱拱之砍成肉块，分而食之，并杀内侍数十人，乃复李纲为右丞，充任京城防御使。但是，皇帝很快下诏，诛杀士民中为首杀内侍者，禁伏阙上书。

最后，太学生和民众受到了惩罚，禁止伏阙上书。在这种情况下，朝廷曾任命太学生陈东为初品官，赐同进士出身。陈东对这一切，都辞去不受。

陈东七次上疏情况：一次是请诛蔡京、梁师成、李邦彦、朱勔、王黼、童贯六贼；一次是童贯挟徽宗东行，请追童贯还，正典刑；一次是金人大军迫近京师，再请诛六贼；一次是请用李纲，斥李邦彦等；又一次请诛蔡京。另外两次上疏：一次挽留李纲，罢黄潜善、汪伯彦；另一次请求皇帝亲征，迎还二圣（注：即被金人俘去的宋徽宗、宋钦宗），治诸将不进兵之罪，以作士气，要求圣驾归京师，勿南下金陵。此两次上疏，皆在高宗召赴“行在”①时。这7次上疏，有的是率诸太学生高登等，有的是陈东一人②。

据宋人周密在《齐东野语》中记载：登闻院管鼓一面，在京东宣德门外，被太学生陈东等击碎，不曾搬动皇帝和官员前来。可见，登闻鼓已是虚设。

宋高宗于建炎元年（公元1127年）八月，陈东因上疏获罪，被斩于市，同时被杀的还有抚州布衣欧阳澈，亦因上疏获罪。

《宋史》记载：“越三年，高宗感悟，追赠（陈）东、（欧阳）澈俱承事郎。（陈）东无子，官有服亲一人，……遣守臣祭（陈）东墓，赐缗钱五百。绍兴四年，并加朝奉郎、秘阁修撰，官其后二人，赐田十顷。”③这表明宋高宗对杀害陈东、欧阳澈后悔。

与陈东一起上疏的太学生高登，之后，又六次上疏，宋高宗授其为古县令。秦桧恶之，谪漳州。

南宋时，因为外敌入侵的问题，上疏的不少。如南宋宁宗嘉定十二年（公元1219年）五月，因为当时的工部尚书主张与金人议和，太学生何处恬等人伏阙上书，请诛工部尚书，以谢天下。

① “行在”又称“行在所”，是指皇帝所在的地方。南宋时，称临安为行在，行都之意，不忘旧都汴梁。
② 《中华二千年史》卷四。
③ 《中华二千年史》卷四。

（三）揭发朝臣和皇帝腐败

太学生曾伏阙上书的另一个内容是揭发大臣腐败，矛头直指皇帝。这类例子很多，我们只举一例说明。宣和元年（公元 1119 年），"时朱勔以花石纲媚上，东南骚动，太学生邓肃进诗讽谏，诏放归田里"①。是说当时的奸臣朱勔，为了巴结皇帝，即"媚上"，从东南弄来花石纲，献给皇帝，引起了东南的人民骚动。当时，太学生邓肃，上诗十首进行讽谏。结果，得罪了皇帝，下诏，放邓肃回归田里。就是说，将邓肃赶出京城，放归故里，不再任用。

（四）太学生要求为错杀的岳飞"乞褒赠"

太学生曾上疏为岳飞鸣冤。据《宋史》记载：绍兴十一年（公元 1141 年），汾州进士智浃上疏讼岳飞受冤屈，结果被决杖，送袁州"编管"。

虽然智浃受到如此冤屈，但太学生并不惧怕，继续为岳飞鸣冤。之后，太学生程鸿图，上疏讼岳飞冤案。皇帝采纳程鸿图的上疏，下诏，让岳飞家属自便。就是说，对岳飞的家属解除"管制"，可以自己决定去处。

太学生上书，为被冤屈的平反，伸张正义叫"乞褒赠"。

（五）积极参与国事

太学生上疏，多和政务有关，有的一次上疏只谈一个问题，有的谈六七个内容，又是多次上疏，所以，很难断然分开，什么内容在哪一次上疏中谈的。现介绍部分上疏情况和内容。

宋光宗绍熙五年（公元 1194 年），久疾不省重华宫，太学生汪安仁等二百余人上疏。宋宁宗庆元元年（公元 1195 年），为劾赵汝愚问题，太学生杨宏中、林仲麟、徐范、张道、蒋傅、周端朝，上书辨诬。结果，此六人，被发配到五百里以外的地方，进行管制。宋宁宗时期，王居安，上书言事，被夺官，太学诸生，举幡乞留。这是第一次出现太学生打出标语上疏。

宋理宗淳祐年间，为丞相董槐去国，太学生刘黻、陈宗、黄镛、曾唯、陈宜中、林则祖伏阙上疏；程公许、黄之纯被诬劾罢出，刘黻又率诸生上疏；刘汉弼劾史嵩之之党的问题，太学生蔡之润等百七十有三人，伏阙上疏；杜范劾李鸣复，太学诸生上疏。之后，为同类问题，太学生黄恺伯、金九万、孙翼凤等百四十四人，太学生刘黻等百余人先后上疏。

太学生相继叩阍讼冤，有的受到迫害。如，丁大全为谏议大夫，诸生叩阍

---

① 《宋史》卷二十二。

言不可。皇帝下诏书"禁戒"，旋逮诸生下狱。宋末，有太学生萧规、叶李等，上疏言贾似道专政。南宋孝宗隆兴二年（公元1164年），太学生张观等七十余人集体上疏，痛斥汤思退、王之望等人与金和议之论，皇帝大怒，欲加太学生以重罪。宋恭帝德祐时期，太学刘九皋等上疏被捕逮下狱。

南宋宁宗庆元六年（公元1200年）九月，婺州进士吕祖泰击登闻鼓上疏，请诛杀宰相韩某。被宋宁宗杖打一百，发配钦州牢城。

太学生上疏，有的被杀，有的被罚，多数是按照《太学自讼斋法》进行惩处，或放回故里，或流放外地管制。

对于太学生屡屡上疏现象，《中华二千年史》作者认为：太学生动辄上疏，国家没有改进，象征着衰败。

另外，在《宋史》中记载，个别太学生接受贿赂之嫌，利用自己的身份，替人上书，为有问题的人辩解，被称为"受赂陈书者"。如，宦者赂太学生林自养陈书，结果，学生中不少人，厌恶林自养，鸣鼓攻之，上疏申其罪，遭到太学生唾弃。

当时，在太学生上疏中，有两起是六人集体行动，遭受迫害，均被称为"六君子"。一是宋宁宗时的杨宏中、周端朝、张道、林仲麟（一作徐仲麟）、蒋傅、徐范六人；二是宋理宗时的刘黻、陈宜中、黄镛、林则祖、曾唯、陈宗亦六人。

有六位重臣，多行不义，欺压百姓，迫害太学生，被称为"六贼"。他们是蔡京、梁师成、李彦、朱勔、王黼、童贯。

二、兵士挝登闻鼓

士兵上访反映问题，在唐朝已有，北宋时出现了士兵挝登闻鼓，直接向帝王反映自己主要领导存在的问题，这是个新的现象，是以前所没有的。如，将军遵诲在年轻时曾经非礼过赵匡胤，后来赵匡胤当了皇帝召见遵诲时，遵诲的部下军卒们击登闻鼓，诉控遵诲十余件事，赵匡胤不但没有惩罚遵诲，反而从边境"窃迎其母，送于遵诲"，遵诲感激涕零。至于遵诲的十余件事是如何处理的就没有下文，从遵诲感激涕零来看是没有处理。

三、被害人之妻挝登闻鼓

《宋史》记载：宋太宗雍熙元年（公元984年），开封有一刘姓寡妇为了侵占财物，指使奴婢到官府，状告她丈夫前妻所生儿子王元吉企图毒死自己。右军巡查没有得到真实情况，移交左军，在左军严刑之下，王元吉自诬认罪。很快，刘寡妇死。府中复审囚犯时，将王元吉移司录司案问，司录司官员审查得出的结论是没有明显毒害症状，但还是"决徒"。王元吉之妻张氏不服，击登闻鼓称冤，皇帝亲自审理，得到真相，原来刘寡妇有奸情，"惭悸成疾，惧其子发觉而诬之"。皇帝将办案官、医生以及受赃者都作了处理，之后，皇帝对宰相感慨地说："京邑之内，乃复冤酷如此，况四方乎！"

在有些文艺作品中也有挝登闻鼓的记载。如，无名氏《陈州粜米》第一折："任从他贼丑生，百般家着智能。遍衙门告不成，也还要上登闻将怨鼓鸣。"

四、百姓集体诣阙请愿

宋朝集体上访的事件不少，帝王在某种程度上满足百姓的要求。

如，《宋史》宋真宗大中祥符元年三月，兖州父老千二百人诣阙请封禅；丁卯，兖州等诸路进士等八百四十人诣阙请封禅；壬午，文武官、将校、蛮夷、耆寿、僧道二万四千三百七十余人诣阙请封禅；同年四月，曹济州、广济军耆老二千二百人诣阙请临幸。大中祥符六年七月，亳州官吏父老三千余人诣阙请车驾朝谒太清宫。

还有集体上书，请求释放已定罪的犯人。如，宜州执溪峒蛮会三十余人诣阙，帝王同意他们的请求，下诏："释其罪，遣还。"

第三节　宋朝信访工作制度

宋朝对吏民们信访是如何处理，有自己的规定，有的已写入法规中。

一、民众上书，有几项内容不得触犯

宋朝对于吏民们的信访活动，有许多限制。仅在《刑统》中，就有以下几项规定，信访人不得触动。

（一）诬告罪，即诬陷罪

在嘉祐五年六月，诏戒上封告讦人罪或言赦前事，及言事官弹劾小过不关政体者。就是说，在信访活动中不能涉及告讦、已处理过的事情和纠缠不关政体的小事，如果要违反，或涉及这类问题，要受到制裁。

（二）谣言罪

《宋史》中说，天禧四年，诏：将"造祆书祆言"列入"十恶"，这里的祆

字，就是妖，是妖言惑众，大逆不道。

（三）奴婢告主要治罪

《宋史》中说，"佃客犯主，加凡人一等。主犯之，杖以下勿论，徒以上减凡人一等"。就是说，奴婢告主人，对奴婢要罪加一等惩处；主人要犯杖责以下罪的，可以不管，达到徒刑罪的，要减一等。"主"有谋反叛逆罪者除外。

（四）被囚禁者不得告举他事，赦前事相告言、犯罪者自陈，等等，在服刑期间不得申诉

就是说，犯人在囚禁期间，不得"告举他事"，赦前的事也不得"相告"，服刑期间不得申诉。

（五）邀车驾、挝鼓和上表自诉，不得故意增减情状（节），或隐避诈妄，如发现，按书诈不实论处

（六）越诉罪

如果有人越级上诉以及受理越级上诉的官员，各杖四十。

（七）投匿名书（诬）告他人罪

自古以来，凡匿名信诬告他人的，都要受到法律的追究，宋朝也如此。明朝孙能在《益智编》中记载了宋朝一个写匿名信诬告他人受到法律制裁的事例。宋朝王安礼任开封知府时，有人投递匿名信，告一富家大户企图谋反，并且在民间散布了许多谣言，闹得整个开封都惶恐不安，但王安礼却不以为然。不几日，果有圣旨，要求他根治。王安礼搜验富家无实迹，就询其有冤家否。答曰："数日前有鬻状人马生尝有所贷，弗与，颇积怨言。"王安礼审讯马生。开始，马生不承认，王安礼就出示了匿名信和马生写的讼词的笔迹，传来了人证。在证据面前，马生再也掩盖不了了，就低头承认了写匿信。王安礼依法对其进行了处罚。这是第二次出现核对匿名信笔迹定案。

除上述规定外，还有针对信访人的两部律法：一是《太学自讼斋法》，二是《上书不实法》。

《太学自讼斋法》，是针对太学生及其他知识分子言论的处理办法。《宋史·徽宗一》，其文是说：崇宁二年六月"元符末上疏进士，类多诋讪，令州郡遣入新学，依太学自讼斋法，候及一年，能革心自新者许将来应举，其不变者当屏之远方"。这段话的意思是将"诋讪"朝政的进士，放回州郡考察，一年后，能改变态度的，可以再来应试，不改变的，发到边远地区管制。这就是

《太学自讼斋法》的主要内容。

《上书不实法》提到：仁宗"未尝屈法以自徇也。知虔州周日宣诡奏水灾，有司论请如上书不实法。帝曰：'州郡多言符瑞，至水旱之灾，或抑而不闻。今守臣自陈垫溺官私庐舍，意实在民，何可加罪？'"[1] 意思是说，宋仁宗是公平执法，不徇私情的。知虔州周日宣谎报水灾，有关部门请宋仁宗按《上书不实法》规定处理。宋仁宗讲他不处理周日宣的理由，认为周日宣是为百姓的，即"意实在民"。

在这个案件中出现《上书不实法》，是针对州官谎报灾情而言的。该法是否适用于百姓上书？宋《刑统》中有"旱涝霜雹虫蝗"条，举例解释：农户户主举报灾情不实要责罚。可见，百姓上书也适用此法。

据此可知，《上书不实法》是官、民都适用的。

二、从允许越诉到不许越诉，再到有条件越诉

越诉就是越过基层组织，直接到上级上访。

宋初，对越诉，没有规定，可以越诉，后来调查，越诉反映的问题多所不实，赵匡胤规定"禁民越诉"，如有人到首都上诉（呈冤京师者），责令"监司缉拿"。不久，赵匡胤自己也感到这样做实现不了，开了一个口子，有条件地允许民众越诉。之后许多皇帝，在这方面也都有自己的不同于前辈的理由和做法，部分允许越诉。综合起来，有如下五种情况。

（一）有了天灾，允许民众越级上诉

发生天灾，允许越诉。帝王认为，天灾，是天人感应，天灾是人们违背天的意志，受到上天的惩罚；但另有一些人要求帝王听民众的意见。如，知谏院富弼针对日食这个问题说：应天变不如通下情，请陛下降诏求直言，废除越职言事之禁。皇帝赞同并采纳。打破了不许越诉的禁令，允许民众诣阙上书。进谏之路又畅通了。

赵匡胤于开宝三年（公元970年）颁诏说："民诉水旱灾伤者，夏不得过四月，秋不得过七月"。这是说，有灾情必须立即反映上来，并有时间限制，含有允许民众可以越诉的成分。宋仁宗皇祐元年（公元1049年）十一月，诏：河北灾民有冤、贫不能诣阙者，听诉于监司以闻。这是要求百姓"诣阙"，如果自己不能"诣阙"上书，监司要去听意见，并报告皇帝。这就突破原来的限

---

① 《宋史》卷一百五十三。

制。宋仁宗皇祐五年（公元 1053 年）八月，颁诏："民诉灾伤而监司不受者，听州军以状闻。"是说，有灾情，监司和地方官员，要听取百姓的意见，并上报皇帝。

南宋理宗的时候，发生"日有食之"，右正言何琮奏：乞戒饬州县，已蠲阁租赋不许科督，绵帛不许抑买，苗米不许增量。监司察其违戾，许民越诉。理宗准其奏，允许民众越诉。

（二）发生影响农忙的事件，允许民众越诉

宋神宗时期，内外矛盾突出，越诉的人越来越多。为了安定，宋神宗对于越诉的处理，有所松动，逐渐改变了祖宗的不准"越诉"的规定。如，王安石变法时，开封酸枣、阳武、封邱县有民千余人赴寺上诉：保甲教阅严重影响农时。对此，朝廷官员最初亦以"已牓谕无令越诉"为由，不予理会，并派员予以遣散。但神宗皇帝详查事情本末后认为，"今正当农时，非次追集，于百姓实为不便。令提点司劾违法官吏以闻"。就是允许越诉，后来，百姓越诉规模逐渐扩大，日趋频繁。宋神宗认为，单纯禁止上访，极有可能酿成民变，果断地作出了"自今仍毋得禁民越诉"的规定，并"诏开封府界、河东灾伤州军，许于限外接诉状以闻"。这次集体访后，部分开禁越诉。

（三）为了安定，允许民众越诉

南宋对于越诉问题的态度越来越软化，甚至明确百姓可以越诉。如，高宗赵构时，流民、无业人口、受灾人口众多，赵构曾下令所有人户需由各地官府排查、造册，对于那些定居筑屋者，予以免税优待，所需物料，不许"官司拘截使用，如违，许人户越诉"。当时，刑部还规定百姓可越诉陈告，举报"州县之吏赃贪者"；百姓越诉，如果官员不及时处理，则要受到"黜责"。宁宗赵扩时期的法典《庆元条法事类》中，有大量允许百姓上访、越诉的法律条文。对于偏安江南的南宋王朝，这样做是为了稳定民心，利于统治。

（四）皇家遇有吉庆之事，特许越诉

所谓吉庆之事，有改元年、上尊号等，皇帝下诏，求直言，可以越诉，不受此限制。

宋仁宗康定元年（公元 1040 年）颁诏："许中外臣庶上封章议朝政得失"。宋神宗元丰八年（公元 1085 年）六月颁诏："应中外臣僚及民庶，并许实封直言朝政阙失，民间疾苦，在京于登闻鼓、检院投进，在外于所属州军驿以置闻，朕将亲览，以考求其中而施之。"宋哲宗多次下诏，令百官庶民直言极谏。

当时，"臣僚民庶应诏言新法不便者数千人"。

（五）允许邀车驾

所谓"邀车驾"就是拦皇帝的去路告状，是允许的。自汉以来一直不断，宋朝民众遮道请愿时有发生。宋真宗大中祥符元年（1008年），百姓拦住皇帝的去路陈事，一些随行官员想当然地认为国家"祥瑞"，请皇帝批准将拦住去路的百姓都抓起来坐牢。宋真宗没有听从臣下们的意见，没有处罚百姓，亦没有受理百姓陈诉，只是说"愚民不晓科禁"，但随后下诏：允许百姓邀车驾越诉。

虽然有时拦的不是皇帝本人，但拦的是皇帝派来的代理人，按当时的规定，视同拦皇帝本人。如，百姓为了挽留清官范仲淹，也发生过一次遮道请愿。范仲淹由"邓"调"荆南"，百姓遮住皇帝派来使者，请留下范仲淹，范仲淹本人亦愿留下，皇帝下诏，同意民众的请求，留下了范仲淹。

三、规定信访案件的结案时间

宋朝规定了审理案件的结案时间，包括信访案件。

（一）办理信访案件的结案时间

宋朝办理信访案件结案时间，是参照《宋史·刑法一》规定办案时间执行的。

"凡大理寺决天下案牍，大事限二十五日，中事二十日，小事十日。审刑院详覆，大事十五日，中事十日，小事五日。"① 这个结案时限的规定，也适用于信访案件。

"自端拱以来，诸州司理参军，皆帝自选择，民有诣阙称冤者，亦遣台使乘传按鞫"。文中所说的"民有诣阙称冤者"，指的就是民众的信访活动。可见，这个结案时间的规定，包括信访案件。（对案件的复核，要明确复核人员的身份）

划分案件的大、中、小等级有一定标准的；根据大、中、小案件和距离京城远近，决定结案时间的长短。《宋史·刑法一》规定，"凡断谳奏狱，每二十缗② 以上为大事，十缗以上为中事，不满十缗为小事。大事以十二日，中事九日，小事四日为限。若在京、八路，大事十日，中事五日，小事三日。台

① 《宋史·刑法一》卷一百五十二。
② 缗，是古代穿铜钱用的绳子；量词，用于成串的铜钱，每串一千文；钱三百缗。

察及刑部举劾约法状并十日，三省、枢密院再送各减半。有故量展，不得过五日。凡公案日限，大事以三十五日，中事二十五日，小事十日为限。在京、八路，大事以三十日，中事半之，小事三之一。台察及刑部并三十日。每十日，断用七日，议用三日。"

上述内容，说明三个问题：一是划分案件的等级是按照财产的数量确定的；二是不同部门办理公文的时间长短不同，有上下限；三是案件发生地距离京师远近，规定不同的结案时间。

（二）建立"归口"、日录目以进和登记制度

"归口"办理。宋朝的刑法规定：命官犯罪，事干边防军政，武臣到中枢密院申诉，"文臣、吏民断罪公案归中书"。是说：武臣申诉冤屈，到中枢密院（军事主管机关），文臣、吏民案件，归中书省办理。

宋朝出现了分级办理信访问题，地方和中央要分别受理自己职权范围内的信访案件。如，南宋孝宗即位后，公元1162年，允许中外士庶直言极谏，在首都（行在）的投诣登闻检、鼓院；外地的，在当地州军投诉，由他们实封送到首都，皇帝审阅。在孝宗之前，也有类似规定。按照这个规定，无论是在首都还是在外地申诉，申诉材料都送给皇帝审阅。

凡章奏，"日录目以进"。就是将每天的章奏，单列目录上报皇帝。宋神宗元丰改制（公元1078—1085年），给事中掌读中外出纳，凡章奏，日录目以进。《宋史·职官志一》讲银台司工作时也说，掌受天下奏状案牍，抄录其目进御。

信件登记制度。南宋孝宗乾道五年（公元1169年）五月，颁诏："后省官置言事籍，……详择其可行者条上。"南宋宁宗嘉定五年（公元1212年）八月，"命左右司置进状籍，察前断之冤抑者罪之"。这两条说明南宋在后省等部门专门设置"言事籍""进状籍"，即登记簿，将来信的内容，详细摘录于登记簿上，作用是考察前后处理情况（"察前断之冤抑者罪之"）。

（三）出现类似于现在"下乡办案"的形式

宋朝有一个特点，许多"清官"都有自己独特的处理民众来信来访的办法，有许多做法，被当时百姓和后来人们称颂。

北宋诗人孙升，哲宗时为监察御史。在他的笔记《孙公谈圃》中记载，他任京东宪时，置黑漆牌雌黄字，云："刑狱冤滥，词理抑屈，州县不理，立此牌下。"走到哪儿举到哪儿。此牌类似于舜时的《进善旌》，只是流动的。一

日，果然有妇人恸哭于牌下曰："吾女死夫家，不知其由。"孙升派人取其案校之，果得其冤，一路震骇。

孙升早先见过有些地方的官兵很霸道，常常欺负百姓。他建议皇帝做个"意见箱"，"随驾而行，以御史一员掌之"。可是，报告送上去好几个月不见批示，他等不及了，自己就做了个黑漆牌子。可见此人比较开明，至少不唯批示，不等"金口"，自己先干起来了。

关于孙升的事迹，《宋史》记载："孙升，泰州判官，哲宗立，为监察御史。朝廷更法度，逐奸邪，（孙）升多所建明。"这里所说的多所"建明"，应该说是有些建树和搞些新办法，便利百姓，与当时官场习惯做法不同。"有冤立此牌下"也算是一种"建明"。在当时，也确实得到一些开明的官员欣赏，遗憾的是孙升的建议没有引起皇帝和更多的官员重视，直到靖康元年二月，宋钦宗即位，才从历史档案中发现二十多年前孙升写的关于"意见箱"的建议，但孙升已经死了好多年了。钦宗感慨之下，根据孙升的报告下诏："诸道监司，帅守文字，应边防机密急切事，许进奏院直赴通进司投进。"也就是说，各地的建设性的报告中有好的建议，应该按紧急要事办理，可直接到通进司报告。孙升的做法类似于下乡办案，为处理信访冤案开创了一个先例。

第四节　帝王处理具体信访案件的利和弊

宋朝皇帝有时直接处理具体信访案件，这种做法，有利、有弊。

一、帝王通过处理信访案件，得到信息，制定政策

皇帝处理信访案件，历代都有，宋朝相对多些，且多关系百姓的利益问题。比如，十日一虑囚①。虑囚的做法，汉、唐时期就有，宋初没有。宋朝诸州十日一虑囚，是从击登闻鼓中发现问题后，制定的。据《宋史·刑法志》记载：宋太宗赵光义时，开封府有一妇人击登闻鼓，自诉无子女，恐日后无人继承产业。宋太宗闻后即指示当地官署裁处。不料，地方官竟将该妇之父囚禁起

---

① 《辞海》虑囚即"录囚"，中国旧制由君主或上级官吏向囚犯讯察决狱情况，纠正冤案错案的制度。《汉书·隽不疑传》："每行县录囚徒还，其母辄问不疑：'有所平反，活几何人？'"颜师古注："省录之，知其情状有冤滞与不也。今云虑囚，本录声之去者耳。"

来。妇人又挝鼓申冤，皇帝大惊，说，此事岂当禁系？辇毂之下，尚或如此，天下至广，安得无枉滥乎？就颁布命令："诸州十日一虑囚"。作为一种制度，要各执行。"诸州十日一虑囚"，就是要求各州每十天复审一遍在押囚犯有无冤屈，避免出现冤案。

二、帝王支持百姓信访申诉

皇帝亲自处理民众信访问题，是支持民诉，介绍下面几例。

（一）民告官胜诉

宋太祖建隆二年（公元961年）四月，馆陶有一个名叫郭贽的老百姓，赴京诣阙控告检田使、给事中常准检田不均，查实后，宋太祖责罚了常准。对于这件事，宋太祖比较开明，站在民众一边，责罚办事不公的官员。

（二）邻里揭发杀人案，皇帝亲自判决

《宋史·刑法志》记载：宣州百姓叶元，同居兄与其妻乱伦。叶元缢杀其兄子两人，还强迫父亲与嫂子与他签契约，不诉讼。邻里揭发这件事，州请示了皇帝。皇帝最后决定，叶元的行为，逆理败伦，宜以殴兄至死律论处。

（三）补偿民众的损失

宋太宗赵光义时，民众上访，反映生活中的一些琐碎事情，宋太宗比较宽宏大度地处理。如，淳化四年（公元993年）十月，京郊有百姓击登闻鼓，诉说家中小猪丢失，赵光义宽厚仁慈下令予以补偿，并对宰相说：这种小事也为之听决，很可笑的。皇帝要求宰相推而广之，以此心治理天下，就可以无冤民。"听决"，即听皇帝的决断。虽然如此，但农民上封事，一直不断。如，宰相司马光在神宗元丰八年（公元1085年）进言说，有农民倾诉疾苦之状150道，除重复者外，俱签贴呈上（即呈送皇上）。从司马光上书所说的情况来看，当时，上送皇帝阅批的民众信访量是比较多的。

三、皇帝失察，造成子死母囚的信访错案

皇帝处理信访案件，有的有不同意见，赞成者有，反对者也有，宋朝也如此。如，宋真宗时，一县吏酗酒后与急递铺一铺卒相殴，吏在返居途中，因天寒地冻而死，衙门不分青红皂白，判铺卒杀人罪。铺卒之母，挝登闻鼓申冤，皇帝派员复查。复查案件的官员受贿，曲直倒置，又判铺卒之母上告失实罪，被关进牢狱。最后，子死母囚。事后，真宗得知冤情，不得不说："此不由刑官非人，以致孤弱受弊乎？"

对于皇帝亲自处理涉及司法内容的信访案件，在大臣中间，存在不同的看法。如，宋仁宗时谏官王贽说："情有轻重，理分故失，而一切出于圣断，前后差异，有伤政体，刑法之官安所用哉？请自今悉付有司正以法。"这个建议是说，每件事的情节和事理，各不相同，一切事情都要"圣断"，出现了差异，影响皇帝的声誉，要刑法之官有何用？请自今悉付有司正以法。也就是说，不要事无巨细都要皇帝决断。宋仁宗批准这个办法。

四、奏疏案与"元祐党籍碑"

宋哲宗元符三年三月，下诏求直言，并作出"言之失中，朕不加罪"的承诺。当时许多人对宋哲宗元祐（公元1086—1093年间）之政进行了肯定，对绍圣、元符（公元1094—1100年间）之政，提出了尖锐的批评。但是，崇宁元年（公元1102年）九月，在蔡京的怂恿下，宋徽宗自食前言，凡是言事者的奏疏变成了罪证，令中书省将言事者分正、邪两类，每类分为上、中、下三等。诋毁元祐者四十一人，受到旌赏提拔；有五百余人对新法颇有微辞，说了元祐之政的好话，无一幸免，都受到了处罚，包括已死者。司马光、文彦博、苏轼、秦观等一百二十人被指为"元祐奸党"，将这些人的姓名"御书刻石于端礼门"，作为后世之戒。这就是历史上著名的"元祐党籍碑"。崇宁二年（公元1103年）九月，蔡京又自书党籍大碑，令各州、县刻石立于长吏厅，称为"元祐奸党碑"。崇宁三年（公元1104年）六月，又将元符三年上书人中入"邪上"等级者与"元祐党籍碑"合为一籍，共计三百零九人，刻石于朝堂。这就是宋徽宗出尔反尔，食前言，被专宠的"六贼"所利用，迫害异己，造成严重后果。虽然后来作了纠正，但造成的恶劣影响是很远久的。

这件事被称为元符上书案，上书人中包括进士、太学生、知名人士等。南宋范公偁（公元1126—1158年）在《过庭录》中记载了与这件事有关的内容：宋徽宗即位之初，蔡京被罢官，韩师璞当政。在韩师璞的影响下，宋徽宗下诏求言，大意是："言之当者，朕有厚赏；言之不当，朕不加罪。朕言唯信，无虑后悔。"于是四海之士，莫不慷慨论蔡京之失。未久，蔡京恢复相位，于是，论蔡京之失的人，纷纷窜岭外，正直之士没有了。

《过庭录》中所记述的内容，是对《宋史》中关于"元祐党籍碑"事件的印证与补充。

第五节　处理信访工作的机构

宋朝为了处理信访问题，设置了相应的机构和创立一些信访媒介。这些机构，有的是专职，有的是兼职。

一、谏院

《辞海》讲，谏，直言规劝，使改正错误。一般用于下对上，如进谏。谏院，官署名。宋初由门下省析置，左右谏议大夫为谏院之长，司谏、正言为谏官。掌规谏朝政缺失，以及对大臣及百官的任用，对政府各部门的措施提出意见，和主管弹劾官吏的御史台并称"台谏"。

宋朝的谏院，是两宋处理信访工作的主要机构。这个机构，虽然有时加强，有时削弱，但始终是保留成立时规定的功能，即处理民众信访问题，包括吏民的谏言，直接上报皇帝。

元丰改制后，谏院曾被短暂取消，其功能由其他部门代替，但很快又恢复。宋朝出现了台谏合一的雏形，不仅对政权有监督作用，还可以监督皇帝。谏院与台谏配合，具有特殊的作用。

（一）谏院的起源和发展

据邓之诚在《中华二千年史》中说，谏院源于唐朝末年，经五代，直至宋朝。"国初虽置谏院，知院官凡六人，以司谏、正言充职；而他官领者，谓之知谏院。正言、司谏亦有领他职而不预谏诤者。官制行，始皆正名。"① 就是说，谏院，宋朝建国初就设置，谏院官，称为"知院"，司谏、正言充职；他官（其他部门的官员）掌管谏院的，谓之"知谏院"；他官兼谏院官的，称为"同知谏院"。宋、辽、金都设置谏院。

宋朝的言谏制度比较发达，不仅表现在谏院的设立与独立，还表现在职权和范围都扩大。宋代在我国古代言谏制度处于发展阶段，表现为门下省机构的扩大，内部分工明确；谏诤与封驳分离。这些都是空前的。元丰改制后，"罢设谏院，其'规谏讽谕'之责，由设在门下、中书两省的左右谏议大夫、左右

---

① 《宋史·职官志一》卷一百六十一。

司谏、左右正言的职官担任"。①

实际上，罢谏院只是暂时的，不久，又复设，直到南宋灭亡。宋代以后，言谏制度则从顶峰一落千丈。

（二）谏院的作用

谏院的主要作用表现在下情上达和上情下达，是皇帝与吏民之间联系的桥梁，具有沟通信息的作用。宋朝谏院有如下几个特点。

一是规格高。宋朝谏院规格高，表现为：有时与"三省"（中书省、门下省和尚书省，合称三省）相当；曾一度代替门下省；有时不隶属于中书、门下两省，是独立的。如，宋仁宗明道元年（公元1032年），曾"以门下省为谏院，徙旧省于左掖之西"②。宋高宗建炎三年（公元1129年），"谏院另外设置，局不隶属中书、门下两省"。这些都说明谏院地位很高、很特殊，是独立的。另外，宋神宗元丰改制时，门下省也有发展，增添了门下后省。"门下增设后省，以左散骑常侍、左谏议大夫、左司谏、左正言、给事中为门下后省"，"同掌规谏讽谕。凡朝政阙失，大臣至百官任非其人，三省至百司事有违失，皆得谏正"，其中给事中，"掌读中外出纳，及判后省之事。若政令有失当，除授非其人，则论奏而驳正之"。看来，门下后省具有原门下省的言谏、封驳和办理吏民意见的职能。但门下后省存在的时间不长。

二是言谏独立。谏院不受两省约束，专施言谏，作用更大。此时，许多言谏官，本身就是谏院官。

三是言谏制度发达、言谏范围扩大。言谏职权和范围的扩大，原来仅对皇帝献纳谏正的谏官，在宋代可以上谏君主、下谏三省至百司长官的违失。

其突出之处：（1）变对百官事后弹劾为事前规谏，可以将问题消灭在萌芽状态中，起到了防微杜渐、减少违失的作用；（2）加强对百官的监督控制，维护皇帝的绝对权威，特别是宰相成了言谏部门监督的重要对象，就是说，可以监督"相权"，成为"相权"的强大抑制力量；（3）可以闻风而奏，不必有真凭实据：奏错了，也不受指责。苏轼解析皇帝为什么要这样做，有精辟的论述为"祖宗委任台谏，未尝罪一言者，纵有薄责，旋即超升，许以风闻，而无官长。言及乘舆，则天子改容；事关廊庙，则宰相待罪。台谏固未必皆贤，所

① 唐进、郑川水主编：《中国国家机构史》，辽宁人民出版社1993年版，第248页。
② 《历代职官表》卷十九《都察院下》。

言亦未必皆是。然须养其锐气，而借之重权者，岂徒然哉？将以折奸臣之萌也"①。意思是说，谏院官是受到皇帝的保护的，言谏的范围很宽，错了也不受罚。皇帝所以会这样，目的是，"养其锐气"，最终是保护皇帝的权威；皇帝畜养谏官，防止大臣篡权的意图非常明显。苏轼将此事比作"养猫以去鼠""畜狗以防盗"，真是一针见血。

谏院机构设置也有一个演变过程。根据《宋史》《中华二千年史》中记载：左散骑常侍、左谏议大夫、左司谏、左正言，在唐末五代时，均为谏院官，宋神宗改定官是一制，隶于门下省；右散骑常侍、右谏议大夫、右司谏、右正言，在唐末五代时，均为谏院官，宋神宗改定官一制，隶于中书省。

（三）谏院受到重视

谏院受到各方面的重视，皇帝、大臣和百姓以及文化名人等，都重视谏院，许多名人为谏院写题名记，称赞谏院的作用，从自己理解的角度，阐述设置谏院和谏官的重要性，以及如何做谏官，认为，必须具有"专利国家而不为身谋"的品德。在这些铭记中，我们选用司马光《谏院题名记》来说明。

> 古者谏无官，自公卿大夫，至于工商，无不得谏者。汉兴以来，始置官。

> 夫以天下之政，四海之众，得失利弊，萃于一官使言之，其为任亦重矣。居是官者，常志其大，舍其细；先其急，后其缓；专利国家而不为身谋。彼汲汲于名者，犹汲汲于利也，其间相去何远哉！

> 天禧初，真宗诏置谏官六员，责其职事。庆历中，钱君始书其名于版，光恐久而漫灭。嘉祐八年，刻于石。后之人将历指其名而议之曰："某也忠，某也诈，某也直，某也曲。"呜呼！可不惧哉！

司马光在《谏院题名记》中指出，汉之前本无谏官，任何人都可以进谏，汉代才出现了谏官。做谏官的人责任重大，担任了国家兴旺之重任。担任谏官的官员，必须做到"居是官者，常志其大，舍其细；先其急，后其缓；专利国家而不为身谋"，谏官要考虑到事物孰轻孰重，谁先谁后，谁急谁缓，专门利于国家，不考虑自己，要留下"忠""直"的美名，后人才能指着名字说，某人是忠臣，某人是奸臣。

---

① 田兆阳：《中国古代行政史略》，新世界出版社 1994 年版。

后来，出现了台谏合一的趋势。宋神宗元丰改制，又恢复了"中书省取旨，门下省覆奏，尚书省施行"的制度。出现台谏联合一办理案件情况。如，谏院下属的理检院就是这类机构。

二、登闻鼓院、登闻检院和理检院

谏院下设登闻鼓院、登闻检院和理检院，称之为"三院"，分别简称为鼓院、检院和理院，共同处理民众上书、来访的事项。三院排列的顺序，也是百姓上访的顺序，不能乱。

鼓院、检院和理院在处理信访问题上，分工是比较明确的，职责不同，形成了一环扣一环的、完整的处理信访工作体系。

登闻鼓院、登闻检院和理检院处理民众信访的关系。鼓院和检院皆置于禁门外，以通下情，即便于民众进出、方便，容易找。鼓院为官吏士民的进奏机关，即百姓最初的上访机关。上访的民众，第一步，只能到鼓院上访，只有经过鼓院处理，如果不同意处理，才可到检院，这样，检院为再审机关。这就明确了鼓院、检院受理民众诣阙上书先后顺序；上访人如再不同意检院处理，或受抑，可到理检院上访。正如《宋会要辑稿·职官三》中所说，谏院受理"民众信访"的顺序是"初鼓院，次检院，次理检，此其序也"。这是民众上访的顺序，不经鼓院办理，民众不得到检院上访，即使去了，检院也不得受理。一定要由鼓院初审，检院复审，如，不同意鼓院、检院处理，最后，才可以到理检院上诉，理检院再复审。

理检院是由御史中丞掌管，御史中丞具有监督职能，就是说，到了理检院，就进入监察司法程序，与鼓院、检院的性质是不同的。已经出现台谏合一的趋势。

从三院受理信访顺序来看，他们或规格不同，或性质不同。区别之一，在于三院掌管人的身份不同。鼓院隶司谏、正言掌管，司谏正七品，正言从七品；检院隶谏议大夫掌管，从四品（有的说是正四品）。显然，谏议大夫的官秩、职位高于司谏、正言，应该说，检院是更高一层，是领导层再审。区别之二，在于性质不同。鼓院、检院的工作性质，按照现在的说法，属于政务方面的，进入理检院，则由御史中丞掌管，进入监察、司法程序。

（一）登闻鼓院

登闻鼓院是登闻鼓的管理机构，官署名。有些书上对登闻鼓和登闻鼓院的表述，不是很严谨的，有时混用。

关于登闻鼓院的由来，有三种说法。第一种说法，宋初，鼓司、瓯院同时存在。开始，鼓司由内臣二人任职官，至道三年改用朝臣，景德四年（公元1007年）五月，鼓司改为登闻鼓院；第二种说法，鼓司改为瓯院，再改为登闻鼓院。第三种说法，宋太宗雍熙元年（公元984年）秋七月，"改瓯院为登闻鼓院"。① 这三种说法，文献上都有记载。其实，三种说法没有太大的差别，只是有些说法，省略了演变过程。

登闻鼓的形成，可向前追溯到原始社会的敢谏鼓；敢谏鼓演变到西周，成为路鼓。设于大寝门之外；秦汉也有类似机构设置；北魏延和元年（公元432年），于阙门悬登闻鼓，许人鸣冤；唐朝的登闻鼓与唐朝的瓯院有关，在京城宫门外悬登闻鼓。这些设置，都允许民众击鼓鸣冤，即现在所说的"直诉"。如，宋朝的高承在《事物纪原》中说，魏世祖悬登闻鼓，以达冤人。唐朝的铜瓯形成还有一个源头，就是春秋战国时的蔽竹、汉时的缿筒。唐人封演在《封氏闻见记·瓯使》中说，瓯亦缿筒之流也。说明两者的传承关系，瓯也就是今人的意见箱。

宋朝，以及与宋朝并存的辽、金、西夏，都设登闻鼓院。之后，元、明、清都使用登闻鼓。

在挝登闻鼓的人群中，除官吏、百姓申诉问题外，还有两种特殊情况：一是"致仕"（即辞职）官员可通过登闻鼓进状；二是遭贬官员本人不可擅自离开贬所，可通过家属挝登闻鼓进状。

宋朝规定，鼓院和检院受理的民众上书案件，重要的都上报皇帝，由皇帝批给有关部门处理，或批示处理意见。宋太祖及之后的各位皇帝，都处理过百姓挝登闻鼓的信访案例。说明登闻鼓是民众与帝王联系的桥梁。

（二）登闻检院

说登闻检院由唐朝的（铜）瓯发展来，还有以下的考证。在《宋史·太宗一》中，在介绍"改瓯院为登闻鼓院"之后，接着说："东延恩瓯为崇仁检院，南招谏瓯为思谏检院，西申冤瓯为申明检院，北通玄瓯为招贤检院。"② 显然，上文说的"崇仁检院""思谏检院""申明检院""招贤检院"是由铜瓯发展而来的。这个观点，在两部古籍中也得到证实。如，《宋会要辑稿》曰：唐瓯，雍熙元年（公元984年）改为检；《文献通考》卷六十，"宋雍熙元年，改瓯为

---

① 《宋史·太宗一》。
② 《宋史·太宗一》。

检"。更有意思的是《文献通考》在介绍改匦为检之后，特别注明：东延恩曰崇仁，南招谏曰思谏，西申冤曰申明，北通元曰招贤，和《宋史·太宗一》的注释完全一致。

实际上，检院也置有鼓，开始时，鸣鼓运作。当时，门下省称为"左"，中书省称为"右"，所以，谏议大夫、司谏、正言，均分为左右。具体分工是："左散骑常侍、左谏议大夫、左司谏、左正言，同掌规谏讽谕。凡朝政阙失，大臣至百官任非其人，三省至百司事有违失，皆得谏正。"[①]门下省谏官的职责，主要是"谏正"。中书省的"右散骑常侍、右谏议大夫、右司谏、右正言，与门下省同，但左属门下，右属中书，皆附两省班籍，通谓之两省官"。

（三）理检院

理检院是淳化三年（公元992年）设置的。《续资治通鉴长编》《玉海》等书的记载，都是这个说法。至道三年（公元997年），废理检院。宋仁宗天圣七年（公元1029年），在鼓院、检院侧近重置理检院。复设的原因是：有人给他写建议信说，"自至道三年废理检院，而朝廷得失，天下冤枉，浸不能自达"。就是说，上下不畅通。天圣七年，宋仁宗读《唐史》，见匦甬达下民冤枉之事，乃置匦甬，专命御史中丞兼为理检院使。说明理检院复置是为了"达下民冤枉之事"。之后，理检院又经过多次废止、复设。

理检院的作用，在受理民众上书方面，与鼓院、检院相同，另有受理陈军国大事，时政得失，并投检匣。

理检院的主官，称为理检使，或理检院使，一般是由御史中丞专领理检院。御史中丞具有监察作用，所以说，理检院已从处理民事问题，发展到兼有监察功能。如《中华二千年史》记载：御史台负责官员，是御史大夫、御史中丞，"掌纠察朝仪。弹劾官邪。勘鞫官府公事。凡内外刑狱所属理断不当，有陈诉者，付台治之"。如果信访问题上诉到理检院，是进入更高一层监察部门审查。实际成了御史与谏官共同掌管。

自从魏晋以来，历朝都允许御史风闻弹人、风闻言事。风闻者，即有传闻，不须获真凭实据就可弹奏，这就使御史的权威加大。隋、唐沿袭此制，御史可以风闻上奏、"独立弹事"，可以不预先经过御史台长官，可单独向皇帝奏弹。宋朝则变本加厉，不仅准许御史风闻弹人，而且规定御史每月必须奏事

---

① 《宋史·职官一》。

一次，名曰"月课"，如上任百日无所纠弹，则罢黜作外官，或受到罚俸处分，名曰"辱台钱"。而弹奏不当则不负错误之责，甚至有赏，"纵有薄责，旋即超升"。这种规定执行的结果，对违法的官员是个威胁，但也助长御史弹劾权的滥用，使行政官胆小怕事，不求有功，但求无过，有一定的副作用。

三、银台司

宋初，首先专设接受章疏的机关，掌管天下奏状案牍，称通进银台司，别称银台，知司官二人。通进司，掌受银台司所领天下章奏案牍，及阁门在京百司奏牍、文武近臣表疏，以进御，然后颁布于外。银台司，掌受天下奏状案牍，抄录其目进御，发付勾检，纠其违失而督其淹缓。发敕司，掌受中书、枢密院宣敕，着籍以颁下之。银台司掌受天下奏状案牍，包括民众上书、上访的内容。

《辞海》在通政使司条目中说，宋代首先专设接受章疏的机关，称通进银台司，故别称为银台，掌管天下奏状案牍。因司署设在银台门内，故名。明朝的通政使司，职任和银台司相当，所以也称通政使司为银台。

四、正言、司谏与拾遗、补阙

唐朝有言谏官拾遗、补阙，宋朝有言谏官司谏、正言，他们都是"掌受文武官员及士民章奏表疏"的。

（一）正言、司谏与拾遗、补阙的沿革

宋初，也有拾遗、补阙。如，宋太祖时，张恂、马适等任右拾遗，秦宣、刘祺等任左拾遗；宋太宗时期，田锡任左拾遗。此时，没有关于司谏、正言的记载。到了端拱元年（公元988年）二月，宋太宗下诏："改左右补阙为左右司谏，左右拾遗为左右正言"[1]。司谏、正言取代了补阙、拾遗。之后，司谏、正言一直存在到宋末年。

但到了宋孝宗时，复又设置补阙、拾遗。此时，司谏、正言与补阙、拾遗并存。为什么要复置补阙、拾遗？据《宋史·职官一》中说，宋孝宗淳熙十五年（公元1188年），根据大臣的建议，复置左右补阙、拾遗，且规定"专任谏正，不任纠劾之事"[2]。复设的补阙、拾遗只有"谏正"功能，而无"纠劾"的职责。限定了职责范围。

---

① 《宋史·太宗二》。
② 《宋史·职官一》。

所谓"谏正"，就是规谏皇帝，纠正朝政阙失。复置补阙、拾遗不久，左补阙薛叔似建议，罢王淮的官。孝宗诏薛叔似等人说，"卿等官以拾遗、补阙为名，不任纠劾。今所奏乃类弹击，甚非设官命名之意，宜思自警"[1]。宋孝宗批评左补阙薛叔似行为超出了"谏正"的职责范围，去"弹击"大臣，要他们"自警"。这样，补阙、拾遗，失去了帝王的信任，"踰年减罢"。

（二）司谏、正言的工作性质和范围

在《宋史·职官一》中有明确规定：一是"掌受文武官员及士民章奏表疏"，理雪冤滥，和经过鼓院进状；二是"谏正"，即规谏皇帝，纠正朝政得失。

（三）司谏、正言任务的异同

他们的共同任务是处理民众信访事宜，面对皇帝，他们也有各自所承担的任务：司谏，专司谏诤之职；正言，表示向皇帝说正确的话，纠正皇帝的错误言论。

司谏、正言和其他官员一样，"非特旨供职，亦不任谏诤"[2]。意思是说，司谏、正言虽然是言谏官，如无皇帝特别交待，亦不任谏诤之职。初设此官之意，重点在于集权于中央，防止专擅之弊，不惜颠倒而错综之，而实权所寄，则以中书主政，枢密主兵，三司理财。

以上情况，说明宋朝官员的职责比较混乱。

五、走马承受与民众越诉

宋朝设有走马承受官职，曾一度改叫廉访使。其职责范围，从管理经济演变为兼管民间事情。

据《宋史》《文献通考》《中华二千年史》介绍，宋仁宗时置走马承受，诸路各一员，以三班使臣及内侍充任，隶经略安抚总管司。无事岁一入奏，有边警则不时驰驿上闻。后改为廉访使，靖康初罢廉访使，依祖宗旧制，复置走马承受。无论官名如何改动，其兼管民事工作的内容没有变。综合不同时期的诏书，明确赋予走马承受办理两方面的民情工作。

（一）走马承受可以检查、弹劾不法官员，可以闻风而奏，不必核实

宋徽宗宣和二年（公元1120年）八月，下诏："监司所举守令非其人，或

---

① 《宋史·孝宗三》。

② 《宋史·职官一》。

废法不举，令廉访使者劾之。"①

这种规定，是时员既滥冗，名且纷杂。各地冗官，弄虚作假。明确让廉访使（即走马承受）"劾之"。说明走马承受可以检查违法、欺负百姓的官员，可以弹劾。

（二）走马承受可以批准民众进京诣阙上书

宋初，曾禁止吏民们越级上诉。宋徽宗政和七年，"以监司州县共为奸赃，令廉访使者察奏，仍许民径赴尚书省陈诉"。是说，廉访使（即走马承受）察奏后，可以允许民众到京陈诉。

六、转运使、提点刑狱与民众信访

宋朝中央设三司使，地方叫都转运使、转运使和随军转运使。"转运使之名，国初但曰勾当某路水陆计度转运事，官高者则曰某路计度转运使，太平兴国初皆曰使，两省以上则为都转运使"②，随军转运使是临时性的，发生战争时设立，战争结束即罢。

（一）转运使和提点刑狱

转运使和提点刑狱初设时是隶属关系，转运使领导提点刑狱，两者都先后兼管"军民事务"，包括信访事项。宋真宗时提点刑狱从转运使中"析出"。到南宋时，提点刑狱更名为宪司，以掌管狱讼为主职。在这个过程中，提点刑狱曾多次被罢，又多次复设。

据史书记载，"宋朝艺祖（指赵匡胤）开基，惩五季之乱，藩臣擅有财赋，不归王府，自乾德以后，僭伪略平，始置诸道转运使，以总利权"。说明转运使是乾德后设置，目的是总揽地方财权，将地方的财政收归中央。但不久，转运使的权力加大。如，《中华二千年史》卷四中说：转运使"初主一路财权，太宗后，各事无所不总"。所谓"各事无所不总"，职权加大，当然，也包括民众越诉事项等。

北宋初，为什么要设置提点刑狱？据《宋史》记载，宋太宗淳化二年（即公元991年），接受司门员外郎董循等人的建议，"今军民事务，虽有转运使，且地远无由知，先帝尝选朝臣为诸路提点刑狱，今可复置"，并命中书、枢密院择官。可见，初设的提点刑狱也有兼管"军民事务"。当时，转运使领

① 《宋史》卷二十二。
② 《文献通考》卷六十一。

导提点刑狱。

提点刑狱全称为转运司提点刑狱，宋真宗时从转运使"析出"，但还兼管"军民事务"。可见，此时的转运使与提点刑狱都涉及民众工作。

转运使与提点刑狱涉及信访工作的，有以下几个方面。

一是赴阙上奏民间利病。宋初规定，吏民不得越诉，须逐级上访，经州、县才能到京城诣阙上书。转运使设立后，在这方面有所突破。如，宋太宗赵光义于至道元年（公元995年）十一月，置转运司，"选朝官及三班为之，每路二员，常事与转运联署施行，非常事许乘驿入奏"；至道三年（公元997年），宋太宗"令诸路转运使更互赴阙，询以民间利病"，尤其是对"远民有事不能自达"者，转运使可以决定他们能否进京上书。如，"至道年间，诏曰：天下物宜，民间利病，惟转运使得以周知，令更互赴阙延见询问焉"。至道三年，"诏转运使更迭赴阙，访以民事"。[①]

二是督察害民之官和献计献策。转运使有督察不法官员之职。"专举刺史官吏之事"，就是督察官吏，还要提出解决办法。如，宋真宗大中祥符二年，诏："诸路官吏蠹政害民，转运使、提点刑狱官不举察者坐之"。是说，如果他们不举察"官吏蠹政害民"即为失职，犯了反坐罪。这就要求他们细察民冤民诉。皇祐四年，令转运使、提点刑狱、亲民官条陈救恤之术以闻。"陈救恤之术"，就是要他们提出解决办法。

三是参与灾情的调查，报告当地官员在这一工作中的表现。《宋史·仁宗一》天圣七年二月，乙酉，以河北水灾，委转运使察官吏，不任职者易之。就是说，此时的转运使，不仅管民众上访事宜，还要了解官吏之勤惰，如发现懒惰官员，皆可上奏皇帝，或"易之"，就是撤换地方官员。这些，都是皇帝赋予转运使的职权。与初设时相比，工作内容已扩大很多。

四是有"询问"民"疾苦"之职。《宋史·真宗二》景德元年八月，遣使广南东、西路疏决系囚，犒劳军校父老，访民间便宜。九月，令诸路转运使考察官吏能否。疏理系囚。

宋仁宗庆历七年三月，下诏："天下有能言宽恤民力之事者，有司驿置以闻，以其副上之转运司，详其可行者辄行之。"[②]

---

① 《宋史·真宗一》。
② 《宋史·仁宗三》。

在《中华二千年史》中记载，都转运使、转运使涉及民事方面，对官吏为害民众之事和民众的疾苦，有"询问"的职责，悉数上达皇帝。

（二）监司听取民众诉词

所谓监司，是监察州县地方长官的简称。宋代转运使和提点刑狱等有监察之责，故或称监司。元朝廉访使、明按察使因掌管监察，亦称监司。清代通称督察府州县的高级官员（布政使、按察使及各道道员）为监司。

宋代的监司，帝王给他们哪些权利呢？与吏民们信访有什么关系？

一是访问民有冤、贫不能诣阙上书者，监司要听取他们的申诉，并向上级直到皇帝进行报告。这种做法，类似于现在官员下访。如，皇祐元年十一月，诏，民有冤、贫不能诣阙上书者，听诉于监司以闻。

二是"论亲民官上民间利害"。监司有处理民众上书之责。据皇祐五年十月，诏：以蝗旱，令监司谕亲民官上民间利害。[①] 就是说，监司根据帝王的命令，监督地方官对民间的"利害"，即利益和损害，是否上报。

七、诸路劝农使有受理越诉之权

南宋时，朝廷选派出"诸路劝农使，究民间疾苦，检视账籍"。虑地方官吏因缘取索，遂赋予劝农使"受越诉"之权，试图就近解决问题。

上述几个部门，都有受理民众上疏的职权，甚至决定他们可否越诉。

第六节　元朝的信访工作情况

蒙古灭宋，建立元帝国后，成为我国历史上版图最大的一个王朝，后亡于明，只存在九十年。

元朝罢门下、尚书两省，由中书省独掌大权，给事中，也名存实亡。还罢谏院，不设谏官，谏职转移到御史身上，建立登闻鼓院。早在元世祖至元五年（公元 1268 年）建立御史台时，忽必烈就对侍御史张雄飞说，卿等既为台官，职在直言，我作为你们的君主，如果有做得不好的，亦希望你们"极谏"。监察御史李元礼在上疏中称：今朝廷不设谏官，御史职当言路，即谏官也。这种办法就是台谏合一，比宋朝要明确。这种制度，使监察权高度集中统一，便

---

① 《宋史·仁宗四》。

于皇帝直接控制，是中央集权制度发展的必然结果，故明清两代沿袭此制奉行不悖。

一、对郡守、县令和"道"奉使的要求

元朝皇帝，对地方官员，如郡守、县令，要求他们关心民众疾苦、生活等方面的问题。这些官员赴任前，都是皇帝亲自交待，有的皇帝每年都接见郡守、县令。如，元顺帝，每年都接见即将上任的郡守、县令，提出"汝守令之职，如牧羊然。饥也，与之草，渴也，与之水。饥渴劳逸，无失其时，则羊蕃息矣。汝为我牧此民，无使之失所，而有饥渴之患，则为良牧守矣"。实际是要地方官满足民众的正当要求，解决温饱问题，减少信访问题，减少内乱。

同时，还颁令各"道"（行政单位，下同）的奉使宣抚巡行天下，以"黜陟幽明，问民疾苦，访求贤俊"。这种要求是好的，但是，"道"的奉使们，多半是些"脂韦贪浊"之徒，执法犯法，趁机敲剥勒索，反而加重人民的负担。于是百姓作歌控诉："奉使来时惊天动地，奉使去时乌天黑地，官吏都欢天喜地，百姓却啼天哭地"，"官吏黑漆皮灯笼，奉使来时添一重"。据说，十个道的奉使，只有四川道奉使王士熙稍振纪纲，其余九道，皆成闹剧。

帝王的这些要求，目的很明确，也是很好的，由于官吏的腐败，反而加重民众的负担。

二、信访工作方面的规定

（一）允许上封事者直至御前

元朝允许信访人到御前言事。元代御史有权"实封言事"，即御史进文谏言，可直达天子，须至御前才能开启。

元贞元年（公元 1295 年）六月，元成宗敕令，"凡上封事者，命中书省发缄视之，然后以闻"，即中书省拆阅后，报告他。公元 1307 年十二月，元武宗诏曰，"政令得失，许诸人上书陈言"，至大四年（公元 1311 年），诏曰，"诸上书事陈言者，量加旌擢"。从允许上书陈事，到对好的言事人进行褒奖。元仁宗曰，"言事者直至朕前可也，如细民辄诉讼者则禁之"。看来，"言事者"与"诉讼者"是有区别的，言事者可以至皇帝面前言事，"细民"即百姓，在禁止之列。这样，对上书申诉问题的人，作了一定的限制。

（二）建立登闻鼓院制度

元世祖于至元十二年（公元 1275 年）四月，谕中书省议立登闻鼓。吏民

挝登闻鼓的条件是：杀人冤案，且冤无所诉，"听其来击"。应该是说，对这类上访人不予阻拦，由他们击鼓上诉。元世祖至元十八年（公元1281年）三月，元廷"立登闻鼓院，许有冤者挝鼓以闻"。上述诏书内容，说明元朝的登闻鼓是为冤者挝鼓申诉用的。

至大四年三月，元仁宗即位时颁诏曰，"诸衙门及近侍人等，毋隔越中书奏事"。就是上书言事，不可越过中书省。将诸种管道，统归中书省负责。

元朝不设谏官，由御史管，实行了台谏合一；这里又说，上书言事不能越中书省，中书省成了上书言事的总管单位。台谏合一，重点应该是指朝廷各单位和朝臣们向皇帝反映问题；这里的上书言事，重点应该是民众们上书言事，即属于信访范畴。

元朝对有诬告、滥告、越诉、唆讼、奴告主、亲属互告和匿名等内容的来信，如何处理，都作了规定，如违反，要受到刑罚惩处，有的可能被杀头。其中多数是继承宋制。

第七节　辽、金、西夏的信访工作

辽、金和西夏先后与宋朝并存，在元灭宋之前已不存在。简介三个王朝与信访工作有关的情况。

契丹族建立了辽国，后降于金，西夏建立者，原姓拓跋氏，唐太宗赐姓李。公元1038年建立夏国，公元1227年，降于蒙古。这三个政权受宋朝的影响较大，在信访工作机构、管理等方面，也是按照宋朝的框架进行的。

一、与信访工作有关的情况

辽、金、西夏三个王朝，建国初都重视民情工作，关系到"国政利害"，也都颁诏，要求吏民们直言，上书进言。如，辽太宗、辽道宗等，就曾颁布求民进言一类的诏书，说，凡尔士庶，无贵贱老幼，皆直言无讳。再如，公元1039年，辽兴宗则进一步颁诏规定："有言北院①处事失平，击钟及邀驾告者，悉以

---

① 辽国中央设大王院。大王院分为南大王院与北大王院；北院大王分掌北院部族军民之政，南院大王院分掌南院部族军民之政。

奏闻。"① 由此可见，帝王其求言心切，无论贵贱老幼，都可直言无讳、邀车驾。

金朝的皇帝也是如此，要求民众上书提意见，要有正副本。如，金世宗大定十二年（公元 1172 年）正月，诏曰，"凡陈言文字，皆国政利害。自今言有可行，以其本封送秘书监，当行者录副付所司"②。要求上书人，要提供正副本，以便有司受理。对于不认真执行这条规定的官员很是不满。大定二年（公元 1162 年），规定："臣民上书者，多敕尚书省详阅，而不即具奏，天下将谓朕徒受其言而不行也。其亟条具以闻。"③ 可见，金世宗对主管审阅吏民上书的尚书省"不即具奏"进行了批评，要求将民众上书送给他。后来，金世宗对登闻检院和登闻鼓院制度进行了改革，大定二十六年（公元 1186 年），下诏曰，"凡陈言文字，诣登闻检院，送学士院闻奏，毋经省廷"④。是说，吏民上书，经由登闻检院，送至学士院，再上奏皇帝，不必经过"省廷"。金章宗在 1189 年 2 月，"命学士院进呈汉、唐便民事，及当今急务。……敕登闻鼓院所以达冤枉，旧尝锁户，其令开之"⑤。金哀宗于正大元年（公元 1224 年）五月，"诏刑部，登闻检、鼓院，毋锁闭防护，听有冤者陈诉"⑥。要求这几个单位不要"锁闭防护"，不要设防，不要限制和干扰民众上书，而要敞开大门，"听有冤者陈诉"。金朝好似关闭过登闻鼓院，后又重置。重置的目的是让吏民们"有冤者陈诉"。

1223 年 12 月，金哀宗刚刚继位，就大赦天下，下诏说："草泽士庶，许令直言军国利害，虽涉讥讽无可采取者，并不坐罪。"不久，又发布与上述内容相似的诏书，"草泽诸人直言，虽涉讥讪，不坐"。说明金朝在广开言路方面，曾采取过便民措施，不追究民众上书中的过激言论和无价值内容的责任。如，金哀宗即位后不到一个月，就有人披麻戴孝，对着宫城北面的承天门大笑大哭。问他为什么，他说：我笑这么大的一个天下，却连个将相之才也没有，我哭这堂堂的大金王朝快要完了！这些言论，是大逆不道的。有的大臣建议将此人处死。哀宗说："我不是下诏许诺百姓直言无罪吗？何况他讲的也不是没

① 《辽史·兴宗一》。
② 《金史·世宗中》。
③ 《金史·世宗上》。
④ 《金史·世宗下》。
⑤ 《金史·章宗一》。
⑥ 《金史·哀宗上》。

有道理呢？"没有责罚上访人。

西夏的皇帝也有类似诏书，希望吏民们向他们上书提意见。这三个王朝，对吏民们上书也作出了限制性的规定。如，金朝规定，不许写匿名信，金章宗规定投匿名书者徒四年。西夏规定，不准民越诉。

二、设立办理信访工作的机构

辽、金和西夏都建立了类似于宋朝的处理吏民上书的机构，目的和功能也与宋朝相同。综合起来，有以下几种：

（一）置钟院，"以达民冤"

据《辽史·刑法志上》记载：辽太祖神册六年（公元921年），辽"克定诸夷"，辽太祖对侍臣说，"凡国家庶务，巨细各殊，若宪度不明，则何以为治，群下亦何由知禁"。乃诏大臣，定治契丹及诸夷之法，汉人则断以《律令》，仍置钟院以达民冤。后来，钟院被废。辽景宗保宁三年（公元971年）重置钟院。重置钟院的原因："以穆宗废钟院，穷民有冤者无所诉。故诏复之，仍使铸钟。"[①] 重置钟院，是解决民众有冤无处上诉的问题。

（二）置谏院

辽、金都设置谏院，以管理民众上书上访之事。据《辽史·百官志三》记载，辽国设置谏院，分为右谏院和左谏院。右谏院隶属于中书省，设置右谏议大夫，右补阙，右拾遗等官员掌管。左谏院隶属于门下省，设置左谏议大夫，左补阙，左拾遗等官员掌管。

据《金史·百官志二》记载，金国也设置谏院。谏院有左谏议大夫、右谏议大夫皆正四品，左司谏、右司谏皆从五品，左补阙、右补阙皆正七品。上述人员管理谏院。

（三）置登闻鼓院

辽、金都置登闻鼓院，配备专职人员办理民众上书、上访之事。辽国设置登闻鼓院，还配有相应的官员管理。据《辽史·百官志二》记载，"登闻鼓院，有登闻鼓院使"。

金设置登闻鼓院，作用是纠正"御史台、登闻检院理断不当事"。据《金史·百官志二》记载，"登闻鼓院，知登闻鼓院，从五品。同知登闻鼓院事，正六品。掌奏进告御史台、登闻检院理断不当事"。这一点和宋朝不同。宋朝

---

① 《辽史·刑法志上》。

是检院掌奏鼓院理断不当事。

（四）置登闻检院

金国设置登闻检院。"登闻检院，知登闻检院，从五品。同知登闻检院，正六品。掌奏御进告尚书省、御史台理断不当事"。① 说明登闻检院是受理尚书省、御史台理断不当事。职权进一步扩大。

（五）置匦院

辽、西夏置匦院，有专职人员办理匦院事务。辽国，设置匦院，配有相应的官员。"匦院，知匦院使"。匦院属通进司。西夏设置匦匣司，也是处理信访工作的机构。

从上述介绍的情况看，金朝的登闻鼓院、登闻检院在受理民众诉讼的方面的做法基本相似，但在监督方面，却有较大的差别。登闻检院"掌奏御进告尚书省、御史台理断不当事"，登闻鼓院纠正"御史台、登闻检院理断不当事"，在两院关系方面，登闻鼓院可以纠正登闻检院处理不当的案件。已有台谏逐渐结合的趋势。

金朝有"万人荐娄室"的信访案例。可以看出两点：一是民众通过举报箱向皇帝举荐人才；二是举报箱的信访作用发挥较好。

金熙宗的时候，从许多举报箱中得到密报，并经过自己多方了解，确认举报箱中推荐的娄室，确是个人才，破格任命娄室为吏部主事，为皇家管好官吏将帅。由于此位置重要，免不了有人暗中送锦罗绸缎、金银珠宝，贿赂娄室。娄室一一谢绝。但金熙宗也同时从举报箱中收到另外一些人举报娄室，其中有一个名叫森石允的幕府官吏，极想升官，找到娄室，被推辞了，以为嫌财轻礼薄，便派人寅夜之间送去一大车珍贵物品。

金熙宗一早即从举报箱中得到密报，提前升朝，想审问娄室。不料，出了寝宫登上台阶，忽见娄室至，亲自赶着一辆马车，将车上的大箱小箱卸下，并登殿奏本，建议金熙宗将此宗财物收入府库，充实财力，以儆效尤。金熙宗当时不知所措，百感交集。这才彻底明白举报娄室的那些怪现象和娄室拒绝送礼者的情况。可惜，他正在病中，没来得及处理森石允的行贿行为便溘然长逝。

公元 1149 年，海陵王完颜亮即位，准备将森石允革职论罪，举报箱中却出现了替森石允说情的密书。与此同时，管理密箱的官吏又从箱中发现数封荐

① 《金史·百官志二》。

举娄室为刑部尚书的"百姓言"。

海陵王征求娄室意见。娄室说："森石允物皆充公，且已认错自律自惩，可给予时机改正，以惩前毖后，并见圣上之宽宏。"森石允受到降职处分。海陵王根据大臣的启奏和举报箱中百姓的反映，晋升娄室为刑部尚书，掌握大金法律。而娄室也不负众望，将举报箱"布于天下四方"，使它成为一个检举揭发违法犯罪、荐贤举才、上下通达的有益于百姓和社会发展的有力工具。

关于金初"登闻检院之印"的发现。据原上京博物馆馆长伊葆力发布消息称，金初"登闻检院之印"，在黑龙江省五常市的一座辽金古城址出土，在民间辗转流传至今，现存于黑龙江省五常市兴隆乡后犁村一农民手中。印铜质，板纽，印面略呈方形，边长92×84厘米，印厚23厘米，连纽通高67厘米（上述数字准确，可能缺小数点）。印面铸汉文尚方大篆"登闻检院之印"六字，印一侧阴刻楷书"正隆元年□月□日"，印背左右两侧分刻"登闻检院之印"与"尚书省监铸"两行楷书。印纽顶端有蜂窝孔，磨损较重。颁发于金代海陵王完颜亮正隆元年（公元1156年）。

第五章　明、清时期信访工作

第一节　明、清两朝时代背景

元朝亡于明，明朝亡于清。明、清两个朝代，有许多相似之处，尤其管理信访工作的机构都叫通政使司，工作方法类似。

一、朱元璋及其治国方针

明朝开国皇帝朱元璋，1328 年出生于濠州（今安徽凤阳附近），家贫，无以为生，舍身皇觉寺，做了小行童，25 岁时，参加了郭子兴的义军。朱元璋以骁勇多智，深得郭子兴的器重，收为亲兵，郭子兴病逝，朱元璋接管义军。1368 年，在应天（南京）正式登上皇帝宝座，国号大明，年号洪武，定都于南京。

朱元璋实施严刑酷法，整肃污吏，尤其是防范宦官们掌权；维护封建秩序，巩固中央集权。之后，朱棣继承了这一政策，实行了"藏富于民、以厚民生"的办法。

二、朱元璋借机构调整，集权于一身

明朝接受元朝失败的教训：中书省和丞相制，蒙蔽皇帝，使皇帝不知下情，导致元朝灭亡。朱元璋在稳定局势后，撤销了中书省，原属中书省的六部升级，归皇帝直接掌控；废除丞相，设通政使司，受皇帝掌控；改组军事机关，改大都督府为五军都督府；改御史台为都察院。这样改革的结果，政权、军权、监察权，集于中央，都由皇帝管控。

三、治理官吏贪腐

朱元璋在吏治方面，是比较严厉的。

（一）制定约束官吏的《府州县条例》和《到任须知》，"颁示天下永远遵守"

朱元璋整肃官吏贪腐不手软，曾对群臣说："朕昔在民间时，见州县官吏多不恤民，往往贪财好色，饮酒废事，凡民疾苦，视之漠然，心实怒之。"《府州县条例》八事，要求各级机构都要加强管理；《到任须知》①要求县官要掌握辖境内的政情，了解版籍、田粮、刑狱、司法等事，提高行政效率。

要求学校老师"皆兼时务"，即教给学生知道民间疾苦和农事。

（二）建立地方各级官员递级监督制和考核制

朱元璋每颁布一道法令，都要严格付诸实施。例如，《戒谕外官敕》发布后，要求府、州、县的官吏须得"廉能正直"，提出地方各级官员递级监督制和考核制，即布政司考核府、府考核州、州考核县、县考核里甲。

对于已经犯罪的贪官污吏，要进行严惩。一是逮捕，送押京师罚作筑城；二是官吏犯笞以上之罪者，罚至凤阳（朱元璋的故居）屯田，一时集中于凤阳的官吏达万余人；三是用酷刑，如凌迟，贪污60两银以上的官吏，处以剥皮，剥下的皮装进稻草示众等。朱元璋借空印案和郭桓案，六部全部12位左右侍郎和郭桓等数百人都处死刑，地方官员入狱定罪者数万人，引起了巨大的反应和震动。为了平息事态，朱元璋又将主审此案的数十名官员处死。借故处死宰相胡惟庸和蓝玉，被牵连致死的大臣多达几万人。

从洪武元年（公元1368年）至十九年间，两浙、江西、两广和福建的官员没一个能做满任期的，几乎全部被贬黜或诛杀。洪武十九年，同批发榜派官364位进士、监生。一年后，被杀6人，戴死罪、徒流罪者358人。364人无一幸免②。

朱棣做皇帝后，发布了《谕文武官员敕》，告诫文武官员：尽守职责，不懈怠、不疏忽、不残虐、不贪婪、不盘剥百姓、不纵容欺诈，应保持廉平、秉持正直，勉励公勤，扩大忠诚而宽容之量。明英宗朱祁镇颁发了《禁各官私交

① 明朝建立后，许多官吏是从地方的贤达之士选任的，朱元璋对他们履行职责的要求非常严格，特别制定了《到任须知》，其内容之详尽，分两大部分：第一部分"到任须知一"，明确规定了新官到任后首先必须上报的详细内容清单；第二部分"到任须知二"，主要是"新官到任，各房供报须知式样"，即列举所有上报文书格式范例。
② 摘自《北京青年报》2015年1月28日，汉青："朱元璋反腐肃贪那些大招儿咋就不好使"。

淮安府署《皮场庙》（淮安府署衙展馆提供）

诏》，戒谕文武百官，不许私谒大臣家。

明朝一直实行"特务"统治；朱棣重用宦官，嘉靖长期不理朝政；中期，国家中枢机构腐败不堪，处于运转不灵的境地。晚明的官员，越惩越腐败，集体贪腐欺压百姓的方法很多。当时，有个叫韩一良的朝臣，呈上一份《劝廉惩贪疏》，其中有一段很能说明当时官场上行贿、纳贿、贪污风之盛。他说：我素来不爱钱，但是钱总会自动送上门来，作官两个月之内，拒受钱财五百余金，我是个从不与人交际的人，尚且有这么多钱不期而至，其他人的情况就可想而知了。官吏的腐败，再加上"三饷"（"辽饷""剿饷""练饷"合称"三饷"），加重了农民的负担，终于把各地农民起义军逼上了联合反抗的道路。

明、清时期淮安府署军捕厅管辖的"皮场庙"，由以下几部分组成：一是正房，上面书写有"皮场庙"；二是进门有副楹联，右边的内容是"你休要鬼心鬼肠"，左边的内容是"我自有神头神脑"，这副楹联警戒所有贪官不要心怀鬼胎、有侥幸心理；三是对"皮场庙"作用的说明。另外，屋内还有一个类似人形的"皮"袋，装进稻草，挂在那里。

"皮场庙"说明："明初规定府、州、县、卫官署左旁特设庙堂，祀土地，若需对贪官实行剥皮时，就在这里执行。这座庙堂叫做'剥皮庙'。'剥皮楦草'是朱元璋惩治贪官污吏的一项发明。史载，朱元璋对官员责治甚严，官员若贪污的数额在六十两白银以上者枭首示众，并剥下他的皮，里面填上草。悬于大堂官座旁，以儆效尤。"

四、清朝统治时期的基本情况

1644 年，在内外交困中，明朝崇祯皇帝朱由检（即明思宗）自缢身亡，结束了明朝近三百年的统治。当年九月，清世祖福临入京，十月初一日，即皇帝位，年号顺治，建立了大清帝国。

顺治于登基当天颁布了《入关即位诏》，要求各地官员要安抚百姓，减免赋税，招徕流亡，恢复生产，繁荣经济，安定社会；实行"养民""省刑罚"、薄税敛、醇风俗，其目的也在于稳定人心，巩固刚入京的清王朝，进而，对中原地区发动攻势。

这道诏令中，涉及信访工作内容比较多，是清朝早期信访工作的重要决策。

康熙即位后，吸取明朝被农民起义推翻的历史教训，在一定程度上注意减轻农民的赋税徭役负担。但到乾隆后期，由于连年用兵，耗费甚巨，吏治腐败，贪污成风，土地日趋集中，人民日益贫困，各地起义时有发生。

嘉庆皇帝亲政后，清王朝由兴盛转向衰败，土地高度集中在大官僚、大地主手中，农民大批破产、流亡；官吏贪赃枉法非常严重，败坏纲纪；农民纷纷起义。川、楚、陕、豫等地，发生白莲教起义。清政府派兵进行镇压，但官军与义军反复拉锯，形成剿而不灭状。

道光皇帝即位后，清朝已处于风雨飘摇之中，西方列强强迫清王朝签订一系列不平等条约。

光绪皇帝四岁即位，慈禧太后"垂帘听政"。1894 年，日本进行战争挑衅，清朝妥协投降。1895 年，中日签订《马关条约》。

宣统皇帝溥仪 1911 年逊位，清朝灭亡。

第二节　明、清早期帝王比较重视信访

明朝开国皇帝朱元璋是比较重视民情的，对待吏民上书的处理，持支持态度，满足民众的部分要求，尤其在反对贪官污吏上，符合民情，体现出积极的一面。但涉及朱元璋家族、皇权的问题，正确的意见也不接受，甚至迫害提意见人。清朝也是如此，康熙等就支持民众的上书。

一、朱元璋对民情的认识和重视

（一）朱元璋认为，上下梗阻是亡国之开端

朱元璋推翻了元朝统治，他曾亲眼见到元朝大臣们糊弄皇上，下情不能上达，再加官吏们腐败，成为元朝之大弊，亡国之主因。所以，朱元璋做皇帝后，重视民情，采取措施，吸收下情，注意听取民众的反映，促进下情上达；严厉治理腐败官吏，提倡民众揭发贪官污吏。

朱元璋告诫大臣：人君不能听到臣民的意见，祸乱就萌芽了；事务都由臣下处理，奸臣就会当道。

所以，朱元璋在设置通政使司废除中书省后，规定民间有申冤、陈情、告不法事，可密封交通政使司直达皇帝。凡内外章疏敷奏封驳之事，必须由通政使司转达皇帝，皇帝批示的谕旨也必经通政使司抄送给有关衙门和官员。通政使司一度起到了特殊作用。据说，当时一些国家机构的官员，慑于通政使司具有转达"申冤、陈情、告不法事"的功能，因而"居职惴惴，惟恐不能奉法恤民，以忝荣禄"。有人曾经描写明初洪武年间一个县尹的治政情况说："闾里小民持牒来，抚摩直欲置怀抱，……官清事省无鞭扑，县治门前可罗雀，……父老皆言大尹贤，愿留大尹更三年……"这就是描写明初国家机构官吏比较清明廉洁，上书告状的就少，群众都说"大尹贤"，愿意挽留清官。

（二）排除异议，维护上下通达的民情渠道

朱元璋为了民情能及时上达，采取了一些有别于前朝的特殊措施，有关大臣反对，朱元璋不为所动，仍坚持实行。如，在通政使司置"奏事使"红牌，上访百姓持红牌可以入内府与皇帝对话，反映问题。有的大臣对这一举措不理解，认为解决问题主要靠地方政府。朱元璋对此建议批示："此正元（元朝）亡之大弊。……今创业之初，正当使下情通达于上，而犹欲效之，可乎？"朱元璋自然不能同意"下级不得越级奏章"的意见。（见《典故纪闻》卷二）到洪武十八年，他直接对兵部大臣说，"天下所以不治者，皆由下之情不通故也，若使君德下流，民情上达，有不利便，即与更张，天下岂有不治？"正是从这一基本认识出发，他规定：百姓受到豪强欺负，若州县省不受理，允许进京向他本人申诉，并谕告中书省官员，凡天下臣民上书言事者，都要密封直送他阅审。

二、朱棣《即位诏》与信访工作

朱元璋做了皇帝后，将他的二十多个儿子都封为王，长子早亡，皇长孙朱允炆继皇帝位后，感到诸王对他政权是最大的威胁，为了巩固政权，进行"削藩"，假以罪名，先后将周、湘、代、齐、岷诸王废为庶民，收回了他们的权力。燕王朱棣感到下一步就要轮到自己，以"清君侧"（指清除皇帝身旁的坏人）为名，发动"靖难"，推翻了建文帝，自己做了皇帝。

在建文帝削藩时，许多吏民上书发表对诸王包括朱棣不利的意见，表示支持削藩。"靖难"后朱棣做了皇帝，如何处理这个问题，是摆在他面前必须立即解决的现实问题，是关系到稳定全国形势的大事。聪明的朱棣登基后，立即发《即位诏》，除开头与结尾部分，正文共有二十五条，对于建文帝执政时期的一些做法进行了纠正，作出政策性的规定。其中，"建文年间上书陈言，有干犯之词者，悉皆勿论。所出一应榜文条例，普皆除毁。"①"干犯之词"应该指的是诽谤之词，包括"冒犯"朱棣的内容，都不再追究。还规定"自洪武三十五年七月初一日昧爽以前，官吏军民人等有犯除谋反大逆……毒药杀人"等，不赦外，其余的赦免，不再追究。如果有人"敢有以赦前事相告言者，以其罪罪之"。这就是将建文帝执政时期的事情作了一个了断，安定了民心，稳定了大局。这个规定多涉及信访问题。

朱棣《即位诏》的做法，对清朝影响较大。清朝顺治登基当日即发布《入关即位诏》，从形式、内容到目的，与朱棣《即位诏》基本相同，是为了稳定大局，安抚百姓。我们说，顺治《入关即位诏》脱胎于朱棣的《即位诏》。这两个诏书涉及信访方面问题，或潜在的信访问题较多，提前宣布处理原则，以防问题发生，如果发生，也有办理原则。

明成祖朱棣《即位诏》比较长，其中涉及或可能涉及信访问题的内容，主要有以下几条：

——今年仍以洪武三十五年为纪，其改明年为永乐元年。

——建文以来，祖宗成法，有更改者，仍复旧制。刑名一依《大明律》科断。

——自洪武三十五年七月初一日昧爽以前，官吏军民人等，有犯除谋反大逆，子孙杀祖父母、父母，妻妾杀夫，奴婢杀主，谋故杀人，蛊毒魇（音演）魅，毒药杀人，及见提奸恶不赦外，其余已未发觉、已未结证、罪无大小、咸赦除之，敢有以赦前事相告言者，以其罪罪之。

---

① 《明史·刑法二》。

——自洪武三十一年闰五月以后，周、齐、湘、代、岷五府，被诬陷时、文武官员、军民人等，连累致罪者，官复原职。已故者，文官优免其家差役；武官子孙承袭，民充军者，放还原籍为民。军发边远者，仍还原卫。为奴者，即放宁家，入官田产，照数给还。

——递年为事煎监、买马、当站及充递运所、水夫、皂隶、膳夫，一体赦免，各放宁家。

——建文年间上书陈言，有干犯之词者，悉皆勿论。有一应榜文条例，并行除毁。

——众寡孤独，有司依例存恤，毋令失所。民年七十以上，及笃废残疾者，许令一丁侍养；其有饥寒不能自存者，官为赈给。

——建文除授并新调文武官员，仍依见职不动。军官有升职事止终本身，子孙仍袭原职。

——新收壮士、勇士，尽数放回为民，各安生业。所设卫分并军民指挥使司，尽皆革去。指挥、千百户、卫所、镇抚，有系民间并舍人选用者，亦各罢职放还。

——北平卫分、官旗军人，有因公差拘执，不得已赴京者，赦免其罪。

——凡军民人等，男女人口，有被官军拘掳者，官为赎还。

——递年逃军并征进漫散军士，藏躲山林，诏书到日为始，限一月之内，赴官首告，免罪。所在官司，发回原、籍卫所着役。

——抛荒田土，除有人种田纳粮外，其无佃种荒田，有司取勘明白，开除税粮，免致抛荒损民。①

三、朱元璋等吸取民情的措施

（一）民众上书言事可直达"御前"

明朝，对朝臣上朝都要严格检查，怕有歹徒，但允许吏民御前上封事，不进行检查，并规定任何人不得阻挡。

所谓御前言事，就是允许上访人直达皇帝面前陈诉。如洪武十年，朱元璋诏"臣民言事者，实封达御前"②。对吏民们御前言事的行为和内容等都没有限制。

---

① 原文见《皇明诏令》卷四。本文转载于黄进主编《名君诏批九十九篇》。
② 《明史·刑法二》。

朱元璋制定非常严格的"皇城门禁约"，来访人如何能进去？在同一个诏书中，朱元璋又特别允诺："民有事陈奏，不许固遏"①。意思是说，吏民进皇城上访奏事，不受"门禁"的限制，不许拦阻，即不许"固遏"。

朱元璋认为，上下通达，天下就不难治理了。换言之，吏民上书就是上下通达的一种渠道。他规定：百姓受到豪强欺负，若州县省不受理，允许进京向他本人申诉，并告中书省官员，凡天下臣民上书言事者，都要密封直送他阅审。朱元璋将民众御前言事，作为治国之本，安定之术。

（二）允许民众擒拿办事不公的官员及贪官污吏"赴京"治罪

明太祖的《优恤高年并穷民诏》中讲，他对灾荒，如何施其恩惠，布其仁德；历数地方官员的不法行为，或是非颠倒，或黑白不分，不认真执行命令，对这些，百姓可上告，给予人民以监督权。朱元璋要求"诏书到日，今后有司、官吏，敢有如此，许群民或百十，擒孥赴京"。朱元璋还要求各地关卡"即时放行，毋得阻挡"，"敢有阻挡者，其家族诛"②。这条规定，不是心血来潮，一时冲动作出的，确有官员被捉拿进京，受到惩罚。

在《明大诰》的《县官求免于民》里，就记录了农民赵罕晨将县主簿汪铎等几个官吏捆绑押送进京的案件，最终的结果是"犯事"官吏被杀。在《民拿下乡官吏第十八》中，记录了常熟县农民陈寿六等将官吏顾英绑至京城面奏的案件。朱元璋不但赏了陈寿六等人，还特别警告道：有对陈寿六进行打击报复的，一律族诛。

《中国通史》中也讲：当时，在农村中，里正与老人甚至可以会同村众逮解不法官吏。

清朝也有类似的做法。如顺治在《入关即位诏》中说，巡按官以访孥为名，听衙蠹开送，诬害良民，科取赃赎，最为敝政，今后悉行禁革；地方的大奸大恶包揽词讼，损害民众钱财的，如果发现，"一面密奏，一面严拿"。"严拿"就有允许百姓捉拿损害他们利益的地方官吏和恶霸，送京城。

四、皇权高涨制造信访冤案

我们既要看到朱元璋、朱棣等明初皇帝对开拓言路的重视，宽厚对待击鼓上访人，也应看到另一方面，在皇权高涨的时候，他们压制吏民上访，制造重

---

① 《明史·兵志一》。

② 摘《北京青年报》2015 年 1 月 28 日，汉青：《朱元璋反腐肃贪那些大招儿咋就不好使》。

大错案冤案，尤其是在朱元璋封诸子为王的问题上，容不得不同的意见。朱元璋等不断制造信访悲剧。我们举三个例子说明这个问题。

（一）叶伯巨上万言书被迫害致死案

朱元璋忧虑诸功臣跋扈难制，为后世子孙患，乃罗织其罪，大势诛戮。实行分封制度，大封诸子，据津要，为中央之藩卫。朱元璋有二十多个儿子，除长子亡故外，其余皆为王。诸王初封之际，虽不使干预政事，但后来逐渐委以重权，专制国中，诸王遂多骄蹇，遂成尾大不掉之势。

洪武九年（公元1376年），平遥训导叶伯巨上万言书，指出朱元璋分封太侈，用刑太繁，求治太速，并说，"如此封建，恐怕数世之后，尾大不掉，若削其地而夺其权，则生怨望，甚至缘间而起，防之无及"，指出封诸王的结果是不好的，有危害的。这本来是中肯的、远见卓识的意见，朱元璋听不进去，得疏后大怒，认为叶伯巨离间他们骨肉。下令立即逮捕，并要亲自射杀。待叶伯巨捕押至京师，丞相建言，才下刑部狱，死于狱中。

朱元璋死后不久，皇位争夺战随之而起，先是建文帝向诸王开刀，后是燕王朱棣发动"靖难"，夺取政权。这件事，正好证明叶伯巨有先见之明。这种结果，是朱元璋封诸王所造成的，也是他所没有料到的。

（二）冯恩上书冤案

明世宗嘉靖十年（公元1531年），就分建南北郊之事诏诸大臣各陈所见，但诏中又屡斥异议者为邪徒。南京御史冯恩上言："人臣进言甚难，明诏令直谏，又诋之为邪徒，安所适从哉？"次年十一月，明世宗因见彗星，又诏求直言。冯恩进言道："天道远，人道迩"。冯恩指大臣有邪正，极论大学士张孚敬、方献夫和右都御史汪鋐三人之奸，称之为三彗，"三彗不去，百官不和，庶政不平，虽欲弭灾，不可得已"。明世宗大怒，投冯恩入狱，严刑拷打，冯数度濒临死亡，但不改口，明世宗想处死他。刑部尚书王时中等进言：宜减轻为戍边。皇帝更加恼怒，将王时中等人夺职夺俸，冯恩论为死罪。冯恩长子冯行可年方十三，赴阙诉冤，日夜匍匐长安街，攀冠盖车呼号乞救，无人敢言。王廷相代为都御史后，以冯恩所坐未当，上疏皇帝宽大处理，皇帝不听。被冯恩上书斥为大奸的汪鋐负责审冯恩。汪鋐对冯恩说："汝屡上疏欲杀我，我今先杀汝。"冯恩叱曰："圣天子在上，汝为大臣，欲以私怨杀言官耶？"于是历数其事，骂汪鋐不已。冯恩老母击登闻鼓申冤，没人管。冯恩被囚禁一年得不到释放，其子冯行可上书请求代父死，明世宗不许。冯行可刺臂以血书上言：

"祖母吴年已八十余，忧伤之深，仅余气息。若臣父今日死，祖母吴亦必以今日死。臣父死，臣祖母复死，臣茕然一孤，必不独生。冀陛下哀怜，置臣辟，而赦臣父，苟延母子二人之命。"①冯行可自缚阙下不起，苦苦相求。通政使陈经奏告此一情形，明世宗才令法司再议。尚书聂贤与都御史王廷相进言：宜采用奏事不实律，输赎还职，皇帝不许，说冯恩情节严重而律轻。最后免其死，遣戍雷州。

（三）明世宗欲报私仇制造信访冤案

皇帝处理信访案件，也参杂个人恩怨。世宗八年，京师民张福杀母，诬告是张柱所杀，刑部郎中魏应召覆审此案，得到真实情况，确实是张福杀母。但世宗以张柱是武宗后人的家仆，有意要曲杀他，命侍郎许赞尽反谳词，将都御史熊浃及刑部郎中魏应召下狱。②

由于皇帝这样做，后果严重，其后，猜忌的多了，冤案就多了。

明朝的上述情况，可以得出两个结论：一是开国皇帝重视、同情民情，采取措施，满足群众的信访诉求，甚至是支持上诉，揭发贪腐官员，认为，民情关系到国家兴衰之大计；二是一个王朝的兴衰，与帝王重视民情成正比，重视了就会昌盛，不重视就败落，以至于灭亡。清朝的历史也验证了这个结论。

五、清初有关信访工作条款

清朝入关前，重视信访工作，征求民众对他们的反映。如，清太祖努尔哈赤和太宗皇太极时期，就设置办理信访工作的机构，还规定，民众的冤诉，按一定程序进行处理，可以直达皇帝。清太祖努尔哈赤于天命五年（公元1620年）谕：树（竖）二木于门，欲诉者悬其辞于木，民情尽达③。"二木"类似于诽谤木，百姓有什么冤屈要投诉，可以"悬其辞于木"，就可以送达到皇帝那里。努尔哈赤设置理政听讼大臣五人，为议政五大臣；扎尔固齐十人，为理事十大臣。凡听断之事，先经十大臣，然后言于五大臣，五大臣再加审问，然后言于诸贝勒。众议既定，犹恐冤抑，最后，皇帝亲加鞫问。可见，当时审问案件，应该包括信访案件，是有一定程序的，很严谨的。

---

① 张廷玉：《明史·列传》，中华书局1974年版。

② 《明史·刑法二》。

③ 《清史稿·太祖本纪一》。

努尔哈赤告诫诸贝勒和大臣："国人"有事只能诉诸公所（办公地方），不得诉于诸臣之家，要把这个决定告于全国人民，如有执拗不服者，加等治罪；五日一听断，也要在办公的地方进行，如果有于家私断的，治罪不贷。

顺治《入关即位诏》，谈的更多、更具体，除前言和结束语，共有五十六条规定，其中有涉及或可能涉及信访问题的，选择几条于后。

——有以赦前事相告讦者，以其罪罪之。其隐匿在官及民间财物、人口、牲畜者，许自首免罪。如被人告发，不在赦例。

——前朝建言降谪诸臣，果系持论公平、有裨治理者，吏部具奏召用。其各衙门官，有横被诬害、公论称冤，曾经荐举，不系贪酷犯赃者，并与昭雪叙用。

——越诉诬告、败俗伤财，已经严禁，而有司奉行不力，刁风未止。自今大赦以后，凡户婚小事俱就有司归结，倘奸棍讼师，诱陷愚民入京越诉者，定加等反坐。如刑部官不由通政，滥受民词，许科道纠参，请旨究处。

——向来巡按官以访拏为名，听衙蠹开送，诬害良民，科取赃赎，最为敝政，今后悉行禁革。如地方大奸大恶、贼窝盗穴，及包揽词讼、诈财害众者，许访，许访察的确。一面密奏、一面严拿，务尽除奸宄，以安良善。①

这两份诏书可以对比研究，发现许多有趣的相同之处。顺治《入关即位诏》还分析了信访的原因。

六、康熙允许学子拦路喊冤

一次，康熙在出巡的途中，遇到一个叫方明的投考京试的举子，跪在路上，双手将状纸举过头顶，拦舆告状。两旁护驾御林军卫士上前拦挡，却被康熙喝止。原来这位考生，寒窗苦读十年，学问出类拔萃，中举多年，不料此次上京御考，竟然名落孙山，心颇不服，于是冒死来告御状。康熙回朝之后，向礼部尚书查询案情，得知是主考官歧视汉族人，有意埋没人才。康熙震怒之下，立即撤去满人主考官之职，着交刑部严惩；并提拔这位落选的举子为第二名进士。随后，康熙又下旨，今后主考官对"磨穿铁砚"的"栋梁之材"，不论满、汉，一律择优录取，不准"党同伐异"，埋没人才；如有歧视汉人者，处刑不贷。从此，科场舞弊营私现象大为减少②。

---

① 原文见《清实录》，本文转载于黄进主编：《名君诏批九十九篇》。

② 引自《北京青年》1995 年 11 月 6 日摘录《北方时报》文章。

七、陈鹏年为民平冤蒙冤后百姓为其举幡叩阍鸣冤

陈鹏年，康熙三十年进士，1705 年，陈鹏年任浙江西安知县时，发现前任知县疏于详核，造成冤案达 7 年之久。陈鹏年平反了这起信访老案。在当地影响深远，后人编成《铁塔传奇》，在县城上演。

康熙四十四年南巡，幸京口阅水师。总督顾阿山想构害陈鹏年，弹劾陈对皇帝"大不敬"，亵渎圣谕，论罪当斩。消息一出，江宁百姓，呼号罢市，千余士子，举幡叩阍（告御状），江宁织造曹寅也叩头为陈鹏年祈情。康熙帝经过调查，陈鹏年罢官免死，征入武英殿修书[①]。不久，复出，再次受诬陷，仍回京修书。最后，死于河道总督任上。

到了晚清情况就不是这样。如，清政府要与日本订立丧权辱国的《马关条约》，康有为与在京参加会试的各省举人一千三百多人上书反对，强烈主张"拒和、迁都、变法"。万言书送交都察院，都察院以无法挽回，拒收。这就是有名的"公车上书"。之后，学子们又成立强学会等，提出："夫中国大病，首在壅塞"。

第三节　限制民众信访的规定

明清两代在处理民众上书上访方面，作出了一些特殊的规定。

一、明朝从允许越诉到有条件越诉，再到严禁越诉；清朝一律禁止越诉

朱元璋执政初期，没有禁止吏民越级上诉，后来，越诉人反映的问题多所不实；另有大臣建议：任何下级不得越级中书奏事。根据这两方面的情况，朱元璋下令禁止越诉。

在禁止越诉的问题上，要求是越来越严格，如有越诉，或坐牢，或"笞"（打板子），或"戍边"。即使如此，也个能禁止越诉，"然卒不能止，越诉者日多。乃用重法，戍之边"。[②] 明宣宗规定，越诉人员反映的问题属实的免罪，不实的，戍边；明代宗规定，对越诉者反映的问题无论虚实、真假，一律发配塞外充军；明孝宗惩罚越诉人更为具体、严厉。

---

① 《清史稿·陈鹏年列传》。
② 《明史·刑法二》。

在禁止越诉的同时，朱元璋另外规定允许越诉的范围。如，揭发贪官问题可以越诉；已到京城的来访人，经过通政使司的可以越诉。

清朝一律禁止越诉。

清朝顺治对越级上诉、诬告和败俗伤财，已经严禁，但越诉、诬告之风，仍没有刹住。规定了严格处理办法："自今大赦以后，凡户婚小事俱就有司归结，倘奸棍讼师，诱陷愚民入京越诉者，定加等反坐。如刑部官不由通政，滥受民词，许科道纠参，请旨究处"。

在对待越诉问题，两个朝代的做法基本相同：一是凡户婚小事，分别由地方政府和有司负责办理结案，不准入京，非机密重情，也"不许入京越诉"，这条规定，与朱元璋采取的办法雷同；二是如果奸棍讼师，诱陷愚民入京越级诉讼的，应当加等反坐；三是对于已越级上诉的人，其他部门官员等，不经通政使司，有滥受讼状的，允许科道官纠参，报请皇帝，按圣旨的意思进行究处。

在越诉问题上，两个朝代在规定不准越诉的同时，但又先后实行允许部分问题可以越诉。清朝时如遇特殊情况，可以越诉。一是重大的、机密的案件，可以越诉。《谕官吏军民人等》说，"非系机密重情，不许入京越诉"。就是说，重大的和机密的可以越诉。二是鳏、寡、孤、独无法生存者，可以越诉。《谕官吏军民人等》说，"如果鳏寡孤独无计自存，许亲赴顺天府呈告，转咨户部启闻"。是说鳏寡孤独无计自存者，允许到首都上访，顺天府呈告户部，由户部呈报皇帝。

二、明、清都规定，民众上书不当，有诬告罪与反坐罪

明、清两朝都有诬告罪与反坐罪。明初没有诬告罪和反坐罪，不久，出现了诬告，才制定诬告罪和反坐罪。洪武年间，有人告发某人谋反，经核实，所告不属实，刑部认为，对告发者应当抵罪。明太祖问秦裕伯该如何处理。秦裕伯说：元朝的时候如果有这样的罪责，只不过打一百杖，大概是为了保留反映和告发别人问题的一个渠道吧。朱元璋听后说：奸恶之人不惩治，被诬陷的善良人就会增多。从今天起，告发谋反而又拿不出足够证据的，按谋反治罪。就这样，制定了诬告罪和反坐罪。

明朝，对诬告罪的处置，是很严厉的。"永乐间定制，诬三四人杖徒，五六人流三千里，十人以上者凌迟，家属徙化外。"[1]犯诬告罪的本人要受到严

---

[1] 《明史·刑法二》。

惩，家属也要受牵连"徙化外"。自此，明朝一直实行诬告罪与反坐罪。还规定：诬告者反坐，越诉者笞，击登闻鼓不实者杖。讦告问官，必核实乃逮问。清朝一成立就制定了诬告罪与反坐罪。

三、明、清对煽惑民众上访者要治罪

顺治《入关即位诏》中规定，"凡讹言妖术煽惑平民……传头会首已经缉获正法"。就是说，对于讹言、妖术、煽惑百姓上访闹事者，为首的要正法。在另一条中说，"诱陷愚民入京越诉者，定加等反坐"。

摄政和硕睿亲王在《谕官吏军民人等》中规定：倘奸棍讼师沿袭恶俗，陷害良民，定加等反坐，以挽浇风。

清朝还规定，要惩办地方大奸大恶包揽词讼、诈财害众之人，他们经常煽动词讼。还告诉百姓，如果发现这种人，"一面密奏、一面严拿，务尽除奸宄，以安良善"。

在清朝的法律中，也还有"词讼诬告"和"关于伪证及诬告之罪"等。

四、禁止越诉后，对信访实行分级负责办理

明、清两朝对吏民们的信访活动，虽然他们没有明确提出分级处理办法，但与分级办理的做法类似。

（一）一般民事纠纷由地方政府处理，不准越诉

明朝另作规定，分清事情大小、性质，确定由哪一级政府、或哪个部门管。如，一般性的民事纠纷问题，由调解民间矛盾的"基层组织"老人、甲里、里胥等处理；户口、婚姻等事，包括乡村的治安等，由道、府、县官断决。如，清朝规定："凡户婚小事，俱就有司归结"，"斗殴婚田细事，止就道府州县官听断归结"。这是说这类"斗殴婚田细事"，只可以上诉到道、府、县官听断归结，不可以再上诉。

（二）重大事情，由巡抚和巡按办理

明朝规定，重大事情，地方不得受理，需上诉的，可直接到"抚按"上访，接受处理。"抚按"即巡抚和巡按的合称，这两个单位是兼管信访问题的。

（三）在京上诉的仍由通政使司受理

在京申诉人员，仍由通政使司受理，其他部门，未经通政使司介绍不得受理。明、清两朝都是这样规定的。如，明朝规定，在京城上访人反映的涉法信访问题，经通政使司查实，转送刑部拟定处理办法，或报送皇帝批示处理。清朝规定，"在京仍投通状，听通政司查实、转送刑部问拟"。有时出现"通状"

的称谓，就是投送通政使司的状子。"如刑部官不由通政，滥受民词，许科道纠参，请旨究处。"①

对于逐级上访与分级处理的具体做法，清朝是这样解释的："凡审级，直省以州县正印官为初审。不服，控府、控道、控司、控院，越诉者笞。其有冤抑赴都察院、通政司或步军统领衙门呈诉者，名曰京控。"

来访人要先经过州、县初步审查处理，如果不服，才可以到府上诉，这叫控府；如果不服府的处理，可以到道上访，这叫控道；如果不服上述所有机构处理，才可以到通政司和都察院，或步军统领衙门上诉，这叫京控。如果不经过地方县、州、府、道等有关政府处理，直接到京城上访，称为越诉。凡是越诉，都要挨打板子的。

对于来京上访人员的处理，也区别对待，凡"迎车驾而冲突仪仗，亦罪至充军。京控及叩阍之案，或发回该省督抚，或奏交刑部提讯。如情罪重大，以及事涉各省大吏，抑经言官、督抚弹劾，往往钦命大臣莅审。发回及驳审之案，责成督抚率同司道亲鞫，不准复发原问官，名为钦部事件"。②

是说在京来访人，如果拦皇帝冲撞仪仗队，重者要发配充军；如果京控及叩阍之案，或发回本省督抚处理，或奏交刑部提讯；如果案情重大，涉及省的大吏，或者经过言官、督抚弹劾过的，往往要钦命大臣莅审；对于"发回及驳审之案"，要责成督抚率同司道亲自审问，不准让原办案官员过问。这类案件，称之为"钦部（布）事件"。

对于受处分官员的京控、申诉，按照原来的身份，决定受理单位：道府、副将以上官员的问题，由"道员"审理；同知、游击以下的官员，由"知府"审理……；"外省刑名，遂总汇于按察使司，而督抚受成焉"；京师笞、杖及无关罪名词讼，内城由步军统领办理，外城由五城巡城御史办理结案，徒刑以上的送部，更严重的则上奏皇帝；非常重大的案子要会讯；有一段时间，实行"御廷亲鞫"。这是区别对待。

---

① 顺治：《入关即位诏》。

② 赵尔巽：《清史稿·刑法三》，中华书局 1976 年版。

第四节 明、清吏民信访活动情况

明清两朝民众的信访活动都不少，内容、形式相似，与以前各个朝代差别不大，对这些就不作介绍，选择两个朝代几个特殊例子于后。

一、县典史为民诣阙上书，失败后自杀

一般来讲，官吏们欺压百姓，已成为常态，偶然有官吏为百姓做点有益的事情，被民众千古传颂为"青天"。

龙阳县濒临洞庭，明太祖时水灾严重，百姓受害很深，历年拖欠税赋很多，地方政府施以重刑催逼交粮，许多人被打死。百姓到衙门去请求，或免交或缓交，都不被接受。在百姓上访无门的时候，龙阳县典史（县令的属官）青文胜认为百姓太苦，无处诉说，慨然地站出来为民请命，诣阙上书三次，皇帝都不予采纳。最后一次上疏，击登闻鼓，朝廷拒绝受理。青文胜认为，这样的结果，有何"面目归见父老"？遂自杀于登闻鼓下。这种为民舍命的壮烈行为，感动了百姓，也感动了朱元璋。朱元璋怜其为民杀身，诏宽龙阳租二万四千余石，予以优惠办理，当地建祠堂纪念他，歌颂正直的、为民请命的小官吏。

二、清官允许百姓拦路上诉

明朝南京吏部右侍郎海瑞，对官吏腐败和民众上访难的状况，看在眼里，记在心中，在他的职权范围内，采取了一些开明的措施，自行规定一些接待上访民众的办法，深受拥护。

明神宗万历十三年（公元 1585 年），海瑞声明："各街人如若仍前被害，可自放胆来告。……或拦街、或叫门，不禁。状上必明说通政使司畏忌，若干次告不准送字样"[1]。就是说，到通政使司告状不予受理的有冤屈的百姓，可以拦海瑞的去路喊冤、叫门告状，不准许阻拦，他可以受理，秉公处理。

海瑞这一做法，是对上访渠道不畅通的补救的办法，也是无可奈何的选择。

海瑞是位很有个性的人，任福建延平府南平县儒教谕，上任之时即禁止学生给自己送礼；延平知府率随从来南平巡察，其他人都长跪不起，唯独海瑞长揖作礼；御史巡按到南平来，海瑞是揖而不跪，对责怪他的同僚们说，"学官

---

[1] 海瑞：《海瑞集·禁革积弊告示》。

无跪礼，惟长揖拜"；任浙江淳安知县，减轻百姓负担，打击豪强，不畏权势，拿办了浙江总督的儿子，奸相严嵩的亲信，成了深受百姓欢迎的清官，被誉为"海青天"；任户部云南司主事，对嘉靖20年不理朝政，一心炼丹求佛，果断上书讽谏，被捕入狱，幸有宰相徐阶等设法相救，免于一死；嘉靖死后，海瑞复官，升任大理寺寺丞，继而又任南京右通政，得罪权势，被解职回乡；1585年，重新起用，为南京都察院右佥都御使，又改任南京部右侍郎，署吏部尚书，发布了《禁革积弊告示》，着手整顿吏治，回应了人民的愿望。民众可以拦路喊冤就是在这个告示中提出的，二年后，病故于任上。他的灵柩从南京水路运回家乡时，江两岸聚集了成千上万自发前来送葬的人群，表明人民对海瑞的怀念和敬慕。

海瑞洞察时弊，颁布《禁革积弊告示》，首先抓住五城兵马司扰民问题，严禁侵用里甲，摊派物品，勒索钱银。特制定《夫差册》，均徭役，苏民困在恳乞致仕的同月，又上书《一日治安要机疏》，主张恢复明太祖"枉法八十贯绞之"律令和"剥皮法"等重刑，严惩贪官污吏。

三、《女辩继母诬陷疏》

《女辩继母诬陷疏》，是明朝众多上访中的一件。

明朝李诩在笔记《戒庵老人漫笔》中记载，嘉靖四年，顺天府锦衣卫千户李雄，早年丧妻，留下三女一男，后续焦氏为妻，不料李雄在陕西平乱作战中阵亡。当时，李雄的大女儿李玉英年方16岁，平时喜欢作诗吟词，有两首诗表达了姑娘"感诸身心形诸笔札"之情，无非是描写少女怀春、向往爱情的感情自叹。李玉英的继母焦氏为了霸占李雄留下的家产，想把四个孩子赶出家门，编造出李玉英"奸淫不孝"的"事实"，以这两首诗为证，告李玉英有奸情。锦衣卫不作调查，听信焦氏虚言，把李玉英关在监狱待斩。同时，20岁的继母又对李玉英的弟妹相继进行摧残。对于继母的虐待行径，李玉英在狱中写下了《女辩继母诬陷疏》的上访信，这封信写得极富文采，是历史上难得多见的一封"群众来信"。现节选其中一部分：

"臣父李雄，荫袭百户，荷蒙圣恩，以征西有功，寻升前职。臣幼丧母，……恩父见怜，仍娶继母焦氏，存恤孤弱。……臣年十六，偶作有《送春诗》《别燕诗》奈何母恩虽广，弗察臣衷，……以为外通等情，朝夕逼责，求死无门。逼舅焦榕拿送锦衣卫，诬臣奸淫不孝等情。臣本女流，难誓口吞，本官昧审事理，问拟剐罪重刑。臣只得俯伏顺从，不敢逆继母之命，以重不孝之罪也。"

其中提到皇帝有谕诣说："蒙圣恩宽恤，特以天气太炎，在监军民未获发落，乃差审录太监研审，凡有事枉人冤，许通行奏。"

信中历数其继母毒害其弟妹之罪状，还反映邻里何不纠举？又不曾抓获所谓奸夫，就以数句之诗，寻风捉影，陷我死罪。

明世宗看过这封"申诉信"后批示："这奴婢事情有可矜，着三法司①会勘来说。"最后，这桩冤案在皇帝的"批示"的作用下得到平反，李玉英的继母焦氏"罪实难容，依律处斩"。李玉英在锦衣卫的安排下"选良才婚配"。要不是这封上访信，李玉英就成了刀下鬼。

四、康有为与公车上书

1895 年 4 月，正在北京参加会试的各省举人，正值清政府要与日本订立丧权辱国的《马关条约》，议定割辽、台并偿款二万万两，极为愤慨；台湾举人垂沸而请命，莫不哀之；康有为等连夜起草了一份一万四千多字的上皇帝书。各省举人一千三百多人集会，通过了这份万言书。万言书送交都察院，都察院以无法挽回，拒收。在上书中，康有为等从爱国的立场出发，强烈主张"拒和、迁都、变法"，建议皇帝"下诏鼓天下之气，迁都定天下之本，练兵强天下之势，变法成天下之治"。之后，康有为又连续给皇帝上了几次书，系统地阐述了自己变法的见解。政治方面，提出变君主专制为君主立宪；经济方面，提出发展工业，振兴商业，保护民族资产阶级利益的主张；文化教育方面，提出"开民智""兴学校""废八股"的主张。学子们提出："夫中国大病，首在壅塞"。这些主张当时并没有被接受，有些主张，皇帝虽感兴趣，终因体制问题而没有实行。

戊戌变法运动失败时，主张变法的谭嗣同、林旭、杨锐、刘光第、杨深秀、康广仁同遭杀害，世称"戊戌六君子"。

五、被化解的盐贩了聚众抗议

咸丰二年（公元 1852 年），浙江鄞县接连发生群众反抗盐粮政策事件。事件最先源于县府取缔私盐，而当地很多私盐贩子的生活来源因此受阻，而官

---

① 三法司：明朝的刑部、都察院和大理寺，合称为三法司。清朝也相同。明朝还有三司，即布政使司与按察使司、都藉挥使司地位平等，互不统属，都直接受皇帝的指挥，称"三司"。

盐专卖，价格比私盐贵，民众到政府反映，官方不接受百姓意见。于是，鄞县东乡人张潮清带领私盐贩子起来抗议，百姓附和。为稳定当地秩序，县令逮捕了张潮清，而东乡百姓纷纷恳求将其释放，但县令却置之不理。交涉无果之后，东乡百姓冲进县衙将张救出。

紧接着，该县南乡百姓，因为普通百姓与士绅大户在交粮食、税收的标准不统一而议论纷纷。当时，士绅大户交税用红封，2000多钱折银一两；而普通百姓用白封，需要3000多钱才能折银一两。于是，粮农们在当地监生周祥千的带领下进城请愿，要求平粮价。面对群众的呼声，县衙却采取非常粗暴的方式，派人将周祥千抓捕了事。被激怒了的粮农们蜂拥而入，冲进县衙救人，并放火烧毁了县衙和同城的宁波府衙。

在此关键时刻，浙江江山县令段光清被委任为鄞县新县令来处理此事。段光清上任后非常低调，到乡下了解民情，与百姓促膝而谈。面对复杂纷扰的局势，段光清认为冲突的关键在于百姓遭遇到不公正的待遇。在征求士绅大户及普通百姓的意见之后，实行了统一的粮税，取消红封、白封的不同交税方式。老百姓心定下，安心生产和生活，同时，勘定了盐界，让盐民安心。最终，这个闹得沸沸扬扬的群体性事件在段光清的安抚下得以收场。①

六、绝望中爆发的抢米风潮

1909年，湖南水患严重，使素有"湖广熟，天下足"美誉的湖南粮食收成锐减，百姓生活受到严重影响。灾荒的影响持续到1910年，米价也跟着上涨，已是平常年份价格的好几倍。由于饥饿和绝望，一场自发的抢米风潮在湖南省会长沙城内悄然爆发。

4月12日下午，戴义顺米店，一个老太太前去买米。米店告知米价上涨，老太太没法，只好回家凑钱。等她凑足钱来到米店的时候，米价却又上涨了。买卖双方由此争吵，吵闹之声引来了附近众人，大家都因频繁上涨的米价而感到恐慌和愤怒。面对米店恶劣的态度，众人情绪开始失控，在一个名叫刘永福的木匠的带领下，冲进米店打砸抢夺，很快米店便一片狼藉。

4月13日，饥民没有等来平价米，却等来了刘永福被捕的消息，愤怒的灾民涌向街头，一夜之间，长沙城内100多家米店被捣毁。

4月14日，巡抚召集官员和乡绅开会，会议还没结束，聚集在巡抚衙门

---

① 《报刊文摘》2012年5月11日。

周围的饥民就冲进了大堂，岑春煊下令向饥民开枪扫射。矛盾升级，冲突骤然升温。巡抚衙门、大清银行、税关、官钱局，甚至教堂、洋行以及一些洋货店，都被愤怒的灾民焚烧殆尽。参加斗争的人数达一万以上，斗争的范围不断扩大，从省城往下面的地区扩展。

面对迅速扩散的抢米风潮，清政府惊慌万分，紧急调集军队，对群众进行残酷的镇压。英、日、美、德等列强也纷纷从上海、厦门、武汉调来 10 多艘兵舰开往湘江长沙段，帮助清政府镇压。轰轰烈烈的长沙抢米风潮，最终在中外反动势力的联合绞杀下平息。

但尽管如此，民众的基本诉求没有得到解决，靠着蛮横的镇压举措维持下去的清政府，很快就在次年的辛亥革命中轰然坍塌，个中原因，发人深思。①

七、光绪初年四川发生的东乡县抗粮案

知县孙定扬加收钱两，民众到县上上访反映无用，乡民袁腾蛟纠众抗粮，孙定扬以叛案报省，护督文格命署川东镇总兵李有恒往剿，李有恒滥杀无辜多人。袁腾蛟数次京控。后经总督丁宝桢结案。孙定扬、李有恒二人遭戍。之后张之洞为四川学政时，有一次考试，生童皆不写作文而是写诉冤状，考生们写的都是这个事，考卷都成了诉状。因此，张之洞上报说，四川发生了滥杀无辜事件，滥杀由于报叛，报叛由于抗粮，抗粮由于加赋，一时传诵。张之洞由此显名，以至大用。朝廷命人前往四川查办。改处孙定扬、李有恒皆斩；护督文格、总督丁宝桢处分皆轻。②

清朝末年的四奇案，无不与信访工作有关，有些案件，被慈禧用来削弱政治对手的借口。

第五节　处理信访工作机构

清承明制，两个朝代主管信访工作的机构，皆为通政使司，处理办法基本相同。

---

① 摘自《报刊文摘》2012 年 5 月 11 日。

② 邓之诚：《中华二千年史》。

一、通政使司

明、清都设有通政使司，分别是两个朝代中央机构中专门负责受理处理信访工作的机关。明朝原有一个通政使司，朱棣迁都北京后，在北京设有通政使司，南京仍保留通政使司，或称为南通政使司。

（一）通政使司的设立、职能和演变

明太祖朱元璋洪武三年（公元 1370 年），学习宋、元，设有察言司，置司令两人，任务是"掌受四方章奏"，包括信访上书。洪武十年（公元 1377 年）秋七月，为了防止元朝制度之弊在明朝重演，改察言司为通政使司。

改察言司为通政使司有什么含义？朱元璋说："政犹水也，欲其常通，故以'通政'名官"①，表明了改为通政使司的目的是上情下达，下情上达，上下通畅，去掉所有"梗阻"。

明朝的通政使司，置通政使一人，左、右通政各一人，誊黄右通政一人，左、右参议各一人，其所属的还有经历司，经历一人，知事一人。后改司为寺，通政使改为通政卿，通政参议改为少卿，寺丞增置左、右补阙，左、右拾遗各一人。通政使官员的官秩比不上尚书和都御史，但毕竟直接对皇帝负责，可以直接上达皇帝，这是尚书和都御史所不能比拟的。

据《辞海》讲，明朝的通政使司是由宋朝的银台司发展而来的。宋代，首先专设接受章疏的机关，掌管天下奏状案牍，称通进银台司，别称银台。明朝的通政使司，简称通政司，掌内外章奏、封驳和臣民密封申诉之件。可见，宋朝的银台、明朝的通政使司的工作性质是一样的。宋朝的银台司，因司署设在银台门内，故名。明朝的通政司，职任和银台司相当，所以也称通政司为银台。由此可见，明朝的通政使司起源于宋朝。

在明朝正式废除中书省后，凡内外章疏敷奏封驳之事，都由通政使司转达皇帝，皇帝批示的谕旨也必经通政使司抄送给有关衙门和官员。民间有申冤、陈情、告不法事也可密封交通政使司直达皇帝。这种职能，一度起到了特殊作用。

（二）通政使司保证皇权不会旁落

通政使司成立，即与中书省划定了工作界限。朱元璋洪武十年秋，设置通政使司，十一年三月规定，臣民奏事不许中书省过问。剥夺了中书省过问民众

---

① 《明史·职官二》。

奏事之权，制衡了中书省的权力，将了解、掌握民情权集中在通政使司，也剥夺了丞相的部分权力。洪武十三年，罢中书省，杀了丞相胡惟庸，废丞相制。这样，解除了元朝灭亡之大弊：民情上下梗阻和丞相专权的问题。消除了朱元璋的心腹之患。明太祖还规定，"民间词讼非自通政司转达，不得听。而诸司有应问罪人，必送刑部，各不相侵"①。规定了章奏权集中于通政使司，通政使司又直接掌握在皇帝手中，朱元璋控制了言路大权。通政使司成为皇帝集权的一个组成部分，解除了朱元璋怕大权旁落的问题。

（三）通政使司的工作原则和权力

关于通政使司的工作原则，朱元璋规定："当执奏者勿忌避，当驳正者勿阿随，当敷陈者勿隐蔽，当引见者勿留难。"②也就是说，对于当执奏的事情，涉及任何人，都"勿忌避"；对不妥当的事，应该驳正的，"勿阿随"；对于该详细报告的，"勿隐蔽"；对于应该引见给皇上的，"勿留难"。简单地说，就是要正直、公正、公道，不隐瞒事实真相，不畏强权，不看权贵的脸色办事，对无权无势的人，不为难他们，有道理的，该引见皇帝的，就要引见。对于申诉冤滞，或告不法等事，"赍状奏闻"，不要阻拦。授予通政使司对于重大事情的参与权，"凡议大政、大狱及会推文武大臣，必参预"③。

通政使司有出纳帝命的权力。对通政使司具有政情上下通达和处理民间陈情的作用，是这样表述的："出纳帝命，通达下情，关防诸司出入公文，奏报四方章奏实封建言，陈情伸诉及军情声息、灾异等事。"④

归纳起来，通政使司一是掌受朝廷内外章疏，或上报敷奏，或封驳；二是处理民众的报告、建议、申诉冤案和控告官员的不法行为；三是参预国家的重大政治、人事安排等工作；四是出纳帝命的权力。

（四）通政使司的工作方法

朱元璋规定通政使司接到"陈情建言，申诉冤滞，或告不法等事"的章疏后，按以下几种方法、步骤处理。

首先是登记，写出冤诉的内容，即"于底簿内誊写诉告缘由，赍状奏闻"；其次，在"公厅启视，节写副本，然后奏闻"，"节写副本"的做法，类似于

① 《明史·刑法二》。
② 《明史·职官二》。
③ 《明史·职官二》。
④ 《大明会典》卷二百十二。

民国时期的"摘由笺"，我们现在的信访摘报，只是详略、重点不同；三是"有机密则不时入奏"，遇有重大事件，随时上报或引见给皇帝，当面奏明；四是要进行月报、季报和年报，即"月终类奏，岁终通奏"。

上述的步骤，在《明史·职官志二》中，是这样阐述的："通政使，掌受内外章疏敷奏封驳之事。凡四方陈情建言，申诉冤滞，或告不法等事，于底簿内誊写诉告缘由，赍状奏闻。凡天下臣民实封入递，即于公厅启视，节写副本，然后奏闻。即五军、六部、都察院等衙门，有事关机密重大者，其入奏仍用本司印信。凡诸司公文、勘合辨验允当，编号注写，公文用日照之记、勘合用验正之记关防之。凡在外之题本、奏本，在京之奏本，并受之，于早朝汇而进之。有径自封进者则参驳。午朝则引奏臣民之言事者，有机密则不时入奏。有违误则籍而汇请。凡抄发、照驳诸司公移及勘合、讼牒、勾提件数、给繇人员，月终类奏，岁终通奏。凡议大政、大狱及会推文武大臣，必参预。"通政使司的工作步骤规定的具体、清楚，在文件上要编号，即"编号注写"。

至此，通政使司由初设的言谏机构，变成了皇帝的御用机构，削弱了为民说话的功能，削弱了监督的作用。

由于通政使司职权较重，明朝中叶以后，逐渐为宦官所把持，致使通政使司形同虚设，到了成化初年，逐渐失灵，不仅得不到重视，还出现了对持红牌者"挞而逐之"事件。后来，发生了内阁大学士严嵩勾结通政使赵文华，事先窃知奏章内容，而操纵国事的教训，皇帝把通政使司审核驳正奏章的权力取消了，奏章可直达内阁。明神宗万历九年，关掉了通政使司①。

为了解决百姓能到御前奏事的问题，朱元璋在通政使司门下设置了一个红牌，上面书写"奏事使"，民众要进奏，取此牌可以通行，无人阻拦，直至御前奏事。可以说，这是一个特殊的办法。

是否真有"奏事使"的红牌？曾有人表示怀疑。明朝陆容在《菽园杂记》中记载了这件事：南京通政司门下有一红牌牌，书曰"奏事使"。洪武年间，凡有欲奏事不得至御前者，取此牌执之，可以直入内府，各门守卫等官不敢阻挡。

《春明梦余录》一书中，也有同样记载。朱元璋为民众反映问题，特授通政司门下一红牌，上书"奏事使"，持此牌可以直入府内，守卫等官不得阻拦。

"奏事使"红牌真有这样灵验吗？从两个例子来看，确实有效果。

---

① 田兆阳：《中国古代行政史略》，新世界出版社 1994 年版，第 299 页。

黄州府同知安贞被人告擅造公宇器之罪判了徒刑，几次审理都不服，就叫他的女儿到通政司持"奏事使"红牌进宫，告了御状。

朱元璋了解上告缘由后，说："房宇器用之物，皆公家所需，贞若迁他官而去，必不以偕往。今乃罪之，是长猾吏告奸之风矣。"[1] 命安贞复职，而械长猾吏至京治之。

洪武中期，安徽某县有百姓联名上书，颂言县太爷治理有方，写好书信不知送到哪儿，听说南京通政司专管此事，就举着"奏事使"红牌把颂书递给了皇上。朱元璋看后很高兴，批阅"今县官能为吾抚循百姓，达吾爱养斯民之意，得其欢心，岂不深可嘉？"[2] 后来这位县太爷也因此做了高官。

持红牌可以入内府上诉，应该说，是朱元璋同意"越级上访"。

清初设通政使司，与六部、都察院和大理寺等同为九卿，位尊权重。顺治元年规定："自今内外章奏，俱由通政司封进。"通政使司成为办理章奏、民众上书的总把关。由于通政使司处于非常重要的位置，受到了各方面的重视。

通政使司，设有通政使、副使、参议，共同管理通政使司事务；通政使是主要负责人，副使、参议是他的副职、助手。上述职官，都配有满汉官员，但在品位上，满员比汉员要高一品。如通政使，满员二品，汉员三品。这种民族歧视政策，对于统治者是不利的，故于顺治十六年（1659 年）改为满汉同级，满员皆降为汉员级。通政使司的属官有经历司经历、知事、笔帖式[3] 等。这些官员的责任，各不相同，分工明确。

（五）清朝通政使司其他几个方面职能

1. 值班登闻鼓

"经历、知事，分掌出纳文移。其兼领者：登闻鼓厅"。在"登闻鼓厅"后边有这样的注释："以参议一人分直（值），知事帅（率）役巡察"。每天都要有参议一人到登闻鼓值班，知事率众役巡察。叮见，在登闻鼓值班的官员和巡察的官员身份都比较高，参议是通政使司的副职。说明为民众信访用的登闻

---

① （明）余继登：《皇明典故纪闻》，书目文献出版社 1995 年版，第 67 页。

② （明）余继登：《皇明典故纪闻》，书目文献出版社 1995 年版，第 73 页。

③ 清入关前称有学问的人为"巴克什"，天聪五年（1631 年）改为"笔帖式"，意为办理文件、文书的人。清各部院、内行衙署均有设置，主要掌管翻译满汉奏章文书、记录档案文书等事宜。正六品至正九品。

鼓，在通政使司中的地位是非常重要的。

2. 掌管民众诉讼叙雪冤滞案件

通政使司掌管民众诉讼问题，对于诬告和越级上诉的问题，"按法律论处"，由通政使司笔帖式负责掌管。

3. 职权受制及其撤销

清朝通政使司有审核驳正各衙门奏章之责，而无封驳诏书之权。这与当时皇权至重是分不开的。清朝的"通政使掌受各省题本，校阅送阁，稽核程限，违式劾之。洪疑大狱，偕部、院豫议"。实际上是遵照皇帝的旨意办这些事，只有传递的作用，是例行公事。不久，情况又有变化，审核驳正各衙门奏章之责也被取消，各衙门奏章，不经过通政使司，可以直达内阁。此时，通政使司"无执奏之专，无封驳之重，无中蔽之隐，无参预之私。于庶事为大公，于群情为直达，此通政司一官，名虽沿而实则异"。实际上，通政使司的权力已经被剥夺。

清朝初期，登闻鼓（院）由都察院划归通政使司管理。顺治元年，设登闻鼓（院），隶属于都察院。因为通政使司给皇帝的状子（称通状）与登闻鼓院给皇帝的状子（称鼓状）经常是矛盾的，纷争不断。康熙六十一年（公元1722年），将登闻鼓院划归于通政使司。

后来，通政使司的权力逐渐削弱，到光绪的时候，通政使司已无具体工作可做。光绪二十四年，并入内阁，复又独立。四年之后，即公元1902年，以通政使司"职无专司"为由，被彻底废除。

明朝在灭亡前夕关掉了通政使司；清朝在灭亡前夕，废除通政使司。通政使司退出了历史。

通政使司，在明、清两代，经过兴盛，受到帝王的重视，为民众信访活动提供了诸多方便，作出了历史性的贡献。这两个朝代，在衰落前都废除了通政使司，可以说，通政使司和王朝一起由兴盛到衰落，这是不重视民情的必然结果。

二、登闻鼓（院）

明、清两朝登闻鼓从发展到被废的历史。

（一）登闻鼓的主要职能

明朝登闻鼓发展脉络是比较清析的，登闻鼓始设于明太祖洪武元年（即公元1368年）十二月，初置于午门外，后移置长安右门外，当时的作用，一是办理重大冤案和机密重情，"非大冤及机密重情不得击"①。二是"以达下情"作用。宣德时，直（值）登闻鼓给事林富对皇帝说："重囚二十七人，以奸盗当决，击鼓诉冤，烦渎不可宥。"宣德皇帝曰："登闻鼓之设，正以达下情，何谓烦渎？自后凡击鼓诉冤，阻遏者罪。"宣德皇帝宣布，不准阻遏诉冤人击鼓，如有违者，要治罪。三是规定"如有人击鼓必须立即引奏"。四是收状以闻。就是说，收到诉讼状后，必须报告皇帝，由皇帝处理。

关于登闻鼓的作用，我们举三个信访案例证实。

案例一：在明太祖朱元璋的时候，龙江卫吏有了过错，正在写检查的时候，其母亲病故，请求按照习惯让他在家中守孝。但吏部尚书詹徽不准，龙江卫吏就来击鼓诉冤。朱元璋知道后，切实地责备了吏部尚书詹徽，决定让该吏守制。

案例二：永乐元年，县令受赃，应该罚其戍，其人"击鼓陈状"，皇帝以为其诚实，念其年老"昏眊所致"，法外开恩，宽免了他。

案例三：宣德元年，义勇军士阎群儿等九人被诬为盗，当斩，家人击登闻鼓诉冤。复查实不为盗。宣德帝命令放了这九个人，并严厉地批评了都御史刘观。

（二）登闻鼓的值班制度

明太祖朱元璋在午门外置登闻鼓时，指定由一名御史每天在此值班，以监闻有无人击登闻鼓，都反映什么问题。这位值班的御史与西周负责路鼓值班的太（大）仆及其属官御仆、御庶子的性质一样，是专职做信访工作的官员，也就是信访工作者，即接待官员。登闻鼓移置到长安右门外，参与值班的还有六科、锦衣卫等，轮流值守。"洪武元年，以监察御史一人监登闻鼓，后令六科与锦衣卫轮直（值）。"②御史、六科、锦衣卫等是全天轮流值班，或曰"宿值"，即24小时值班。

参与值班官员，在他们的任务中，有一部分工作与信访工作有关。如，"都御史，职专纠劾百司，辩明冤枉，提督各道，为天子耳目风纪之司，凡大臣奸邪、小人……巡视内库、皇城、五城，轮值登闻鼓"，御史"主察纠内外

① 《明史·刑法志二》。

② 《明史·职官志三》。

百司之官邪，或露章面劾，或封章奏劾"。① 这些都说明御史的工作与信访工作有关。

（三）清朝涉及登闻鼓的称谓

登闻鼓，是悬挂在朝堂外的一面大鼓，供民众击鼓上诉用的。所谓挝登闻鼓、伐登闻鼓，就是有冤屈的百姓击打登闻鼓。是我国先民们重要的直诉方式之一。登闻鼓院，官署名，是专门管理登闻鼓有关事项的，简称鼓院，宋朝曾称为鼓司。其职为掌诸上封而进之，以达万人之情，凡无例通进文字，必先经登闻鼓院进状。

登闻鼓厅，或曰鼓厅。经历、知事"其兼领者：登闻鼓厅"，"其投厅击鼓。"② 由此可见，登闻鼓厅是办公、接待来访人的地方，置有登闻鼓，供来访人击鼓的地方，管军民击鼓伸冤之事。

（四）清朝登闻鼓工作情况

一是登闻鼓（厅）的值班。登闻鼓初隶属于都察院，"每日科道官一员轮值"，即六科给事中与道的监察御史，24 小时值班。康熙六十一年，归属通政使司后，"停科道差"，即科道停止值班，由通使司负责值班。

二是登闻鼓，"移入通政司，别置鼓厅"。如有击鼓之人，由通政使讯供，确有冤枉，奏报皇帝交刑部审办。如系诬告，即送刑部按律加一等治罪，也就是前边所说的"掌叙雪冤滞，诬控越诉者，论如法"。这是管理登闻鼓的工作方法。清朝阮葵生写道："登闻院，在西长安门外街之东。旧设满、汉科道各一员掌之。雍正二年统于通政司。"③ 该书还介绍通政使司是下情上达的衙门，管"内外章疏敷奏封驳之事"，也管"四方陈情建言，申诉冤滞，或告不法等事"。

三是设置登闻鼓前后来访人变化情况。在《清史稿》中有这样的描述，设置登闻鼓前，民众有"从前有擅入午门、长安门、堂子跪告，及打长安门内、正阳门外石狮鸣冤者"。④ 在设置登闻鼓之后，这种现象就没有了，即"严禁始绝"。

前面讲了登闻鼓起源于原始民主时期的"敢谏鼓"，之后，各朝代都设置

① 《明史·职官志二》。
② 《清史稿·刑法志三》。
③ 《茶余客话》卷七。
④ 《清史稿》卷一百四十四。

登闻鼓，供吏民们直诉用，起到下情上达的作用，为吏民们申冤等服务，长达五千年。是我国信访史上，为民众服务寿命最长工具之一。

总体看，明、清两个朝代，开始时，对登闻鼓比较重视，后来，对挝登闻鼓的人作了许多限制。清朝规定"必关军国大务，大贪大恶，奇冤异惨"才能挝鼓，这样，就把普通百姓关在门外了，登闻鼓成了摆设。因为登闻鼓归通政使司管，公元1902年通政使司撤销，登闻鼓也就一同撤销，退出了历史。

三、都察院

都察院，官署名。汉以后历代都有御史台，明初改设都察院，清朝雍正元年（公元1723年）将六科给事中并入，合称科道，成为最高的监察、弹劾及建议机关。

明代的都察院，掌管监察百官事务，御史，掌管上奏事务，监察百方业务，是三法司之一。都察院成为明朝最高国家司法监察机构。

（一）都察院的形成与地位

明初的权力机构有三个：中书省、都督府、御史台。不久，进行调整，洪武十三年（公元1380年），撤销中书省、废除丞相制，原直属中书省的六部，即吏、户、礼、兵、刑、工六部，地位提高，直属于君主；同年，撤销大都督府，改设为五军都督府；洪武十五年（公元1382年）改御史台为都察院，将台院、殿院并入都察院，最终完成了三院制向一院制的过渡。这样改动的结果，使国家最高的行政权、军权和监察权力，都集中在君主手中，不会旁落，对帝王来讲，这很重要。

都察院的"都"字，表明都察院的地位。都者，首领也，全也，总也。都察院就是察院之首，中央有都察院，在陪都南京亦设都察院，但员额大为减少。都察院设有左右都御史，左右副都御史，左右佥都御史，领院务，其下属机构有十三道监察御史。十三道监察御史则为都察院直接行使监察权力，各管一道。经过这次改组，强化了对百官的监察权力。凡官吏之考察黜陟则会同吏部，重大刑狱则会同刑部与大理院（寺）行使权力。其他各官署则分属十三道监察御史负责稽察。

（二）都察院职责中涉及信访的几个方面

都察院总的职能是："凡政事得失，军民利病，皆得直言无避"，"都御史，职专纠劾百司，辩明冤枉，提督各道，为天子耳目风纪之司"。其中，"辩明冤枉"等事项，都含有信访工作内容。

具体工作方法："凡大臣奸邪、小人构党、作威福乱政者，劾。凡百官猥茸贪冒、坏官纪者，劾。者凡学术不正、上书陈言变乱成宪、希进用者，劾。遇朝觐、考察，同吏部司贤否陟黜。大狱重囚会鞫于外朝，偕刑部、大理谳平之；其奉敕内地，拊循外地，各专其敕行事。"上述六方面内容，有许多涉及信访内容，如，"凡学术不正、上书陈言变乱成宪、希进用"的规定，"上书陈言"本身就是信访方面的事。

都察院有巡视任务。巡视内容比较宽。十三道监察御史，"主察纠内外百司之官邪，或露章面劾，或封章奏劾。……巡视京营，监临乡、会试及武举，巡视光禄，巡视仓场，巡视内库、皇城、五城，轮值登闻鼓。"其中，参与轮值登闻鼓等，属于信访工作范畴。

（三）明朝都察院有考察民间事的职能

都察院，十三道监察御史，在外巡按，代天子巡狩，遇有大事，报告皇帝，小事自己决定处理。"或露章面劾，或封章奏劾"。也就是说，既可当面署名弹劾，亦可递交奏状，直接上报皇帝。"存恤孤老，巡视仓库，查算钱粮，勉励学校，表扬善类，翦除豪蠹，以正风俗，振纲纪。"其中"凡政事得失，军民利病，皆得直言无避"。这些更是民众的事，属于信访内容。

经过这样变化，都察院已成为天子耳目之机构，在某种意义上失去原有的言谏作用。

清朝在入关之前已设都察院。清太宗崇德元年（公元1636年）五月设都察院。为此还颁布了一道上谕，明确设置的目的、理由与原因：主要是纠正自己的错误，监督各级官员；其核心是对皇亲国戚、贝勒等约束，维护王权。

皇太极说："朕或奢侈无度，误诛功臣；或畋猎逸乐，不理政事；或弃忠任奸，黜陟未当，尔其直陈无隐。诸贝勒或废职业，黩货偷安，尔其指参。六部或断事偏谬，审谳淹迟，尔其察奏。明国陋习，此衙门亦贿赂之府也，宜相防检。"

这道上谕最后强调：许都察院直言无隐。还定出了两个原则：一是不要挟私仇弹劾他人，如果有这样情况，加罪惩治；二是谏言不实不治罪，倘知情不报，以误国论。

入关初，顺治初年又作规定："凡朝廷政事得失，民生利弊，以时条上，百官有奸贪污绩，亦得据实纠弹。""民生利弊"，是民众信访活动内容，包括在都察院上奏范畴。

清朝都察院和明朝一样，与刑部、大理寺合称三法司。参与刑部、大理寺对案件审断；稽察各级衙门、官吏办事，及参预九卿一起议奏折；凡重大事评议优劣；检查注销文书案卷及封驳事；监察乡试、会试、殿试；巡视各营等事务；等等。

1636年清朝都察院初设时，主管官员称都察院承政，其他六部的主管官员也称承政。如，吏部承政、户部承政等。入关后，都察院取消了承政的称谓，设左都御史，左副都御史，六部也取消了承政的称谓。后，顺治又改左都御史掌院事，左副都御史协理院事。光绪三十二年改为都御史、副都御史。满、汉二人。其属官，有经历司经历，都事厅都事，俱满、汉一人，笔帖式四十二人。十五道掌印监察御史，满、汉各一人。监察御史，京畿、江西、浙江、福建、湖广、河南、山西、陕西八道，满、汉各一人，江南道满、汉各三人，山东道满、汉各二人。

都察院主要官员分工：左都御史掌察核官常，参维纲纪；率科道官矢言职，率京畿道纠失检奸；凡重辟，会刑部、大理寺定谳；祭祀、朝会、经筵、临雍，执法纠不如仪者。左副都御史佐之。十五道掌弹举官邪，敷陈治道，各核本省刑名。其祭祀、监礼、侍班纠仪，科道同之。其他职官的分工是：经历掌董察吏胥；知事掌缮写章奏；其分摄者：巡视五城御史，掌绥靖地方，厘剔奸弊。兵马司指挥、副指挥、吏目（未入流。自正指挥以下俱汉员），五城各一人，掌巡缉盗贼，平治道路，稽检囚徒，火禁区为十坊领之。

当时，允许左都御史、左副都御史、监察御史闻风言事；给事中也许闻风言事。只要是听说的，就可以向皇帝报告，不必经过核实，即使不实也不受罚，这是都察院官员敢于进言的根本原因。

都察院的内部机构有九房一库：堂印房、本房、吏房、礼房、兵房、刑房、工房、户房、火房和架阁库。[①] 还有办事机构经历厅、都事厅、值月处、督催所。与六科给事中、五城察院工作关系密切。

四、六科给事中

给事中，秦官，西汉沿置，东汉省，魏复置，后成为加官，晋代始为正官，隋炀帝置给事郎，唐高祖武德三年（公元620年）改名给事中，"驳正政令之违失"，宋太宗淳化四年（公元993年），置同知给事中，掌封驳之事，

---

①　田兆阳：《中国古代行政史略》新世界出版社1994年版。

元朝也设置给事中。明清两朝，都设置六科给事中，工作性质基本相同，都是由言谏之官渐变为纠察之官，所谓封驳、注销、奏闻、弹劾者均不过代天子以察百事，实际成为皇帝的耳目手足，失去了以言谏天子、纠朝廷之过失的功能。

明、清两朝，初置给事中都是独立机构，不隶属于其他单位。朱元璋废除中书省，将隶属于中书省的六部，直接对皇帝负责，给事中分掌六部，故称六科给事中。六科的掌印长官都给事中，下有左右给事中，给事中若干，各科人数不同。六科给事中级别不高，权力大。

当时，六科给事中，就是维护皇权在六部得以实施，成了对六部的"对口"监察的机构，失去了言谏功能。

（一）六科给事中的任务

初设六科给事中时，任务是"掌侍从、规谏、补阙、拾遗、稽察六部百司之事"。工作规定，"凡制敕宣行，大事覆奏，小事署而颁之；有失，封还执奏。凡内外所上章疏下，分类抄出，参署付部，驳正其违误"。其中，"掌侍从、规谏、补阙、拾遗、稽察六部百司之事"是信访工作的重要组成部分。

（二）六科给事中的权力

六科给事中，有以下几个方面的作用："封驳"，即是辅助皇帝处理奏章；"科抄""科参"，即是稽察六部事务；"注销"，是指圣旨与奏章每日归附科籍，每五日一送内阁备案，执行机关在指定时限内奉旨处理政务，由六科核查后五日一注销。

六科给事中先后有以下职权：一是言谏权，起"司君主之失"的作用；二是封驳权，"章奏之下，又经六科，六科可封驳，纠正违失"；三是弹劾权，纠察百官违失，主要弹劾六部百司的失职与违误；四是监督狱讼权，"凡三法司奉旨于午门前鞠问罪囚，掌科官亦预"，事先参与商量；五是廷推权，明代规定凡高级官员推选，由吏部会同三品以上廷推，六科事先参与讨论、研究，发表意见。

（三）六科给事中执掌朝参门籍

《明史·职官三》中说："朝参门籍，六科流掌之。"

关于掌握朝参门籍之事，是这样的：明代朝会分为大朝贺、朔望朝和常朝，除非皇帝传旨免朝，否则，在京官员必须按时上朝。为了保证朝参者皆入宫上朝，又能防止无朝参资格者借机阑入（擅自进入），建立了两项制度：牙牌制度和门籍制度。牙牌制度，是指凡朝参官皆给赐牙牌佩带，无牌者不得入宫；门籍制度，是指各衙门都要按月攒造朝参门籍，交存于长安左、右门守卫官。门籍是指悬挂宫殿门前的一种记名牌，主要是记载入宫人的身份与地位。

如，明朝的陈良谟在《见闻纪训》中写道："凡京官俱书名簿上，置长安门，谓之门籍。有病注'病'字在名下，不朝参，谓之注门籍。"六科执参与掌朝参门籍，就是掌握朝会进入宫门之事。

（四）六科给事中轮值登闻鼓

洪武元年，以监察御史一人监登闻鼓，后令六科与锦衣卫轮值。《明史·职官志三》还说：六科，置于午门外值房莅事，"每夜一科直宿"，"登闻鼓楼，日一人，皆锦衣卫官监莅。"意思是说，御史、锦衣卫与六科均参与登闻鼓轮流值班。

（五）值班官员的任务

值班官员的任务："受牒，则具题本封上。遇决囚，有投牒讼冤者，则判停刑请旨。"（《明史·职官三》）就是接受上诉的材料，报告皇帝；已判决的案件，如有上诉，亦应报告皇帝，让有关部门停止执行，等候圣旨再行决定如何处理。

（六）六科给事中与司谏、正言、拾遗、补阙的关系

明朝成立六科，开始曾隶属于承敕监①和通政司，后来一直是个独立的机构。如，明初，设给事中，洪武十年，隶承敕监，洪武十二年，改隶通政司，洪武十三年，置谏院，左、右司谏各一人，左、右正言各二人，洪武十五年，又置谏议大夫，……寻皆罢。

洪武二十二年，改给事中为源士。是以六科为事之本源，故改为源士。建文帝的时候，改都给事中，给事中，不置左、右给事中，增设拾遗、补阙。成祖初，革拾遗、补阙，仍置左、右给事中。左右给事中，与拾遗、补阙有时互换，即有时取消左、右给事中，设拾遗、补阙；有时取消拾遗、补阙，恢复左、右给事中。

左、右给事中与拾遗、补阙的工作性质类似，除侍从天子外，亦负责进谏、监察，有权处理上奏、调整敕令等。六科给事中，作为对中央六部的监察机构，与都察院的十三道地方监察机关并行，因此合称为"科道制"。

六科给事中，品位不高，权责显要。这种位卑权重，与唐、宋以小监大的

---

① 承敕监洪武间置，司文监，考功监，参掌给授诰敕之事。

情况相同。

由于皇权的加强，给事中的封驳职权受到很大的限制。张金鉴在论及明朝给事中时说："无面折廷诤之威风，由言谏之官渐变为纠察之官，所谓封驳、注销、奏闻、弹劾者均不过代天子以察百事，乃其耳目手足耳，决不是以言谏天子、纠朝廷也。"① 这种评论是恰当的，符合实际情况，变成为御用机构。

由于给事中可以"风闻言事"，引出了一段公案。明朝著名才子唐寅抱着志在必得的信心进京赶考。当时，李东阳为正主考官，程敏政为副主考官。由于唐寅与程敏政关系密切，却成了一种不幸。会试开始两场之后，户科给事中华昶，依据给事中可以闻风而奏的规定，上疏弹劾程敏政，说其与唐寅、徐经舞弊。华昶所奏虽然没有提供实际证据，但朝廷必须进行彻查。

副主考官程敏政，考生唐寅、徐经和给事中华昶一同被拘押，等待审查。礼部官员在翻看了之前所有经过程敏政阅看过的试卷，判定里面没有唐寅和徐经的试卷，仅就考试现场无法断定程敏政与唐、徐二人有舞弊行为。于是，案件被移交锦衣卫审理。面对以严酷闻名的锦衣卫，唐寅不承认，徐经先招供，是自己向程敏政的仆人行贿买了试题。在复核中徐经又说，"实未尝赂（程）敏政。前惧拷治，故自诬服"。由此，整个案件件陷入了泥潭。最后，程敏政以"临财苟得，不避嫌疑，有玷文衡，遍招物议"的罪名被勒令致仕（即辞官）。徐经和唐寅以"贪缘求进"的罪名，降级。举报人华昶也以"言事不察"被贬官南京太仆寺主簿。自此，一项轰动京城的科场大案以各打五十大板的结果告终。经此事，唐寅追求功名的热情彻底浇灭，并有耻辱感，放弃了求官之路。

（七）清朝六科给事中并入都察院

清朝在入关前的太宗天聪年间，就曾置六科给事中。入关之后，"六科自为一署，给事中无员限，并置汉军副理事官"②，就是说六科在中央是独立单位，不隶属于任何部门。顺治十八年（公元1661年），定满、汉都给事中各一员，左、右给事中各一员，汉给事中二员，省副理事官，设满笔帖式一百零七人，其中工科十一人，礼科十二人，其余四科各二十一人。康熙三年（公元1664年）曾削减六科官员，只留满、汉给事中各一人。

---

① 张金鉴：《中国文官制度史》。

② 《清史稿·职官二》。

1.六科是言官，职责是"掌言职，传达纶音（指皇帝诏令），勘鞫官府公事，以注销文卷，有封驳即闻"；"凡制敕宣行，大事复奏，小事署而颁之。如有失，封还执奏。内外章疏，分类抄集，参署付部，驳正其违误焉。"①表明六科给事中：一是言官；二是传达皇帝的"纶音"；三是检查官府违纪事项等。六科参加皇帝御门听政等侍班。

清朝曾规定，给事中是言官，应该保护他们。如，康熙的时候，六科给事中穆和伦因河工的事，"请禁服用奢侈"的奏章，触犯了内阁的一些大臣，"阁臣票拟申饬"。康熙说："言官耳目之职，若因言而罪之，谁复言者。"意思是说，给事中是言官，是"耳目之职"，如因进言获罪，谁还敢进谏？

2.科道合并。六科与都察院都是纠察性质的工作，他们有何异同？六科给事中，职掌"稽察六部百司之事"②；都察院是掌"纠察内外百司官邪"。就是说，他们纠察的对象和范围不同。都察院所属执行的是按省区划分的"十五道"。

六科给事中是监督、箝制六部的权限，但也有防止都察院监察御史的职权过重的职能。这就出现了给事中与御史之间，互相纠举弹劾，往往因争权夺利，影响监察效能。两者并存出现重叠的严重弊端，不利于君主集权制的稳定与巩固。所以，雍正元年（公元1723年），以六科"内升外转"，隶于都察院，实现了科道合并。科道合并后，各自职掌的工作没有变化。同时，雍正规定科道官员实行密折言事制度，即"各科道每日一人上一密折，轮流具奏，一折止（只）言一事，无论大小事务，皆许据实敷陈，即或无事可言，折内也必声明无言之故"③。

六科隶属都察院后，清廷最终完成了台谏合一的变革，是封建君主集权专制发展的必然结果。清代言谏机关的职权，总的趋势是逐渐被剥夺、削弱，科道合并后的监督职能强化，削弱了为民众代言的作用，不利于信访工作。光绪三十二年（公元1906年），裁撤六科名称，只设给事中二十人。六科成了历史。

综上所述，为解决通状、鼓状之纷争，将登闻鼓由都察院划归通政使司；

---

① 《清史稿·职官二》。

② 《清史稿·职官二》。

③ 《中国国家机构史》引王先谦：《华东录·雍正朝》第二卷。

又以"内升外转"的形式，将独立的六科划归都察院，实现了台谏合一的变革。这样做，言事的功能削弱，信访工作的职能也削弱。

五、五城兵马指挥司

明代的兵马司，系朱元璋洪武二十三年（公元1390年）定名的，永乐二年（公元1404年）设北京兵马指挥司，定都北京后，分设五城兵马司，开始隶属于兵部。

《明史·职官三》记载，明初有"中、东、西、南、北五城兵马指挥司"的机构，简称为"五城"。五城各司设指挥一人（正六品），副指挥四人（正七品），吏目一人。五城兵马指挥司工作中，有一部分与民情工作关系比较密切。五城兵马司只在南京、北京设立。

五城兵马司的任务：一是城市管理工作，包括市场物价、度量衡和街道环境的治理等。如，《明史·职官三》中说，"洪武元年，命在京兵马指挥司并管市司，每三日一次校勘街市斛斗秤尺，稽考牙侩姓名，时其物价"。类似于现在的"城管"。

二是夜巡社会治安，包括巡捕盗贼，疏理街道沟渠及囚犯、火禁之事。凡京城内外，各划境而分领之。境内有游民、奸民则逮治。需要说明的是，五城中有四城可以参加这项工作。在参与这项工作之前，按规定，需先到尚宝司领取铜牌两面，持之巡视治安，遇有发生盗贼，督领分兵"火甲"人擒捕，工作情况，每月还要汇报。但五城不得随便抓人，要经过巡城御史批准，才能逮捕，但外地来京"浮住者"可以例外，并能自行进行处理。

三是户籍管理。明朝的户籍管理，在农村和城市基层实行，叫"火甲"，是联保形式，管一方治安。农村中的"火甲"，在多盗贼的地方实行。《明史·循吏传》中有这样的记载："河南境多盗，（李）骥为设火甲，一户被盗，一甲偿之。犯者，大署其门曰盗贼之家。""火甲"就是联防，如有一家被盗，其他十家要负责赔偿，如有人当了盗贼，在其门上写"盗贼之家"。另一种叫"老人甲里"，多由老人组成，管词讼、户婚、田地、斗殴、争占、失火、钱债、赌博等。是调解组织，调解民众之间矛盾，这些工作都是发生在上访之前，民间调解不成，才由官府处理，进入信访工作程序。

城市中的"火甲"，是市民负担治安等各种差役。明朝祝允明《猥谈》和《金瓶梅词话》的描述，都说明"火甲"这种户籍制度确实存在。

为什么说这与信访工作有关系？还得从李骥谈起。他在实行"火甲"后，又编写了《劝教文》，其中有"振木铎以徇之"。就是说，让人摇动木铎进行宣传，结果"自是人咸改行，道不拾遗"。经过这一措施，人们改为善行，达到路不拾遗。

"火甲"初设时，本是好事，像李骥这样的官员，利用"火甲"，确实为百姓办了些有益的事情，后来，被贪官所利用，公开用"火甲"盘剥、迫害百姓。在南、北两京中实行"火甲"，要求每天必须有数人轮值，自备锣鼓灯笼等物，还要选出一名总甲，做负责人，在其带领下沿街巡逻，负责夜间的治安和消防等事宜。这些人，实际就是更夫。但是官府需要采买各种物品的钱，一般都要摊到这些更夫身上，称之为"纸笔灯烛钱"；夜间巡逻的锦衣卫每晚的夜宵，也由更夫们负责提供，若招待不周，非打即骂，贫民深受其害。而一旦遇到命案，长时间不结案，总甲交不了差，只得求爷爷告奶奶地奔走于各个衙门，又免不了得上下使钱。

当时，还有比"火甲"更苦的"铺行"。按明初规定，全国的商户都有向政府提供各种物品的义务。具体做法是，一个地方的商户，按规模分等级，或一年一轮，或一月一轮，轮番充任当行买办，就是替国家采购。在明朝，尤其是晚明，商户们无不将其视为畏途。首先，需要通过当行买办采购物资的政府各部门，以及为皇室提供服务的内廷，几乎都采取先由当行买办按政府提供的清单购买交付，以后再结账，所谓的结账，运气好的商户，拖上三五年，或许会得到一半或三分之一的货款；运气不好的话，就可能成为一笔坏账，自掏腰包替政府买单。其次，更令商户头痛的是，送交政府的物资，官员们还得进行一番装模作样的验收。一旦没有行贿，上等商品也会被判定为"不中程"，即不合格。一旦判为不合格，商品原物退回还是其次，重要的是，商户轻则会遭一顿暴打，重则被扔进大牢。

在这种无所不用其极的敲诈之下，一旦不幸轮值出任当行买办，也就离家破人亡不远了。为此，大学士高拱在给皇上的奏折中感慨地写道："有素称数万之家而至于卖子女者，有房屋盈街拆毁一空者，有潜身于此复逃躲于彼者，有散之四方转徙沟壑者，有丧家无归号苦于道者，有剃发为僧者，有计无所出自缢投井而死者，而富室不复有矣。"虽然高层已意识到这种敲骨吸髓的盘剥对民众的巨大伤害，但终明一代，这些弊病不但没有根除，反而随着这个王朝末日的临近而更加丧心病狂。

明代兵马司隶属于兵部，清代隶属于都察院。两朝的兵马司工作性质与情况相似。清代兵马司初设时，清廉为政，不取分文。但到后来日久弊生，始而捕盗，继而讳盗，终且取资于盗，同盗合污，不得人心。光绪十六年（公元1890年）有大臣向皇帝禀奏，"京城地面捕务不力，请饬整顿"。光绪二十七年（公元1901年）撤销五城兵马司，成立工巡局。光绪三十一年（公元1905年）九月撤销工巡局，成立巡警部。北京设置警察总厅和内外城警察厅。此为北京警察设置之始。至宣统末年，北京设置派出所。

清代五城，称为五城都察院，简称五城察院，或称"五城"。（一说是雍正元年，即公元1723年六月并入都察院。）五城察院掌稽查京师地方，厘剔奸弊，掌巡辑盗贼，平治道路，检囚徒火禁，"掌赈恤之政令"，实际是救济贫困百姓性质，这些贫困百姓中，许多人为了生存，曾经通过信访的渠道反映问题。

顺治十六年（公元1659年）规定，五城各设公所，于每月朔望吉日，由御史、司坊官组织乡约（即地方官选择的耆老），宣讲皇帝诰诫官民的诏令，一直延续下来。先后宣讲的有：顺治颁布的"六谕民"，康熙颁布的"上谕十六条"，雍正的"圣谕广训"十六条等，其目的是使民"共知向善"，"以敦风化"。五城共设六个栖流所，十个粥厂，十个粜米厂，一个普济堂，一个育婴堂等，作为赈恤流民的机构。康熙二十年（公元1681年）于五城地方设厂，由金都御史督同五城御史给满、汉军民人等发帑金，并令太医院医官施药。凡人命案件，由五城指挥相验。盗窃案件，由副指挥、吏目察看现场和审解。其余词讼案件，由指挥报巡城御史审断。杖罪以下案件，自行完结，徒罪以上，送刑部定案。

这些做法，或已是信访，或是涉及信访问题，也带来了一定的不良后果。如在市场方面，就出现了盘剥百姓等严重问题。

六、补阙、拾遗与司谏、正言

明朝，在不同的时期、不同的部门，先后设置了补阙、拾遗与司谏、正言，都是言谏官。

《明史·职官二》：通政使司，建文"增置左右补阙、左右拾遗各一人"。通政使司是办理信访工作的主要机构，补阙、拾遗工作重点就是信访工作。

《明史·职官二》：詹事府，设左司谏二人，洪武"二十九年，增设左、右春坊清纪郎、司谏、通事舍人"，"司谏，掌箴诲鉴戒，以拾遗补过"，"司直、司谏，皆天下名儒"。担任这类职官的都是天下名儒。

詹事府的主要任务是辅导太子的："辅导太子，必择端重之士"。在这样的机构中，设置了"以拾遗补过"为主要职能的司谏，具有特殊性，因为太子处于"监国"的地位。

《明史·职官三》：洪武十三年，置谏院，左、右司谏各一人，左、右正言各二人。建文中，不置左、右给事中，增设拾遗、补阙。成祖初，革拾遗、补阙，仍置左、右给事中。

从上述情况看，拾遗、补阙和司谏、正言，有时同时设置，有时单设；设置的部门也比较多，均为言谏性质的官员。

第六节　办理信访工作的手续制度

明朝为处理政务工作，制定了一些规章、制度、章程，其中，有的条款适用于信访工作。所以，我们把这些作为对信访工作的规定，进行介绍。

一、建立登记簿

明朝要求工作部门，建立登记簿，对经手过或办理经过的事情，每件都要详细记录。

这个要求，诸官方文件如《戒谕外官敕》和《明史》中，都有记载。《戒谕外官敕》中说："诸司置立文簿，将行过事迹，逐一开写。"这里的"文簿"就是登记簿，将办理过的事情在文簿上逐一写清楚。《明史·职官二》记载，通政使司"凡四方陈情建言，申诉冤滞，或告不法等事，于底簿内誊写诉告缘由，赍状奏闻"。文中所说的"底簿"也是登记簿，要求在底簿内誊寫清楚"訴告缘由"，包括来信人的自然情况、地址和信访内容都要简要摘录、填定。

尤其是对重复来信来访，更要求详细书写。《明史》中记载，有些来信来访人在京城上诉，经查证多所不实，为了与信访人核对事实，要求经办人要详细登记他们的地址，以便与他们核对反映问题的真实性。

二、回报制度

回报制度，除单件回报外，还分月报、季报和年报。

明朝在许多部门，都实行回报制度，其中三法司与通政使司最多。回报分为月报、季报和年报。《明史·刑法二》中，有两段文字记载这个问题。"乃命中书省御史台详谳，改月报为季报，以季报之数，类为岁报"。该文又说，"呈堂奏闻，谓之岁报。每月以见监罪囚奏闻，谓之月报"。

《明史·职官二》中也有"月终类奏，岁终通奏"的记载。

综上所述，清楚表明，经办机关要回报问题处理情况：分月报、季报和年报。月报又叫类报，年报，是年终进行回报，又叫岁终通奏。

三、摘报

通政使司处理民众陈奏，要节录后报送皇帝批阅。《明史·职官二》记载：通政使司，"凡天下臣民实封入递，即于公厅启视，节写副本，然后奏闻"。"节写副本"中的"节写"，类似现在的原信抄送或摘要报送，"然后奏闻"，就是上报皇帝。

清朝的登闻鼓（院）由都察院划归通政使司管理，是因为登闻鼓（院）上报皇帝的状子和通政使司上报皇帝的状子经常是矛盾的，纷争不断。康熙皇帝将登闻鼓院划归通政使司。这里所说的"状子"，实际是信访摘要。

四、防止泄密和打击报复

朱元璋曾下令：天下臣民实封递入信件一律于公厅开拆。就是在办公室（厅）当众拆阅，以防止臣僚欺瞒舞弊，实封事虽可以使皇帝耳聪目明，但也容易导致"讦告风炽"。如，泰和平民肖岐曾上书万余言，批朱元璋"刑罚过重"，建议禁收实封信件，以杜绝诬告。公厅开拆，可以减少泄密和打击报复。

五、联合办案与分工处理

明朝对一些复杂、重要的案件的处理，出现了"联合办案"的雏形，由几个部门共同办理。据《明史·职官志四》介绍，一些大事，由刑部、大理寺、都察院和吏、户、礼、兵、工部尚书、通政使共同审理。明宣宗宣德三年（公元1428年）决定："凡官民建言章疏，尚书、都御史、给事中会议以闻，勿讳。"对民众建言章疏，也要几方面负责官员开会讨论，会议决定后报告给他，不要违背这个原则。

在处理民情方面，有一个明确的分工，通政使司是总把关的，只有通过通政使司的介绍，其他部门，如刑部等才能受理，否则不能受理。在《明史·刑法二》中说，"在八议者，实封以闻。民间狱讼，非通政司转达于部，刑部不得听理"。这就是部门之间的分工。"洪武末年，……命老人理一乡词讼，会里胥决之，事重者始白于官。"[①]就是说，正式向官府上诉前，先要经过民间调

---

① 《明史·刑法二》。

解，不成才能到官府上访。

明朝的基层组织是以一百一十为一里，设里长，有调解民间争斗的职能，里中德高望重者，被推为"老人"。"老人"职在导民向善，平息民间各种纠纷，剖决是非。里中建有旌善亭，张榜公布民间善事，申明亭张榜公布恶行，以示奖惩。里正与老人有政绩者，可被皇帝召见。老人甚至可以会同村众逮解不法官吏赴京。

这里所说的"老人"是基层调解民众矛盾的组织，明、清都有这个组织。

六、建立逐级检查"民冤事枉"制度

明朝有逐级检查工作的制度，从布政司，至府、州、县，一级查一级，一直查到"里甲"。具体做法是：布政司检查"府"；"府"检查所治的州，即"府属州治"；"州临县治"；"县察里甲"。

检查内容："布政司理治亲临属府，岁月稽求，所行事务，察其勤惰，辨其廉能、纲举，《到任须知》内事，一一务必施行。"同时，也说明布政使司检查"府"的工作，要亲自到"府"，每月、每岁都要考察"府"所做的工作，考察其是勤勉还是懒惰，还要辨别其是否廉政、有无办事能力。都以《到任须知》的要求，进行对照。

检查内容，涉及民事方面的有："务要尽除奸弊，肃清一方"，如果有所不至，"巡按御史方乃是清，倘有通同贪官污吏，以致民冤事枉，一体纠治"。这里的"民冤事枉"，是民众的申诉内容，都列为检查的内容，"一体纠治"，就是一并处理。

检查要达到如下目的：上下之分定，民志有所依，巨细事务，悉有所归。上不紊政于朝廷，下不衔冤于满地。若耳目有所不及，精神有所不至，遗下无籍奸恶人民，本府州县官方乃是清。也就是说，上下各级职责要分清，民众之事，无论大小，都要有组织处理，有官员负责。这样，朝廷政务不会紊乱，国家就不会到处有冤民。如若有听不到的事情，有看不到的地

清朝稽查内务府御史衙门

方，精神有所不至，还遗下奸恶的人，应该清理府州县的官员。

上图是清朝稽查内务府御史衙门，在北京陟山门街五号。据说，这个地方有问案的功能。传说，杨乃武与小白菜来访案曾在这里受审过。如果这个传说属实，该地方与信访工作有一定的关系。

第七节　明、清署衙中的信访遗迹及其他

前面，介绍古代中国信访史，包括明、清的信访史，多是从古籍中找出前人的论述、文献中的记载和帝王发的"文件"内容，法律规定，以及信访案例，论证信访工作；本节是从明、清衙署中的遗迹、文物，来复原和阐述明、清时期的信访工作，这是明、清信访史不可或缺的部分。

我们先后研究了江苏淮安府署、山西霍州署和平遥县衙、河南内乡县衙、河北保定直隶总督署等明、清时期的衙署，从省级衙署直到县级衙署都有。老百姓称这些衙署为"衙门"。这些"衙门"中，或多或少都有当时民众信访活动的遗迹和文物。这类遗迹可分为三种类型，第一类是明、清信访工作的活化石。如"鸣冤鼓"与"越诉笞五十""诬告加三等"的两块石碑等，是所有署衙都有的共性设施，从明初直到清亡，且与信访工作有直接关联的，称之明、清两朝信访工作的活化石。第二类是放告和放告制度，民众在不受约束的情况下，直接到大堂信访，或递送材料，再现民众自由信访的新曙光。第三类是少数衙署才有的民告官的肺石制度。

为了说明这三类遗迹在衙署中的位署，先介绍衙署建筑的一般布局，使大家容易理解这些信访遗迹的历史价值和特殊作用，以及其在中国信访史上的闪光点。

一、明、清衙署布局的共同点

明、清衙署，在建筑布局上，有三个共同点：一是"前朝后寝"；二是"前朝"又分为东、中、西三路建筑群；三是中路建筑群，是衙署的政治中心。这部分建筑群，相对来讲，保存较好。

我们以淮安府衙署为主，兼有其他衙署的情况，综合阐述。

（一）"前朝后寝"。所谓"前朝后寝"，也叫"前衙后邸"

明、清衙署都是面南背北。前区为"衙"，即处理政务的地方，后区为

"寝"，即官员和亲眷生活起居的地方。

（二）"前衙"，即办公区，从东到西又分为东、中、西三路建筑群，每个建筑群的功能都有明显的不同

第一，东路建筑群。是祭祀、招待来宾、娱乐、游宴之所等，宝翰堂，则是知府与来宾交流诗、书、画的专门场所。总的来说，东路建筑群，以迎宾游宴为主。内乡县衙东路建筑群叫寅宾馆、衙神庙、三班院。

第二，中路建筑群，是衙署的主体部分，各衙署都相同。从南向北顺序，有：大门、二门、戒石坊、大堂、二堂、三堂……是办理日常政务工作的地方。这些建筑均在中轴线上，多数衙署中轴线的地势，高于两边。衙署的大门，都很严肃、庄重、大方。多数衙署，尤其是州、县级衙署将"鸣冤鼓"与"越诉笞五十""诬告罪三等"的两块石碑放置在大门里，鼓居东侧，两块石碑居西侧。如霍州署、内乡县衙等都是这样放置的，但也有例外，保定直隶总督署、淮安府署，则放置在衙署的另一个地方。

淮安府署的大门已毁，尚没有恢复。原大门面南临街，前有七丈长的照壁，东西各有一座金丝楠木造就的蝴蝶牌楼，各四柱，石础径可六尺，柱高两丈余，矗立云表，上书"长淮重镇""表海名邦"，极为壮观。

大门之后就是二门，又叫仪门，即礼仪之门，平时不开，只有新官上任或上级官员莅临时才开，遇到祭祀大典、节庆活动等也开。进入仪门有严格的规定，只有新官上任和上级官员走正门，左右两侧各有一个侧门，东侧叫生门，西侧叫死门，又称文门和武门，喜门和绝门，府内工作人员走生门，囚犯走死门。

淮安府署原大门式样（摘自《淮安府署》）

现在，参观人进出淮安府署的门，是原来的二门，门上还有"仪门"二字。

霍州署仪门与生门、死门标注非常清楚，根据州志记载，在仪门的东西两侧各有一门东边为"文门"（也叫人门）是官吏等出入的门，西边那叫"武门"

（也叫鬼门）是衙役及被提审的犯人出入之门。① 其他衙署也基本如此布局。

所有衙署的二门与大堂中间均有"戒石坊"，是标志性建筑物，放的位置都很显要，上面书有匾额和楹联。此建筑物有的是木头做的，有的是石头做的。后面专门介绍。

大堂、二堂、三堂是衙署的政务中心，作为主体。

大堂门前左右两边是六科，分别在中轴线东西两侧，其职能和明、清中央六部分管国事的政治体制相同，也是知府的直属办事机构。按"左文右武"分列两边，东侧为吏科、礼科、户科，西侧为兵科、刑科、工科。六科的称谓亦有不同，"府署"以上的衙署称"科"，州、县级衙署称"房"。科与房的名称不同，职能性质相同。如，霍州署、内乡县署都称为"房"，淮安府衙署称为"科"，这种称谓不同，大概是衙署等级不同所致。

淮安府衙署的二门，现在是进出衙署的大门
（张建南提供）

霍州署的仪门与人门、鬼门位置的布局（孙炳提供）

第三，西路建筑群。总的来讲，各衙署基本相同，但在赋予具体职能上，各衙署还是有所不同的。如，淮安府署西路建筑群有军捕厅。军捕厅是负责军粮监管、案情诉讼、审判的机构，相当于现在的公、检、法部门，是明、清时期司法体系中的重要组成部分，可以了解到明、清时期的法律诉讼过程与执行程序，"鸣冤鼓""越诉笞五十""诬告罪三等""放告牌"都放置在这里，可以了解当时的信访流程。也有的衙署不是这

---

① 摘自霍州署解说词。

样。如，霍州署和内乡县衙的西边建筑是膳馆和监狱。

淮安府署西路建筑群军捕厅，亦有大门、二门、大堂、二堂、上房几进，是特殊情况。

保定直隶总督署东、中路建筑群保存完好，有大门、仪门、大堂、二堂、官邸等院落，配以左右厢房耳房，均为小式硬山建筑，但西路建筑群尚没恢复，不知面貌。

霍州署的结构有"二龙戏珠"影壁（已拆除）、"古霍名郡"坊、谯楼、丹墀、仪门、戒石亭、大堂、二堂、内宅、静怡轩等。功能和淮安府署是一致的。

二、从衙署的匾额、楹联中，寻出明、清处理民众问题的原则

保定直隶总督署有"一座总督衙署，半部清史写照"，内乡县衙有"一座内乡衙，半部官文化"，平遥县衙有"百载烟云归咫尺，一署风雨话沧桑"……。所有这些，都在诉说着衙署的沧桑历史、政治地位、文化底蕴、办事原则等。

衙署中的匾额、楹联体现了当时处理民众问题的指导原则，包括信访工作的历史。这些匾额、楹联用语精炼、生动、形象，具很强的对比性与说服力，这是先人们智慧的结晶。主要内容，是把修身立德、廉政作为官员的为政之道，阐述正确处理官吏与民众的关系，体现亲民思想，劝导官员要体谅百姓，也有教育百姓如何做人等。这些匾额、楹联，有的是当时人写的，有的是前辈写的，还有帝王写的，内涵丰富、言简意赅、醒世警人，有的朴素无华，道理浅显明了，形象生动，令人叫绝。如，劝导官员廉政，大多使用口语式的词句，通俗易懂：自律、自警、自省、自治。对所有人，包括前人和今人，都是必须遵守的基本道德底线。表现手法上，用语和内容，像是自勉，又像是相互提醒，还像是说理，语重心长，入情入理，没有说教式"教训"人的语气。这些内容的确立，有利于处理信访问题。

为了使匾额、楹联，具有强烈的感染力和说理性，在写作方法上：一是采取"三结合"的表现手法，将楹联的内容、悬挂的建筑物在衙署中地位和建筑物的主人的身份结合在一起，相互呼应、补充，融为一个整体，增加楹联的分量、作用；二是在书写上，利用汉字的特点，表现楹联的作者或书写人别具一格的匠心，改动文字的笔画，突出其爱民主题。如，有这样一副楹联："与百姓有缘，才来到此；期寸心无愧，不负斯民。"有的衙署在书写时，将"愧"

霍州署"吏不畏吾严"石碑（孙炳提供）

字右边傍的"鬼"字头上一笔去掉，在"民"字右边傍上半部多写一点。这样一改，增加了感情色彩，让官员对老百姓要少一点"愧疚"，多一点爱心。

有些匾额、楹联，中央领导同志看了大加赞誉。例如，大多数衙署都有的"吏不畏吾严，而畏吾廉；民不服吾能，而服吾公。公则民不敢慢，廉则吏不敢欺，公生明廉生威"这副楹联。

（一）"戒石坊"

"戒石坊"，各衙署都有，且放置在显要的位置，二门与大堂中间的中轴线上。在这个地方，官员随时清楚地看到"戒石坊"的铭文，一定感到震撼，这种精神上的力量是不可估量的，是对官员的警示。

各衙署的"戒石坊"，都是该衙署的一道独特的风景线，是皇帝赐给署衙的。"戒石坊"朝向大门这面，刻有春秋时期思想家荀子所撰的"公生明"三个大字，意思是公正方能明察事情之本末。北面刻有五代十国时期后蜀皇帝孟昶所撰、北宋著名书法家黄庭坚所书的"戒石坊"的铭文。

据说，"戒石坊"的铭文，称为"戒石铭"，是宋朝太祖赵匡胤从后蜀皇帝孟昶《戒谕辞》中摘出的四句话重新组合的。赵匡胤将其中在前边的两句"下民可虐，上天难欺"调到后边，与后边的两句结合，形成了"戒石铭"铭文："尔奉尔禄，民膏民脂，下民可虐，上天难欺。"大意是：为官者拿的俸禄都是老百姓的血汗，如果你们认为自己手中有权，就可以随便欺负百姓，甚至虐待百姓，那就错了，因为天理、良心，你们是欺负不了的；你们要是欺负虐待了百姓，你在做，天在看，天理、良心会惩罚你们的。天道至公，天网恢恢，疏而不漏。

由于有上述原因，"戒石坊"的铭文的前面，都写有"御制戒石铭"，最后落款是书写人"黄庭坚"。"戒石铭"铭文，凝练精要，朗朗上口，振聋发聩。

"戒石坊"铭文告诫官员的目的非常突出：上天每时每刻都用他的明亮的眼睛看着你们，欺负百姓就是欺负上苍，上天是不可欺负的，凡是不轨行为，脱不了上天的惩罚。

"戒石坊"有两种形状：一种是淮安府署、保定直隶总督署等多数衙署一样。在"戒石坊"的南面，写"公生明"三个大字，"戒石坊"的背面，写铭文，整个铭文是一个整体。如图。

另一种形状，是将"戒石坊"的铭文分成两部分，分写在两块石碑上。如霍州署叫"戒石亭"，将铭文分写在两块石碑上，一块写"御制戒石铭：尔奉尔禄，民膏民脂"，一块写"下民可虐，上天难欺。黄庭坚"。两块合在一起，与淮安府署的"戒石坊"是一模一样。

到晚清时，有的衙署已将"戒石坊"作了修改，或换成别的。如蠡县衙署，明朝时候，在仪门之后，有"戒石亭"，到清朝晚期，不再是戒石亭，换成了圣旨牌坊，这应是清代皇权进一步加强的体现。

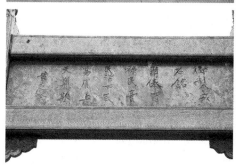

淮安府署的"戒石坊"和铭文　　　　　保定直隶总督衙署的"戒石坊"和铭文

（二）大堂、二堂、三堂及楹联

从"戒石坊"向北不远，就是大堂，又称"公廉堂"，有的衙署称之为"亲民堂"。大堂是职权的象征，与本衙署其他建筑相比，规格最高、体量最

霍州署的"戒石亭"形式及其铭文（孙炳提供）

大，古朴典雅，结构奇巧，工料俱佳。如，淮安府署大堂体量，不仅是本衙署规格最高，也为全国之最，面积达500多平方米，高10米。进入大堂，首先看到的是由皇帝钦赐、宋代思想家朱意撰写的"忠爱"二字的匾额，意思是忠于皇帝，爱护子民。各衙署，都是以大堂为中心和代表，表现衙署的地位，也表现大堂在衙署中的地位。

在淮安府衙署大堂外有一副楹联："黜陟幽明，承宣庶绩，念念存戴高履厚；权衡淮海，镇守名邦，时时思利国泽民。"这副楹联是告诫官员不要忘记，做事要上对朝廷负责，下为百姓办事。

大堂内有一副楹联："吃百姓之饭，穿百姓之衣，莫道百姓可欺，自己也是百姓；得一官不荣，失一官不辱，莫说一官无用，地方全靠一官。"是要当官的，摆正官与民的关系。据说，淮安府衙署的官员，每日上堂要通读一遍这副楹联，以自省自律，不负百姓衣食供养，以浅显的语言揭示了官、民关系。

大堂暖阁楹联："到盛怒时稍缓须臾，俟心气和平，省却无穷苦恼；处极难事静思原委，待精神贯注，自然有个权衡。"意思是说，在生气的时候，不要急着作出决定，处理问题勿发脾气，等心平气和后，自然可以省去许多因冲动而产生的烦恼；当处理难事的时候，要想清楚产生问题的原因，等你的精神集中以后，自然会得出正确的结论。"暖阁"正是知府（知县）办公的地方，这副楹联就是提醒他们遇有情绪的时候，退到二堂，"退思堂"，思考在大堂使他激动的事情的缘故，慢慢静思。和通常所说的"三思而后行"的非常相似。

大堂后面是二堂。二堂又称"退思堂""思补堂"。二堂为知府处理日常事务之所，审理一些特殊内部案件。在楹联内容表达上，二堂与大堂是遥相呼应的。这是楹联的内在联系。

知府从大堂退到二堂，二堂的楹联提醒知府，在大堂处理事情是否妥当，需要"思补"。如，在大堂遇有"盛怒""处极难事"，需要心平气和，静思原委，就要退到"思补堂"，缓和一下在大堂激动的情绪。所以，二堂具有情绪上"缓冲"的作用。和大堂暖阁楹联相呼应。二堂有两副楹联，提醒知府思考，一是要看清事物的本质，不能只看到"表面"光鲜的一面，这或许是假象，真正的问题，百姓或有冤情。"思补堂"外的楹联正是说明这个问题，"看阶前草绿苔青无非生意；听墙外鸦啼雀噪恐有冤情"。这副楹联就是要知府应该体察民情，体恤民生。二是保持与群众"亲密"关系，"与百姓有缘才来到此；期于心无愧不负斯民"。正是知府退到"退思堂"内必须思考的问题。所以说，大堂处理政务，到二堂后"思补"，即回顾、思考在大堂处理是否妥当，就事情的处理整体来讲，二堂可以弥补大堂中的失误。

内乡县衙称二堂为"琴治堂"，正中悬一匾额"琴治堂"三字匾额，以琴声治国，认为是更理想的治国办法。

三堂，在门前有一楹联，是再次提醒知府，不仅关爱民众，还要自身廉洁："宽一分，则民多受一分赐；取一文，则官不值一文钱。"据说是淮安府知府陈文烛手书，大抵是说为官者是百姓父母，不应该横征暴敛、巧设名目。因为，自古以来，就有官逼民反。要懂得，逼得老百姓没有活路，必然要起义造反。只有法纪严明，不给老百姓增添负担，才能为政长久。

三个"堂"是一个整体，构成衙署的政治中心，三个"堂"的楹联，也构成了衙署的政治态度：官员要廉政，"以民为本"。

《淮安府署楹联的警示和启示》介绍，淮安府署正堂楹联以浅显的语言揭示了官民关系。此联大意：做官前是百姓，吃穿靠百姓，欺诈百姓就是欺诈自己；得一官不升鸡犬，失一官不失人品，为官一任，造福一方黎民百姓。的确，老百姓是为官者们的衣食父母，他们供你吃、供你穿，一年到头，两年至尾，从没有丝毫怨言；你为官后，绝不能忘本，认为他们可欺……真正为官者要用平民之心约束自己，心里装着民众，做任何事情，都要先审民心而后举，乐民之所乐，忧民之所忧，富一方百姓，保一方安康。"政之所兴在顺民心；政之所废在逆民心。"为官一任，只有时时不忘自己也是百姓，时刻谨言慎行，才能居官不骄不惰，成为"做人，令百姓尊；做事，令百姓服；做官，令百姓敬"的人民公仆，一心为民众谋幸福。绝不能骑在人民头上作威作福，也绝不能计较个人荣辱得失，勤政为民，须知"为官应视名利淡如水，从政须知事业重如山"。做官一任，造福一方，这样才是为官的根本所在，因为你本来也是百姓……楹联中还谈到"地方全靠一官"，无疑，一名好的地方官，对当地的经济发展、社会文明、素质提高、百姓富裕都至关重要。因为一名好官可以制定规划，树立信心，倡导民风，把握机遇，执行政策……他是群众的主心骨，致富的引路人，未来幸福的希望所在。另外，为官者为人民群众做了好事，人民是最讲情论理的，绝不会忘记他们的，会在心坎上为你们树立丰碑。

综上所述，做官者要永远牢记：为官一任，造福一方，自己也是百姓、人民的公仆，多一点民气，少一点官气，接一点地气，增一点福气；无条件地善待老百姓，无条件地为人民群众造福。这就是做官最神圣的天职。官员要时时事事用镜子照照自己是否做到真心为民、勤政为民、务实为民……只有这样才能万众一心弘扬正能量，为中华民族伟大复兴大放光热。①

（三）衙署中录制、张贴有关吏治和廉政的名言

总览上述衙署，各衙署悬挂前人的敬语很多，这些敬语对现任的官员教育作用都有针对性。如，宋真宗赵恒圣谕文臣七条、古代人才评介四大标准、官吏的考核、官吏的奖惩、官吏的俸禄、官吏的来历、养廉银、三法司、我国古代公文种类、中国古代典籍、中国古代法典、知县的选拔、复见清天、居官八约和古代廉政名言等。其中，首先是对官员的要求比较多；其次规定公文的种类；再次是关于司法方面的常识。

宋真宗赵恒圣谕文臣七条：一曰清心，谓平心待物，不为喜怒爱憎之所迁，则庶事自正；二曰奉公，谓公直洁己，则民自畏服；三曰修德，谓以德化人，不专尚猛威；四曰贵实，谓专实效，勿竞虚誉；五曰明察，谓勤察民情，勿使赋役不均，刑罚不中；六曰劝课，谓劝谕下民勤于孝悌之行，农桑之务；七曰革弊，谓求民疾苦，而厘革之。

孙嘉淦的《居官八约》原则："事君笃而不显，与人共而不骄；势避其所争，功藏于无名；事止于能去，言删其无用；以守独避人，以清费廉取。"把"廉"列于其间，使"以俭养廉"成为座右铭。

古代人才评价四大标准：一是英，二是俊，三是豪，四是杰。当然，对每一个字都有具体解释内容。上述四个文件，是直接对准官吏本人的。要遵守的条例和必备的品质，和工作能力。能者升官，劣质者降、免、罚。署衙录制与

---

① 引自《淮安府署·楹联的警示和启示》281 页。

公布这些的目的很明确，约束官员们的行为，要依法办公，秉公办事，体谅百姓的困难，廉政执法，办事有标准、守规矩，不能乱来。

（四）"天理国法人情"是考验官员的三把尺子

所有明、清衙署中都有这样一副匾额："天理国法人情。"这个匾额集中所有匾额、楹联的精髓，是最高的境界，把衙署的核心问题都包括对天、对国法和对民应有的态度。

古人认为，天能主持公道，上天能洞察一切。欺负百姓如同欺负上苍，不循天理，好比侮辱自己的人格。做伤天害理、坑人害己事的人，就是辜负百姓，就是失信于民，也辜负了国家的重托。与这副匾

淮安府署中关于吏治廉政的名言

保定直隶总督衙署内的《居官八约》

额相呼应有一副楹联："欺人如欺天，毋自欺也；负民即负国，何忍负之"，讲的就是官员们对天、国和人的态度。

国法，即国家之大法。俗话说，国法如山，也就是说，要维护国法之威严，守国法。

人情往往与世故、人际关系、人脉等联系在一起，包含亲情、故旧关系等，这里所说的"人情"，应该是指社情民意。在衙署中，处理任何案件、事务，都涉及这个问题。据《解读内乡古衙》介绍，唐朝以前不叫"人情"，是叫"民情"，后来为了避讳唐太宗李世民的名讳，才改为"人情"。知县身坐二堂，抬头可见，告诫知县在办案时要做到顺应天理，执行国法，合乎民情，顺乎民意，这是知县施政办案的宗旨和纲领。

如何实现这块匾额的要求，衙署提出许多方面：

一是"厚德""仁爱"。要官员树立执政为民的理念，多一点百姓的情怀。

厚德，心胸宽广不以个人得失，重公轻私，谓之厚德；对待百姓要施以厚泽，有感激之情。有一副楹联："不求当官称能吏；愿共斯民做好人。"这是众多关于民意方面楹联的一副，不是要求当官的有多大的施政能力，而是要求对待百姓要宽厚一点，减轻百姓负担，是对黎民的恩泽，老百姓能多得到一点实惠。

仁爱，官员们不能有"鱼因贪饵遭钩系，鸟为衔虫被网羁"的行为，贪赃枉法的事干不得，向前迈一步就是万丈深渊，自己成为历史罪人。

二是"清慎勤"。所有署衙都有这块匾额，且放在显著位置。据说，是清代皇帝劝诫官员的箴言，要官员们勤政爱民、以民为本，要有崇廉尚廉的廉政观。警戒官员要清正廉洁，谨慎处事，勤于政务，为官一任，造福一方。

三是"礼孝廉""忠义信"。这也是各衙署都有的匾额，保定直隶总督署有曾国藩一副楹联："战战兢兢即生时不忘地狱，坦坦荡荡虽逆境亦畅天怀。"

霍州署"天理国法人情"（孙炳提供）

内乡县衙"天理国法人情"

就是要求官员小心敬业，胸怀坦荡，大公无私，对得起国法，对得上苍，对得起皇上，对得起人民。

许多中国人有"将勤补拙、以俭养廉"的座右铭，明确提出了俭和廉的辩证关系；在对联中则表达了"战战兢兢"的为官态度和"坦坦荡荡"的处事胸怀，上下联因果关系明显。

四是"执法要严谨"。官员处理的所有问题，都涉及"法"。如何正确运用法，是很现实的问题。

楹联与匾额用语精炼、生动、形象，具有很强的对比性与说服力，尤其在执法的问题上，更为明显。平遥县衙有这样一副对联："只愿厅中差事少，但求世上好人多。"法律不是儿戏，法律是温暖的，也是无情的，对谁都是一个天平，一个准星。还有一副楹联："门外四时春和风甘雨，案内三尺法烈日严霜"。这副楹联说出了衙门的情与法的异同，良民享受法，得到自由，但违法必受严惩。突出强调了法律的威严，为官者要秉公执法，不能徇私枉法。还有一副楹联道出了这种关系："法行无亲，令行无故；赏疑唯重，罚疑唯轻。"前一句是阐明法只认法，不认亲故，为官者执法要公正，不能区分亲疏。后一句是说，

淮安府署的"清慎勤"牌匾

霍州署"清慎勤"牌匾

在封建社会中，审案遵守两个原则：一是"赏疑唯重"，二是"疑罪从轻"。就是说，赏要"重"和罚要"轻"，这是一个尺度。对有疑问的案件，要慎重处理，从轻发落，以免造成冤假错案。总的来讲，断案问刑时要法纪严明，凡对违法纪者，当秉公执法，不徇私情。然而办理疑难案件时，对举报的证人应重赏，而对一时不能查清的案件则要留有余地，不可冤枉好人。

联系到淮安府署东路建筑群的戏台，有一副楹联，深层次的触及人的灵魂，像似自勉，又像似互勉，又像似提醒所有官员："演悲欢离合，当代岂无前代事；观抑扬褒贬，座中常有剧中人。"用剧中的人和事，对照自己，不要成为剧中人的现实版：或离合悲欢，或褒或贬，要爱憎分明。楹联最后反问，在座看戏的人中，有没有戏中一样的人物？有没有戏中的事？提醒官员们，不要重蹈历史，成为历史罪人。

三、明、清署衙中与信访工作有关的遗迹

明、清衙署中与信访工作有关遗迹，有如下几个方面。

（一）西周以来信访工作活化石——肺石

光绪年间，河北蠡县衙署，还有嘉石与肺石的设置，这是西周初期的"工具"，其中，肺石是"达穷民"，即穷人上访用的，也有民告官的作用。

据《中国衙署文化研究·明清两代蠡县衙署的设置及变迁》中介绍，光绪重修蠡县志时，在光绪《蠡县志》中，关于县署的规模和格局说："县署前大门，次仪门，……中为大堂，堂前露台，左嘉石右肺石……"就是说，光绪时期，蠡县衙署中，尚有嘉石和肺石。设置在大堂的露台之上，左嘉石右肺石。作者接着介绍：嘉石，上古惩戒罪过较轻者时，于外朝门左立嘉石，命罪人坐在石上示众，并使其思善改过；肺石，古时设于朝廷门外的赤石，民有不平，得击石鸣冤，石形如肺，故名。

上述记载，说明嘉石和肺石，自西周至清末还存在，作用与《周礼》中记载的相当。说明肺石，为信访工作服务长达数千年，是西周以来信访工作的活化石。

（二）明、清信访工作的活化石——"鸣冤鼓"与"越诉笞五十""诬告加三等"两块石碑

明初，对越诉，朱元璋持开放态度，同时，还为越诉提供诸多方便之后，发现越诉反映的内容多所不实，就限制越诉。到了明朝中期，有理的越诉可以，无理的越诉一律受罚，或发配边疆。到了晚明，严惩越诉，凡是越诉，有理无理一律惩罚，或发配边疆。清朝始终不准越诉，并用法律条款进行约束。"鸣冤鼓"与"越诉笞五十""诬告加三等"这两块石碑，就是历史背景下的产物。

"鸣冤鼓"又称"喊冤鼓"，是供百姓申诉冤屈用的，击鼓申冤；按照大清律例的规定，"若越本管官司辄赴上司"者，称越诉，应"笞五十"，用现在的话说，就是不经过所属基层衙署处理，直接到上级衙署上访的，简称"越诉"，凡越诉都要"笞五十"杖；凡捏造事实，陷害他人的，谓之"诬告"，"罪加三等"，这就是诬告罪"加三等"的依据，除此之外，还有其他惩罚。由此可见，两块石碑是在宣传清朝法律规定，并将其刻在石碑上，放置在衙署的大门，或衙署的其他专门地方。现在回过来看，"鸣冤鼓"和"越诉""诬告"两块石碑，确实见证和经历了明、清两朝信访工作，可以说是这两朝信访工作的

活化石。

保定直隶总督署、淮安府署、霍州署、内乡县衙和平遥县衙等，都置有"鸣冤鼓"与"越诉笞五十""诬告加三等"。这类设置虽然不能说专门为信访而备的，但应该是包括信访工作，当时，"民刑不分，诸法一体"，所有案件，均由县太爷审断，信访案件也不例外。

衙署中的"鸣冤鼓"与两块石碑是配套的，放置在一起，有鼓必有石碑。这种形式是统一的。多数衙署，尤其是州、县衙署将这两样东西放置在衙署的大门内，鼓在东侧，石碑在西侧。如，河南内乡县衙等衙署就是这样。内乡县衙的大门，面阔三间，为硬山式建筑。东稍间前半部置"喊冤鼓"，西稍间置两块石碑。

但也有例外，这三样东西不放置在大门，放置在别的地方。

一是淮安府署，"喊冤鼓"与石碑放置在西路建筑群军捕厅的仪门，"喊冤鼓"在门内，两块石碑在门外中轴线的两侧。军捕厅仪门上悬挂一块匾额，上书"恤刑慎罚"。恤是体恤的意思，慎就是谨慎，慎重，是提醒官员们施刑惩罚时，一定要谨慎小心。军捕厅仪门上，有一副楹联："罔违道，罔屈民，真正公平心斯无诈；不容情，不受贿，招摇撞骗法所必严。"意思是说，对待老百姓不

诬告加三等　　　　　　　　越诉笞五十

淮安府署军捕厅仪门设置的堂鼓、石碑及位置
（张建南提供）

要违反公道，不要欺骗，不能受贿，一定要秉公执法。仪门上的匾额、楹联内容与鼓、两块石碑成为一体，表现为亲民。

二是保定直隶总督署，将"喊冤鼓"和两块石碑放置在大门前一幢建筑物内，这幢建筑物与衙署构成一个整体，放告牌也放置在这里。

三是霍州署，不仅在大门内有"喊冤鼓"和两块石碑，还在另外一个门前，上台阶的路两边也有石碑。

无论击鼓之人在打击"鸣冤鼓"之前，是否看到石碑的内容（或许不识字），但管理人员一定会告诉他们，必须遵守石碑的规定。就是说，鼓为信访用，石碑是宣布法律用，击鼓之人要在法律约束下进行。

两块石碑的碑文，或用隶书，或用正楷书写，大方、稳重、严肃。联系到明史、清史法律中对上诉人的要求，显示这两种文物非常有史料价值，是依法信访的实物。

霍州署两块石碑并列放在西侧，鼓在东侧

"鸣冤鼓"，在古书和戏曲中，屡屡出现，现在又有实物在，可见此事不虚。清亡之后，"鸣冤鼓"和两个石碑，彻底成了摆设，历史的遗存，成为明、清信访史之见证，成为明、清信访工作的活化石。

清律有专门关于"越诉""诬告"的规定："凡军民词讼，皆须自下而上陈告，若越本管官司辄赴上司称诉者(即实亦)笞五十（须本管官司不受理或受理而亏枉者方赴上司陈告）……"[1]"凡诬告人笞罪者，加所诬罪二等，流徒杖罪（不论已决配未决配）加所诬罪三等……"[2]

（三）明、清一些地方的"放告"

在明朝之前，百姓来信上访基本是自由的，可以就地信访，也可以越级

① 《大清律例会通新纂·越诉》卷二十八。

② 《大清律例会通新纂·诬告》卷二十八。

信访，取决于信访人的意愿，各级政府不加干涉。明、清两朝，越诉的大门被逐渐关上。但是，百姓越诉的行为屡禁不止，不断有人突破规定越级上诉。此时，一些清官，在自己职权范围内，突破限制，采取措施，受理民众信访。如，明朝海瑞，在他贴出告示中表示，百姓可以自由找他上诉。海瑞还特别提醒信访人，一定要说明，通政使司（明、清两朝主管信访工作的部门）不受理他的问题。还有一些官员，外出时，也曾打出牌子，欢迎民众拦路来访，或到府衙反映问题，他一定受理。这种做法，或许是放告的一种形式。

面对频繁出现百姓越诉，一些衙署作出规定：每月固定几天，民众可以自由到上级衙署上访，或送信访材料，不受约束和限制。这种做法，官方定名为"放告"。

"放告"，是不经过"喊冤鼓"，没有阻挠，在放告的日子里，百姓可以直接到大堂上反映问题，衙署受理。这种形式，自由、方便、适用。到了放告的日子，衙署将"放告牌"挂出，开衙受理民众的信访。

"放告"，是冲破明、清政策的约束，将已关闭自由信访的大门打开了一条门缝，再现了自由信访的曙光。这是明、清信访工作中一个有价值的事件，意义就在于冲破几百年之枷锁，百姓获得了自由信访的权利，也是五千年信访史上的一个闪光点。实行放告的衙署不少。如，淮安府署、保定直隶总督署、山东郯城县署、河南内乡县衙等。

以淮安府署为例，淮安府署实行放告办法后，制有一个木牌，写有"放告"二字，旁边有一个说明，叫"放告牌"，是介绍放告制度实施细则。其"放告牌"是这样写的："旧时

军捕厅"法鉴堂"挂出的"放告牌"

官府每月定期（阴历三、六、九）开衙受理诉讼，称为放告。届时悬放告碑于公堂明显处。凡有冤抑之人不必击鼓告状，可直接上堂将诉状面呈于本府堂官。"

淮安府署的放告牌设置在西路建筑群军捕厅"法鉴堂"。淮安府署军捕厅"法鉴堂"是辅助知府署理公务、审决、讼案的法堂，所以称"法鉴堂"。法是法律，鉴是镜子，意思是说，这里办理事情是公正的，放告牌就放在这里，寓意通过放告上访，反映问题，也是依法办理的。这里，有一副楹联，和放告、法鉴堂的寓意相结合："贪一毫枉法赃，唯恐子孙有报；存半点徇私念，足知鬼神难欺。"意思是说，如不秉公办案，要祸及子孙，鬼神不饶。

从淮安府放告牌的说明中，有以下几种分析。

一是淮安府署的放告办法，是一项长期实施的政策，不是临时办法。

二是"府"一级政府的正式"文件"，向社会承诺，阴历每月三、六、九开衙，民众不受约束，直接到大堂陈述，或递送材料，是自由的。

三是放告办法，向全社会开放，任何人都可以自由信访。

四是放告日百姓的活动，和今天的信访接待类似，不同的是当时每月只有三天，现在是每天都可以。

五是在全面不准越诉的背景下，放告冲破了这一禁区，向自由信访迈进了一步。

六是这个放告牌内容，是后人转述当初实施放告办法。放告牌的第一句话用"旧时"，就说明不是当时人写的，或许就是修复淮安府衙署时，转述前人制定的办法。

保定直隶总督署的放告牌，是在大门前一个建筑物里。山东郯城县衙署的规定，是在放告的基础上又有发展，实行"许不时抱牌告"。"放告"是每月规定几天，受理民众自由信访。"许不时抱牌告"，遇有急事，是随时都可以拿着放告牌上访反映问题。这件事在《福惠全书》中有记载。

《福惠全书》，清人黄六鸿著。作者康熙九年（公元1670年）曾任郯城县令，书中介绍郯城县曾设置"放告"制度，应该是他本人实行的。大意是每月"三、六、九为期，其余日止收投文"，不得混扰，倘有真正人命、盗贼及关系地方重大事情，"许不时抱牌告"。就是说，在放告的基础上，遇有特殊情况，不受放告日和不受"鸣冤鼓"的限制，可以随时"抱牌"上访，申诉问题。在放告基础上，又开了一个"口"子。

内乡县衙的"放告牌"，平时放在大堂东侧，规定每月有三天放告日，到放告日这天，老百姓可以不必击鼓鸣冤，直接到大堂跟知县申诉冤情。

内乡县衙放告牌放在大堂东侧

这样，从禁越诉，到"放告"，有条件越诉，再到急速可"不时抱牌告"上诉，不受时间和条件的约束，是里程碑式的进步。

"放告"，产生于何时？现在还不清楚。但在明、清时期的文艺作品中，屡屡出现"放告"，说明明朝时已实行。如，元、明时期无名氏作品《争报恩》第二折，有这样的表述："小官人姓郑，双名公弼"……现为济州知府之职。今日升厅坐早衙，张千，喝撺箱抬放告牌出去。"明朝时的郑若庸在《玉玦记·阳勘》中写道："拿放告牌出去，有告状的着他入来。"明朝隆庆至万历年间，兰陵笑笑生《金瓶梅词话》第四十八回，"（安童）打听巡案御史在东昌府住扎……自思：我若说下书的，门上人决不肯放；不如等放告牌出来，我跪门进去，连状带书呈上。"清朝人写的包青天中，为助百姓洗冤，包拯让贴出告示：明日在天齐庙"放告"，听取民众申冤。《辞海》对放告的解释：旧时官府每月定期坐衙受理案件叫"放告"。《二十年目睹之怪现状》第四十五回："我到任后，放告的头一天，便有一个已故盐商之妾罗魏氏，告他儿子罗荣统的不孝。"

文艺作品是现实生活的反映，明、清的作品中屡屡出现"放告"，应该是当时一种制度和办法的反映，虽然不是主流的，但多少也为民众自由信访提供了方便，在那个时候，应该是一种进步，与现在的自由信访无异。

从上述情况看，"放告"有三种形式：一是衙署正式规定放告；二是郯城县衙署实行的，特殊情况，不受放告日的限制，随时抱牌上访；三是当官出自对百姓的爱护、同情和关心，主动使用自己的权力放告，如包拯、海瑞等，就属于清官一类。

当时，"放告"在全国许多地方都有，从县级衙署到地级衙署（如淮安府署），再到省级衙署（如保定直隶总督署），有点"普及"各地，且有统一称谓，似应与明、清两方有某种规定有关。各衙署，都将他放在一定的、显著的位置。明朝时，曾在控制来京上诉的同时，朱元璋又在通政使司设置了"奏事使"红牌，上访人可以持牌进宫，告御状。"放告"是否是"奏事使"红牌衍生？有待进一步研究。

放告，一直处于从属地位，直到清朝灭亡，"喊冤鼓"、两块石碑和放告牌同时寿终正寝，成为明、清两朝信访遗迹。百姓又回到自由信访轨道。

（四）《息讼歌》《问君歌》《衙虎歌》及其解说

俗话讲，衙门口朝南开，有理无钱没进来。这是旧社会百姓打官司、上访告状所遇到困难的真实写照。就连当时的衙署和官员，都不希望百姓打官司告状，说这件事实在太难。下面选择几件，有关衙署张贴出的劝解百姓不要轻易上访打官司的《息讼歌》，可以看出这件事，对老百姓来说难到什么程度，以及根本原因。

我们这里有两份《息讼歌》，歌词虽略有不同，但其主旨是一样的。

淮安府署军捕厅有招房，房中有一首民间歌谣，叫《息讼歌》，是劝解人们少打官司，否则花钱费力伤感情，提倡人与人之间要和谐相处。这首歌表达了人们的希望，人与人之间要包容大度的美好愿望。内乡县衙有一首《问君歌》，实际也是劝人们看清世态，不要打官司告状，不要追求名利钱财，这些都是身外之物，要想得开。内乡县衙还有一首《衙虎歌》，揭露官场的黑暗，造成上访难。平遥县衙还有一副楹联，也是劝人不要生气。霍州署大堂一副楹联劝说人们不要打官司。所有这些署衙，用不同的形式表达了同一个主题，人心向善，和平相处，不要打官司，不要上访，有问题，自己解决。

《淮安府署》一书中，有这样一个记载：淮安府衙推官曹于汴为百姓办了许多好事，平反了大量案件，深受百姓推崇，在调出淮安府衙时，群众送别。《丛纪志》记载了送别场面中一个意味深长的细节："至清河舟前叩别，乞一言，公曰：'久食淮上，言已尽矣。惟汝细民（平民），罔知（不知）礼法，但愿汝饿死勿为盗，亏死勿告状也。'"[①]这位曾是"理刑名"较真、"劝善黜恶"的"神明"推官，临别淮安时，留下感人肺腑的两句话："勿为盗"，"亏死勿告状"。可以说是曹于汴亲身感受。在封建宗法社会，各级官吏出口的就是

---

① 《淮安府署》，中国文史出版社 2014 年版，第 41 页。

"法"。遇上昏君、贪官，告状的平民再有理也是枉然，且成本太高。即使像曹于汴这样的人，手中有一定的权力，也改变不了封建秩序，只能提出如此忠告，实为肺腑之言，是对平民百姓的一种切切实实的爱护。

淮安府署的《息讼歌》全文：

世人有事莫经官，人亦安然身亦安（然），听人刁唆到衙前，告亦要钱诉亦要钱，差人奉票又索签，锁亦要钱开亦要钱，行到洲县细盘旋，走亦要钱睡亦要钱，约邻中正日三餐，饮亦要钱抽亦要钱，三班衙役最难办，审亦要钱和亦要钱，自古官场最难缠，打亦要钱枷亦要钱，唆讼本来是奸贪，赢亦要钱输亦要钱，听人唆讼官司沾，田亦卖完房亦卖完，食不充口衣不全，妻亦艰难子亦艰难，始知唆讼受人害，骂亦枉然悔亦枉然，唆人争讼罪弥天，神亦憎嫌人亦憎慊，善人自有天照看，害亦徒然告亦徒然，况且人心是一般，你亦平安我亦平安，何不人人息讼端，此亦休缠彼亦休缠，食王水土报恩难，粮亦早完税亦早完，天地亲师无量边，朝亦念焉暮亦念焉，酒色财气祸非凡，老亦戒焉少亦戒焉，教子读书与耕田，名亦有缘利亦有缘，不犯例条不仙奸，争亦无焉讼亦无

淮安府署《息讼歌》（淮安黄毅提供）

焉，有事全靠自家宽，屈亦受焉辱亦受焉，看破胜负总无关，心亦平焉气亦平焉，劝人息讼使人安，德亦积焉善亦积焉，排难解忿不要钱，福亦无边禄亦无边，永躲是非到官前，官亦喜欢神亦喜欢，各守本分乐万年，田亦保全房亦保全，世人依得此篇玄，行亦安然坐亦安然，人人诵念递相传，富亦绵绵贵亦绵绵。

内乡县衙署也有清代《息讼歌》，告诫百姓，不要听人唆使，进行诉讼，结果都是一样，胜或败，都是倾家荡产。《息讼歌》最后，要人们教育子女，耕、读为本，名利都有；大家和睦相处，大家行坐都很安然。

内乡县衙的清代《息讼歌》：

世上有事莫结冤，人也安然，己也安然。听人教唆到衙前，告也要钱，诉也要钱；差人奉票有签捕，锁也要钱，开也要钱；随差同路齐向前，走也要钱，歇也要钱；茶也要钱，酒也要钱；三班丁书最难言，审也要钱，和也要钱；自古官廉吏不廉，打也要钱，枷也要钱；唆人本来为腰缠，赢也要钱，输也要钱；当尽家产卖尽田，争志也难，争气也难；食不充口衣不全，子也熬煎，妻也熬煎；那时方知讼不甜，悔也枉然，恨也枉然；唆人争讼罪弥天，人也憎嫌，神也憎嫌；世事看来莫见偏，屈也受焉，辱也受焉；教子读书与耕田，名也完全，利也完全；民众切记此歌言，行也安然，坐也安然；乡党和气结一团，愿你也然，愿我也然；从此邻里无争端，张也省钱，李也省钱；刁民若有不听劝，子也惩办，父也惩办。①

内乡县衙有《问君歌》，共有二十四问，是用另一种形式表示，不同意百姓上访打官司。

平遥古县衙，有一副楹联："莫寻仇，莫负气，莫听教唆，到此地费心费力费钱，就胜人终累己；要酌理，要揆情，要度时世，做这官不勤不清不慎，易造孽难欺天。"这副楹联，除教育做官的内容外，也有要求百姓以平常心和解与他人的矛盾，不要轻易打官司告状。

霍州署大堂一副楹联，是以衙署的主管官员身份、用第一人称，对百姓说："我虽爱民，毕竟见官非好事；尔如责己，须知恕彼即便宜。"意思是说，我虽然是你们的父母官，也很爱护你们，但是你们找我，都是为了打官司、解

---

① 刘鹏九：《内乡县衙与衙门文化》，中州古籍出版社1999年版。

决纠纷的事，这并不是什么好事情，最好是百姓没有冤情，不来上访告状；如果遇到矛盾和纠纷，最好能够从自己身上找问题，还要懂得宽恕别人，其实，宽恕别人，自己也能得到好处。

上述的内容，都是劝告老百姓不要轻易打官司，包括上访，人与人之间要多一点包容，多一点忍让之心，要邻里和睦，与人为善，不要争强好胜；同时，也告诫官员要懂规矩，莫要意气用事，要审时度势，勤勉、清白、谨慎才好与民做主。否则天理难容。

下面是内乡县衙与《息讼歌》在一起的《衙虎歌》，主要讲衙门如虎，揭露官场的黑暗，是不能打官司的根本原因。

清代张维屏《衙虎歌》：

> 衙差何以似猛虎，乡民鱼肉供樽俎。周官已设胥与徒，至今此辈安能无？大县千人小县百，驾驭难言威与德。莫矜察察以为明，鬼蜮纵横不可测。吁嗟乎！官虽廉，虎饱食，官而贪，虎生翼！

上述的分析，虽然不全面、不深刻，没有从社会制度上找原因，但找出百姓不能打官司的另一个原因，官员太贪，造成社会黑暗，也是值得肯定的。

（五）反思室与待质所

淮安府署有反思室和待质所，均在西路建筑众军捕厅内。"古有'刑不上大夫'的律条。审案中，凡有功名、身份之人，如秀才、举人、地方官吏、豪绅等，还未定罪需看管者，不能与庶民百姓等同对待，不可关押在监狱、班房内，但又必须由衙门暂时管束的，将他们送到反思室，暂管起来，审清后再决定去留。"

反思室原来是根据"刑不上大夫"的律条设置的，关在这里的人，均是当地有头有脸的头面人物。关在这里的犯人，与关在监狱里犯人的待遇不同。据说，清朝四大奇案之一，李毓昌案里的贪官王伸汉，曾关在这里"反思"过。

反思室的门框上，有"反思"二字，门框两边，从上到

淮安府署"反思室"说明

淮安府署反思室及其楹联

下有一副楹联："这衙门是非甚明，纵有金山银穴，带不去半文铜钱；那关律盘诘极紧，任他鬼棍神奸，怎逃得此场铁案。"意思是说，这里法律严明，办案严谨，不要有侥幸心理。

在反思室的墙上，还留下在此反思人写的文字，其中有被冤屈人写的鸣冤诗，也有贪官写下的悔过字。如，"银两害人，得来又归公，官财两皆空，权也空名也空，转眼荒郊土一捧"。"孔曰成仁，孟曰取义，惟其义尽，所以仁至。读圣贤书，所学何事！而今而后，庶几无愧"。

犯罪人的这种悔悟是沉痛的，付出的代价是大的，乃至生命。这是最后的呼喊，贪官们住手，如不住手，他就是"榜样"。

待质所，"各地叫法不同，有班馆、卡房、自新所、候质所、待质所、下处、知过亭等。它原是三班衙役的值班室，后来逐渐发展成为私禁羁押未决人犯和干连证佐的处所。

住待质所比坐牢更惨，因为人犯一经判刑收监后，衙门就按标准拨给口粮。虽经盘剥，好歹还有吃的。住待质所的无口粮标准，家中送来的饭食，也经常被狱吏扣留。故而人们说，"饱仓（监狱）、饿下处（待质所）"。

反思室和待质所的说明，与军捕厅正堂的楹联目的是一致的："贪一毫枉法赃，唯恐子孙有报；存半点徇私念，足知鬼神难欺。"是告诫官员不要"枉法"，不要"徇私"，即便你能瞒过百姓，天理这一关是通不过的，摆脱不了神鬼的眼睛，如有不轨行为，一定会受到上天的惩罚，甚至祸及子孙。楹联、反思室与待质所表达的是一个主题：官员要清廉。

现在，淮安市有关纪检部门与淮安府署展馆配合，在这里举办廉政教育展览，对当地的党、政干部、党员和群众进行教育，很受欢迎。

（六）明、清时期基层处理信访工作的地点和机构——申明亭、旌善亭

明朝初期，出现分级负责办理信访工作的雏形，规定：一般性的民事纠纷问题，由调解民间矛盾的"基层组织"老人、甲里、里胥等处理，事情较大的才到官府上诉。一般民事纠纷，包括户口、婚姻、乡村的治安等。清朝规定也类似："凡户婚小事俱就有司归结"，就是说，"斗殴婚田细事"，也只能是基层办理，如果不服，或处理不当，才可以到上级衙署上访。基层处理"斗殴婚田细事"的地方，就是申明亭、旌善亭。

为了基层处理民众的问题，朱元璋于洪武五年（公元1372年），命令各地方在衙门大门口，设立旌善亭、申明亭，目的是"移百姓之瞻依，肃一方之教令"，能使人不敢轻易违法作恶和越级上访。

淮安府署保留"旌善"的石碑，洪武三年立的，就是说，在设立旌善亭之前，就设置了"旌善"的石碑。

各地衙署无不遵旨而行，在衙署大门至门前照壁之间，循例建成对称的两座亭式建筑，一为申明亭，一为旌善亭。在乡里基层组织相继建成申明亭、旌善亭。这两个亭子的作用有两个方面：一是作为老人宣教的阵地，是对民众进行教化的专门地方，是张贴朝廷文告，宣讲圣谕、教化士民；二是旌善亭作为表彰好人好事的场所，亭内挂红漆地的木匾，将行善事的人和事迹写在上面。表扬的内容，如，孝悌、救急难、助婚丧、解纷息讼、化盗为良，赈饥施药、修桥路、施棺木葬无土之骸、拾遗金不昧……

申明亭主要功能在于"惩戒"恶人。申明亭中的"明"字，左偏旁是"目"，而非"日"，意思是要人们多睁一只眼，盯着恶人、坏人和做污秽事的人。据说，每月的朔、望之日，宗长鸣锣聚众于此，公断家事或民事纠纷，如果村中有人为非作歹，则将他的名字和恶行书写出来，张贴

淮安府署的"旌善"石碑

旌善亭的匾额样式

于亭内悬挂的名为"板榜"的黑漆木匾上。由本乡或里甲管制教育，族人邻居也有随时监督的权利和义务。如若确有改恶从善表现，可由乡里申报，经相关部门官员核验属实，才能于名下注"改行"，直到六年无犯错，始除去其名。亭柱常挂有告诫性的对联：试看真恶人，留此现毕生之丑；能行大善事，准他洗前日之愆。

据说，此亭还有娱乐作用，即在喜庆之日搭台唱戏，为民增乐。清朝张伯行的《正谊堂文集》中记载甚详。还有一种说法是，申明亭，表示为民辩冤；旌善亭，表彰清官廉吏。关于县衙署的申明亭、旌善亭的形式，一种是说，就是"亭子"，上面有匾额，书写两个亭子的名称，且有楹联；另一种说法是房子。如内乡县衙，申明亭、旌善亭在衙署大门与照壁之间，一东一西的两座亭式建筑，东边叫旌善亭，西边叫申明亭。据《解读内乡古衙》中说，所谓"亭"是房子的意思，并不限于亭式建筑，其地方志记载大多为几间房子。旌善亭有一副楹联："旌忠良褒清廉亘古不变；善黎庶敬孝悌万世流芳。"这是一副藏头联，言简意赅地道出了旌善亭的建筑功能，这副楹联是藏头楹联"旌善"。申明亭门前有一副楹联："申劣情揭脏利惩前毖后；明事理化芥蒂治病救人"，也是藏头楹联"申明"，意思是惩治以前的错误，以后谨慎小心不致重犯错误。在县衙以下的地方上的申明亭、旌善亭，多为"亭子"，有的也有楹联。

（七）信访案例

明朝淮安府署推官曹于汴，勤政爱民，执法如山，"决狱明恕，平反甚多"；更兼不断清理刑狱，以致"狱常为空"。

下面这个信访案件，就是曹于汴办理的典型案例，被收入《天启淮安府志·人物志》。嘉靖年间，19岁的谢氏嫁给孔椿，次年孔椿卒，谢氏生下遗腹子，取名孔金。戚姻劝她再嫁，谢氏断发不从。大商杜言欲强娶，谢氏被逼投淮水死。孔金稍长大，边讨乞边走遍官府甚至京城告状，为母申冤。几经周折，到了万历初，巡抚王宗沐、郡守张守约受理并查实此案；不料张守约卒，大商以贿得脱。孔金"复号诉不已，被筹无完肤"，终不屈。漕运总督王宗沐清理旧牍，终将大商捉拿归案。可怜孔金"涕泣终身，贫老垂死"，幸遇"推官曹于汴署郡，聘饮于乡"，以乡饮酒礼褒奖其孝行，对其母谢氏，"推官曹于汴立祠祀之，并作记"，褒扬其贞烈。就是这样的清官，离开淮安府时留言，百姓"亏死勿告状"。可见，信访之难。

清代四大冤案之一的"李毓昌奇案"，就发生在淮安府。清嘉庆十三年（公元 1808 年），淮安水灾，李毓昌作为钦差大臣，被派往淮安负责救灾款的发放。他九月到任后，不顾鞍马劳顿，即率人役赴乡间住户核查户口分发赈票，每至一村必亲临民户造册，清点老幼人数，勘验受灾程度，无漏赈和冒领现象，其公正廉明无懈可击。至十月即复查毕，将查出王伸汉借放赈之机贪赃枉法、克扣赈银之事，俱清册欲上禀淮安府知府。

山阳县知县王伸汉获悉李毓昌的动向后，大为惊恐，急忙修书将李毓昌诓回县署，私设酒宴殷勤相待，并软硬兼施地劝道："公初为官，不知做官的诀窍，日赴茅舍，访贫问苦，天寒地冻，过于劳累，可谓慕虚名而失实惠，实非为官（之）道，望公三思。"李毓昌听罢，勃然大怒，当即严词相驳："为官之道贵在清廉，攫取饥民之口食非民之父母之所为。对克扣赈银之事任公自为之，在下实不敢自污以欺天也，然我必呈之上台，以救生民于水火，以正朝廷之律令。"说罢便仰面长叹拂袖而去，王伸汉见此情景恐惧万分，便设毒计，买通李毓昌的三个仆人将毒投入茶水，给李毓昌喝，致李腹痛吐血，又用丝带勒死，随后伪造自缢身广现场，经两江总督铁保批准定案。这笔二万三千多两款子被当时的淮安知府王毂和山阳县令王伸汉合伙贪污了。

李家属不服，赴京师，到都察院上访喊冤。都察院依照规定，转奏朝廷。在嘉庆皇帝

李毓昌墓碑

的批示下，由军机大臣会同刑部直接审讯，才得以平冤昭雪。最后淮安知府王毂和山阳县令王伸汉就地正法，两江总督铁保发往乌鲁木齐效力赎罪，江苏巡抚汪日章也被革职，其他一干人等均作处理。

《清仁宗实录》中，有关李毓昌案29条目，计万余字，可见嘉庆帝对此案的重视。嘉庆亲制一首《悯忠诗三十韵》，全诗三百字，褒彰进士李毓昌，是极其罕见的。嘉庆又谕令山东巡抚吉纶采石造碑（李毓昌遗体已运回山东老家），精工刊勒，立在李毓昌墓前，则更是绝无仅有之举。

嘉庆皇帝《悯忠诗三十韵》

君以民为体，宅中抚万方。分劳资守牧，佐治倚贤良。切念同胞与，授时较歉康。

罹灾速水旱，发帑布银粮。沟壑相连续，饥寒半散亡。昨秋泛淮泗，异涨并清黄。

触目怜昏垫，含悲览奏章。恫瘝原在抱，黎庶视如伤。救济苏穷姓，拯援及僻乡。

国恩未周遍，吏习益荒唐。见利即昏智，图财岂顾殃。浊流溢盐渎，冤狱起山阳。

施赈忍吞赈，义忘祸亦忘。随波等痪狗，持正犯贪狼。毒甚王伸汉，哀哉李毓昌。

东莱初释褐，京邑始观光。筮仕临江省，察灾莅县庄。欲为真杰士，肯逐默琴堂。

揭帖才书就，杀机已暗藏。善缘遭苦业，恶仆逞凶芒。不虑干刑典，惟知饱宦囊。

造谋始一令，助逆继三祥。义魄沉杯茗，旅魂绕屋梁。棺尸虽暂掩，袖血未能防。

骨黑心终赤，诚求案尽详。孤忠天必鉴，五贼罪难偿。瘅恶法应饬，旌贤善表彰。

除残警邪慝，示准作臣纲。爵锡几龄焕，诗褒百代香。何年降甲甫，辅弼协明扬。①

淮安穷苦女子窦娥，嫁入蔡家不久，丈夫病故，婆媳两代孀居，两人相依

_____

① 依据《淮安府署·李毓昌案中知情受贿而被绞立决的王毂（毅）》等整理。

为命，生活十分贫苦。遭歹徒张驴儿讹诈，要娶窦娥。蔡家婆媳不肯，张驴儿想毒死蔡婆，霸占窦娥。不料，张父误食毒药身亡。张驴儿买通当地县令，对蔡婆横施酷刑。窦娥怕婆婆年老体弱，经不起折磨，只得含冤忍痛自己承担，被判处死刑。临刑时，窦娥誓言：血溅素练，三伏时节瑞雪纷飞，淮安地面干旱三年。其后果均已应验。六年后，窦蛾的父亲窦天章金榜题名，考取了状元，路过淮安。当日深夜，他正在审阅案卷，忽然见到女儿窦娥前来，求父亲代为申冤昭雪。第二天，窦天章开堂审案，终于使冤案大白。张驴儿和县令被判处死刑。

《嘉庆海州直隶州志》中，有《汉东海孝妇窦氏祠记》的记载，讲的就是窦娥遭受冤枉后，当地建立窦氏祠纪念她。据说，窦娥出生地东海县境内，东海县当时隶属于淮安府。当地，民间有关窦娥的传说很多，主要情节一致，民女窦娥被冤杀。现在，东海县编写《东海县民间故事资料本》，其中记录了有关窦娥的传说，并与当地现在进行的"三孝"结合起来。在当地民间盛传"孝为德之本"，"百善孝为先"，孝是"天之经，地之义，民之行也"，"人之行，莫大于孝"，……使用窦娥之案例，对民众用以"三孝"教育。"三孝"，即"孝子""孝女""孝妇"。在当地，很有影响。现今，淮安府署的北边，有一条街叫"窦娥巷"，是后人为了纪念窦娥起的名字。关汉卿以淮安府署为题材，编写了戏剧《窦娥冤》。

四、衙署中与信访有关的传说

署衙不仅楹联、匾额多，还有许多有趣的传说，选择部分与信访工作有关的内容于后。

（一）秦镜高悬与明镜高悬由来的传说

在淮安府署军捕厅大堂上面，有块匾额，上书"秦镜高悬"。这是什么意思，与"明镜高悬"有何异同？

关于"秦镜高悬"，有一个奇妙而又荒谬的传说。秦朝灭亡的时候，汉高祖刘邦进入咸阳，发现阿房宫中有一面奇怪的镜子。如果迎面走来，镜子里出现的是你的倒影；如果摸着心胸走来，镜子里能看到你五脏六腑；如果是胆张心动的人，说明有邪心，应当场杀掉。后来演变成为明辨是非，实际是要求判案官员要公正。因为此镜出自秦朝，所以称为"秦镜"，叫"秦镜高悬"。

"明镜高悬"又是怎么回事？据《西京杂记》说，秦始皇有一面镜子，能照见人心的善恶，后人用"明镜高悬"，比喻法官判案要公正严明，所以叫

"明镜高悬"。

由此可见，"秦镜高悬"与"明镜高悬"来源于同一个传说，即"秦镜"。说明同一个道理：法官断案要公正，不寻私情。

（二）贴门神

贴门神的风俗有何来历？据霍州署有关文献记载，贴门神的风俗出自霍州，且与霍州署的前身有关。相传，隋朝末期，驻守太原的将领李渊、李世民父子，起兵反隋兴唐之时，在霍州城两度征战，李氏父子用计谋收服守将尉迟恭（敬德），并重用，让尉迟恭与秦琼（叔保）一起，成为帐前的哼哈猛将。李世民有感于两人为其守门警卫的功劳，便命画匠画了两个人像，张贴于帐前和宫门以镇妖避邪。此举，后传入民间，逐渐形成贴"门神"风俗。所以说，贴门神的风俗，起源于霍州。

现今，霍州署大门仍然有尉迟恭和秦琼两人的画像。

（三）走后门的来历

现在人们常说，找关系、走后门办事，这些托人情办事。这件事是怎么来的，与署衙有何关系？

据内乡县衙署记载，衙署堂后有一个房子，名曰门子房。守卫门子房的人叫"门子"，多是由知县的亲属或亲近的人担当，实际上他们是官员手足耳目的延伸，是官与民信息沟通的一种途径。对老百姓来说，不论是告状还是办事，最先接触的就是门子，请他们疏通关系，于是他们中的一些奸滑者便利用职务之便索取贿赂，有些百姓为了办事，也走花钱这条路，买通"门子"。时间一长，"门子"逐渐变成了"门路"，叫"走门路"，形成了现在常说的"走后门"。

（四）琴治堂与治政

琴治堂是如何来的？内乡县署衙二堂正中悬一匾额"琴治堂"。据考证，这里所说的"琴治"，是引用《吕氏春秋》中的一个典故：传说，宓子贱在任山东单父县令时，身不下堂，鸣琴而治，轻轻松松地把单父县治理得井井有条。后来的人们就用"琴治"来比喻鸣琴而治，以此来称颂为官者知人善任。后来的地方官们，为显示自己的聪明才智和用人之道能够与宓子贱相比，标榜自己"琴治"。所以，内乡县衙把二堂称为"琴治堂"，以显示自己的能力。

据《解读内乡古衙》介绍，宓子贱，是孔子的学生，后任的单父县令也是孔子的学生叫巫马期。他上任后，整日奔波于民间，凡事都率先垂范，亲自去做，虽然同样治理好了单父县，本人却感到非常劳累，他就去请教宓子贱，宓子贱对他说："我着重于用人，你着重于办事，用人者安逸，办事者自然劳累。"后来，地方官为了炫耀自己能像宓子贱一样"知人善任，政简刑轻"，把二堂叫作"琴治堂"。后来，巫马期周游列国，病故于内乡，其墓尚存。

（五）人死为何叫上西天

所有署衙都有二门，又叫"仪门"，平时不开，但仪门两侧各有一个门，东边的门叫生门，平时工作人员进出，西边的门叫"死门"，又叫"鬼门"，犯人被判处死刑后，从西门拉出去执行。久而久之，就形成了"走西门"，亦叫"上西天"；"上西天"衍生为与"死"画等号，成为"死"代名词。所以，形成了人死叫上西天的称谓。

（六）"灋"字是三种酷刑的综合体

许多衙署都有一个大写的"灋"字，即"法"。这个字由三部分组成，亦即是三种酷刑。

在衙署中，对"灋"字都有说明，说明也就是对三种刑法的具体解释。淮安府衙署军捕厅的说明是，"灋"由三部分组成。首先"氵"（水），即把犯罪者置于河流之中，这是无异于死刑的严酷惩罚，"水"在这里体现的是刑具功能；其次是"廌"，据传说这是貌似牛、羊、鹿、熊的独角兽，"廌"以犀利的像刑具一样的触角将不平者"触而去之"；再次，是"去"，"去"字由上下两部分组成，前者为矢，后者为弓。因此"灋"字的完整意义为：将犯罪者经"廌"裁判后，用弓矢射杀，然后丢入河流中剥夺其生命。

（七）"三尺法"

在有纸之前，书写法律，均在三尺长的竹简上，故称"三尺法"，简称"三尺"，就成了法律的代名词。

为什么要介绍三尺法？因为有一副楹联中用"三尺法"一词，作为常识，介绍他的来历和演变过程。

在旧社会衙门的公堂上有一张桌案，放有文房四宝及捕

平遥县衙的"灋"字

淮安府署对"灋"的说明

签、刑签、惊堂木等审案所需之物，俗称"三尺法桌"或"三尺公案"。衙门的公堂是主官依据法律审理案件的地方，故审案所用的桌案也就称为"三尺公案"了。《史记》等对三尺法有记载或解释，强调，"不合三尺法，何以信天下"①。

（八）喊冤鼓的来历

前面讲，所有衙署都设置一面喊冤鼓，供百姓喊冤告状用，击鼓喊冤，称之为喊冤鼓。喊冤鼓是怎么来的？出自一个深受民众欢迎的来访故事。

相传，刘邦登基不久，他有个侄子倚仗皇势胡作非为。一天，京城少女苏小娥正在街上行走，恰遇浪荡皇侄，他见小娥貌美，遂生邪念上前调戏。只听"啪"的一声，小娥一巴掌扇到皇侄脸上。皇侄在众人面前挨此一掌，岂肯罢休，骂道："不识抬举的贱娼，我要你立死此地。"言毕，夺过随从手中的齐眉棍，使劲向小娥头上砸下。只听"咣当"一声，皇侄举起的木棍被打落在地。皇侄一愣，定睛一看，救人者原是个彪形大汉，遂令随从们动武。岂料一随从举剑刺向大汉时，大汉猛地一闪，锋刃却捅进了趋前挥棍的皇侄肚皮，皇侄霎时倒地身亡，随从们急忙抬起尸体回府，那误杀皇侄的爪牙便串通同伙，栽赃说是大汉所杀。刘邦获悉，下令将大汉捉拿收监，决定处死刑。

脱险的苏小娥得知恩公将被问斩，决定闯金殿。但禁宫戒备森严，恐进不了反惹出大祸，于是她想了个办法。一日，小娥和妹妹各持一小鼓一小锣，过街来到金殿门前，突然猛击锣鼓，连声高喊："冤枉"。锣鼓响声惊动了刘邦，下令拿当事人上殿询问。小娥见了皇上从容答道："万岁，小娥若不击锣鼓，咋能面君，我的冤情又咋能伸呢？"接着便把皇侄劣迹、随从恶行一一呈述。继而又恳切地说："万岁你切莫屈杀英雄，小女冤枉事小，朝廷声誉事大啊！"刘邦听毕，觉得言之有理，遂提"囚犯"与皇侄随从对质，那人见抵赖不过，只好招认为误杀。刘邦十分愤慨，厉声吼道："小奴才，跟随王爷不劝其走正

① 《明史·翟銮传》。

道，还断送其命，诬陷他人。寡人今日亲审此案，方知真情，差点错杀英雄。来人，将小奴才拉出去斩了！"随即将好汉释放，让小娥回家。百姓闻讯，无不赞颂高祖英明。

苏小娥击鼓鸣冤这一举动，给了刘邦一个启示，为方便百姓告状，他特下圣旨，命各级官署大门必须各置一鼓一钟，并规定钟鼓一响，官必上堂，借以显示便民、德政。就这样，击鼓鸣冤之制，一直流传了两千余年，直至清末。①

（九）"天理、国法、人情"匾额的由来

前面讲了，所有衙署都有"天理国法人情"的匾额，内乡县衙也不例外，在二堂屏门上也有这块匾额，有何来历？还真有一个小典故。

传说，章炳焘到内乡任知县时，和其他官员一样，上任时大摆宴席，广邀县内豪绅富贾等头面人物，为的是入乡随俗，共谋治县大计，以求得他们的支持。这天，县衙大堂内外，其乐融融，宴会上座无虚席，章县令首先发言："章某能到贵地当官，这是与内乡百姓的缘分；我初来乍到，人地生疏，还望各位多多指教，请大家开怀畅饮。"酒过三巡，众人力劝章知县为县衙题写匾额，章知县早已胸有成竹，挥笔写下了"天理、国法、人情"六个大字，并解释说，这六个字就是章某为政的纲领，叫做"做事循天，断案凭国法，处事合人情"。在场的人无不赞叹，有人说，这是一字值千金。章知县笑着说，依各位所说，我这六个大字就能值六千金了！众人齐声说，岂止千金，万金也不多。章知县说，各位过奖了，诸位请看，这县衙破旧，章某欲修县衙，可惜国库空虚，百姓贫苦，我又囊中羞涩，这副字不说万金了，也不说六千金了，就当千金拍卖，全用作修县衙了，望各位资助一二。此话一出，热闹场面顿时安静下来，众人面面相觑。过了一会儿，一老者站起说，穷书生捐纹银十两，并当场写下了字据。一穷书生能捐纹银十两，商人大户岂肯落后？不多时，千金之数已绰绰有余。再加上章知县其后判案的"赢捐输罚""以工代捐"等多种方法，修起了内乡县衙，并将这六个大字用在二堂屏门上。知县身坐二堂抬头即见此匾，作为断案施政的宗旨纲领。章炳焘引用了古人"天理、国法、人情"六字名言，既为修建县衙找来了银子，也公布了自己为政的纲领，可谓一举两得。

---

① 根据《揭秘内乡县衙》整理。

（十）跪石——原告石与被告石

跪石，又叫原告石与被告石，顾名思义，是原告一方与被告一方分别使用的。这种设置与打官司告状有关，包括上访。明代称为跪石，河南内乡县衙大堂保留下来的两块明代跪石，一块长 85 厘米，宽 70 厘米，是原告跪石，在大堂东边；一块长 135 厘米，宽 63 厘米，是被告跪石，在大堂西边。其他衙署也有这种设置。

旧社会，原被告被带到大堂上，东边跪原告，西边跪被告，因为有的案件涉及同案犯较多，跪的人较多，所以被告石比原告石长了一点。内乡县衙原告跪石完好无缺，被告跪石却伤痕累累，由此可知当年不知有多少人被屈打成招或被当场打死。

营建内乡县衙的知县章炳焘，县志上记载他在堂讯时往往一笞数千，甚而有立毙杖下者，这位知县在内乡历任九年，把内乡治理得很好，但是，行刑过严，滥用刑法是他的一大过。这两块跪石可以说，是揭露皇权社会黑暗统治的最有说服力的历史见证。①

---

① 根据《揭秘内乡县衙》整理

第六章　民国时期的信访工作

第一节　民国时期的信访工作概况

一、时代背景

秦始皇统一六国后，我们国家进入了封建专制社会，实行帝制，一直延续到公元 1911 年，孙中山率同盟会，发动辛亥革命，推翻了清政府，废除帝制，结束了二千多年的封建地主制，建立中华民国。1912 年 1 月 1 日，孙中山就任临时大总统，宣告中华民国南京临时政府成立。

孙中山是中华民国和中国国民党的创始人，首举彻底反封建的旗帜，"起共和而终帝制"。在清朝皇帝正式退位后，孙中山以"清帝退位，专制已除，……当践誓言，辞职引退"①。孙中山辞职后，南京临时政府结束。袁世凯在北京就任临时大总统，成立北京政府。不久，袁世凯在帝国主义势力的支持下，复辟帝制，做起了皇帝，在全国人民一片声讨声中病死。之后，黎元洪、冯国璋、徐世昌、曹锟先后任大总统。

鉴于多次失败的教训，孙中山于 1922 年 7 月在上海接受了共产国际和中国共产党的帮助，使其在政治上发生了新的飞跃。1924 年 1 月，孙中山主持了在广州召开的国民党第一次全国代表大会，重新解释了三民主义，确定了实行联俄、联共、扶助农工的三大政策，改组国民党，实行国共两党的合作，建立广泛的统一战线，建立自己的军队。1925 年 3 月孙中山逝世后，政权落入蒋介石之手。蒋介石背叛孙中山的三大政策，1927 年，悍然在上海发动了四一二反革命政变，大肆屠杀共产党人和工农群众。不久，汪精卫发动七一五反革命政变。

---

① 《临时公报》，辛亥年十二月二十六日（1912 年 2 月 13 日）。

1928 年 8 月，"北伐"已告"成功"，第一届五院制国民政府在南京宣告正式成立（即行政院、立法院、司法院、监察院和考试院）。

日本帝国主义自 1931 年策划了九一八事变，侵占中国东北后，又不断制造事端，扩大侵略。1937 年，日军又向华北地区发动新的进攻，制造了七七事变。日本妄图通过扩大侵略战争的手段达到灭亡中国的目的。随着民族危机的日益严重，中国社会的主要矛盾发生了变化，中华民族与日本帝国主义的民族矛盾上升为主要矛盾。全国人民团结一致，进行了艰苦卓绝的 14 年抗战，取得了胜利。国民党、蒋介石为夺取抗战的胜利果实和打倒共产党，于 1946 年 6 月 26 日，发动全面内战，大举进攻解放区。蒋介石不顾全国人民的反对，于 1948 年 3 月 29 日至 5 月 1 日，在南京召开所谓"行宪国民大会"，蒋介石当选为"总统"，李宗仁为副总统。1949 年 1 月 21 日，蒋介石宣布"引退"，李宗仁为代行总统。1949 年 4 月 23 日人民解放军占领南京，蒋介石败退台湾。

中华民国只存在 37 年，先后有八位总统，他们是：孙中山、袁世凯、黎元洪、冯国璋（代）、徐世昌、曹锟、蒋介石和李宗仁（代）。

二、社会部、教育部处理民众信访概述

中华民国的历史除孙中山建立中华民国南京临时政府短暂时期，可分为两个阶段：前期是北洋政府，约 1912 年至 1928 年，其间，大部分时间处于争夺政权之战争，情况杂乱；后期，从 1928 年北伐胜利，成立南京政府，直到 1949 年蒋介石败退台湾，称为南京政府。

本章主要介绍中华民国南京政府时期的信访工作，也有少量北洋政府时期信访案例。内容取材于中国第二历史档案馆向群众开放的中华民国行政院的资料。从这些资料中，可以得出三个结论。一是中华民国行政院没有设立专门的信访机构，他们的信访案件，多是由所属部门办理，从我们查阅的档案看，教育部办理的最多，多是学校与学生问题；其次是社会部，数量也不多。二是其他部门，如立法院、国民参政会、军政部等遇到关于政府方面的信访问题，多与教育部合作办理。三是教育部、社会部在受理的信访案件中，对来信处理比较认真，对来访处理不负责任，采取欺骗、拖延办法，尤其是对学生的请愿，多是镇压。

据目前掌握的资料分析，社会部与教育部办理信访工作各有特点：从制定制度和规范工作办法方面，社会部优于教育部。社会部制定的规定，自己执行，其他部门也都遵守、执行；从研究、处理信访案件方面，教育部优于社会部。教育部受理来信，研究认真、仔细，就连存档的信访案件，绝大部分有部、司领导签字，签署意见。

教育部于 1912 年 1 月 3 日成立，首任教育总长是蔡元培。之后，名称虽曾有变更，但这个部门一直存在，宗旨也没有变化。先后担任部长的，除蔡元培外，还有朱家骅、王世杰、陈立夫、杭立武等人。两度任教育部长的是朱家骅，任职时间长的是陈立夫，从 1938 年至 1944 年。教育部的信访案例，陈立夫签字的最多，其次是王世杰、朱家骅，还有司长等人。从教育部受理的信访案件来看，多是学生思想动态、学潮、学校体制和管理方面的内容，其次是思想教育，包括对罪犯、汉奸的教育与赦免等问题。

教育部的信访工作内容并不复杂，较为单纯，多是学生问题。由于当时特殊情况，学生的问题涉及面较广，所以，教育部与其他部门多有合作办理信访工作的业务。

社会部全称是中国国民党中央执行委员会社会部（以下简称社会部、中央社会部或中央执行委员会社会部），是 1938 年 3 月 31 日在国民党临时全国代表大会上决定设立的，隶属于国民党中央执行委员会，主管战时的社会事业。1940 年 11 月 16 日，正式隶属于行政院，有些职能类似于今天的民政部。又因社会部部长是谷正纲，有特殊身份，社会部也有这方面的特殊工作。我们不去探讨这方面的内容，只介绍社会部分管的民政、民生，以及工人的动态方面的来信办理情况。

三、社会部的有关规章制度

社会部建立规章制度最多，多是内部工作程序，实际这些条款适用于各级政府和各部门的信访工作。有两方面理由：一是社会部处理信访问题都是执行这些规定，教育部与其他各部门处理的信访问题，也都是按照这些条款办理的，档案中保存的信访案例证明这个观点；二是社会部制定的规定中，附有许多统计表，表中列出反映工人、农人、学生以及其他劳动人民动态等的内容，从行业分类看，有工厂、农村、渔业等方面的民间动态，都列为专项统计内容。显然，这些内容许多来自信访，属于信访范畴。所以说，这些规定不是针对信访部门的，但适用于各部门处理信访工作，实际也都是执行这些规定。

社会部先后制定的规章制度有：《办事通则》（1938 年 5 月 27 日订，11 月 8 日修正核准，1939 年 3 月 23 日修正重订）、《处理公文程序》（1939 年 3 月 22 日核准）、《公文改善办法》（1939 年 3 月 22 日核准）、《文卷管理办法》（1939 年 3 月 22 日核准）、《文卷暂行分类表》（1939 年 3 月 22 日核准）、《文卷销毁暂行办法》（1938年11月17日核准）、《处理公文应行注意事项》（1938年9月10日发出的通知中规定的）、《合科办公文以一处为单位》（1938年6月6日通知中规定的）、《处理案件互相联系办法》《每周未办案件检查表》等。这些办法，均经部长或副部长签字批准，且以中央社会部的名义正式颁布，要求社会部全体工作人员执行。

下图，是南京中国第二历史档案馆保存的社会部制定的部分规定目录。这些规定，大部分是手写的，少数是刻字的。

下面将部分规章附于后。

附件1：中央执行委员会社会部《办事通则》①

（注：社会部《办事通则》是中华民国二十七年五月二十七日订；二十七年十一月八日修正核准，并发出通知，让本部各工作同志查照；二十八年三月二十三日修正重订，再一次向本部工作同志发出通知："兹制定本部处理公文程序及改善办法，即日施行，又本部办事通则，业经修正，合行检附各该件全文，通知查照"。本文采录的是修正重订文件，即1939年3月23日印发本。主任秘书骆美奂）

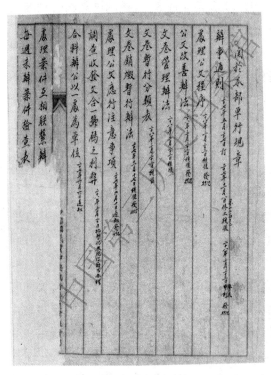

社会部制定的文件目录

（在通则后面附有修改过程的说明："奉交整理本部办事通则，经查第二十二条及第二十三条修订文字甚妥，惟第二十六条'上列本部各种会议之出席人员，于必要时，得于法定出席人员外，指定或邀请有关人员参加'，此种额外参加人员之规定，在修正第二十二条内已有明文，似可删除，以免重复。如认为在各处科举行

---

① 南京中国第二历史档案馆，全宗号：11（2），案卷号：5。

处务或科务会议时，亦有邀请处外或科外同志参加之必要，则拟将第二十六条修改为：'各处科举行处务或科务会议，必要时，得于法定出席人员外，邀请有关人员参加'。再第二十四条下段'讨论全科工作进行事宜'，'全科'二字似为'全处'之误，拟并修正。是否有当？请核夺。职姜光昀，十一月十日。"在这便条后边有骆美奂批示："第二十六可删去，余如拟，并传知。美奂十一月十日"还有易希文等二人签字。）

（档案中，通则有几稿，每一件修改稿，几乎都有领导人签字。）

第一条　本通则依本部组织条例第十三条制定之。

第二条　本部工作人员办事程序暨一般应行遵守之规则，除另有规定外，悉依本通则之规定。

第三条　本部各处科，依照本部组织条例之规定，负责处理其主管范围之事务。

第四条　各科所属总干事、干事、助理及录事承主管科长之指导，分任工作。各主管处长并得随时检阅所属各科事务之繁简，将全处总干事以下人员之工作，统筹支配之。

秘书室之工作人员承主任秘书、秘书之指导，分任工作。

第五条　主任秘书、秘书于必要时得临时调集工作人员，参加特项工作。

第六条　各科应备记事册，随时将主管范围内之各种统计数字，工作进度，干部人事，上级重要指示，下级工作报告，暨有关法令颁行年月日及其内容摘要等项登记入册，以备稽考。

前项记事册，由主任秘书、秘书及主管处长随时抽调核阅之。

第七条　本部处理公文程序另定之。

第八条　本部办公时间，遵照中央常务委员会之决定。但遇繁急事件，虽过办公时间，承办人员仍应继续办理完竣。

部长、副部长有公要未离部时，虽已过办公时间，处长以上人员亦不得先行散退。

第九条　在办公时间内，非因公不得会客。凡会客应在会客室接见，不得延入办公室。

第十条　在例假日期，遇有紧要事件，得临时召集办公。

第十一条　本部工作人员，除出差及休假外，应每日到部办公，并在考勤簿上亲笔签到、签退。如有预签或代签情事，应由秘书或主管处长随时查明呈请处分。

前项考勤簿，除休假日外，每日由各处室值日员于上、下午办公开始后半小时以前，汇送秘书核阅后发交秘书室主管考勤人员查明旷职、迟到及早退员名，按月列表呈核。

第十二条　本部工作人员，每人应备部订日记本，逐日依式填写，妥为保存，以备部长、副部长、主任秘书、秘书、或主管处长随时抽调核阅。

第十三条　每周由科长汇编各该科工作报告，送呈主管处长审核后，汇送编审处汇编。

每月由处长汇编各该处工作报告，并拟具下个月实施工作计划之进度送主任秘书、秘书转呈部长副部长审核。

第十四条　部长、副部长、或主任秘书、秘书，为考核并指示全部工作之进行及商榷各处室共同关系事件起见，每周召集处长以上人员举行工作会报一次；必要时并得通知科长或其他工作人员参加。

第十五条　各处科主管人员得随时召集所属人员，会商并指示各该处科工作之进行，其商讨结果认为有建议必要者，并得逐级呈请核示。

第十六条　各处科工作人员必须派赴部外工作，在一日以内者，得由处长或科长呈奉处长核准派遣之；但须报告主任秘书、秘书备查。

第十七条　各处科所需临时费用在五元以内者，（如人员因公外出之车资等）得由各该处处长核定款额，缮具收条，并签名盖章向总务处具领。

第十八条　秘书室及各处，除每逢例假分上下午各设值假员一人外，每日各设值日员一人；总务处事务科，并应于每夜设值夜员一人。由各该室、处、科就所属在部工作人员派定顺序，预制值日、值假、暨值夜员轮值表先期通知，轮流承值。

前项各种轮值表，应由各处暨总务处事务科各送一份于秘书室备查。

第十九条　值日、值假、暨值夜之时间如下：

一、值日，依照办公时间迟退一刻钟。

二、值假，依照平日办公时间。

三、值夜，下午七时半至十一时半。

第二十条　如确因特别情形，不能轮值者，经主任秘书、秘书或主管处长之许可，得免其轮值。

因病或因事请假，不能承值时，应由其代理人承值。

在同一轮值表内，经双方之同意得对调承值，但应以书面报告秘书或主管处长。

第二十一条　各处室值日员之任务如下：

一、关于各该处室人员之考勤事项。

二、关于各该处室之整洁、秩序及一切警戒事项。

三、关于各该处室之工友管理事项。

四、关于不属于公文处理之临时奉部长副部长暨主任秘书、秘书饬办及传达命令事项。

前项第二、三、四各款事务，得会同或通知主管人员办理之。

第二十二条　各处室值假员及总务处事务科值夜员之任务如下：

一、关于紧急公文之处理事项。

二、关于特殊来宾之接待事项。

三、关于部长、副部长暨主任秘书、秘书之临时饬办事项。

四、关于整洁及一切警戒事项。

五、关于工友之管理事项。

前项第一、二、三各款事务，得酌量情形，随时以电话或以书面派人持向秘书请示，或通知主管人员办理之。

第二十三条　各处室暨总务处事务科应置下列各件，以备值日、值假、暨值夜员之用。

一、值日、值假、值夜各轮值记事簿。

二、通报簿。

三、送文簿。

四、自部长以下全部工作人员现在住址及电话表。

五、轮值表

前项第一款之轮值记事簿应呈送秘书或主管处长核阅。

第二十四条　本部工作人员请假时，应依照中央党部工作人员服务规程第八条至第十六条之规定办理。

第二十五条　本部工作人员对于经办文件或事务，凡未经公布者，应绝对严守秘密；违则依党纪及法令惩处之。

第二十六条　本部工作人员，于服公外，应分别研究与任务有关之学术，并以其心得记载于部订日记本内。

各主管人员应随时设法训练所属人员，以增进其工作能力。

第二十七条　本部各种委员会工作人员暨视察员留部工作时，除另有特殊规定外，均依本通则有关各条之规定办理。

第二十八条　各处室得依本通则另订办事细则。

第二十九条　本通则如有未尽事宜，随时经部长核定修正之。

第三十条　本通则自部长核定之日施行。

附件2：中央执行委员会社会部《处理公文程序》①

（中华民国二十八年三月二十二日核准，即1939年3月22日）

（社会部主任秘书骆美奂在这个文件上批示："拟请核准施行。三，二十二"；某领导批示："行。三，二十二"。正式向本部各同志发出通知查照）

甲、收文

一、来文除注明密件或部长、副部长、主任秘书、秘书亲启者外，概由总务处文书科办理收文人员拆封、摘由、编号、登记，经文书科长检阅，分别注明要件、速件或最速件，分送各主管处室会办理，并附记处别于收文簿内；其须先呈送部长、副部长、主任秘书秘书、秘书阅者，送由总务处长转送秘书室。

二、来文书明密件或部长、副部长、主任秘书、秘书亲启者，应径送部长室或秘书室拆阅，俟奉交挂号再行编号登记。

三、来文书明送某处科者，以原封径送该处科；但内容关系全部者，仍应送回文书科编号登记。

四、来文如系电报，由文书科送秘书室翻译，明电仍送回文书科依第一项手续办理；密电则由译电者摘由、编号、登记径送秘书。

五、来文如附有银钱、票据，或其他贵重物品，应抽送总务处事务科签收保管。

六、本部总收发文簿，应每周送主任秘书或秘书批阅。

乙、拟办签稿及核阅

七、来文分送各处后，由处长分发各主管科长分交各主管人员拟办签稿；但特殊重要或急速之件，得由处长或科长自行拟办，不再分交。

八、承办人对于来文，应先签拟办法，递送秘书、主任秘书或副部长、部长核定后，再行拟稿或照办（如暂存及存案备查等）；但寻常例行文件，得签

_____

① 南京中国第二历史档案馆，全宗号：11（2），案卷号：5。

稿并拟送核。

九、拟稿应用本部稿纸，并依中央规定公文程式及本部公文改善办法，拟缮清楚，递送科长、处长、秘书、主任秘书核对阅后，呈送副部长、部长判行。

十、核稿如有删改处，应由删改者盖章于所删之字上（字多者盖于首一字及末一字上），或以小字额注某（名）删。如更改文稿内容，应同时更必其案由，务使相符。如涂改过多，难于辨识，应重新清缮，再送核判，但原稿仍须套入清稿夹层，附送备核。

十一、各处科承办文件，最速件及速件应于当日办毕，其余不得逾三日；

但必须作较长时间之研究考虑者，经陈明主管科长、处长、秘书不在此限。

十二、属于两处科以上职掌之事件，应由关系各处科会商意见后，由关系较重之处科主办签稿，并送有关各处科会章；但下级党部工作报告及会议录，应由民众组织、社会运动两处分别审查后，送编审处汇覆。

十三、本部与其他机关会衔发出之文件，如原稿非由本部撰拟者，应录存一份备查。

丙、判行

十四、文稿经部长判行后，除密件外，先发还主办处科，经原承办人查阅。如附有与缮发无关之案卷，或其他误行夹入之签条等件，即予抽出，再送总务处文书科缮发。

十五、速件或系遵部长条谕，或核定办法撰拟之文稿，经主任秘书标明先发者，得先行缮发，再送补判。

丁、缮写

十六、文稿统由总务处文书科分配录事缮写，最速件限即刻缮发，速件限当日缮发，其余文件，非因特殊缘由，不得逾二日。

十七、最速件如不能于散值"前"半小时以前送缮写者，应预先通知文书科指派人员守候发缮。

十八、各处送缮之件，以经部长、副部长、主任秘书或秘书签字之文件及各项提案为限。

十九、各处拟付油印之件，须填"送油印单"，由处长签字后，方得缮印。

戊、校对

二十、缮件由总务处文书科专任校对人员比照原稿详加校对，以不添注、涂改、挖补为原则；如照抄附件或冗长文字，偶有脱误而无关重要者，可为更正，并加盖校对钤章；如名词、数字及其他关系较重字句脱误，或所缮字体确嫌草劣时，应即退回重缮。

二十一、校对完毕时，校对者应于发文年月日后，加盖名单，以明责任。

巳、盖印

二十二、已校对过文件，监印者须核与原稿无异，并查明系经部长判行，或由主任秘书标明先发者，方可加盖部印。

庚、发文

二十三、总务处文书科办理发文人员，应检查文件有无漏印或未附附件，及其他错误，再行编号登记于发文簿，如有来文者，并应送经办理收文者销号，然后封发；其稿件及来文，即送管卷者归案。

辛、文件之检查

二十四、各处室相互之间送文及总务处文书科缮写、校对、盖印、发文、归档等文件移转时，均须用送文簿，收到时并应于簿内签字，注明时期。

二十五、文稿于拟、核、缮、校、印、发每项手续完毕时，承办人均应于稿面署名或盖章，并注明时期。

二十六、各处科经办文件，应每周清查一次，对照收文发文，查明未办案件，列表附填未办缘由，递送主任秘书查核。

壬、归档及调卷

二十七、归档文件由总务处文书科管卷者登记，分类编号，入卷归档保存，其机密文件，由部长室秘书室或各处处长密送总务处另簿登记，并另橱保管之。

二十八、各处科室调阅案卷，应签署调卷单，向管卷者调取；但机密文件非经部长、副部长、主任秘书、秘书或主办该案之处长签字，不得调阅。

癸、附则

二十九、文卷管理办法另定之。

三十、本程序自部长核准之日施行。

附件3：中央执行委员会社会部《公文改善办法》①

（中华民国二十八年三月二十二日，即1939年3月22日核准）

---

① 南京中国第二历史档案馆，全宗号：11（2），案卷号：5。

（某领导批示："行三,二十二"）

一、公文文体,除叙录口述及直接对民众宣传指导非用语体不能真切明了外,概采用散文体。

二、公文文字力求简明,凡艰涩字句、孤僻典故、虚伪誉词及一切无用套语,概应革除。

三、机关或其内部组织所为之公文,无论上行平行或下行于文内自称时,概于名称上冠一"本"字（如本部、本处、本科）,如以个人名义因公所为之文件,除有职务者对下级自称仍于职务名称上冠一"本"字（如本部长）,对上级自称则仅用一"职"字外,一律自称名,凡"本人""敝人""党员"等自称,概须免用。

四、对于平行机关之直接称谓,如"贵部"及有所请求,如"查照办理"之类均空一格,毋庸换行提写。

五、转叙来文以摘要为主,其因原文冗长,须分段节录,或事实上有照录全文之必要者,均应另纸抄附,但特殊重要之件,仍应全叙。

六、电报转叙他电时,应尽量摘要,力求简短,必要时,可改为直接语气,俾益简明。

七、一切公文,除电报外,应一律采用新式标点。

八、文字意义自成段落者,应酌量分段,并于每段末句下有空白处以"二"号截之,以防加添字句。

九、长篇文字重要处,应自行于字之右旁加以小圈,俾易注目。

十、内容复杂之电文应分项叙述。

十一、尽量采用代电及报告体裁。

十二、凡一般通令毋庸呈报奉文日期及遵办情形者,及例行报请备查文件无待准驳者,概免答复。

十三、每文限叙一案,有须叙及二案以上者,另文办理以便归案及检查。

十四、凡分行之件,应于文尾叙明分行机关名称。

十五、无论发文或稿件,用纸务求大小适中减少空白,缮字尤须整齐紧缩,不得潦草过大,浪费纸张,且使订卷及携带不便。

附件 4：中央执行委员会社会部《文卷管理办法》①

（中华民国二十八年三月二十二日，即 1939 年 3 月 22 日核准）

（某领导批示："行，三，二十二"）

一、登记

案件经办理完，送交文卷保管室，无论文稿或来件，均先按日登记于"归档文卷登记簿"（见表 6-1），登记后，再依其性质（内容）地域（空间）年月（时间），分门别类置入卷夹入档存储，在存储前，并依据总登记簿存文类别号码另缮分类簿，兹规定归档文卷总登记簿及分类簿之格式如下（见表 6-2）。

表 6-1　归档文卷登记簿

备注	存文号码	存文类别	发文号码	收文号码	归档日期

表 6-2　中央社会部归档文卷总登记簿

月日	年	月日	年	收文号码
				收文时期
				案目
				备注
				发文号码
月日	年	月日	年	发文时期
				案目
				备注

这里需要说明的是本章中表 1—表 11 都是根据原件复印件绘制的。

---

① 南京中国第二历史档案馆，全宗号：11（2），案卷号：5。

二、分类

本部文卷分类，以性质为经以地域为纬（机关亦是地域），再别以年月之后先，凡同案文卷均并入原案合订成册，至一案而含有二种以上之性质时，则另填文卷分存单，分置各档。分存单式如下。

（见中央社会部文卷分存单表6-3。）

本部文卷性质暂分为"总务""组织""运动""编审""专案"等五大类，类之下再分项，项下为目，目下视地域分为各卷，更别以时间分为各宗，详见下文附件5：《文卷暂行分类表》。

三、调卷

调阅文卷者应填写调卷单，待卷宗交还时，将该单收回。调卷单式如下。

（见表6-4）

调阅者应守下列条规

1. 须严守卷宗内之秘密。

2. 在调阅期间应负完全责任。

3. 不得在卷宗上加以批评、涂改或水珠污损。

4. 不得携带出部。

调普通卷，须经科长签字，调秘密卷，须经秘书或处长签字。调阅文卷以三天为限，逾期须将原因通知管卷者或另换调卷单。

每次调阅文件，以三件为限，但有连带关系者不在此限。

四、整理

文卷经办时由各经办处处长或秘书随时另盖一月半年或一年、三年及永久保存等戳记，归档后按期整理，应

表6-3　中央社会部文卷分存单

原文存	文　发	文　收	类别
			日期
			号码
			机关名称或个人文类
			附件
备注			案目

表6-4　调卷单

单	卷	调
秘书	年月日	调阅日期	案由
处长			文件号数件数
科长	年月日	预定归还日期	
调阅者			

销毁之文卷汇齐列表递呈部长核定后销毁之，被销毁之文卷，仍将摘由笺发文稿面（而）抽存，并另编簿册备考。

附件 5：中央执行委员会社会部《文卷暂行分类表》①

（中华民国二十八年三月二十二日，即 1939 年 3 月 22 日核准）

（某领导批示："行。三，二十二。"）

一、总务类

1.总章：关于本部组织条例、办事规章、工作计划及其他接收成立请重要案件属之。

2.人事：关于本部职员之任用、调派、升降、抚恤及其他人事等属之。

3.事务：关于本部经费，如薪俸、津贴、捐赠及庶务事项等属之。

4.杂件：关于各机关、团体通知成立货务办公地址及不属于上列各项之件属之。

二、组织类

1.农人：关于农人团体之章则、解释、呈报、纠纷、建议、请求等项属之（附渔业、盐业、畜牧等项）。

2.工人：关于工人团体之章则、解释、呈报、纠纷、建议请求及职工教育等项属之（附铁路、矿业、邮电、车船、国劳会等项）。

3.商人：关于商人团体之章则、解释、呈报、纠纷、建议、请求等项属之（附摊贩、店员等项）。

4.青年：关于学生运动团体暨学生自治会及党义教育、公民教育（职工教育）、民众教育等项属之。

5.妇女：关于妇女团体之章则、解释、呈报、纠纷、建议、请求等项及妇女运动委员会案件属之。

6.特社：关于特种社团，如宗教团体、救国团体、公益团体及律师公会、同学会、同乡会等属之。

三、运动类

1.自治：关于地方自治、兵役事项等案件属之。

2.经济：关于国民经济建设运动、生产事业、合作事业、提倡国货、建国储金、义卖、献金等项属之。

---

① 中国第二历史档案馆，全宗号：11（2），案卷号：5。

3.文化：关于直接指导文化团体、暨各省市指导文化团体以及教育会、教职员联合会、新闻事业等文化团体之组织及运动等项属之。

4.慈善：关于救济难民难童暨劝募等运动以及红十字会、救火会等慈善团体属之。

5.生活：关于新生活运动暨社会服务精神动员及节约、体育、卫生、义诊、医师公会等团体之组织及运动等项属之。

四、编审类

1.编辑：关于一般之章则、解释、通令及各地党部计划、请求、建议等项属之。

2.审查：关于征集材料、送供参考、审查课本、书报及各地党部会议纪录、工作报告、民运通讯、暨本部工作报告等属之。

五、专案类

1.机密案卷

A.各派系活动情况

B、边区情况报告

C、共产党在各地活动情况

D、各地汉奸活动情况

E、本党机要规章及党团工作情况

F、战区规章计划及其工作情况

G、本部机要规章计划及其工作情况

H、策动国际组织及其工作情况

I、人事考绩

J、其他事项

2.不属于以上各类，如专门委员会以及视察调查等案件均属之。

（备注：①战争发生后，农、工、商、青年、妇女以及宗教、文化等团体所组织之抗敌协会、救国会等名目仍归入农、工、商等各项内，另列细目，如农人抗敌、文化抗敌等；②各地后援会、救国会等则列入特社项救国团体。）

附件6：中央执行委员会社会部《关于处理公文应行注意事项（七项)》①

（社会部通知：兹经第四次部务会议提出《关于处理公文应行注意事项》

---

① 中国第二历史档案馆，全宗号：11（2），案卷号：5。

共七条，社会部通知本部各同志"查照"，中华民国二十七年九月十日，即1938 年 9 月 10 日）

一、文书科分科时，应注明速件与普通件；速件用红皮簿，随到随办，不得搁置，普通件以当日签办为原则。

二、普通公文自收文至发文，非有特殊情形，不得超过三日，由文书科负责督促。

三、办稿及签核时，均须注明月日。

四、公文签办时，如涉及有关档案，必须调阅卷宗，并于签办后将档案中有关之点，摺角或加圈附送呈阅。

五、凡两科以上有关之文件，由主管科签拟后，送有关各科会签，再送有关处长会签，核稿亦同。

六、公文由处长重要、次要及销毁戳记。

七、发表新闻，由处长另拟签条，经秘书核定，由秘书室拟稿送各报刊登。

附件 7：中央执行委员会社会部《处理有关案件互相联系办法》①

中华民国二十七年十月三日，（注：即 1938 年 10 月 3 日）

社会部给处科的通知。通知的内容：

"查各处科经办案件，互相关联之处颇多，此种情形，民组处及社运处尤为常见，自须随时商洽，落实联系，嗣后凡民众组织与社会事业有关之案件，由民组处主办，送社会处会签后送核；凡属于社会事业性质之案件，与民众组织有关者，由社运处主签，民组处会签。又有关各处科同志对各种案件，希随时当面互相商洽，俟商妥后，再行送核，以免隔阂。特此通知查照。"

附件 8：中央执行委员会社会部《为制定每周未办案件检查表通知》②

（注：中华民国二十七年十一月十七日，即 1938 年 11 月 17 日，社会部为制定每周未办案件检查表，向所属单位民运组织处、社会运动处、编审处、总务处、妇女运动委员会、社会工作团专门委员会发出通知，希望遵办）

"本部常发现有少数案件虽时过已久尚未归档销号，究竟已办与否，应随时查明，以免延误。兹制定未办案件检查表，由总务处于每星期二将上周未办

---

① 中国第二历史档案馆，全宗号：11（2），案卷号：5。

② 中国第二历史档案馆，全宗号：11（2），案卷号：5。

案件、号码、收文日期、来文机关（或姓名）及简略事由查明分别填注分关经办各室、处、会、团，由各该室、处、会、团将未办因及预计何时办结各栏注明，仍由总务处汇集呈报；以凭考核。特此通知查照。"

（见表 6-5 上周未办案件调查表）

本表由总务处于每星期二将上一周未办结案件号码、收文日期、来文机关（或姓名）及简略事由查明，分别填注，分送经办各室、处、会，由各该室、处、会将未办原因及预计何时办结各自注明，仍由总务处汇集呈报。

（编者注：本表个别地方的内容写法，与前边各表表示方法有所不同，也和当时行文规矩有所不同，我们按原样抄录于后。）

附件 9：中央执行委员会社会部《以处为单位合科办公，职员工作由处长统筹支配》的通知①

本部工作人员既有定额，若以之分配于各科必感不足，应以一处为单位合科办公，各处职员之工作由处长统筹支配之。

（中华民国二十七年六月六日，某领导签字。社会部向各处发出通知。除分缮通知外，"希即遵照办理为要"）

批示："凡有关民众组织与社会事业案件，由民组处主办送社运处会签后送核；凡属于社会事业性质之案件，与民众组织有关者由社运处主签，民组处会签，有关各处科同志对各种案件希随时当面商洽，俟商妥后再行送核以免彼此隔阂。美免十，一。"

"查本部各处科每因工作范围不清，界限不明，发生不有之抵触。例如慈善团体及文化团体等，在前中央民运会及民训部时代均属特种社团科主管范

表 6-5　上周未办案件调查表

字号	字号	字号	码号文收
			期日文收
			关机文来 （或姓名）
			由事略简
			因原办未
			结办时何计预
			备考

① 中国第二历史档案馆，全宗号：11（2），案卷号：5。

围。迨本部成立，社会运动处设有慈善事业科及文化事业科，其与特种社团科之工作，不免有重复或抵触之搛（夹之意思）。特种社团科因根据过去工作习惯，关于文化团体或之案件办完后即将案卷归档。文化事业科及慈善事业科则毫不知情。此种案件均与两科有关。又查本部工作计划大纲第三章（关于社会运动者）第甲款第三条'本部对于民众团体内部工作之策进其指凡与各种社会事业有关者均由主管社会运动之处科负查办理之，其工作性质，不属于各项社会事业范围者，应暂由主管民众组织之处科办理之'。现有明文规定，自不能任其长此混淆不清。文化事业与慈善事业均属社会事业范围，于法于理均应'由主管社会运动之处科负责办理之'，最低限度亦应由社会运动处主管科与与民众组织处有关系之科会同核办；否则，工作之进行，必发生种种困难。以上所陈，是否有当，敬候核示。"

附件 10：中央执行委员会社会部《新办文卷随时加盖重要、次要、销毁等木戳，每月月终销毁一次，每三个月将次要文卷整理一次，希查照》[①]

（这个文件是中华民国二十七年八月二十九日，即 1938 年 8 月 29 日，以中国国民党中央执行委员会社会部名义并盖章，印发本部各处长、各管卷人员。主任秘书骆美奂、处长瞻朝阳在文稿上签字）

通知说："查总务处所拟档案之整理步骤暨管理原则，业经本部第二次部务会议决议在案，该案关于新办文卷有'随时加盖重要、次要或得销毁等样木戳'一项，希各处长对于经办文件随时加盖为要。特此通知查照。此致。各处长、各管卷人员。"

附件 11：中央执行委员会社会部《文卷销毁暂行办法》[②]

（中华民国二十七年十一月十七日，即 1938 年 11 月 17 日，核准。骆美奂将此办法上送时作如下批示："拟如拟办理。骆美奂（盖私章）十一月十五日"陈立夫批示："如拟。立夫十一月十七"）

一、左（下）列案件，每三个月检查一次，由管卷员审查后，送由文书科长总务长转呈秘书审核批准后得销毁之。

1. 不属本部职权范围之内而仅供参考之，因失时效而无查考之必要者；

2. 通知地址及电话号码业经登记者；

---

① 中国第二历史档案馆，全宗号：11（2），案卷号：5。
② 中国第二历史档案馆，全宗号：11（2），案卷号：5。

3.通知电报挂号邮局信箱业经登记者；

4.请派员参加指导或约期接洽公务业经办理者；

5.部内同志往来答问之信件，业有正式案卷无需重复稽考者；

6.通知开会或召集谈话已失时效者；

7.本部科长以下职员，由甲处调乙处，或甲科调乙科，业经登记无需查考者；

8.临时外调人员，业经回部工作者；

9.征集本部职员录或履历表，业经答复者；

10.换发证章证明书护照签请给假已失时效者；

11.人事请求介绍或推荐存记已失时效者；

12.事务案件业经办理结束而无再查考之必要者；

13.临时劝募案件及汇寄款物业经办竣者；

14.通函令下级党部及民众团体查照办理，仅函复遵照而无办理经过情形者；

15.函征刊物或派员搜集各项参考材料，已函复寄送，经编审处登记者，其向本部索阅赠阅，选供参考已经办理者。

二、凡经批准销毁之案，在销毁之前，须将该案件收文摘由笺、发文稿面取集装订成册，仍依类入档留备查考，并须于收发文簿加盖"销毁之章"，注明销毁之年月日。

三、本办法经部长核准施行。

附件 12：中央执行委员会社会部《制定文卷销毁暂行办法，希查照》[①]

（中央执行委员会社会部于中华民国二十七年十一月十八（十七）日，即1938 年 11 月 18 日，就《制定文卷销毁暂行办法》的问题，向本部各处科室会发出通知）

通知说："关于文卷销毁，业经制定暂行办法，以资依据。之前于八月三十日通知各处长加盖戳记办法，应暂行废止。合亟检同应项暂行办法，通知查照。"

从上述情况看，社会部的规定比较全面、具体，从工作人员上、下班到处理文件（来信），所有工作程序都有明确的要求，非常严谨；办理公文包括民

---

① 　引自南京中国第二历史档案馆，全宗号：11（2），案卷号：5。

众来信，从开始直到完竣后归档，一步扣一步，层层负责落实到具体单位和个人。

四　社会部规章制度中与信访工作有关的几方面内容

综合上述的十几个规章制度，重点有以下几个方面。

（一）工作人员遵守上下班制度

《办事通则》共有三十条，其中规定，工作人员要严格遵守上、下班时间，上、下班要在考勤簿上签到、签退，如有预签或代签，查明后给予处分。各科应备记事册，随时将主管范围内的事，如，各种统计数字、工作进度、干部人事、上级重要指示、下级工作报告，暨有关法令颁行年月日及其内容摘要等项都要登记入册，以备主任秘书、秘书及主管处长随时抽调核阅，稽考。

建立考勤簿，除休假日外，每日由各处室值日人员于上、下午办公开始后半小时以前，将考勤簿汇送秘书核阅后，送交秘书室主管考勤人员查明旷职、迟到、早退等职员名单，按月列表呈核。

社会部工作人员，每人应备有本部发的日记本，逐日依式填写，妥为保存，以备部长、副部长、主任秘书、秘书、主管处长随时抽调核阅。遇有临时紧急任务，虽不在上班时间，可以召集全体工作人员加班。各主管人员应随时设法训练所属人员，以增进其工作能力。严格请、销假制度，都要有书面报告。在上班时间，非因公不得会客；凡是会客都必须在会客室，不得引入办公室。

（二）民众来信办理程序

《处理公文程序》中规定，收到的公文和民众来信，信封上应注明是密件或写给部长、副部长、主任秘书、秘书亲启者，应径送部长室或秘书室拆阅，俟奉交再行编号登记。其余概由总务处文书科办理收文人员拆封、摘由、编号、登记，经文书科长检阅，分别注明是要件、速件或最速件，然后，分送各主管处、室、会办理，并在收文簿内注明此件受理单位；其中，须先呈送部长、副部长、主任秘书、秘书阅者，送由总务处长送秘书室拆阅。

来文写明送某处、某科者，原封径送该处、科；但内容关系到社会部问题者，仍应送回文书科编号登记。

对于电报的办理，由文书科送秘书室翻译，内容是明电的，仍送回文书科办理手续；如是密电，则由译电者摘由，编号，登记径送秘书。

每件文件、来信，从收到至处理完毕，多达数道手续，每一道手续都有编号。所以，我们看到当时信访案件，有的一件多达三四个编号，甚至更多，这些都属于正常手续留下的记录和痕迹。

来信中如附有银钱、票据或其他贵重物品，应送总务处事务科签收保管。

社会部设置总收发文簿，每周送主任秘书或秘书批阅。

来信（文）送到各处后，交主管人员拟办签稿；其中，特殊重要的或急速之件，由处长或科长自行拟办，不再分交。

承办公文人对于来信（文），应先签拟办法，递送秘书、主任秘书或副部长、部长核定后，再行拟稿或照办（如暂存及存案备查等）；但寻常例行文件，需要签稿并拟送核。

经办人所拟稿件，缮写清楚后，递送科长、处长、秘书、主任秘书核对、阅后，呈送副部长、部长"判行"（即处理意见）。

核稿人对原稿如有删改，应加盖私章于所删之字上（字多者盖于首一字及末一字上），或以小字额注某（名）删。如涂改过多，难于辨识，应重新清缮，再送核判，但须连同原稿一并送核。

校对人员校对完毕后，在发文年月日后加盖名章，以明责任。监印者应与原稿核对无异，确实是部长等领导"判行"的，方可加盖社会部印。

我们看到的中国第二历史档案馆中保存的信访案例，大都是按上述规定和程序办理，存信也有按此办理的。

在《公文改善办法》中，对公文行文格式等均提出明确规定和要求。

办稿及签核时，均须注明年月日。公文签办时，如涉及有关档案，必须调阅卷宗，并于签办时将档案中有关之点，折角或加圈附送呈阅。

凡涉及两科以上有关之文件，由主管科签拟后，送有关各科会签，再送有关处长会签，核稿亦同。

处理信访问题，使用的义体（义别），有指令、训令、便函、函等。发送范围比较宽，有的是发给单位的，有的是发给单位负责人的，社会部还有发给本机关干部，等。

需要发表新闻的，由处长另拟签条，经秘书核定，由秘书室拟稿送各报刊登。

社会部有那么多的处和科，相互之间工作上的协调和关联之处颇多，如处理不好，必有冲突，其中，尤其是民众组织处与社会运动处之间最为常见。

于是，中华民国二十七年（1938 年）十月，社会部向本部各处科发文，提出，各处科要经常商洽和联系，并规定：凡民众组织处与社会事业有关之案件，由民众组织处主办，送社会运动处会签后送核；凡属于社会事业性质之案件，与民众组织处有关者，由社运处主签，民组处会签。这实际是对专项问题的分工，明确责任，减少扯皮。

有关各处科同志对各种案件，希随时当面互相商洽，俟商妥后，再行送核，以免隔阂。文件最后要求社会部全体人员对上属规定"查照执行"。

（三）档案管理

信访案件和公文办理完毕，所形成的档案，要归档。进入了档案管理阶段，如何科学分类归档，严格管理，和有效使用，社会部制定了《文卷管理办法》。其主要内容如下。

1.存档原则

案件办理完后，送交文卷保管室，无论文稿或来件，均先按日登记于"归档文卷登记簿"。文卷登记后，再依其性质（内容）地域（空间）年月（时间），分别门类置入卷夹入档存储。在存储前，并依据总登记簿存文类别号码，另缮分类簿，规定归档文卷总登记簿及分类簿，格式有，社会部归档文卷总登记簿，是按照，归档日期；收文号码；发文号码；存文类别，进行登记。

社会部归档文件分类簿。

2.档案分类原则

社会部文卷分存有："总务""组织""运动""编审""专案"等五大类；类之下再分项；项下为目；目下视地域分为各卷，更别以时间分为各宗。细化到小项目，多达百个。

3.关于调卷

存档的目的是保存历史，保存历史的目的是为我所用。这就出现了如何调阅归档、存档之文卷。社会部的规定中，调档要有严格手续：一是要经过领导批准；二是要填写调卷单。如果是调阅普通卷，须科长签字；要调秘密卷，须经秘书或处长签字。调阅文卷时间，一般以三天为限，逾期不还者，须将原因通知管卷人员或另换调卷单。待卷宗归还时，将调卷单收回。

每次调阅文件，以三件为限，但有连带关系者不在此限。调卷单内的项目要详细、严格填写，逐项填写清楚。同时调卷者还必须遵守严格的阅卷条规。

4.规定文卷保存时间，按期清理与销毁

社会部《文卷销毁暂行办法》中规定，对十五种内容的文卷，定期销毁。

文卷在形成（办理）过程中，有关经办处的处长或秘书按规定，决定文卷保存年限，随时加盖戳记，注明保存年限。到期应销毁之文卷需呈部长核定后销毁，且被销毁之文卷，仍将"摘由笺"和发文稿面抽存，另行编簿造册备考。

档案管理中，有个别案件，虽时久，尚未归档销号，已办与否，应随时查明以免延误。所以，社会部于中华民国二十七年（1938年）十一月，制定未办案件检查表，由总务处于每星期二将上周未办案件、号码、收文日期、来文机关（或姓名）及简略事由查明分别填注，分送有关经办室、处、会、团，由他们将未办原因及预计何时办结等，在各栏中注明，仍由总务处汇集呈报，以凭考核。

（四）普通件和急件的处理办法

无论是公文，还是民众来信，都有普通件、急件、特急件之别。对于这类情况，社会部在《关于处理公文应行注意事项（七项）》中有规定，总务处文书科在分发文件、信件时，必须在本件上注明，是速件（即急件）还是普通件。速件用红皮簿，随到随办，不得搁置，必须当日办完；普通件以当日签办为原则，可以延缓，但不得超过三日。

何为普通件，何为急件，是根据内容决定的。国民政府行政院的文件上，包括信访案件，常写有：速、速件、最急件、特速件、快点、最速件等字样，作用是提醒下道手续的经办人不要延误。无论是注明什么"速"，结果是一样的，当天办完，不能拖延。实际上，就是分为普通件和急件。在"急"字上加那么多修饰词、圈多少个着重圈，作用只有一个：当天办理完毕。遇有特急件与急件，先办特急件，后办急件，只有先后之别。底线是必须当天办完，不能突破。

如果有些案件必须作较长时间研究考虑的，经主管科长、处长、秘书批准不在此限，可以延长。

（五）密件的范围和处理办法

区别缓、急之后，就是区别密级，在区别密级后，要将结果在信件上注明。社会部和教育部在信件上注明密级的，有机密、密和绝密，普通件就没有注明。如，社会部处理的三件信访案件，都注明绝密。教育部多数是普通件，绝密是个别的，密件有一些。定了密级以后，在办理中要保密。当时，还特别强调，要求注意口头保密，规定：社会部工作人员对于经办文件或事务，凡未经公布者，应绝对严守秘密；违者依党纪及法令惩处之。

属于机密类的有 10 个方面内容：

1）各派系活动情况；

2）边区情况报告；

3）共产党在各地活动情况；

4）各地汉奸活动情况；

5）本党机要规章及党团工作情况；

6）战区规章计划及其工作情况；

7）本部机要规章计划及其工作情况；

8）策动国际组织及其工作情况；

9）人事考绩；

10）其他事项。

上述内容，都列为机密类，属于机密案卷。

（六）值班制度

值班分三种：即值日、值假和值夜。

1. 值日

秘书室及各处，平时，每日各设值日员一人；总务处事务科，每夜设值夜员一人。值日由各处、室自己安排进行，对所属的工作人员排定顺序，预制值日、值假、值夜轮值表，先期通知，到时轮流承值。各种轮值表，由各处、科分送秘书室备查。

如确因特别情形，不能轮值者，经主任秘书、秘书、或主管处长之许可，免其轮值。因病或因事请假，不能值班（承值）时，应由其他人代理承值。在同一轮值表内，经双方同意可以对调承值，但应以书面形式报告秘书或主管处长。

值日员之任务：值日，在平时上班时间内值班，处理遇到临时事务，如接待客人，联系有关事项等。这些当值人员，和正常办公时间是一样的，只是推迟一刻钟下班。

1）对各该处室工作人员进行考勤等事项，每日由各处室值班员于上、下午办公时间开始后半小时之前，汇集送秘书核阅后，发交秘书室主管考勤人员查明旷职、迟到、及早退人员名字，按月列表呈核；

2）关于各该处室之整洁、秩序，及一切警戒事项；

3）关于各该处室之工友管理事项；

4）关于不属于公文处理之临时奉部长、副部长暨主任秘书、秘书饬办及传达命令事项。

上述四项，除第一项外，其余各款事务，均会同或通知主管人员办理之。

2. 值假

值假员和总务处事务科值夜人员之任务

值假，是指节假日值班，值班时间，依照平日办公的上、下班时间执行。

具体任务：

1）关于紧急公文之处理事项；

2）关于特殊来宾之接待事项；

3）关于部长、副部长暨主任秘书、秘书之临时饬办事项；

4）关于整洁及一切警戒事项；

5）关于工友之管理事项。

上述第1、2、3项各款事务，酌量情形，随时以电话或以书面派人向秘书请示，或通知主管人员办理之。

3. 值夜

值夜是指机关下班后的值班，时间是从下午七时半至十一时半。主要是处理急事。

4. 各处室及总务处事务科应为值班人员准备下列必须品，以备使用

1）轮值记事簿，值日、值假、值夜完毕后，轮值记事簿呈送秘书或主管处长核阅；

2）通报簿；

3）送文簿；

4）自部长以下全部工作人员现在住址及电话表；

5）轮值表。

（七）分类统计

公文和民众来信，合在一起，都按一个原则办理，统一分类统计。

在《文卷暂行分类表》中，文卷分为"总务""组织""运动""编审""专案"等五大类。类下面又分项，项下面分目，目下边还要细化。如，五类下面又分为16项：主要有农人、工人、商人、青年、妇女、特社（指特种社会团

体。如，宗教、救国、公益等团体，还有律师公会、同学会、同乡会等）、自
治、经济、文化、慈善、生活、编辑、审查、人事、事务和杂事等项，另有十
项属机密内容。每一项又分为若干目，等等。

以"农人"为例，又分农人团体之章程、解释、呈报、纠纷、建议请求等
方面，还包括渔业、盐业、畜牧业等。

粗略统计，五类十六项，有近百个"目"。从这一条规定看，社会部的规
定包含民众来信来访内容和处理。

（八）试图改革工作制度

社会部有许多处，处下面又分若干科，工作起来，以科为单位，多了层
次，人员不能集中使用，于是决定以处为单位，统一调配人员。

有一位叫"立夫"的领导写两条指示，今后以处为单位统一调配、使用
人员，好处是："一、本部工作人员既有定额，若以之分配于各科，必感不足，
应以一处为单位合科办公，各处职员工作由处长统筹支配之。二、民众组织处
女工作同志不敷分配时，准调妇女运动委员至处协助工作。立夫（文中所写
'立夫'应是陈立夫）"

骆美奂在第一条上批示，
"通知各处科"；在第二条上批
示，"通知组织处"。另一条批
示，"支薪之委员应到组织处办
公"。上述情况"（草案）分别通
知"。当天，即中华民国二十七
年（1938年6月4日），社会部
将上述精神，向本部各处发出通
知，"希即遵照办理为要"。

另外，每收到一份公文或民
众来信，经过几道手续，每道手
续要有一个编号，这样，每件要
经过几道手续，就要有几个编
号，很繁杂，要准备进行改革，
听说（国民党）中央组织部收、
发文为同一号码，即派人前去学

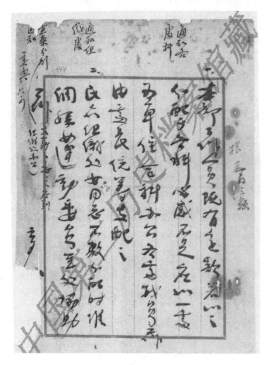

陈立夫关于人员调配的批示

习。学习的结果，感到这并不是一个成功的办法，中央组织部也还准备改革。所以，决定："暂仍照现行办法办理"。

五、办理信访工作的流程与格式

以教育部和社会部为例，介绍民国时期处理民众来信的具体流程和办法。这两个部办理公文和民众来信的格式和流程基本一致，代表当时的主流和普遍性。

社会部受理的民众来信，是由总务处（司）文书科收、拆，填写"摘由笺"，然后分发到各处、科处理，或送有关领导审定。教育部也是这个程序。

这个流程的具体做法，在社会部《关于处理公文应行注意事项（七项)》中作出明确规定。

（一）"摘由笺"

"摘由笺"就是摘要单，凡收到文件、民众来信都要填写一件，是处理的第一道程序，填写详细、好坏至关重要。

1."摘由笺"的种类

"摘由笺"实际就是登记表，社会部和教育部每收到一件公文或民众来信都要登记编号，然后填写"摘由笺"。从大的方面来讲，"摘由笺"的内容分两部分：一部分是来信人的自然情况，如，姓名、地址、反映的内容，收信日期和处理日期等；另一部分是请领导批示，上送时，这些栏目都空着，由领导签发。两部都如此，没有本质上的区别，但从形式上是有所区别的。

区别是，教育部的在于表外多附有日期、机构名称、附有小表等。社会部"摘由笺"由两部分组成：上面是一个小表，就是一行，内容从右向左是：收文（信）号码，字；发文号码，字；归档类号。下面是大表，大表项目较多，从右向左各项内容是："来文者"，下面又分名称和地址；文别（如，呈笺之类）；附件；收文日期与备注。与来文者并列的是"事由"（来信内容），后边栏日有"摘由者"。并列的还有"交处办""交科办"，有"拟办"与"批示"。

社会部的"摘由笺"，亦叫"中央社会部摘由笺"[①]，1940 年之前就开始使用。具体式样如表 6-6，是根据原件绘制的，目的是让读者看起来比较清楚、方便；下图是缩小的原样复印件。原件相当于 A4 纸，缩小了看起来不是太清

[①]　中国第二历史档案馆全宗号：11（2），案卷号：3063。

表6-6　中央社会部摘由笺

类归号档	字		号发码文	字		号收码文

示批	办拟	交科办	交处办	由事		者文来
					地址	名称
					别文	
					件附	
					期日文收	
				摘由者		备注

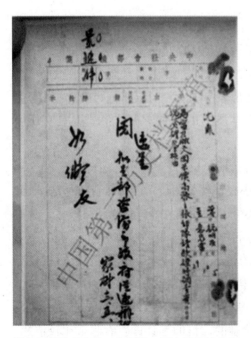

这是原件的复印件。中国第二历史档案馆全宗号：11（2），案卷号：3063

始至终没有变，教育部有四种。是否还有别的，有待发现。

晰，两者对照起来看容易理解。

教育部的"摘由笺"有时叫"文电摘由纸"，是一张大表。已发现的有四种，两种简单的，两种复杂的。

教育部的四种"摘由笺"各不相同，（如表6-7—表6-10）

第一种是1938年到20世纪40年代初还在使用，名字叫"教育部文电摘由纸"。右边的项目：来文机关或个人，文别，通讯地址；事由，附件；拟办，批示，备考。表的左下角，印有年、月、日时收到。

第二种表6-8是比较简化的"摘由笺"，抗日战争开始前后就使用。项目比较少：事由，拟办，批示和备考共四个栏目，附件放置于"事由"最下面，这是与其他"摘由笺"不同之处。

第三种表6-9"摘由笺"是1941年前后还在用。将"批示"放在整个表格的上半部，约占表格的三分之一，下边没有任何文字和项目，但在表格外右下边有"教育部签呈用纸"，起到"摘由笺"的作用。

第四种表6-10"摘由笺"的式样。比较复杂，是1948年前后使用的。

目前，我们发现的就是这五种"摘由笺"，其中，社会部一件，由

"摘由笺"与新中国成立后执行的对每件来信、每一位来访人填写一张登记卡类似，但不能等同，因为有些作用还是不同的。

2."摘由笺"的重要性

为了叙述方便，我们将"摘由笺""摘由纸"统称为"摘由笺"。

这里需要特别说明的是，有些单位向教育部请求、咨询、报告的形式与教育部、社会部的"摘由笺"，在形式上雷同。所以，我们说，这样的形式应该是"通用"的。

"摘由笺"是长期保存的档案。案件处理完毕，"摘由笺"并入卷宗，一同归档留存，成为档案的重要组成部分。有些档案保存一定年限要销毁，但"摘由笺"不能销毁，必须取出装订成册另存放。这样做法，是有文件规定的。如，社会部在《文卷管理办法》中规定："被销毁之文卷，仍将'摘由笺'发文稿面抽存，并另编簿册备考"；在《文卷销毁暂行办法》中规定，在销毁之前，须将该案件的"摘由笺"和发文稿面取出，装订成册，仍依类入档留存，以备查考。所以说，"摘由笺"是长期保存的档案。

从某种意义上来讲，"摘由笺"也是呈送领导的请示报告。除写清楚来信人的自然情况、反应的主要问题，其他各项都空着，由领导决定如何处理。

表 6-7　教育部文电摘由纸

考备	示批	办拟	由事	
				来文机关或个人
				文别
			附件	通讯地址

年　月　日　时到

表 6-8　教育部摘由笺

考备	示批	办拟	由事
			附件

表6-9　教育部签呈用纸

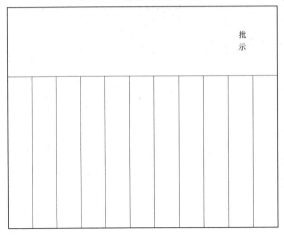

（批示　教育部签呈用纸）

表6-10　教育部摘由笺

批示	办拟	由事	来文机关
			类种
			期时 号数
			字第 年月日时分到 号
		附件	

在"摘由笺"上作批示的，一般是部长、副部长、主任秘书、秘书、司长、处长，他们或是盖私（铭）章，或是签名，或同意别人的意见。如果批示较长，可另外附纸。有少数信件还有经办人，如，科长、科员的签名，多数没有。我们看到的"摘由笺"，绝大多数属于后者。

教育部的四种"摘由笺"，各不相同，有一定的变化。从这些变化中，还找不出任何规律性的东西，很难得出由繁变简、再由简变繁的结论，亦不能因为两头繁中间简化，得出"马鞍"形变化的结论。因为这些"摘由笺"使用的起、止时间没有任何记载，且档案中保存的实物不多。实际繁、简经常同时使用。现在，只能将我们发现的几种式样如实介绍，供研究者参考，是否还有其他形式的"摘由笺"，有待发现。

我们在查阅这部分档案时，总觉得，有些案件有头无尾或有尾无头，不完整，是否被移到其他卷宗？不得而知。我们已发现有这种情况，即材料散布在多件档案之中，通过整理、分析、引证，才能看出案件的全貌。我们看的档案不多，掌握不了其他档案中有无类似情况。

（二）交办案件的形式和种类

总务处（司）文书科收到民众来信，要登记，填写"摘由笺"，然后，分发到有关处、科办理，实际"摘由笺"也是一种登记卡。这就进入了第二道程序：处理。处理是决定性一环，如何处理由领导"判行"。

所谓"判行"，就是领导批示。领导决定如何"判行"，都记录在"摘由笺"上。一般来讲，领导"判行"有五种。一是发公函交办，这是多数。公函或发到有关部门，或发给单位负责人。这种方式，教育部使用最多。下列情况是少数，即由部长、司长给省长、厅长、高校校长或教授等复函。总之，形式灵活、多样。二是电报交办。社会部使用多，且多是密电，教育部使用少。三是"约谈"，次数不多，仅教育部实行过。四是批存。批存的信件，多是教育部实行。五是"条示"和"交办案"。是指有关领导自己接到人民来信，直接向经办人交办，两部都有。也均需填写"摘由笺"，走正规渠道。

社会部向下级交办的稿面纸有两种形式：一种是有名称的，即有"社会部稿"刊头；一种是没有名称的。我们比较一下，发现，没有名称的多是发电报用，或向领导报告用，有名称的多用于向下级发公函。除此，两者正文内容基本相似。是1940年前后开始使用的。

表6-11是没有刊头名称稿面纸的式样。没有名称的稿面纸上方有一行小格，内容与"摘由笺"稿面纸上方小格相同，就是"来文""发文""归档"三个项目及编号。下面大表，从右向左的项目是：首行是"中国国民党中央委员会社会部文稿"，下面是

表6-11　无刊头的社会部稿面纸

来文	字第　号	发文	字第号	归档	字第　号

中国国民党中央执行委员会社会部文稿

"主办者"：处，科；第二行是"文别"（如，密电、函），下边是"送达机关或个人"，再下面是"附件"。第三行是"事由"。最后是有关领导签字：部长、副部长，另一类是：主任秘书，秘书。下面是处长，科长，总干事，干事，助理。最后边是缮写、校对、监印、封发和日期。

有名称的稿面纸叫"社会部稿"，式样与"摘由笺"相似。上面一小格，内容是"来文""发文""归档"三个项目及编号；下面是一个大表，从右向左的项目是，文别、送达机关或个人，附件，事由。后边是各级领导，部长、政务次长、常务次长，在他们下面的有参事、视导、秘书、司长、科长、会计主任、统计主任、拟稿。以下是时间和缮写、校对、监印、封发。

两个稿面纸的区别在于，前者有"中国国民党中央委员会社会部文稿"和"主办者"。后者没有这些内容。我们认为，没有责成"主办者"就是责任没有落实到具体单位和个人。

教育部发文的稿面纸，都有"教育部稿"的刊头，档案中，存有十多件，主要项目没有大的变化，只是在1937年及以前使用的表简单些，1938年开始，在原来简化的基础上，增加了一些无关紧要的小项目。最大的不同，是在大表外挂一个小表，增加一些项目，稍为复杂。

教育部简化公函稿的面纸，分右、左两部分。右部分内容有："文别""送达机关""类别""附件""事由"。左部分，是内部手续方面的，分上、中、下三部分：上部分，是"部长""政务次长""常务次长"签字，中间部分是"参事""司长""秘书""科长""科员"，下部分是日期及交办、拟稿、核签、缮写、校对、盖印、封发和收文、发文、档案的编号。从档案来看，这个公函稿面从1938年开始使用，之后一直使用。

社会部与教育部的发函的稿纸在具体栏目中，最大的不同在于：社会部有"主办者"一项，是指本部具体经办这个案件的单位，一般是一个。教育部有"会核"栏目。一个案件有一个主办单位，一切事务都由他们办理，有些事情涉及本部的另一单位，这另一个单位就是"会核"单位。参与"会核"的单位，一般是高等司、中等司、人事处、督导室等。"会核单位"也称协办单位，要参与审核、核办、会签，要签上自己单位名称。有时，协办单位"主稿"，最后与主办单位进行审核办理，共同签发。所以，社会部的"主办者"与教育部的"会核"是有所不同的。

两部在行文稿纸中都有"文别"一项。主要是指行文的格式和种类，多指

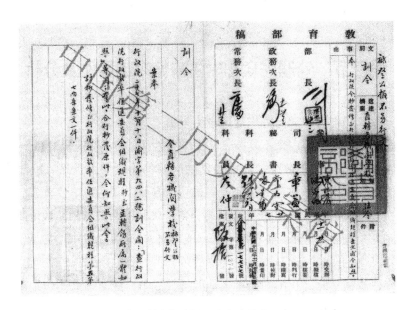

有"教育部稿"刊头名称的公函稿

文体或规格，常用的有公函、便函、电报、训令等。如果是负责人给上级报告，在"文别"中则写"签呈"，如果是下级来文，在"文别"中则写"呈"。

稿面纸中有"类别"栏目，我们研究了两个部二十多件文稿，一般是空着，只有一件在"类别"中写"法令"，另一件写"指令"。"法令"是指政权机关所颁布的命令、指示、决定等的总称。"指令"，旧时公文的一类，即指示、责令的意思，多是上级机关要受理的下级单位执行、照办。看来"类别"与"文别"有相同之处，亦有较大区别。

"面谈"现在叫"约谈"，在国民政府行政院信访档案中，只有教育部出现过一次。那是 1947 年前后，四川省教育厅长任觉五多次给教育部来信，转达四川省立教育学院学生和老师的意见，请求将该院改为大学，并已罢课一月余，还要到成都和南京请愿，不达目的决不罢休。教育部多次复信，但任觉五还是坚持。朱家骅任教育部长时，曾在"摘由笺"上批示："查案婉复"。在眉批中说，"明晨面谈"。这是教育部长"约谈"省教育厅长的实例。

函稿正式书写下发时，多由部长、副部长签发，也有经办单位负责人签字。发电报处理问题的例子就更多了，社会部基本都是使用这种办法。

我们只看到两部的函稿草稿稿面，没有看到正式发文。正式文件又是如何？不得而知。在后面的案例中可以看到社会部、教育部多种表格、函稿复印件。

第二节　处理民众和学生来信来访案例及分析

一、教育部与其他部门协作处理学生来信

教育部的工作内容本来不复杂，多是学生生活、知识和思想教育、学校管理问题等。但学生思想敏锐，发现和反映问题都比较快，且深入，涉及面较广、单位众多。所以，教育部在处理信访问题方面，联系的单位较多。

（一）为南下学生问题，教育部与蒋介石、汪精卫、何应钦、魏道明、唐生智、陈立夫、王世杰等许多要人联系，以及与南京警备司令部等单位协同处理

1931年九一八事变，日本发动侵华战争，占领我国东北，1937年，又发动七七事变，占领华北，我国开始进入全面抗日战争。此时，平津学生南下的很多，其中失学的颇多，有的要求参与抗击日本侵略者，也有的要求就学。

在这种情况下，平津学生组织了"平津同学会"，选出执行委员会委员，其中12人留京（南京），住南京白下路市立第二中学。他们给军事委员会委员长蒋介石写信，表示：一是"在祖国到此生死决斗的最后关头，我们尤愿贡献我们所有的一切，报效于危难的祖国"；二是"希望中央政府尤其是教育部当局，尤要重视青年的学业，对于平津以及其他战区同学的求学问题，能谋妥善的补救办法"；三是"在需要全民动员，才能争取抗战最后胜利的现在，我们希望政府不遗弃一点一滴力量"[1]。并附了郑代巩等12位委员名单。

1937年10月2日，在行政院秘书长魏道明给教育部的信中，传达了蒋介石的意见。魏道明说，奉院长（指蒋介石）谕："平津同学会条陈抗战时期教育意见一案，应交教育部"。教育部在"摘由笺"中登载这个意见，部领导批示"存"。

同一封信，学生也寄给了汪精卫。1937年10月2日，汪精卫批给教育部部长王世杰。批示说："雪艇先生勋鉴，顷接平津同学会来函，一件关于训练事有所陈，述兹将该函抄上以备参考，敬祈察阅为荷。尚此敬请

　　勋安　　　　　　汪兆铭　谨启（?）十，二"。[2]

---

① 中国第二历史档案馆，全宗号：五（2），案卷号：682。
② 汪精卫给王世杰的信。中国第二历史档案馆，全宗号：五（2），案卷号：1272。

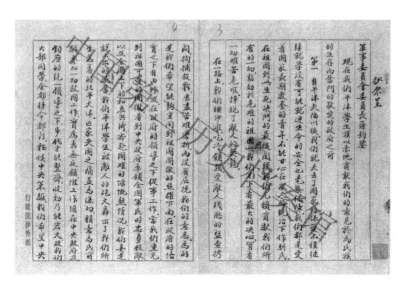

平津同学会给蒋介石的信

王世杰在汪精卫来信的信封上批示："由秘书处询明后酌将意见转知训练团，并复汪主席。"①10月6日王世杰以个人的名义复信汪精卫，表明已将汪的意见转告学生训练队。

王世杰，字雪艇，时任教育部部长，在这件信上签"杰"。在给汪精卫复信的草稿上签字的还有"琳、月"，两人应是教育部副部长。

这就是蒋介石、汪精卫为学生的来信，向教育部交办的情况。

为什么蒋介石向教育部交办平津学生会来信，教育部将信"存"了？是有前因的。

在教育部见到蒋介石的意见之前，即1937年9月18日，国民政府军政部

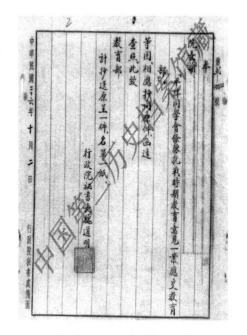

魏道明向教育部传达蒋介石的意见

---

① 中国第二历史档案馆，全宗号：五（2），案卷号：1272。

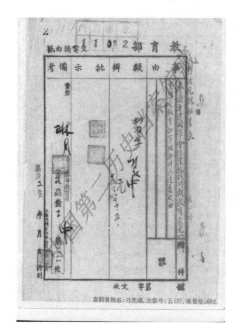

教育部对蒋介石意见批存

汪精卫的原批示

部长何应钦给教育部发来"军政部咨"的咨询函，谈的就是这部分学生问题，教育部正在处理。

军政部部长何应钦给教育部来"军政部咨"咨询函的主要内容和经过情况。

"军政部咨"咨询函：

案据本部兵工署学兵队队长李忍涛呈称：窃查本队建设计划内列干部训练班，奉部座面谕。部长何应钦面谕："迅即成立"等因，遵即拟定招考办法；并自九月九日起，分第一、第二两级招考学生二百名，以便积极训练惟在目前招考，颇感困难，兹查由平津南下之失学学生颇多，拟请钧署转呈军政部转呈教育部令知该生等，如有志愿报考者，迅即遵照报名，以便迅速成立。

就是说，训练班筹备就绪后，学兵队将落实情况写一报告说，在目前招生困难，查平津南下失学学生颇多，请军政部转教育部，告知学生，如有自愿报考者，迅即报名，并附有招生简章。

1937年9月18日，何应钦以军政部部长的名义正式给教育部发咨询函①。

王世杰在此咨询函上批示："此事由司运告学生登记处立予代办，一面立即咨复军政部。"在"备考"栏目中，有"琳、月"签字，并盖"高等教育司""普通司会核"的长条章。从所附

---

① 中国第二历史档案馆，全宗号：五，案卷号：13908。

的招收简章来看，此次招收学生二百名。规定：录取后即须报到。修业期限：第一级为一年半，第二级为二年半；修业期内按照上等兵待遇，毕业后按照准尉待遇留队见习，一年后以少尉起叙，充任国军技术军官。

何应钦提出解决办法教育部已采纳，且在蒋、汪之前。几方面的意见一致，故教育部对蒋、汪的意见没有重新考虑，故蒋介石的批示"存"。

十天后，训练总鉴部总监唐生智又给教育部发来公函，协商学生的如下两个问题如何处理：参加军训的学生，每人发一张表准查该生，由教育部分发；受训学生可照中央军校招生办法。对此，教育部负责人批示："前送学生名单，经军部介绍，送防空学校，正在审核中。送登记处查照办理。"这已经是对学生要求进一步落实①。此时是 1937 年 9 月 29 日。

王世杰在汪精卫来信的信封上批示

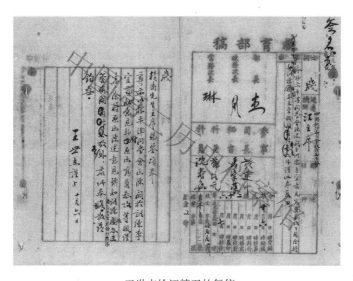

王世杰给汪精卫的复信

---

① 中国第二历史档案馆，全宗号：五（2），案卷号：1272。

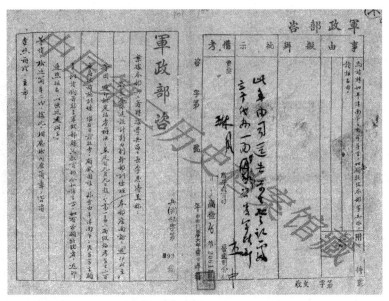

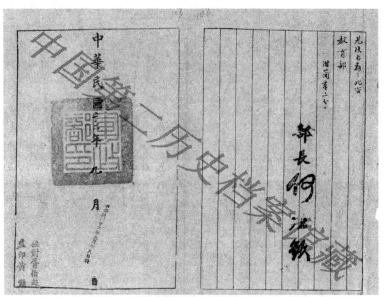

何应钦给教育部的咨询函与王世杰的批示

　　1937年10月7日，国民政府军事委员会第六部部长陈立夫给教育部来公函，要教育部派员担任训练班农村教育一科教官："为本部筹办之青年战地服务训练班，现已定期开学，请派员担任农村教育一科教官。并希见复，以便接洽"①。教育部两位负责人，作为急件，当即指派"高等教育司"给予办理，给予落实教官。

表面看来，进展好似顺利，尊重学生的意见，但从教育部两次给南京警备司令部的公函②、一次给战区学生服务训练队的公函③中发现，学生受到了严重的人格侵犯。南京警备司令部将"平津同学会"执委郑代巩（给蒋介石写信的第一人）等十人，带去传讯。对学生很苛刻，安全得不到保障，伤害学生的抗战赤忱之心。教育部进行干涉，要南京警备司令部让学生参加军训。

更为严重的是，奉有关领导的指示，组织专门班子研究对付学生，而不是研究学生条陈各款如何落实的问题，并写出书面报告。这个报告主要内容有五点，一是"平津同学会"不合法。该组织系各校学生之临时组织，也没有备案。二是"平津同学会"执委郑代巩等25人或受训，或入学，不得仍住二中。三是在二中事宜可特予五至七日，过期不得再延。四是候考各生，于陈请管理处后，得暂住二中，但须将预定期间陈请管理处核定。五是本办法自教育部核定后公布日施行。

对于这个办法，某负责人作三段批示。在第一条后边批示："该项组织于

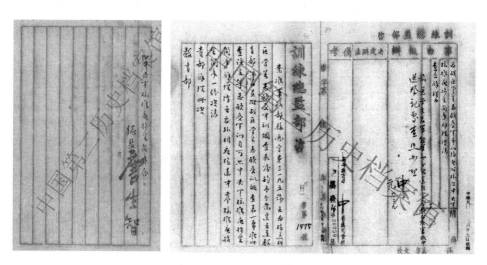

训练总监部总监唐生智给教育部咨询函及王世杰的批示

①　中国第二历史档案馆，全宗号：五（2），案卷号：1272。
②　中国第二历史档案馆，全宗号：五（2），案卷号：1272。
③　中国第二历史档案馆，全宗号：五（2），案卷号：1272。

法无据。"在第二条和第三条后边批示："应照办。"就是说，这个研究报告已得到批准、执行①。为此，教育部给战区学生服务训练队发了公函。

仅仅为学生的事，就有那么多的要人与教育部联系，进行交流、合作，共同处理。对学生的抗日热情是支持的。但经办单位，如，南京警备司令部对学生的态度生硬、限制学生行动，制定了许多苛刻的条件；对于学生条陈的抗战主张，没有一条研究落实措施。

（二）与立法院合作处理抗战期间失学学生来信②

1947年8月14日，教育部收到署名"收复区武汉守节居家自修"的青年，

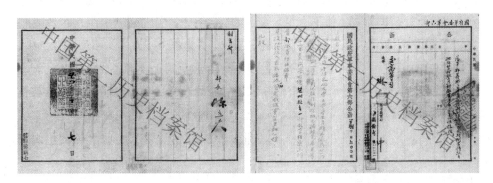

陈立夫给教育部的公函

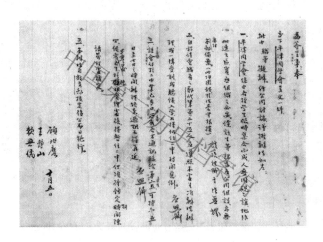

研究报告和批示

---

① 中国第二历史档案馆，全宗号：五（2），案卷号：1272。
② 中国第二历史档案馆，全宗号：五，案卷号：6134。

寄来的《请愿书》（是刻腊板油印的），说，1947 年 2 月 23 日，全国各大报馆登载：无证件学生准考大学，教育部规定二原则，一因战争影响而失学一年以上，并予失学前修业高中二年级成绩单，经审查合格者；二收复区内青年誓不愿入伪校，居家自修的，经家庭教师证明其成绩优良、具有高中毕业程度者。凡具有上两项资格之一者，均可参加大学考试。《请愿书》说，各地并没有落实教育部的规定，要求兑现。呼请全国各界关注。

从《请愿书》的页面来看，教育部部长朱家骅是 7 月 21 日看了这件信，盖有名章，在页面上写两段注：一条是"呈请报考学校意见"；另一条是"本件拟存"。

《请愿书》存了，高考问题并没有解决，还在继续发酵。立法院也收到同样内容的信件，他们还了解到其他高校，如，西北医学院为文凭问题，正要勒令一些学生退学。立法委员简贯三等 16 人就这个问题写一提案，提出凡在抗战时期考入专科或大学之学生，因毕业证书发生问题者，一律按同等学历准其继续肄业的处理意见，要求立法院请国民政府令饬教育部遵办。

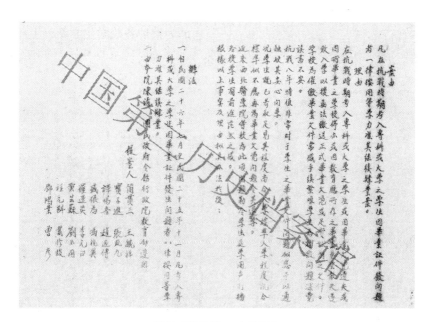

简贯三委员等 16 人的提案

立法院根据这个提案，于 2 月 3 日给教育部正式发去公函，将提案内容通知教育部，并说，2 月 7 日立法会议进行讨论，让教育部派员列席，陈述教育

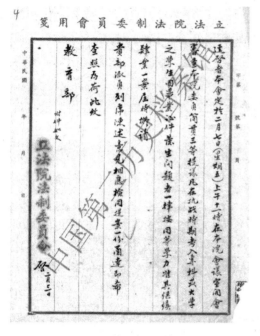

立法院给教育部公函

部对这个问题的意见。

教育部按时派出三人（三人签名均潦草，无法准确辨认）列席会议。会议由立法委员赵廼传主持，简贯三委员报告提案理由：以学生升学，动机良善，抗战期间情形特殊，已考入专科以上学校学生，不论证件真伪，一律核准其学籍。接着，由教育部周司长报告教育部的答复：1.专科以上学校学生入学资格在大学组织法等法令中早有规定；2.抗战期间本部为应实际需要，已准各大学招收同等学历学生；3.战区学生无法取得高中毕业证书者，历年均有补救办法；4.本部为整理各校学生学籍，上年已令

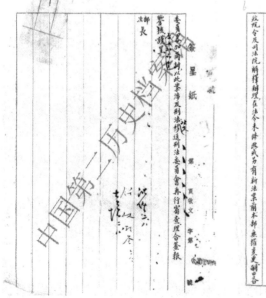

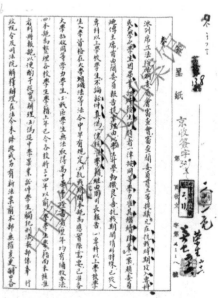

教育部在立法院宣读的答复信

各校将三十四年（1945 年）以前入学学生学籍尚未核准者列册报部，以便酌予从宽办理；5. 伪造中学毕业证件学生触犯刑法，本部系奉行政院令及司法院解释办理，在法令未修改或另有新法案前，本部无权变更。

嗣由各委员略加商讨，以此案涉及刑法，决定，移送刑法委员会再行审查，合理签报鉴核。刑法委员会再审意见如何，没有见到有关文件。这次会议上，虽没有制定新的规定，但对过去之规定，再次重申，明确现在还适用。

从上述的案例看，教育部受理的信访案件如何处理，要受到立法等部门的监督，随时查询。

（三）与国民参政会合作处理二百余名学生来信

国民参政会受理的涉及教育问题的信访案件，也都责成教育部处理。如，江苏省立水产职业学校学生金宏仁等252人集体来信说，他们学校成立于抗战初期，迁居四川定名为国立四川水产职业学校，抗战胜利后，复员东迁，改为现名，由江苏省办，遇到了很多困难。省款支拙，职员待遇低，师资及设备得不到充实，农林部不配发。此时，报载，教育部要另成立国立高级水产职业学校，因此建议将本校赓续国立，他们申请教育部已逾三月，未见批示。请求国民参政会转请教育部：1. 将该校赓续国立；2. 迁设上海；3. 添置设备；4. 增加公费生名额等。

国民参政会为此，给教育部正式发一公函，连同原信向教育部交办，并"请批复该校学生"。

结果如何，在档案中没有看到记载。

（四）与国民政府军事委员会委员长行营共同处理学生来信①

对于反映与共产党、解放区有关的来信，是他们掌握的重点，处理迅速、严厉、认真和保密。对于这类问题，且有明文规定，如，国民党中央执行委员会社会部在《文卷暂行分类表》中，将这类信来访列为机密案件。同时，被列为机密的有"各派系活动情况、边区情况报告、共党在各地活动情况"等。从下面两例，说明国民党对这类问题处理起来，决不放过。

1938 年 8—9 月，国民政府军事委员会委员长行营、国民政府军事委员会政治部分别向教育部交办两个这类案件。

国民政府军事委员会政治部给教育部来公函，并附有 1938 年 4 月 22 日

---

① 中国第二历史档案馆，全宗号：五，案卷号：6134。

山东联合中学学生李成洸、唐秉笃的信件①。李成洸、唐秉笃的信件称，"山东省当局麻木，大部分青年学生纷纷外逃或投入军校，有的在教育当局领导着流亡，准备成立联合学校继续上课，就是这准备上课的一群，尚有二千余名，全是热情的坦白的……。不幸得很，极少数丧心病狂的教师与思想不正确的同学，散播其违犯三民主义的谬论，并有不正当的组织，诱惑正彷徨着的同学……不加理智的判断，即入其圈套，丢开眼前民族复兴的大道，而踏进陷民族于万劫不复之地。"迫切渴望中央直接派优良的军事干部来领导。

军事委员会政治部给教育部来公函②称：他们已饬河南省军管区司令部派员审查："经于6月9日派本部少校处员李海邦前往审查，据报该校迁往淅川，旋令淅川国立中学教官鲁华、省立开封师范学校教官杨振密查具复。顷据呈称：山东联合学校，现已迁移湖北郧县，分校设在均县，相距数百里，无从密查。"军事委员会政治部给教育部正式发公函，要求"查照核办"，并附抄李成洸、唐秉笃的来信。

国民政府军事委员会政治部给教育部的公函

---

① 中国第二历史档案馆，全宗号：五（2），案卷号：15。
② 中国第二历史档案馆，全宗号：五（2），案卷号：15。

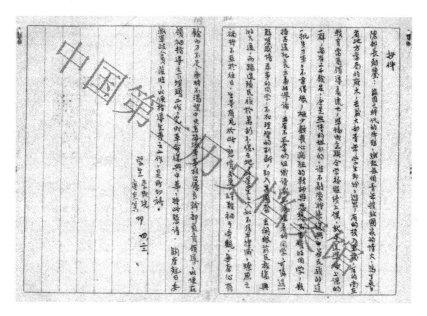

学生李成洮、唐秉笃的来信

从上述的办理过程，说明涉及政治问题、共产党问题，处理是认真的、火速的，都有落实和交待。

国民政府军事委员会委员长行营给教育部发一公函①（治宽字第 7277 号）称，四川省立重庆高级工业职业学校校长顾升骧一案，让告省政府查办内容，"请鉴核，函请查照"。

行营的公函说据报称，"高工校长顾升骧包庇反动公开动员学生到陕北组织十余小团体出外作反统一反政府宣传。曾经宪三团传该校长及盲动学生予以开导当经呈具悔过在案现该校反动分子仍积极活动势已不可挽回"。公函说当以现值全民抗战之时，对于反动宣传，应严加取缔，教育机关，尤关重要。经电饬四川省政府严查究办去后，兹据该省政府呈复查办情形前来；并据称，此案曾据教育厅转奉贵部密令查办有案，业将查办情形，咨复。贵部查核，等情，据此。除以"。

"呈件均悉。姑准照办。惟该校学生，既系思想错综，应严令该校校长切实整顿，纳于正轨，以免学子，误入歧途，并由该省政府切实考察其整顿实施情

---

① 中国第二历史档案馆，全宗号：五（2），案卷号：15。

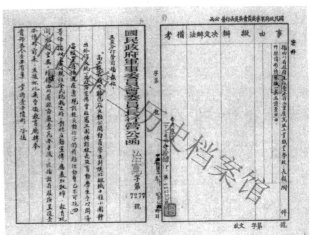

国民政府军事委员会委员长行营给教育部发的公函

形，勿任因循，为要。"要求教育部，"即希查办为荷"。

教育部接到委员长行营公函，即复函①：

"贵行营二十七年九月十二日治宽字第七二七七号公函。以据四川省政府呈复查办省立重庆高级工业职业学校校长顾升骖情形一案，请查照等由。准此，查此案前准四川省政府咨复到部，当经本部复请转饬该校长切实整顿在案。相应函请查照为荷。"

从这两个案件审查看，非常认真、过细。第一个案件，根据来信学生的要求，军事委员会政治部切实委托有关军事机关实地密查，因学校迁移，查无着落，仍然要教育部继续查找。第二个案子就更细了，先是教育部委托省教育厅查处，后行营又让省政府查处。行营还将省政府的汇报，摘要告教育部审核，教育部还给行营复函，给予答复。

（五）关于高考问题

教育部通过一件民众来信案件的处理，再次明确过去的招生办法，仍然执行，超出这个范围的要求，不予承认，主要是指同等学历参加高考的规定。

（六）教育部受理涉外来信②

大韩民国驻华特使馆 1949 年 2 月 24 日来一公函说，现在时局非常，要求

---

① 中国第二历史档案馆，全宗号：五（2），案卷号：15。
② 第二历史档案馆，全宗号：五，案卷号：15143。

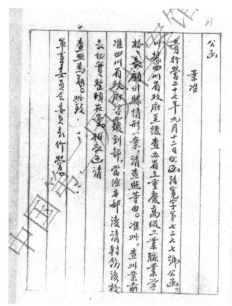

教育部给国民政府军事委员会委员长行营的复函

还在南京中央大学学习的韩国留学生，转广州中山大学学习，待遇不变。

关于大韩民国在华留学生之事，前曾来公函，已作处理。这次公函，有关负责人批示："前办之件已面交李鼎邦先生，本件送请高等司阅后可予存查。"

二、信访案例解析

对信访案件的处理方法，与对内容的分析是分不开的。当时有四种处理办法：发公函交办、电报交办、约谈、批存。另有一种特殊的处理方式，就是教育部部长、司长分别给省长、厅长、校长写信，表达部里对他们要求解决的问题，有不同的意见，希望支持、理解。

国民政府行政院及其下属的教育部和社会部受理的信访数量究竟有多少，档案中没有统计数字，只有孤立的一件一件信件，有的一个案件穿插存放在不同档案中，有的残缺不全。我们看的档案中，有处理记载的和存信，能够形成信访案件的，近五十件，较完整的不足三十五件。从这些信件中，隐约地感到，当时信访数量是比较大的，反映的问题，多与当时的现实有关。

我们将这几十件来信，系统进行分析，还能够清晰地看出国民政府行政院的信访工作概貌和处理情况。所以，我们将其整理出来，成为民国时期信访工作的代表，列为五千年信访史的组成部分。

（一）来信来访人员的组成

来信人的成分：有省级负责人、省厅长、大学校长、大学教授、画家、学者等会社会名流；有工人、农民、市民，更多的是学生来信，或上访请愿；有个人来信，有集体联名信，其中有几百学生联名，有几十名教授联名信；有囚犯、汉奸本人或其家属个人或联名来信，要求特赦；有香港来信和外国来信。

这些信件中，有的一封信反映一个问题，有的几封信反映一个问题，有的一封信反映几个问题；有署名信，也有匿名信。

从档案中的记载来看，对来信处理，比对来访处理认真、负责、手续健全；对信件分析比较细，有的在征求有关方面意见后才作出处理决定；发公函、电报等处理，都有部级领导人（部长、副部长）批示、盖章，以部的公章发出；存信，多数也有领导的意见。

（二）处理原则和一般情况

1.区别内容，采用不同形式处理

一是重要信件，尤其与省里的意见不一致时，部里处理是非常慎重的，多次交换意见，如果还不一致，或以部长、司长的名义分别给省长、厅长、校长写信，提出处理意见，求得省里谅解，希望支持部里的决定。如，教育部部长朱家骅、副部长田伯苍先后给四川省教育厅厅长任觉五写信，不同意将四川省立教育学院改为大学的意见。在这之前，陈立夫也曾给省主席写信，答复有关学校的体制问题。社会部的处理办法，多给省党部执行委员会写信，督促处理案件。

二是学校的具体问题，给教授、校长或个人写信，共同分析他们给部里的建议是否可行，然后，作出明确指示，指明学校的建设和发展方向。

三是反映一般问题的，多给有关机关发公函，请地方作出处理，或答复来信人。档案中现存的案件，多数属于这种情况。

四是存信。档案中有存信8件，不足总信件的五分之一。存信情况比较复杂，有下面几种情况：

（1）填了"摘由笺"后被存的。这类来信反映的问题，对最先来信，已有明确处理原则，后边反映同类问题的信件，一般是"存"。如，囚犯、汉奸本人或其家属来信，要求特赦的，对先来的信件，经研究后，领导批准"存"，后边的反映同类问题的几件来信，照此办理，也都"存"。

（2）没有处理价值的信件均"存"。如，私立武昌中华大学全体教授五十多人联名给教育部来信，要求将该校由私立改为国立。教育部未作任何处理，即存档了事。

（3）信中反映的问题，已通知有关单位处理，原信存。如，江西省立造纸印刷科职业学校全体学生 235 名，原是公费班学生，要求继续享受公费待遇至毕业。一位叫"光强"的负责人批示："已令知，拟存。"就说，已告诉有关部门处理此问题，原信予以存查。

（4）没人署名信和没经过地方组织转送的信件，予以"存"。如，要求特赦的来信四件皆存，占存信的一半。有一位负责人签了如下的意见："本件不经地方政府核转，且无人具名负责，拟请阅存。"

这个批示，透出存信两原则。一个原则是申诉、申请问题没有经过地方组织和政府，直接寄到中央的，存的多。另一个原则是信件无具体人署名，认为是匿名信，无具体责任人，也列入存信。再如，1942 年 12 月，署名"福建音乐专校全体学生"的来信，揭发蔡继琨校长十大罪状，教育部司长吴俊升等有关部门负责人批示："该函呈无人署名负责，拟存查。"这两个批示是一个精神，无人署名信均存。

（5）属于特殊情况的存信一件。1938 年 12 月，教育部收到香港比利街港侨中学刘大雄来信，教育部在"摘由笺"的"事由"中填写"呈复关于香港大训社情形"；在"文别"栏目中，写"呈"；在"拟办"栏目中，写"拟存查"；在"批示"中写"呈阅"，盖"普通教育司"竖章，负责人"琇"签字，在"备考"栏目中，陈立夫写"阅"。阅读这封信并在信上签名的有部长和副部长，还有其他负责人。档案中只有"摘由笺"而无原信。根据国民党的行文规定，这封信似回报情况的。如，在"文别"栏目中，写"呈"，显系向组织回报情况的。

1938 年下半年，收到贵州省政府教育厅写的来信，教育部写"密呈不录"，经多人阅读，最后，陈立夫阅存[①]。

2.根据不同内容，有两个区别对待

一是区别缓、急。反映的事情有缓、有急，处理上也有快慢之别。决定：急事，当天办完，缓件力争当天办完，可以延缓，但不得超过三天。急件在纸面上要注明。如，1940 年 7 月 27 日，中国国民党中央执行委员会社会部部长

---

① 中国第二历史档案馆，全宗号：五（2），案卷号：15。

谷正纲与副部长王原钧共同签发的，给浙江省执行委员会的公函称，倭寇对镇海沿岸进扰，致食米来源断绝，引起恐慌，让他们与省政府"迅速"处理。在草稿纸上盖有"快点"字样，起草人还在草稿上写"速"，并在"速"右边圈三个圈，以示紧急，必须急办。社会部 1940 年 12 月关于重庆市电力厂工人因米价高涨酝酿"改行"（即辞职，另谋职业）、结队请愿，因此事紧急、影响大，在稿件上写"最急件"，并在每个字的右边圈圈。1939 年，社会部为制定本部处理公文程序及公文改善办法，和修正办事通则的通知，也注明"最速件"。这是本机关内部立即执行的急件。1944 年 3 月，陈立夫签发的教育部训令，关于派人整顿国立艺术专科学校，稿上盖"特速件"章。1948 年 7 月 13 日行政院长翁文灏签发的行政院训令，令教育部与华北剿总配合，对北平请愿学生可以动用军警，朱家骅部长签上"速件"。在档案中，属于急的信件约占一半。

二是区别密级。文件和信件中，都有普通件、机密件、绝密件。区别后，在"摘由笺"或信上，连同缓、急字样，一并注明。列为机密级、绝密的。如，涉及学生游行、工人请愿等问题，都列为"机密"。在草稿上都写有"密"或"绝密"字样，提醒经办人对内容不要外传。如，1940 年 6 月和 7 月，关于绍兴发生抢米和县政府开枪镇压群众造成死伤问题，社会部长谷正纲签发三个电报，在四个地方注明"密"和"密电"以及"绝密"等字。1948 年 7 月 13 日行政院长翁文灏签发的行政院训令，令教育部对北平学生反政府游行问题作出处理，朱家骅签发的，也注明"密"。规定，要严守秘密。

两个区别，对下一步处理很重要，有轻重缓急快慢之分，有保密的观点和要求。上道手续与下一道手续在交接时认真，有时限要求，不得马虎。

（三）案例选录

我们选择处理好的、一般的和差的不同类型的信访案子，从中可以看出国民政府教育部、行政院对学生和民众来信的处理情况。

1. 处理得较好的，手续和资料基本齐全，形成完整案子。

（1）关于私立金陵大学师资科改农业教育学系的问题。①

1941 年，私立金陵大学农学院园艺职业师资科学生朱有玠等 27 人联名给教育部部长陈立夫来信，要求将园艺职业师资科改为园艺师资组隶属于农业教育系，或不设组属，以免社会上对他们引起误解。

———————————

① 中国第二历史档案馆，全宗号：五案卷号：9738。

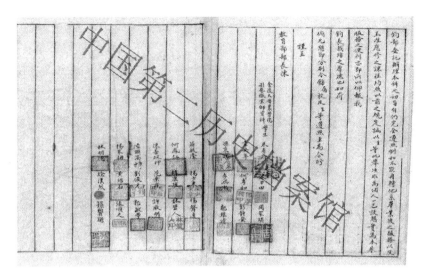

学生来信

1941年3月13日，教育部收到朱有玠等人联名信后，在"摘由笺""事由"栏目中填写："呈为本科名称易滋误解，对于社会之观感及未来之服务均有不便，恳请改科为系或改为园艺师资组隶属于金大农业教育系，或改属为主系农业教育辅修园艺或主系园艺辅修农业教育，并祈分别令饬属校及生等遵照"；"拟办"栏目空；"批示"栏目填写三月十三日下午，以下还有几个字看不清楚；"备考"栏目盖"高等教育司""中华民国30年3月13日收到"和"三十年第10982"三枚竖印章（这里所说的年号，皆为中华民国年号）。

另附两张白纸，记录着传送经过及各部门的处理意见，和批示。如，一张批示："附卷送请中等司先核"，签名的是科长吴正华、科员柯××和俊升（从别的案件中知道"俊升"为吴俊升司长），由

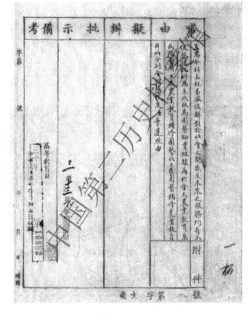

教育部的摘由笺

吴正华代签；另一张纸写"拟改为园艺职业师资系。此致，高等司"。署名
"善"，吴俊升批示：中等司，"似以改称园艺师资组隶属农业教育系为宜"。

集中意见后，教育部正式给私立金陵大学发去"训令"。这个训令是陈立
夫部长签发的，盖私章和教育部公章。日期为"4月8日"。下面是秘书、司
长、科长、科员分别签字。训令的具体内容：

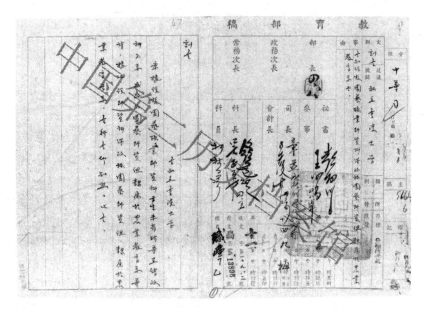

陈立夫签发的教育部给私立金陵大学的训令

"令私立金陵大学案据该园艺师资科学生朱有玠等呈请改科为系或改为园
艺师资组隶属于农业教育系等情；据此，该师资科得改称园艺师资组，隶属于
农业教育学系。令行令仰，知照。此令。"

"训令"的内容，就是这件来信的最后处理结果，完满地解决了问题。

此案件的手续是比较完备，有收文号，有发文号，各单位处理过程的意见
都有，从部长到科员签名齐全。可以说是那个时候处理来信案件手续齐全的
典型。

（2）拖了五六年的国立艺术专科学校整顿问题得到解决。[1]

有关国立艺术专科学校的整顿问题，历时很久。从档案记载来看，1940

---

① 中国第二历史档案馆，全宗号：五，案卷号：2019。

年 9 月，陈立夫到蓉，找刘开渠谈此问题，10 月 17 日，刘开渠给陈立夫写一长信，第一部分，是介绍学校存在的问题：校领导更换频繁，他们或为艺术界中人，或为教育行政人员，不知艺术界情形，办学有一定困难；派系很多，互不合作；门户之见，影响一流人才之聘用，是艺专不易办好之最大原因。第二部分，提出改进意见。第一条意见，改艺专为独立学院。中国画、西洋画、雕刻、建筑等同属于一校，各据独立讲学之范围。院长由教育部部长或副部长兼任，或国家元老学识特出之人担任。第二条意见，教授由教育部聘请，才能聘到全国一流专家，和免除以前各校之困难。以上两种办法可将艺专彻底革新，为中国艺术再造唐宋之光时代。

刘开渠来信，登在教育部"摘由笺"上，在"事由"栏目中说："函陈之内幕及贡献改进之方策"。10 月 22 日陈立夫批示："吴司长代拟复。"

10 月 26 日，以陈立夫名义给刘开渠复信，除对刘开渠阐述艺专管理不善之原因及改进之办法，关怀艺术教育，表示佩慰外，对所提两条改进意见作如下答复：第一点仅将学校名称变更，内部各立门户，仍难免不有党同伐异之弊；第二点，与现行法令不合，难以实施。复信还说，该校现正自昆明迁移璧山，一俟迁定，当督令改进也。

刘开渠来信

1942 年 6 月 23 日，国立艺术专科学校学生陈崇智给教育部部长陈立夫和高教司司长吴俊升来信，提出五项内容要整顿。1942—1944 年，陈之佛出任艺专校长，在这期间，似有来信，或许是陈之佛写的呈报，或继续办理以前未尽事宜，从档案看，这方面有所活动，但看不全缘由。总之，教育部在继续研究艺专校存在的问题。

1944 年 2 月 3 日，陈立夫签发训令。这个训令特别之处在于：同一个训令发给两个受令者，提出两个要求。

第一个是艺专。内容是："兹派本部简任督学许心武、训育委员会专任委员

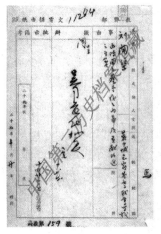
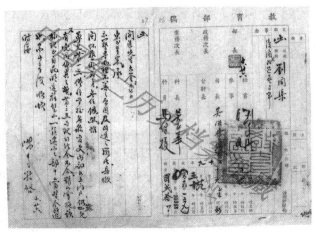

陈立夫在摘由笺上对刘开渠来　　　　　　陈立夫给刘开渠的复信
信的批示

周彖文、国民教育辅导委员会组主任倪有祥前往该校协同该校陈校长切实整理校务，除分令外，合行令仰知照，此令。"另一个是发给许心武、周彖文、倪有祥，"即日前往国立艺术专科学校协同该校校长陈之佛切实整理校务。除分令外，合行令仰遵办，具报为要，此令"。3月10日，陈立夫又作了两次批示，对此事，作出具体安排：一是"许督学、心武等三员驻艺专协助整理工作，应于3月20日以前结束并将整理计划报核，俾便限期施行"；二是"周彖文、倪有祥两员训

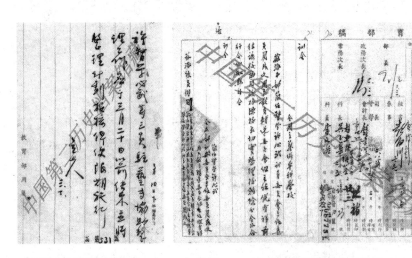

陈立夫的批示和安排　　　　　　　　　　陈立夫批示派人去艺专

练完毕后，应即仍返艺专协助整理至 3 月 20 日止"。秘书室奉谕通知。

1944 年 10 月，时任校长潘天寿给教育部写一呈报书，在"事由"中写："为遵令呈报改进校务情形，祈鉴核由"。从这个报告看，1944 年 5 月 13 日，教育部以高教字第 22668 号训令，抄发校务改进要点。潘天寿在报告中说，奉此指示，各点大部分业经遵照办理，其余亦在实验改善之中，至本月底当可全部办竣，除尚有应行整顿之处仍当注意改进外，理合将遵办情形具文呈报。请求部鉴核，希望随时派员协助指导。新任教育部部长朱家骅 1945 年 1 月签发潘天寿的报告，等待批复。1 月 24 日，教育部给国立艺术专科学校发去"指令"："校呈报改进校务情形准备查。"就是说，教育部同意学校的整改意见。

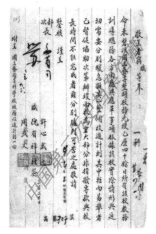
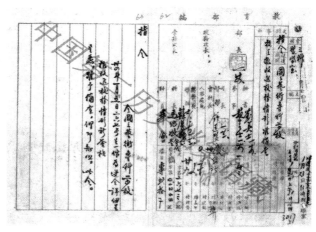

调查人员的报告　　　　　　　　　　朱家骅对潘天寿来信的处理意见

整个案件到此结案。

从材料看，此事从 1940 年刘开渠写信反映学校整顿问题到 1945 年教育部的指令下发，经历了六年、多次来信、两任教育部长、多任校长，整改方案算通过。

（3）要求改进福建省立音乐专科学校领导和管理问题，以及改为国立之事。①

福建省立音乐专科学校先后有三件来信和一份视察报告，反映该校管理问题，多年来，一直停留在文件上，未见整改结果。

福建省立音乐专科学校成立于 1940 年 2 月，实际是在前音乐师资训练班

———————————

① 中国第二历史档案馆，全宗号：五，案卷号：2019。

基础上改设的，存在的问题不少，学校负责人与学生都有来信要求整顿。最早反映学校存在问题的是该校负责人李惟宁（或李维宁），原信已不存在。从1941年3月18日，经教育部部长陈立夫签发的、以司长吴俊升的名义给李惟宁的便函中，知道李惟宁来信的概要：校不舍敷，管理学生不无困难，又无操场……便函要求该校"应行改进各点，希办理向部具报"。在李惟宁反映之前一年，教育部派出督学陈锡芳到该学校视察，视察报告的内容，与李惟宁反映的内容尚无不合。

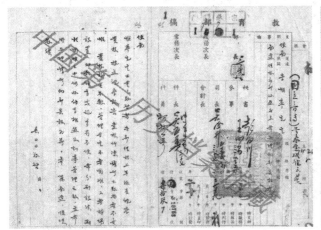 

吴俊升给李维宁的复信　　　　　　教育部"摘由笺"登载陈锡芳
　　　　　　　　　　　　　　　　　　的调查报告和批示

　　陈锡芳的视察报告是1940年12月8日，教育部在"摘由笺"①上登载，当即许多领导作出了批示。

　　"摘由笺"在"事由"中说，"密呈视察福建省立音专办理情形"。司长吴俊升批示："已函省府暂予维持。本件拟存。"另有两个人批示，一个是署名"洪"的人12月31日批：呈阅。一个署名"井"的人批示："陈督学函中所述与陈参事伴藻所闻，尤其与闽中同志所报告者颇有出入，似可便中一询陈公洽（即陈仪）先生。"在"闽中同志"旁边，批者又写"如陈联芳、张志智等"（从别的信件上的批示中，知道"井"应该是陈立夫，因为在"井"字后盖陈立夫的私章）。

———————————
①　中国第二历史档案馆，全宗号：五，案卷号：2019。

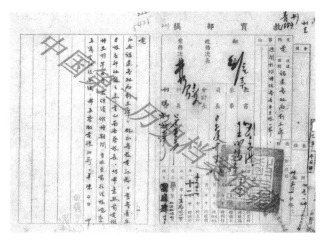
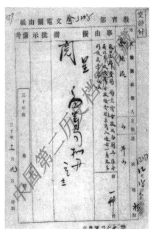

陈立夫给福建省刘主席的信　　　　教育部"摘由笺"登载
蔡继琨的来信

　　1月3日，陈立夫在"摘由笺"上批示："高等司：该校内容既如此腐败，可照省府最近决议办理。"省府最近决议是什么，看不出来。

　　校方、省政府与教育部又多次电、信联系，后焦点集中在经费上，省里说，该校未列入明年经济计划，让部里收为国立；部里让省里继续维持到明年七月。为解决这个问题，1941年12月10日，陈立夫给福建省政府刘主席电报："铣永省电敬悉。贵省音乐专校应行改进之点业已面告蔡校长，仍希查照前电维持至明年七月。在继续维持期间当派员前往该校视察，再商定以后办法，希再察酌，电复为荷。弟陈00。"函稿由部长和常务次长签发。另外，文中的"陈00"是陈立夫，这是当时行文的通常使用的办法；"铣"是韵目代日，即代表16日。12月13日，教育部以吴俊升司长的名义给该校蔡继琨校长一电，告他，已电请省政府"维持"到明年暑期。其间，吴俊升司长还曾致电福建省教育厅郑厅长，提出同样要求。

　　1941年12月9日，校长蔡继琨给部里写信，转达省里意见，仍要求将该校收为国立。教育部"摘由笺"简报这件事，在"事由"中写："恢公主席赞同钧意，将音校改为国立，惟本省明年度预算，本校经费既未列入过去一月恐生问题，恳早赐收办。"陈立夫批示："高等司拟办。"

　　在这件注释报告上，陈立夫有一行批注："已早判行，可由吴司长电告蔡校长。"这件事像是就此告结。

学生来信的"摘由笺"

1941年12月7日，署名"福建音乐专校全体学生"的来信，揭发蔡继琨校长十大罪状：一学识毫无；二谄媚长官；三滥用人员；四侵吞公款；五金屋藏娇；六虐待学生；七不办报销；八虚报被动；九反动行为；十大言不惭。学生的来信，教育部填写"摘由笺"，司长吴俊升等有关部门负责人批示："该函呈无人署名负责，拟存查。"后面盖了陈立夫私章。

这些信件中也有揭发信，在这个案子中，就有学生揭发校方存在的问题，比督学报告的多，领导只批"存"。

1942年将该校由省立收为国立而结案。至于校领导和管理方面存在的问题，未见结果，或许另有书面材料，尚未发现。

2.有了结果，不等于问题解决。

教育部和社会部处理信访案件中，有一共同现象，地方有了回报，但问题并没有解决，多数是地方在处理上，损害百姓利益，部里没有纠正，任由地方敷衍塞责、推卸责任。

（1）1940年，社会部从不同渠道得到信息：浙江、福建两省一带，因倭寇在镇海沿岸进扰，致使食米来源断绝，造成人心不安。在一张印有同样内容的腊板印刷品上记载：浙、闽粮食问题均严重，绍兴发生抢米风潮，县政府开枪镇压，颇有死伤，福州米价达到（每石）百六十元，且无米可买，人民日有死亡。现民间呼出"宁作亡国奴，不为饿死鬼"之口号。当年6月21日，社会部部长谷正纲批示[①]："此项消息极为重要，应交社运处核办。电闽浙两省党部积极协助政府设法救济。"处长李信龙批示："经济事业科速办。"还在"速办"右边圈了三个圈，以示加急。同日，谷正纲签发社会部给福建、浙江两省执行委员会的密电，希解决粮食问题，查处县政府枪杀民众之事，并协助政府设法

---

① 中国第二历史档案馆，全宗号：11（2），案卷号：2183。

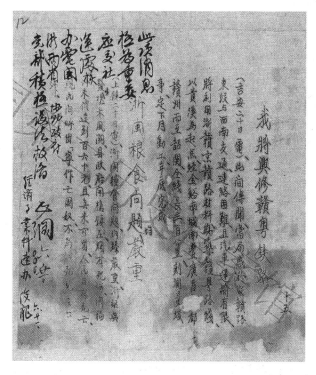

谷正纲 6 月 21 日批示　　　　　　　　李信龙 7 月 26 日报告内容

救济，将办理情形具报。另一条信息是处长李信龙搜集到的情报：浙江绍兴一带因倭寇在镇海沿岸之军事进扰，致使沪米来源断绝，人民粮食极恐慌。1940年 7 月 26 日报告的当天，谷正纲签发给浙江省执委会的密电，要求急速办理。

7 月 7 日，社会部收到福建省执委会主任委员陈肇英 7 月 5 日发来的电报汇报①。这份汇报破损相当严重，从仅存的部分材料中可以看出：一是米荒问题确实很严重；二是地方已采取措施，准备调拨粮食，但运费很贵，且运输受阻；三是上月初，出现青黄不接，米价复又猛涨，谓之每石一百六十元非事实，现在早稻即将登场，形势不至于更加严重。

社会部将上述汇报摘登在"摘由笺"上。社会部社会运动处、经济事务科、慈善事业科等部门四位负责人都批示"存"。同日，李俊龙又签发一份上报材料："据报浙江绍兴一带，因倭寇在镇海沿岸之军事进扰，致沪米来源断绝，人民粮食极感恐慌。应电浙省党部速与省政府及战区经济

____

① 中国第二历史档案馆，全宗号：11（2），案卷号：2183。

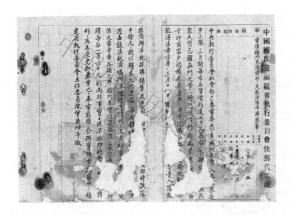

中国国民党福建省执行委员会主任陈肇英汇报

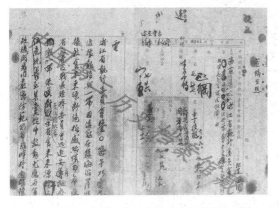

谷正纲7月27日给浙江省、福建省执行委员会的密电

委员会妥筹办法。经济事业科。"

7月27日，谷正纲与社会部再次给浙江省去密电："浙江省执行委员会鉴：密午巧电悉。复，据报绍兴一带因倭寇在镇海沿岸进扰，致食米来源断绝，极感恐慌。希与省政府及战区经济委员会迅速妥商救济，并注意统筹全省食米来源，至某党从中鼓动，尤应与军政机关共同严密防范，仍希随时将办理情形具报为荷。中央社会部。即。"

我们只见到福建的汇报，未见到浙江的汇报。从福建的汇报来看，各级打官腔，找客观原因，包括运输困难等，最后，拖到早稻成熟，问题自然就解决了。这是对民众生活极不负责的行为。在处理缺米问题上，当时的各级都在应付上级。本来是关系民众生活之大事，国民党不是想办法妥善解决，而是无中生有，对共产党予以指责，加以防范。

（2）1940年下半年，重庆市电力厂工人，因米价上涨，生活难以维持，要求辞职，另谋他业，或集体到重庆市政府和中央请愿。

中央社会部派报导员沈鼎实地调查后，给洪兰友兼专员写一报告，和一个附件，附件是最能说明当时工厂工人的真实情况的。

附件分三个部分：一是工人方面；二是工厂方面；三是意见。这个附件的可贵之处，真实地描述了工人的生活：工资低。当年12月1日起，每斗米十七元，以三口之家计算，仅买米一项，要支出一百三十六元，超出普通工人的工资、津贴的一倍多，这还没有算其他开支，其他开支数额也很大。工人生活在水深火热之中，人心惶惶不可终日。所以工人纷纷要辞职，要上访请愿。

12 月 5 日，中央社会部登载在"摘由笺"上，一名叫"家树"的负责人批示："速呈阅，拟呈部咨渝市政府从速办理。"一位叫"友"（应该是洪兰友）的副部长批示："如拟"。

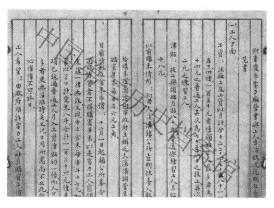

社会部对电厂工人收入、开支的调查报告的附件

兼专员洪兰友经过调查，又给谷正纲部长写专题报告。登载在"摘由笺"上，社会福利司等两单位批给"第二科、第六科会办"。同年 12 月 18 日，谷正纲签发公文，要重庆市政府解决这个问题①。文件最后，以谷正纲署名。

这件事，从中央社会部来看，发现问题后处理是认真的、及时的。在档案

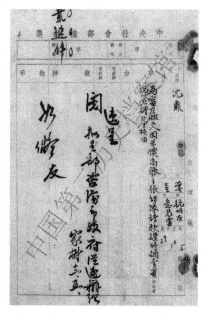

社会部"摘由笺"上登沈鼎的报告及领导批示

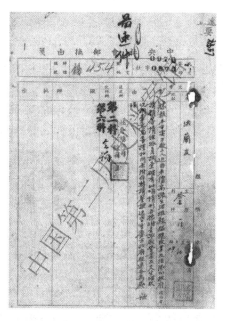

社会部"摘由笺"上登洪兰友的报告及批示

① 中国第二历史档案馆，全宗号：11（2），案卷号：2183。

中，没有见到重庆市政府落实情况报告。

社会部在报告中说的明白：一怕工人请愿，二怕工人辞职，电厂不发电，影响大，要采取措施。档案中没有结果的记载。教育部处理的信访案件中，也有类似情况。

3. 有些案件，材料不全或交办不清，属于这种情况的案子，占的比例也不小。

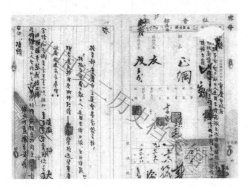

谷正纲给重庆市政府的信，谈工人要请愿问题

1941年4月28日，教育部收到西北农学院署名"全体学生"618人、签署姓名者591人的来信，反映该院院长周伯敏28个问题。在这前后，该院园艺系、林学系、农业水利学系、农业经济学系等，都有署名信，另有署名国立西北农学院学生贺瑞章等十人联名信，这些信都请教育部速选贤能之人来掌本院。教育部"摘由笺"登载部分来信，在"拟办"栏目中，陈立夫4月29日批示："送周院长一阅。"另一张附纸中写："查西北农学院全体学生签名盖章呈述周院长办理不善二十八条，业奉批，指示周院长改进在案。兹又接该生等呈请另选贤能，以免重演二十八年之惨剧。应如何办理？谨检（拾）原呈请示。"后面是吴俊升、吴正华等人署名。陈立夫的批示："阅后存。"令教育部视察员方治"详密查明具报"。

最后，陈立夫给周伯敏一道训令，附该院"应行改进各点"，共七点。以后就没见下文，结果如何，或许在其他卷宗，或许就没有结果。这一案件先后共有六件来信。

1947年7月前后，四川省教育厅厅长任觉五连续给教育部负责人写信，要求将四川省立教育学院改为大学，同时，教育学院学生自治会主席王裕兴、夏润生也给朱家骅来信，要求解决同样问题。并说，如不能解决，就罢课，到南京上访。

朱家骅的态度坚决，不能改为大学，理由是这个学院初设时目标很明确，为乡村培养教育人才；四川公、私立大学已很多，不宜改为大学。朱家骅与一位副部长都给任觉五回信。之后，再来信，没见复信。任觉五和学生先后来信五件，问题没有结果。

三、镇压学生请愿，欺骗上访的群众

中华民国时期对来信来访的处理，有一个明显的不同。以南京政府为例，进行比较，处理来信工作认真，处理来访态度恶劣。来访的特点是集体多，其中，以学生请愿为最多，表达他们对国家政治的关怀与热情，表达民愿、民情，但多被当局镇压；对于民众来访反映的问题，能拖延就拖延，不予解决。

（一）血腥镇压学生请愿

北洋政府与南京政府一样，容不得不同意见，尤其是对学生请愿，更是心狠手辣，制造了大量血案。我们用北洋政府、南京政府各一个例子说明。

1."五四"运动与新思想

1919年初，中国在巴黎和会上外交失利的消息传到国内，中国的权益受到侵害，中国人民受到屈辱，对国家前途和民族命运寄予厚望的中国人，无比震惊以至愤怒。以青年学生为主，广大群众、市民、工商人士共同参与的示威、游行、请愿、罢课等各种形式运动暴发，对北洋政府未能捍卫国家利益，在列强面前显得软弱，异常不满。

1919年5月1日，北京大学学生获悉巴黎和会拒绝中国要求的消息。当天，学生代表就在北大西斋饭厅召开紧急会议，决定5月3日在北大法科大礼堂举行全体学生临时大会。其他一些高校学生代表也参加了这次会议。学生代表发言，情绪激昂，号召大家奋起救国。最后定出四条办法。四条办法是：第一联合各界一致力争；第二通电巴黎专使，坚持不在和约上签字；第三通电各省于1919年5月7日国耻纪念举行游行示威运动；第四定于5月4日（星期日）齐集天安门举行学界之大示威。

1919年5月4日，充满青春激情的北京三所高校的3000多名学生代表冲破军警阻挠，云集天安门，大闹东交民巷，高呼"收回山东权利""拒绝在巴黎和约上签字""废除二十一条""抵制日货""宁肯玉碎，勿为瓦全""外争国权，内惩国贼"等口号，要求惩办交通总长曹汝霖。最后，痛打了章宗祥，"火烧赵家楼"。随后，军警给予镇压，并逮捕了学生代表32人。

当时，天津、上海、南京、武汉、杭州、济南的学生、工人给予支持。

5月4日，北洋政府教育部下发一纸明令，称："本部为维持秩序，严整学风起见，特通令各校，对于学生，当严尽管理之责。其有不遵约束者，应即予开除，不得姑宽，以敦士习而重校规，仰即遵照。"5月5日清晨，教育部又明令各校校长，查明为首滋事学生一律开除。

为了救学生，5月4日当天夜，北大校长蔡元培焦急万分，他一方面用言语宽慰学生，一方面采取措施，多方营救。他去拜访与自己颇有交情并受到段祺瑞敬重的老前辈孙宝琦，请他与段沟通以营救学生。孙宝琦面有难色，蔡元培不罢休，从晚9时到凌晨12时一直坐在孙家的客厅里，直到孙宝琦答应帮助。次日，十三所学校的校长组成校长团，商量营救办法。校长团先后辗转于警察局、国务院、总统府之间，请求释放被捕学生。与此同时，全国各地为声援北京学生而举行的罢课游行风起云涌。怕出乱子的北洋当局，不得不于5月7日"国耻日"，释放了被捕学生。

为了保全北大，保全无辜学生，保全自己的尊严，身心疲惫的蔡元培选择了向北洋政府递交辞呈。这更引起全国各界人民强烈不满，大规模的罢课、罢市、罢工在各地举行，迫于压力，北洋政府答应蔡元培提出的复职条件。迫于全国人民的压力，中国代表最终没有在和约上签字和出席巴黎和会的签字仪式。

学生游行活动受到广泛关注，各界人士给予关注和支持，抗议逮捕学生，北京军阀政府颁布严禁抗议公告，大总统徐世昌下令镇压。但是，学生团体和社会团体纷纷支持。1919年5月11日，上海成立学生联合会。1919年5月14日，天津学生联合会成立。1919年5月19日，北京各校学生同时宣告罢课，并向各省的省议会、教育会、工会、商会、农会、学校、报馆发出罢课宣言。天津、上海、南京、杭州、重庆、南昌、武汉、长沙、厦门、济南、开封、太原等地学生，在北京各校学生罢课以后，先后宣告罢课，支持北京学生的斗争。1919年6月，由于学生影响不断扩大，《五七日刊》和学生组织宣传，学生抗议不断遭到镇压。1919年6月3日，北京数以千计的学生涌向街道，开展大规模的宣传活动，被军警逮捕170多人。学校附近驻扎着大批军警，戒备森严。1919年6月4日，逮捕学生800余人，另一种说法是逮捕学生1000余人，以致改北大法科为临时收容所，仍然关不下，北大校园几成监狱。此间引发了新一轮的大规模抗议活动。

1919年6月5日，上海工人开始大规模罢工，以响应学生。上海日商的内外棉第三、第四、第五纱厂、日华纱厂、上海纱厂和商务印书馆的工人全体罢工，参加罢工的有两万人以上。1919年6月6日、7日、9日，上海的电车工人、船坞工人、清洁工人、轮船水手，也相继罢工，总数前后约有六七万人。上海工人罢工波及各地，京汉铁路长辛店工人，京奉铁路工人及九江工人都举行罢工和示威游行，自此起，运动的主力也由北京转向了上海。

五四运动是由学生请愿开始，进而发展为一场反对帝国主义的彻底性、真正的群众爱国主义运动，传播和发展马列主义，培育出一大批的革命精英，是进行无产阶级新民主主义革命的开瑞。

2. 五二〇运动与国民政府行政院的"密令"

南京政府亦如北洋政府，对不同意见，尤其对学生请愿，进行血腥镇压。著名的有五二〇运动、"七五"运动。

抗战胜利后，蒋介石和南京国民政府发动内战，置人民于水深火热之中而不顾，遭到全国人民的坚决反对，要和平，反内战的呼声此起彼伏，一浪高过一浪，全国人民"反饥饿、反内战、反迫害"的运动，如火如荼。处理人民请愿，实际就是处理人民来访。国民党、蒋介石对请愿的学生心狠手辣，正式发出"密令"，要有关部门用军警对付学生。

我们围绕这两个"密令"，所造成的两起大血案，进行介绍。

第一个"密令"，是1947年5月16日国民政府行政院下达给教育部、内政部的①。这道"密令"是当时国民政府行政院会议讨论决定的。与此同时，蒋介石亲自出马讲话，对罢工、罢课、游行和请愿者，进行"训令"，一律禁止，违者要严惩，还对共产党无理指责，说是共产党鼓动学潮。"密令"发出仅四天，镇压学生就开始，有名的五二〇血案就是在这个"密令"指导下发生的。

这个文件的原文如下：

　　行政院5月16日第一次临时会议讨论"学生以请愿为名聚众盘居机关妨碍公务应如何处理案"。经决议：一是由教育部长责成学校当局及训导人员前往切实开导；二是由内政部长令警察前往维持秩序，并妥为戒备等因。除分函外，相应录书函达，即请督（察）照办理为荷。

　　行政院秘书处

下面是行政院给教育部"密令"的复印件。

这个"密令"，采用软硬两手，让教育部对学生切实开导，实际从思想上瓦解，也就是思想上镇压；要内政部用军警对付学生请愿，是公开宣

---

① 中国第二历史档案馆，全宗号：五（2），案卷号：1432。

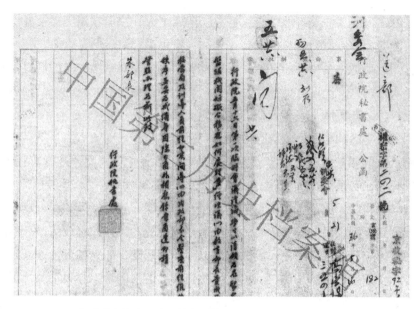

行政院会议决议动用警察对付请愿学生给教育部的密函

布，从肉体上镇压学生。

1947 年 5 月 20 日，南京、上海、苏州、杭州学生六千余人在南京举行了"挽救教育危机联合大游行"，提出增加伙食费及全国教育经费等五项要求，遭到了国民党军警的残暴镇压。大批军警用高压水龙头冲击学生游行队伍，用棍棒毒打学生，当场流血，受伤 118 人，非法逮捕 20 余人；同日，天津学生的游行遭到袭击，伤达 50 余人，造成了有名的五二〇惨案。但没有吓倒学生的爱国热情，在广大人民支持下，以"反饥饿、反内战、反迫害"为口号的学生罢课示威运动和工人罢工、教员罢教等各界人民反抗斗争席卷全国。

五二〇惨案后，学生运动进一步发展为全国性的"反饥饿、反内战"运动，席卷武汉、重庆、广州、杭州、长沙、昆明、福州、南昌、桂林、济南、开封、沈阳等 60 多个大中城市。许多社会知名人士发表慰问信、题词、演说和告全国同胞书，声讨国民党政府对学生运动的镇压。各民主党派和人民团体，分别以致函、捐款等方式慰问学生。在社会舆论的压力下，国民政府不得不释放全体被捕学生。1947 年 5 月 30 日，毛泽东在《蒋介石政府已处在全民的包围中》，高度评价这场运动为继军事战线之后，中国境内对国民党反动派进行斗争的"第二条战线"。毛泽东指出，和全民为敌的蒋介石政府，已经发现他自己处在全民的包围中。无论是在军事战线上，还是在政治战线上，蒋介石政府都打了败仗，都已被他所宣布为敌人的力量所包围，并且想不出逃脱的办法。蒋介石和国民政府政权在全国人民一片声讨声中摇摇欲坠，陷入人民战争的汪洋大海之中。

3.七五运动与行政院院长翁文灏的"密令"

第二个"密令"，是以国民政府行政院院长翁文灏的名义发布的，除强调动用军警镇压外，更为露骨地将学生的请愿定性为反政府，受"奸党"操纵，将学生领袖定为"奸匪学生"。

这个"密令"下发的背景是，1948年，北平市先后暴发了反内战、反饥饿运动，以学潮为核心，波及社会各阶层。国民党北平市的各级党政军警宪特秉承南京的中央意志，主张实行严惩。

1948年上半年，由于国民党军队在东北战场上节节败退，东北大、中学生3000多人逃往北平、天津两地。当时，政府宣称，要在北平、天津成立临时大学、临时中学，安置这些学生，但未能兑现，东北学生"要读书，要生存"的愿望落空。恰在此时，北平市参议会关于对东北学生的救济、就学等议案出台，对学生不利，引起不满。7月5日，东北留京学生连同北大、清华等4000多人，进行请愿和游行，派出代表同北平市参议会交涉，但无人理会。学生认为，只有找北平市参议会议长许惠东评理，才能解决问题。于是，到东交民巷许惠东的住宅，找许进行交涉。

华北"剿匪"总司令部总司令傅作义反对学生游行，但希望避免冲突。游行当日，傅作义指示维护秩序的"士兵不准带枪，更不许打学生"。但蒋介石的亲信、华北"剿匪"总司令部副总司令兼北平警备司令陈继承与傅作义素有矛盾，迅速调动大批宪兵和警察，试图阻止学生进入东交民巷。7月5日下午4时，学生们抵达东交民巷许惠东住宅，但无法进入院内。宪兵和警察使用木棍、枪托驱逐学生。此后，双方对峙了不长时间，秩序趋于平静。接着，双方进行谈判。但在谈判期间，陈继承自北平西苑调来青年军第二○八师搜索营及4辆装甲车，将学生包围，架设机枪，枪上刺刀，摆出射击姿势。学生见此情景，十分气愤，他们知道代表正在谈判，为了避免冲突，仍都坐在地上等候谈判消息。谈判达成协议后，准备向学生们宣布，外面的学生见代表走出，一时间欢声雷动，涌向门口打听谈判消息，青年军阻止不住，当即开枪射击。学生们连忙就地卧倒，但当学生们站起来时，青年军又向学生们射击，如是者四次，直到政府方面的谈判代表派人专门通知，才制止了青年军射击。青年军匆忙撤走。

对当时军警镇压学生的情况和之后学生请愿态势，在南京国民政府教育部主办的《情报》中有大量记载①。

《情报》是刊头，右旁边有两竖行的栏目，上面一格是竖写的"情报内容"，下面是"研究判断"，在两者中间有一条横线隔开，成上下两部分，实际是内部情况通报。现存的《情报》共29期（份、件），49页；长者一期为3页，短者一期不到一页。记载7月5日至9月，学生请愿，军警镇压，以及社会各阶层的反映和动态。有的是逐日书写，有的是几日一报，综合性的，所有《情报》都没有注明书写日期和主办单位。有的一份《情报》上盖有一个日期的竖条章，有的多份盖同一个日期竖条章，除第一份《情报》外，其他的都盖有某年某月某日"发出"的竖条章。从内容看，事件发生日期与盖章日期不一致，盖章日期多延后，事情或是前两天发生的，或更早发生的。同一天发生的几件事情，可能在不同期的《情报》介绍，有交差之感；有时是按地区或问题分别表述的。

《情报》是哪一个单位编写的，没有说明，每期编写日期也没有。我们查阅的是行政院及其所属如教育部等部门的档案。档案中，留存的这份《情报》，每件都有当时的教育部部长朱家骅盖私章和教育部有关人员签字，同时，还有教育部"训委会"盖章。"训委会"是教育部专门掌握学运、控制学生思想、行为的部门。所以，这份档案肯定是教育部留存下来的。特别值得注意的是每份《情报》签名人中，都有一位叫"詹明远"的人签字，部分《情报》还写"易"字，也是签字。

《情报》中，有行政院院长翁文灏给教育部的"密令"和三份附件，都是手抄件，用的纸上印有"行政院"三字；从三个附件的字体上来看，"密令"和附件是同一人书写的。多数《情报》上有"已摘要"字样，显然，不像是行政院行文规矩，因为行政院编写的文件，不需要教育部摘报，摘报谁，无法解释。因此，说是行政院编的《情报》，不能成立。我们发现，在《情报》中，另有两页纸：一张是北平市政府给教育部的急件，特别注明"4601"，用的是教育部信电纸；另一张是"丁伯诚"写给"赵静涛"的信。

---

① 中国第二历史档案馆，全宗号：五（2），案卷号：1531。

据有关资料介绍，当时国民党有关机关，行文往往不用机关名字，采用两种办法代表机关：一种是代名；一种是代号。如，国民党中央党部是以夏益功、丁伯诚等为代名。"赵静涛"以及"孙为慧""朱学权"是教育部的代名；"詹明远"和"易同欧"是中统局的代名。由此可见，前面的"丁伯诚"给"赵静涛"的信，显系国民党中央党部给教育部的信。《情报》上有"詹明远"和"易"签字，说明中统局看过这份《情报》。

用代名的办法，目的是专门用来对付学生运动的。如，教育部《关于使用代名迅速传递学运情报密函》规定，"学运工作

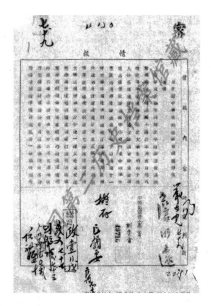

《情报》第一期第一页的版面

联系办法"主要秘密联络方式，有关学运情报除急件应用电呈外，其余可寄南京第508信箱孙为慧先生收（1946年12月19日开始启用）。1947年1月17日国民党中央党部以"夏益功"名义致函教育部："径启者，关于各机关更换代名一案，业经第22次联络秘书会议决议通过记录在卷，兹随函附送空白表一纸，务希于本（元）月24日以前填交本处，以便汇集应用为荷。"教育部复函："拟改为赵静涛"。"赵静涛"就是教育部的代名。用数字代号的办法，如省教育厅、大学呈报教育部的来往信函多用数字代号。如北平市政府给教育部的公文，在写正文前面就写"4601"，大概是某单位代号。

根据上述情况，可以得出两个结论：第一，《情报》是教育部主办的，行政院、国民党中央党部和北平市，包括傅作义、北平市长刘瑶章等都是提供资料的单位和个人；第二，《情报》上的签名，如詹明远等，说明中统局等单位参与此事。

《情报》第一期的标题是"东北留平学生向市参会请愿发生冲突"。文中介绍说：7月5日，请愿学生到市参议会，没有人接见，砸了参议会一些设备，又到东交民巷意图殴打议长；下午6时许，将学生分为三部包围，学生首先开枪，遂命警察还击，一分局张局长当场殉职，伤10余人，学生伤13人，死3人，被捕3人。

这份《情报》显然歪曲事实。请愿学生找议长许惠东是为了评理，且学生手无寸铁，哪来枪支？对于学生的死亡数字，大为缩小。据《北平七五事件》介绍，当事学生说，当晚 7 时左右，当东北学生整队返校走出东交民巷巷口的时候，在东边牌楼内，一个穿马靴的军官朝天打出一发信号弹，顿时机枪、冲锋枪一齐从背后向学生扫射。学生猝不及防，纷纷中弹倒下，血流遍地，哀声震天，惨不忍睹。尤其是年纪小的中学生，听见枪响就慌了，到处乱跑，死伤甚多。一个大学生勇敢地站起来，招呼小同学卧倒，也被瞄准射杀。5 分钟后，枪声渐息，学生们起来抢救受伤的同学，军警不准抢救，又开始第二次扫射，更多的学生倒了下去。经过 20 多分钟的四次扫射后，开来两辆卡车，将死亡和重伤学生全都抛上卡车拉走，又用水龙冲洗街头血迹，以掩饰屠杀暴行。同时，北平警备司令部宣布当晚 7 时起全城戒严。东北学生在军警武力的威胁下，被迫分散返回住地。次日凌晨，警察宪兵特务又突然包围东北学生各住地，强行搜查，以各种借口抓走学生 37 人。在这次屠杀中，由于军警强行拉走死伤学生，匿尸灭迹，死伤学生的确切人数难以调查清楚。据当时学生统计，至少死 17 人，重伤 24 人，轻伤多人。这是国民党军警屠杀学生的空前大血案。另据有的资料介绍，在此次惨案中，死者 9 人，其中学生死 8 人，无辜商人死 1 人，伤者 48 人。

7 月 9 日《情报》在事实面前，不得不承认：到目前为止，死亡学生已有 8 人，并列出名单。这个名单，与其他资料中所列的死亡名单也有不同。实际有的死亡学生被军方拉走掩埋掉。后来，学生多次要求归还 17 位死亡学生尸体，当局一直没有归还。

7 月 5 日惨案后，继续报复和镇压学生。在 7 月 7 日发出的《情报》中说的非常清楚："七月六日，警备当局派员分别包围东北大学各宿舍，予以检查，获身份不明者约一百多人。一面监视北大、清华、师院各校以防蠢动，并在附近搜查"。又说，当局，派出军警分赴东北学生宿舍检查，并逮捕东大自治会二人、先修班十一人、文理学院二人，其他不详。同日，东北学生、同乡会组织成立了"七五惨案后援会""七五惨案处理委员会"。

"七五"惨案震惊了全中国，当局遭到舆论强烈谴责和广大人民的抗议。如《情报》所说，7 月 6 日，天津各院校响应北平学潮，进行游行。最后作出四项决议：1.慰问东北同学；2.向北平参议会、华北剿总、教育部抗议；3.向东北学生募捐；4.要求天津市从速解决在天津的东北流亡学生食宿。同时，与北平东北同学联系，决定：1.派代表赴北平慰问，并探求血案真相；2.抗议北平参议会之方案；3.抗议军队屠杀学生；4.抗议教育部忽视东北同学的学业，以致酿成血案；5.呼吁平津各院校共同支援；6.天津参会、市府尽速解决在天津的东北学生生活及学业问题。

沈阳和整个东北对这件事民情沸腾，开了规模很大的集会，许多知名人士、政界人士和群众团体参加十多万人大会，抗议屠杀学生的暴行。死难的东北学生家长自诉北平市议长许惠东、北平警局副局长白世维、一分局局长张劭仁、二〇八师营长曹匡中（另有材料说叫营长赵昌言）犯杀人罪。

7月12日《情报》称："北平各大学教授、讲师、助教404人十二日发表七五血案抗议，提出六项要求：1.严惩凶手；2.归还死者尸体，医治伤者；3.不得再捕学生，取消戒严；4.撤销参议会原提案；5.从速解决东北学生食宿、读书问题；6.确保以后不再发生同样事件。"

北平市各校的学生极为愤怒，纷纷游行抗议，要求惩办凶手，外地的学生也纷纷声援，学生运动一时在各地蜂拥而起。1948年7月9日，华北13所院校、东北在北平各院校学生万余人在北京大学民主广场举行"七五"惨案哀悼控诉大会。会前，万余名学生举着"东北华北各院校反剿民、反屠杀、要读书大请愿"的大旗，派代表赴李宗仁官邸请愿。李宗仁接见了学生代表，表示："自己有职无权，只能尽量帮忙，向地方及中央转达。"最后，李宗仁同意请愿代表提出的"严惩凶手，撤销对集会、言论、请愿的禁令，厚恤死难者家属，建立临大、临中"等十项要求。将近中午，北平警备司令部派4辆装甲车来到李宗仁官邸附近，引发学生们强烈抗议，李宗仁宣布保证学生安全，撤走装甲车。

7月10日发出的《情报》标题是"北平学生游行请愿之内幕"，谈的就是

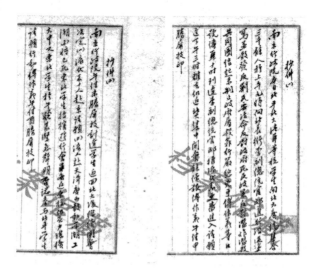

傅作义给南京行政院的两个报告抄件

7月9日游行情况。7月9日晨九时，北大民主广场举行追悼"七五"实验楼死难同学大会，系由北大、清华学生所主办并以该会为号召，东北在平学生参加，而于全体同学到场后，并未举行任何仪式，即宣布整队开赴副总统官邸请愿，全体人数，除东北学生外，连同本市清华、北大、朝阳师院等学生约5000余人，沿途散发传单，呼喊口号。东北同学见闻及此，中途遇（？）出警备当局，据报后，当即宣布自12时起全市戒严，禁人通行，将西城各门关闭，以防清华等学校学生进城，并派出铁甲车至副总统官邸保护。10时许学生到达，由李氏接见。学生首先提出，要求严惩凶手，次又要求释放被捕同学并撤退铁甲车。答复：1.查明首先开枪之人，决予严惩；2.被捕同学无罪据者即予释放；3.铁甲车等撤出。同学大体满意。最后，要求开城放进某同学，候其到达后即整队返回北大，北大尚有一部分教授等候出席追悼大会。

《情报》说，查此次学生游行目的：1.破坏戒严令，打击政府威信；2.打着悼念名义，破坏剿匪力量；3.企图将业已掩埋的学生棺木偷出，举行抬棺游行。

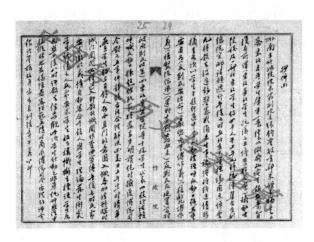

北平市市长刘瑶璋给南京行政院的报告抄件

"七五""七九"游行后，军警继续严厉镇压学生。如，追查所谓游行操纵者，将"七九"游行的负责人定为"学匪"；中国国民党青年部部长陈雪屏奉密令成立了"清匪除奸委员会"，随即发生"八一九"事件（又称"八一九"大迫害、"八一九"大逮捕），传讯、拘捕250多名学生，送往特别刑事法庭"法办"。

事件发生后，傅作义发表谈话，表示同情学生，答应撤职查办肇事头目，厚恤死难者家属，并且同意解决东北学生的生活及就学问题。傅作义一方面派人善后，一方面致电南京民国政府行政院请求"处分"及"引咎辞职"，迫使蒋介石撤换了陈继承及北平市政府其他几位中统、军统骨干，调离青年军第二〇八师。

据《情报》讲，7月10日前后，傅作义总司令和北平市市长刘瑶璋多次给南京行政院发报，反映北平学生和社会各阶层的动态，发出继续镇压学生的信号。

上图是傅作义和刘瑶璋向南京行政院汇报材料的一部分①。

7月13日，国民政府行政院院长翁文灏以行政院长的身份发出"密令"②，并附傅、刘给他们的报告。从这些材料中，可以看出，他们将学生的行动定为反政府，要追查学生中的"奸匪"、幕后指使者，斗争的矛头直指中国共产党。要"严密防范，妥迅处理为要"。

下图是国民政府行政院7月13日"密令"的复印件。

密令的内容如下：

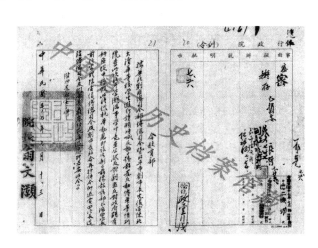

行政院院长翁文灏镇压的密电

据华北"剿匪"总司令部傅总司令暨北平市刘市长先后电陈北大、清华等校学生游行请愿，呼喊反动口号，散发反动传单等情到院。查此次北平学潮，滋事学生竟至公然反对剿匪，反对政府，显有奸匪从中操纵。此种越轨举动，应即设法制止。兹据报，该部已派田次长前往处理，除电复傅总司令及刘市长外，合再抄件令仰迅电田次长径洽傅总司令及刘市长，严密防范，妥迅处理为要。此令。

院长　翁文灏

中华民国三十七年七月十三日。

这个"密令"是在"七五""七九"游行后下达的，继续让有关单位动用军警对付请愿学生。教育部还派出一位姓田的次长到北平，与傅、刘配合行

---

① 中国第二历史档案馆，全宗号：五（2），案卷号：1531。

② 中国第二历史档案馆，全宗号：五（2），案卷号：1531。

动，并进行督办。继续与人民为敌，把全国人民推向对立面，手中拿着血淋淋的屠刀，对准人民而来。将游行学生带上"赤色"的帽子，是新一轮镇压的开始。如天津北洋大学学生自治会负责人许某、俞某等人被冠以"奸匪"份子，上了黑名单，要求逮捕。北京已有两个学生以"匪谍"的罪名被捕，关在"特刑庭"，还禁止学生探视。北平政府将学生要求探视作为敌情、动态，专门报告南京行政院。

广大学生和民众不怕死，继续声援东北学生，组织"'七五'惨案处理委员会"、后援会、救援会和东北旅平同乡会等，对死难者家属进行慰问、救济，继续寻觅尸体开追悼会，要求严惩凶手、负责治疗受伤学生。

《情报》登载了有关情况，"旅平东北人士对'七五'事件拟游行请愿"，旅平东北人士和东北学生200多人于7月30日开会，对"七五"事件拟于8月1日游行请愿。

《情报》称"东北民众'七五'惨案后援会发动新行动"，后援会7月28日秘密会议决议：1.8月1日召开民众大会并作示威游行；2.大会主席以辽宁、辽北、吉林三省及沈阳市参议会与学生教员、抗联等七单位为核心外，并拉入商、工、农、教育、妇女与在乡军官会及正在筹备之公教人员、抗联会，以扩大其影响与声势，聘请人数众多的名人为主席团；3.大会确定总指挥；4.大会发动全体公教人员、工人、商民、大中学生、退役军官参加，并定7月30日上午召集全市二十一个行政区区民代表会；5.宣传工作由大会印成口号标语各二十万张，并于8月1日民众大会上提出实行罢市……7月29日上午该会开会决议：1.由辽宁、辽北、沈阳和吉林……电京东北籍国代立监委限8月25日前返东北；2.电召该会在平代表；3.派王化一、王立生及监委一人赴京促东北立监委国代撤退；4.决定8月1日举行民众抗议大会，学生、工、商、市民、在乡军人等，各单位领队人选亦均决定。各地各方面人士都在行动。

从《情报》记载来看，之后的迫害还在继续，反抗亦在继续。对于这次血案产生的原因，《情报》也作了分析。如，7月10日发出的《情报》标题是"北平学潮酿成之主因"，谈了三点："1.东北学生决定游行之前，治安当局未能事先作妥当之备，而临时戒备亦欠灵活，即参议会被捣毁，学生包围许惠东私宅达五小时之久，仅有警局副局长出面斡旋，市长、许议长、警备司令均未露面，至激起学生群情愤恨，酿成流血事件；2.学潮之起因，系不满参议会关于救济东北学生之决议案，学生至参议会及许议长私宅均未有人接见，因而酿（扩）大事态。"后东北学生声称，如许议长早予接见，不会出现这个情况；3.学生包围许宅，至下午六时，学生已有离去准备，此时，不知何人放一枪，"二〇八师兵士乃以枪扫射，学生死亡甚多，因而事件扩大云"。

从这一分析来看，教育部等官方承认，造成这次血案，责任在相关单位的领导，指挥失当，甚至是有意扩大事态而造成的。

最后的结果，正如《北平七五事件》一书中说，是"没有善后的'善后处理'"：警备司令陈继承调任南京，二〇八师调去塘沽，此事就这样不了了之了。

（二）工农和市民反映的问题，无限期的拖延不作处理

我们举南京政府时期三个案例：

1.蒋介石与荒唐的禁中医闹剧

1929年2月，南京国民政府建立之初，卫生部所属技术部门的领导人均由留学外洋的西医担任。他们歧视中医，声称中医"但凭偶然经验，不合科学"。中医界愤愤不平，双方曾在报章展开辩论，乃至互相诟骂。

1929年2月23日，新组建的中央卫生委员会召开第一次会议，与会者多数出身西医，主持会议的又是一向仇视中医的国民党中央执行委员、卫生建设委员会主席褚民谊。他趁此机会煽惑鼓动说："中国卫生行政的最大障碍，就是中医中药，若不将中医中药取消，就不能算国民革命成功，所以应有卫生委员会负起责任，拟订取消中医中药提案，交由政府执行，才能算是真正完成了革命大业。"

在褚民谊的怂恿授意下，第二天，余云岫、汪企张等提出了"废止旧医案"。自诩西医为"新医"，贬中医为"旧医"，并加种种罪名说，称旧医一日不除，新医事业一日不能向上。除提出废止中医三项措施外，还规定，不准办学、宣传，使中医药业后继无人，自然消亡。

"废止旧医案"一旦实施，不惟历史悠久之中医国粹遭扼杀，民众防病治病亦将失去保障，近500万中医药界同仁衣食饭碗破碎，家小也将陷入饥寒交迫之中。这是于国于民己休戚相关的大事，上海中医药界为全国之先声，闻风而起抗争。3月8日，上海40多个团体代表假座仁济堂，宣布成立"上海医药团体联合会"，以壮声势而利斗争。发出倡议：定于3月17日，在上海召开全国中医药界代表大会，任务是集合全国500万同仁力量，共同心志，对

"废止旧医案"作强毅坚决之斗争，保持国粹，维护生存权利。

3月17日，上海900家中药店，2000余名中医宣布停业半天，以示抗议"废除旧医案"，店门统一地贴着醒目标语，如：反对取缔中医提案、取缔中医就是致病民于死地、罢工半日表示我们的力量、拥护中医就是保护国粹。3月17日下午，全国中医药团体代表大会，在上海总商会隆重举行。在热烈掌声中，5名执行主席缓步登台，他们均是海内外深孚众望的名医：陆仲安、隋翰英、蔡济平、陈调五、张梅庵。其中，陆仲安堪称杏坛巨擘，曾在北京为孙中山切脉开方。大会上，众口一致，声讨抨击"废除旧医案"。

3月19日会议闭幕，通过下述决议：力陈否认中央卫生会议"废止旧医案"的理由；扩大宣传，申述灭亡中医之害，呼吁各界支持；组织全国医药团体总联合会；筹组请愿团赴南京向中央请愿。

3月20日晚上，上海北火车站人群蚁集，新闻记者追前逐后，由每个省区一人组成的"全国中医药界赴京请愿团"启程，为首的是上海名医谢利恒，"北平四大名医"之一的孔伯华，南京杏坛高手隋翰英等。

火车经过苏州、常州、镇江等站时，中医药界同人不期而集车站迎送，到南京，军乐高扬，鞭炮齐鸣，口号震天响，石头城里妇孺皆知全国中医药业请愿团已到南京。

请愿团未及安顿膳宿，便散发了请愿书，并刊登报端。而后，请愿团首先往访行政院院长谭延闿，道明来意。谭延闿热情接待，做了鼓舞人心的表态："政府行政断不可违背民众之需要，中央卫生会议之提案绝无实行之可能。"他引用家乡湖南的情况说："以湖南而论，除大城市略有西医外，各县非但西医绝迹，即中医亦极缺乏。此提案如是实行，病者将坐以待毙，药材农工商全体失业，影响国计民生，后果不堪设想。"

时值国民党第三次全国代表大会召开期间，请愿团来到中央党部会场，递交了请愿书。大会秘书长叶楚伦以礼接见，答复云："中国医药有悠久之历史，伟大之效力，为全国民众所托命，断无禁止之可能，余当尽力援助，并望医药界共同努力。"

在西北考察的卫生部部长薛笃弼，对西医官僚趁他不在操纵炮制"废止旧医提案"大为不满，电示卫生部处长胡毓威转告请愿团：卫生委员会不过一建议机关，提案实行与否，首先得由本部审核，本部以为，中医药正应提倡，取消中医药之提议，不能适用于现行中国。

薛笃弼一回南京，即以卫生部名义发出大红请帖，邀请愿团全体赴宴恳谈，其谈话旨要如下：可以告诉各位，卫生会议之提案决不能实行。对于中医药业之限制，并非政治手段所能收效，本良心主张，中医药属宝贵国粹，断不能偏视。

请愿团明白，虽有多个院部首脑表示支持，但真能一锤定音的还在蒋介石，所以等在南京不走，非见蒋介石不可。舆情一边倒，蒋介石终于出场了，下令召见请愿团。

请愿团代表之一谢利恒陈述了来京目的，蒋介石的态度颇为亲热，请坐敬茶，听得也很认真，还时不时"嗯"，他习惯以"嗯"表示赞同。末了说："你们的要求，我已从报章见过，下面也对我讲过，我都晓得了。兄弟本人对中医药是绝对相信的，我小时候身体瘦弱，生了病都是请郎中先生看的，倒是蛮有疗效的。"话说到这个份上也就够了，谢利恒等重负已释，表感谢后知趣告退。

不日，蒋介石顺应舆情民意的批示下达，撤销一切禁锢中医法令，由行政院饬令卫生部，将中央卫生会议之"废止旧医案"撤销。又准全国医药团体总联合会所请，由国民政府宣布，以 3 月 17 日为"国医节"。此后不久，又下令建立中央国医馆，委任焦易堂为馆长，并在全国各地筹建支馆，使中医国粹得以继往开来，普及提高。废止中医的闹剧，在举国上下反对声讨声中收场①。

2. 流氓作风的大方巷拆迁事件

南京鼓楼区有个社区叫"大方巷"，南京市政府想在那里规划一个新型住宅区。这就需要将原有的居民搬迁出去，1930 年 3 月，南京市政府给出的补偿价，按银元算是每平方丈 4 元到 15 元，大方巷的居民认为补偿款太低，于是市民到土地征收委员会希望该机关"秉公裁决"提高补偿款。然而，该委员会不但没有将补偿款调高，评估后反而低于最初南京市政府公告讲明的补偿标准，"估定人方巷的地价只有 3 元到 5 元"。

市民当然不同意，因为中央政府就在南京，于是市民到内政部诉愿。内政部让土地征收委员会"厘清市价"重定补偿。后该委员会把补偿标准提高到 10 元至 22 元。

补偿标准提高后，业主本来已经同意了征地，但是南京市政府官僚作风严

---

① 根据《民国档案揭秘·1929 年的废除中医闹剧》整理。

重，迟迟没有动工，到了 1931 年 5 月才着手拆迁，这时候地价已经涨了很多，原定的补偿标准又显得低了，业主再次到内政部上访。

虽然内政部责成土地征收委员会再次"厘清市价"，但该委员会并未执行，所以拆迁之事又一次搁置起来。直到 1933 年，当市政府又启动拆迁之事时，业主们又一次到内政部上访。内政部再次让土地征收委员会调查、裁定补偿标准，土地征收委员会这次将补偿价格定为每平方丈 13 元到 25 元，但因时隔几年，土地价格上涨，该补偿价，离市价相差太远，业主们仍然不答应。

在这种情况下，市政府不但不再听取市民意见，而是"给出两条路，让业主自己选，第一，乖乖的搬走，然后按照每平方丈 13 元到 25 元的价格拿补偿；第二，判令你的房子违反规划、影响市容，强迫你重建家园，如果你不重建，那就当成违章建筑给拆了，如果你重建，那就得向市政府缴纳每平方丈 20 元的'新住宅区建设费'。业主们选哪条路？当然是第一条。于是，南京市政府成功完成了拆迁工作"①。

在这个事件中，市民多次上访，内政部也多次责成土地征收审查委员会"厘清市价"，然而，内政部并没有真正解决住户的问题，实际上也不可能真正解决市民的问题，因为土地征收审查委员会的成员超半数是土地局长、财政局长等官员，他们怎么可能站在公正的立场为市民解决问题呢？所以尽管市民一次次上访，"内政部一直站在维稳的立场，它致力的目标是业主不再上访，百姓不要闹事，而不是让下级的工作合乎正义。换句大白话说，你们在下面怎么胡整都行，只要别乱了大局，别让老百姓上街，别让他们围攻政府。高层领导用这种态度治国，底层官员自然也就敢于胡整，敢于一次次触摸底线，敢于在征地过程中耍流氓了"②。

3. 孙中山与民国初年女子大闹参议院③

1912 年 1 月 1 日中华民国成立，3 月，女子为争男女平等，发生了轰动全国的女子大闹参议院事件，是辛亥革命时期女权运动中的一部分。

中华民国成立后，孙中山就任临时大总统。随着男女平等思想的深入，女

---

① 原文载《中国经营报》作者李开周，2012 年 7 月 23 日，本文根据《报刊文摘》2012 年 8 月 3 日《大方巷拆迁事件》整理。

② 原文载《中国经营报》作者李开周，2012 年 7 月 23 日，本文根据《报刊文摘》2012 年 8 月 3 日《大方巷拆迁事件》整理。

③ 根据《民国档案揭秘·民国初年女子大闹参议院事件始末》整理。

权运动由军事斗争转移到争取女子参政的政治斗争。临时政府成立不久，即成立临时参议院，40 多名参议员中竟无一位女性。以原"女子北伐队"队长唐群英为首，联络"女子同盟会""女子尚武会"等妇女团体的领导人，于 1912年 2 月在南京市碑亭巷洋务局举行会议，到会女界代表达 200 余人，会议通过决议，成立"女子参政同盟会"，要求政府给予女子参政权力。大会吁请各省女界各派代表 2 名来南京，组织统一机关部，还拟就一份请愿书，分送孙中山和临时参议院，提出"欲求社会之平等，先求男女之平等，欲求男女之平等，非先以女子参政不可"。要求即将制定的"临时约法"明确载明："无论男女一律平等，均有选举权和被选举权"。

当时，封建王朝虽已推翻，但固有的封建思想并没有完全退出历史舞台，人们头脑里重男轻女的思想仍有很大市场，多数议员仍持歧视妇女的陈规陋习，女界的正当要求，根本未予采纳。3 月 11 日公布的"临时约法"，只字未提男女平等，更谈不上女子参政了。3 月 19 日，"女子参政同盟会"第二次上书孙中山，指责参议院无视妇女权力。3 月 20 日，参议院开会议事，唐群英等带领 20 多名女将，闯入会场，要求讨论"女子参政提案"，军警遵议长之命，欲将她们引入旁听席，她们不予理睬，直入议事厅，与议员杂坐一起，展开激烈辩论，"咆哮抗激，几至不能开议"。下午，她们又来到会场，适逢议长摇铃召议员入席，女将们将他们拦在门外辩论，不让入席。议长无奈，令军警强行将她们拦入旁听席，女将们在旁听席上仍坚持辩论，据理力争。最后，参议院以"候国会成立，然后解决此等问题"为托词，再次否决了"女子参政提案"。

女将们忍无可忍，于次日（21 日）再次闯入会场，寻议长不见，盛怒之下，将议事厅的玻璃窗、桌、椅捣毁，将议员放在抽屉里的文件和提案搜寻一空而去。

3 月 22 日上午，女将们增至 60 余人，全副武装，虽然扭着一双小脚，其中不少"三寸金莲"的姑娘，但个个英姿飒爽。她们沿街宣传男女平等、女子参政的重要意义，得到了广大女同胞的声援，纷纷加入行列，汇成一股浩浩荡荡的洪流，向参议院涌去。参议员们见这阵势，慌忙从后门逃走，议长也惊恐万状，急忙打电话到总统府，请求孙中山派兵镇压，同时令军警紧闭大门，如临大敌。女将们更加愤怒，准备动起武来，唐群英、蔡惠等几个领导人急忙制止，嘱她们原地待命，唐、蔡立即赶至总统府，谒见孙中山，递交第三次请愿书，请孙中山以大总统身份解决女子参政问题。孙中山对女权运动向来予以支持和同情，但又不好直接干预参议院，故婉词相劝，"毋为无意识之暴举，受人指谪"，并鼓励她们作有理有力有节之斗争，同时答应代为斡旋，女将们听从孙中山之导，才罢兵撤离参议院。

4月8日，"女子参政同盟会"在南京四家桥开会，推举唐群英、蔡惠分别为正副会长，并向各省通电，痛斥参议院"纯以专制之手段欺我同胞，意欲将二万万之聪颖黄裔，永身沉沦于黑暗世界"（当时全国人口为四亿五千万）。并郑重宣称："参议院所布之《临时约法》，我女界同胞概不承认。"表现了女子参政的斗争目标坚定不移。

事隔不久，孙中山辞去了临时大总统职务，辛亥革命的成果落到了袁世凯的手中，民国政府也迁往北京，唐群英等不顾袁氏阻挠，联袂北上，准备与北方女界携手并肩，继续为女子参政进行斗争。

通过以上介绍可以得知：中华民国行政院没有设立专门的信访机构，对于信访案多是由所属部门办理。各部门在处理信访事件时各有不同、各有特点。

仅就社会部和教育部相较，在制定制度和规范工作办法方面，社会部优于教育部。社会部对来信等制定有多个详细的规章制度，各部门之间互转、上情下达、处理、回复等渠道畅通。有严格的收发文（收信、登记、转信、回复、存档）登记手续，对来信性质有详细分类，如在文卷分存类别上有五大类，细化小项目更多达百余个之多，这对处理各种来信起到了一定的保障作用。社会部制定的这些制度，其他部门也都遵守、执行，在执行的过程中也在不断地调整和完善。

在处理信访案件方面，教育部优于社会部。教育部受理来信，研究认真，过细，多有和其他部门合作处理信访案件的事例，并在存档的信访案件，也绝大部分有从部长到各级办理人员的签字和签署意见。

虽然查到的档案资料有限，但从中可以窥见民国时期当局对待信访工作的基本情况。

结束语

刁杰成先生的这部《中国信访通史》，按原定计划，上起先秦下讫本世纪初，业已书就。现因故只出版新中国建立之前的，即以古代信访制度为主的部分。刁先生曾就这部通史写过一篇结束语，主要是对建国后现代信访制度的内容作进一步的补充。现在看来，已不适宜。

由于史料（尤其是古代史部分）缺失零散，写就这部通史是很不容易的。正如史学家吕思勉先生所说，"史实亡佚的多了，我们对于各方面，所知道的多很模糊"。刁先生抓住信访制度建设（这是见诸古代文献有关信访方面的内容相对较多的部分）这条主线，探赜索隐，将散落于浩瀚史籍中的民众信访活动和官方信访工作活动的有关信息系统地有机地组织起来，按照以史时为经、以史事为纬的叙史结构谋篇布局，终于成就了这部《中国信访通史》。

关于这部通史的写作意义，我在《前言》中曾写到：《中国信访通史》是我国历史上第一部关于信访制度的政书通史，填补了中国政治史的空白，其意义是重大的。国家信访局编写的《中国信访制度研究》一书指出，信访制度是我国社会主义政治制度和法律制度的有益补充；习仲勋老前辈为刁杰成先生早年出版的《人民信访史略》一书所作的《序言》中说，信访史说到底就是"广大人民的参政议政史"。这是对这部通史写作意义的最好诠释。

赵卫延

2023 年 8 月

后记 1

经过十余年的努力，《中国信访通史》终于封稿付梓，即将面世，作为作者，我非常高兴。回忆起，从构思到成稿和出版的过程中，有许多事值得记述的，得到许多同志的帮助，应该感谢他们。

写这本书的起因很简单，20世纪80年代初，开始系统的查阅国务院办公厅保存的信访档案，在此基础上，于1996年和2014年先后整理出版两部专著，《人民信访史略》(习仲勋作序)《周恩来与信访工作》，社会反映很好。在这过程中，萌生写《中国信访通史》的念头。这个想法，早在1993年初一个社科课题结项报告中就曾提出过，得到了专家、教授们的肯定。并和我一起商谈讨论写作这本书的意义，他们的积极支持和热情指导，坚定了我写作的信心。

由于当时还在工作，只能是利用晚上和休息时间查找资料。退休后，自由了，放松了几年。不幸得很，得了急性脑梗死，感谢大夫，把我从"鬼门关"拉了回来，才感到没有完成专家、教授们的热切希望，又有了紧迫感。

真正动笔写，困难来了。

第一，资料缺少。手中历史书籍少，支持不了写作任务。国家信访局领导张恩玺知道后，帮我解决了部分书籍。对于中华民国时期信访工作史料，南京张建南鼎力相助，约我去南京，并与我一起查阅了中国第二历史档案馆保存的中华民国行政院的部分信访资料。之后，张建南又陆续复印一些送来，弥补这一空缺，国家信访局老干部办公室贾德贵也帮助联系第二历史档案馆资料复印问题，最终，完成了民国时期信访工作的书写。在书写明、清衙署中有关信访遗迹问题时，马正标给予很大的帮助。

第二，如何写的问题。开始，我是一个人成天闷头写，越写思路越窄，越固化。于是，请教对信访工作有研究的同志和做信访工作时间长的同志，他们热情的与我讨论，共同商讨和明确写作原则，他们的宝贵意见，使我开阔了思路，有的同志还审阅了初稿。如，李秋学不仅对整个书稿结构提出意见，还对具体问题提出了具体处理办法，并审阅了古代部分稿件，使我受益非浅；赵卫延审阅初稿，提出了书面意见。给予帮助的还有刁专成、张可芳、维新、徐梅芬、刘东等同志。

第三，此书是在电脑上写作的，由于我是初学电脑，遇到很多技术问题，国家信访局技术处的王旭明、张浩、尹健等同志，给予了技术支持。

第四，在书稿的运作和出版过程中，许多同志伸出友谊之手，给予热情的的帮助。如，黄火亮、魏丽荣、牛文忠等，帮我做了不少的工作。

第五，特别是淮安市信访局骆四清同志大力支持，本书得以顺利出版。

对上述同志和单位，衷心地感谢。

由于自己水平有限，书中阐述的一些历史问题，不一定准确，如发现错误，请批评指正。

作者

2019 . 6

后记 2

《中国信访通史》一书终于出版了。

作为刁杰成的爱人在欣慰的同时也感到十分痛心和遗憾，因为杰成没能看到这一天。2019年12月3日杰成因交通事故不幸离世。

杰成大学毕业后就到国务院办公厅从事信访工作直至退休。这本书花费了他大量心血，也凝聚了他对信访工作的全部热爱和付出。

2018年10月18日，杰成和人民出版社签订了此书的出版合同。后因增补明、清衙署部分资料，到2019年11月给出版社提交了全部书稿。出版社很快进行了初审，并提出了修改意见，但是杰成没能看到。

在这种情况下，国家信访局信访研究室和杰成生前的同事们，给予了极大的关心和帮助，研究室的领导和杰成的同事们均表示有什么困难可以随时找他们。这令我非常感动，也由衷的表示感谢。

然而，随之而来的疫情使全国的各项工作都受到了极大的阻碍和停滞。《中国信访通史》的出版也因疫情及种种原因受到了较大的影响，出版社的孙兴民主任为此书的出版做了不少工作，在此表示衷心的谢意。

书中明清衙署部分有些照片不是很清楚，黄毅、孙炳、贾军宝等同志又专门拍摄发来淮安府署、霍州署及内乡县衙的照片。我与这些同志素不相识，对他们的大力支持和无私帮助，表示深深的感谢。

根据出版社的意见，国家信访局赵卫延、李秋学同志及农民日报社的牟汉杰同志，对书稿进行了审阅和修改。感谢他们的辛勤付出。

在这里我要特别感谢赵卫延和李秋学俩位同志，在杰成写书过程中他们就曾给予了很多帮助，这一次他们在百忙中对书稿从结构的调整，章节的排序，甚至错字、别字、参考文献等都进行了认真细致的修改和审阅。有些部分为了更简明扼要，上下承接顺畅还亲自撰写了部分文字。

《中国信访通史》全书原有近 70 万字，从先秦至本世纪初，现因故只出版建国前的部分。在这种情况下两位同志对书稿、绪论、前言等又重新审阅和修改，花费了大量的时间和精力，对此我深为感动。正是由于他们的辛勤付出和无私帮助，才使《中国信访通史》得以面世。对此我的感激之情无以言表，对他们的辛苦付出表示真诚的感谢，同时对他们严谨的工作态度也表示由衷的敬意。

杰成的突然离世无疑给此书的修改带来了不少困难，通过同志们的大力帮助有所弥补，然而难免还会存在一些问题和不足，只能留有遗憾了。

能够通过本书让读者了解到我国几千年信访工作发生、发展的历史，为信访工作承上启下尽些绵薄之力，这也实现了杰成写这本书的初衷。

为了读者能够对信访工作和本书有一个概况的了解，赵卫延同志专门撰写了前言和结束语，对此，我也再次表示深深的谢意。

田兰桥
2024 年 1 月

参考文献

1.范文澜著：《中国近代史》，华北新华书店发行 1948 年版。

2.司马光：《资治通鉴》，中华书局 1956 年版。

3.司马迁：《史记》，中华书局 1962 年版。

4.《尚书》，中华书局 1962 年版。

5.《论语》批注，中华书局 1974 年版。

6.《宋史》，中华书局 1977 年版。

7.沈括：《梦溪笔谈》，上海古籍出版社 1978 年版。

8.《白居易集》，中华书局 1979 年版。

9.陈寿：《三国志》，中华书局 1982 年版。

10.（清）董浩：《全唐文》，中华书局 1983 版

11.邓之诚著：《中华二千年史》，中华书局 1983 年版。

12.罗根泽编：《先秦散文选》，人民文学出版社 1985 年版。

13.杜佑：《通典》，中华书局 1988 年版。

14.《今古文尚书全译》，贵州人民出版社 1990 年版。

15.谷声应：《吕氏春秋白话今译》，中国书店 1992 年版。

16.黄进、姚文娟主编：《名君诏批九十九篇》，华艺出版社 1992 年版。

17.唐进、正川水主编：《中国国家机构史》，辽宁人民出版社 1993 年版。

18.范文澜：《中国通史》，人民出版社 1994 年版。

19.田兆阳：《中国古代行政史略》，新世界出版社 1994 年版。

20.《淮南子》，北京燕山出版社 1995 年版。

21.韩峥嵘注译：《诗经译注》，吉林文史出版社 1995 年版。

22.《贞观政要》，团结出版社 1996 年版。

23.《二十五史》，浙江古籍出版社 1998 年版。

24.班固：《汉书》，上海古籍出版社 2003 年版。

25.刘昭注：《古史考》，海南出版社 2003 年版。

26.（清）毕沅撰：《续资治通鉴二》，岳麓书社 2008 年版。

27.《礼记》，中州古籍出版社 2010 年版。

28.《管子》，中州古籍出版社 2010 年版。

29.《周礼》，中州古籍出版社 2010 年版。

30.（汉）王充：《论衡校注》，上海古籍出版社 2013 年版。

31.崔勇主编：《中国衙署文化研究》，河北大学出版社 2013 年版。

32.《淮安府署》，中国文史出版社 2014 年版。

33.衡志义等：《保定随笔》，河北大学出版社 2014 年版。

34.王晓杰等：《解读内乡古衙》，中州古籍出版社 2015 年版。

35.陕西省地方志编纂委员会编：《陕西省志·信访志》，三秦出版社 2017 年版。

36.河北省地方志编纂委员会编：《河北省志·信访志》，河北人民出版社 2018 年版。

大 事 年 表

原始民主时期

尧、舜、禹时期

1. 设置木（上访信之源头）。

2. 进善旌（接待室初始状）。

3. 敢谏鼓（就大事、重要事，向首领、酋长们提意见）。

4. 置"士"，皋陶为之，目的是"理民"和"安民"，皋陶说"士"的工作"在知人，在安民"。这里的"人"指的是官吏，"民"指的是民众。

5. 设立衢室，听取民众意见的地方。

6. 中国首任"信访部长"——龙。

7. 遒人、采诗官、行人与木铎，用于采集民情。

奴隶社会夏、商　西周

西周

1. 有集体上访、有个人上访（知识分子）。

2. 设置路鼓和肺腑石（出现民告官）。

3. 六卿（即六部）的属官中，都配有做信访工作的官员。

重大信访案件规定出结案方法与时间。

匿名信称为飞书。

东周

公元前 403 年赵国国相李悝

设置意见箱——"蔽竹"。为了稳定社会秩序，百姓举者安而实的有奖。见效后，李悝又进一步扩大，强调要及时揭发内奸、盗贼、杀人犯等严重犯罪现象。

李悝将他创造的蔽竹（即信访）经验，编入《法经》。这是我国第一部经典。

所谓"蔽竹"就是一节圆形竹筒，长尺余，上方有一寸八见方的小口，以便检举揭发人将写的揭发材料塞入筒内。

秦国秦孝公

上访人、纵横家商鞅到秦国，献强秦之计，实行变法，遭到贵族反对。秦王将双方召到一起开会讨论。商鞅与奴隶主贵族顽固派甘龙、杜挚，经激烈的辩论。商鞅得到秦王支持、取胜。这是新兴地主阶级的胜利。

秦朝

秦始皇

李斯针对秦始皇一个错误决定，写一封《谏逐客书》给他。这封上访信，被称为千古名篇。

汉朝

1.汉初，高祖刘邦消灭了黥布叛乱回归途中，出现了大批农民冒死拦住道路喊冤，集体上访，并上书（即送上访信），状告相国萧何。在我国信访史上是第一次。

2.公车与公车上书。公车掌管信访，与公车上书运送赶考学子，学子上书叫公车上书。

3.公车府旁，置谤木、肺腑石与函，民众上书用。

4.赵广汉广置意见箱——"缿筒"。

5.罪人、齐太仓令淳于意（德）之女缇萦上书，汉文帝废除肉刑。

王莽（新莽）

公车发展到王莽时，改公车司马为王路四门，在王路门设进善之旌、诽谤之木、敢谏之鼓，由"谏大夫四人常坐王路门受言事者"。谏议大夫是专职的办理信访工作的官员。

公元三世纪

魏文帝曹丕，始设登闻鼓院，登闻鼓是其简称，"阙左悬登闻鼓，人有穷冤则挝鼓"。

唐朝

1.李世民建立询访制度——领导干部接待来访吏民。

2.武则天设立铜匦。设匦使院，以谏议大夫、补阙、拾遗各一人充任知充任知匦使。

3.有类似于分级、分类的处理原则。

4. 匿名信付之一炬。

5. 奴告主一律处死。

6. 信访工作理论研究。

宋朝

1.）谏院。宋朝专职信访机构。（另一种说法，谏院源于唐朝末年，经五代，直至宋朝。）

2. 谏院下设登闻鼓院、登闻检院和理检院，称之为"三院"。

民众上书的程序：初鼓院，次检院，次理检，此其序也。

3. 理检院是由御史中丞掌管，进入理检院即进入监察司法程序，与鼓院、检院的性质不同。

4. 银台司。宋初，首先专设接受章疏的机关，掌管天下奏状案牍，称通进银台司。

5. 自北宋徽宗时期，大观三年（公元 1109 年）起至南宋亡，太学生一直在上书不断，或集体或个人。

6. 针对太学生及其他知识分子上书言论，制定《太学自讼斋法》《上书不实法》，以惩罚他们。

7. 宋朝定有：诬告罪、造祆（妖）书祆（妖）言罪、越诉罪、投匿名书（诬）告人、奴婢告主罪，这些罪名限制民众上书。

8. 对信访建立"归口"和分级负责办理、日录目以进和登记制度。

9. 出现"下乡办案"雏形。

10. 皇帝出尔反尔，造成重大迫害事件与"元祐党籍碑"。

司马光、文彦博、苏轼、秦观等一百二十人受迫害。

元朝

1. 允许上封事者直至御前。

2. 建立登闻鼓院制度。

辽、金和西夏　都建立类似于宋朝的处理吏民上书机构。

1. 置钟院，"以达民冤"。

2. 置谏院，分为右谏院和左谏院。

3. 置登闻鼓院。

4. 置匦院。

5. 置登闻检院。

明、清

1. 明清两朝都设立通政使司，是两朝信访工作的总管单位。

朱元璋说："政犹水也，欲其常通，故以'通政'名宫。"配合这一办法，另设"奏事使"牌，持此牌可直达御前。

明神宗万历九年（1581年），关掉了通政使司；清朝在灭亡前夕（公元1902年），以通政使司"职无专司"为由，被彻底废除。

由银台司演变成通政使司已有千年，寿终正寝，连象征性吸取民情的东西都不要，清朝也就趋于灭亡了。

2. 明制定约束官吏的《府州县条例》和《到任须知》，并"颁示天下永远遵守"。

3. 明朝从允许越诉到严禁越诉。

4. 一律禁止越诉。

5. 明、清两朝都有诬告罪与反坐罪。

6. 康有为与公车上书。

中华民国

1938—1949年

社会部制定适用于信访工作的十多个文件。